KB196753

성장지향성

성공한 사람들이 지키는 12가지 원칙

존 마일스 지음 | 임지연 옮김

성장지향성
성공한 사람들이 지키는 12가지 원칙

오픈도어북스는 (주)하움출판사의 임프린트 브랜드입니다.

초판 1쇄 발행 25년 02월 14일
      2쇄 발행 25년 03월 05일

지은이 | 존 마일스
옮긴이 | 임지연

발행인 | 문현광
책임 편집 | 이건민
교정・교열 | 신선미 주현강
디자인 | 양보람
마케팅 | 심리브가 박다솜 이창민 박소희 박현서
업무지원 | 김혜지

펴낸곳 | (주)하움출판사
본사 | 전북 군산시 수송로315, 3층 하움출판사
지사 | 광주광역시 북구 첨단연신로 261 (신용동) 광해빌딩 6층 601호, 602호
ISBN | 979-11-94276-83-8(13190)
정가 | 19,800원

이 책의 전부 또는 일부 내용을 재사용하려면 사전에 저작권사
(주)하움출판사의 동의를 받아야 합니다.
오픈도어북스는 참신한 아이디어와 지혜를 세상에 전달하려고 합니다.
아이디어와 원고가 있으신 분은 연락처와 함께 open150@naver.com로 보내 주세요.

성장지향성

성공한 사람들이 지키는 12가지 원칙

존 마일스 지음

차례

제1부
사고방식의 변화

나를 바꾸는 생각

제3부
발전의 심리학

남들보다 앞서는 사람들의 원칙

헌사

조시와 올리비아에게

이 책을 당신의 손에 바칠 수 있게 되어 얼마나 감사한지 모르겠습니다. 《성장지향성》에 언급된 내용의 상당 부분은 제 삶과 커리어 속에서 쌓아 온 경험을 토대로 하고 있습니다. 따라서 이 책을 통해 자신만의 특별한 재능과 근성, 능력을 발휘하고, 스스로 실현할 수 있는 방식으로 창의성과 그 결과물을 변화시킬 수 있기를 바랍니다. 이로써 이 책의 다른 독자에게도 영향을 줄 수 있다면 좋겠습니다.

《성장지향성》은 30여 년 동안 제가 발견하고 실천하면서 가르쳐 온 거대한 성공의 개념과 방법을 바탕으로 쓴 책입니다. 이 책을 쓴 목적은 차세대 리더에게 추구하는 목표와 상관없이 저마다의 지향성을 발휘함으로써 최고의 성과를 내는 법을 알려 주기 위해서였습니다.

저는 그동안 이 책을 쓰는 데 모든 것을 바쳤습니다. 그리고 집필하는 동안 인터뷰에 응해 주신 여러 리더를 비롯하여 제 커리어에서 자극이 되어 주었던 세상 모든 사람에게 진심으로 감사를 전합니다.

또한 제 아들딸과 독자인 당신에게도 이 책을 바칩니다. 이 세상에는 저마다 목적의식을 찾고, 그 실현을 위해 열정과 노력을 다함으로써 긍정적 영향을 미치는 개척자가 더 많이 필요합니다. 그러니 이제 더는 생각에만 머물지 마세요. 자발적인 선택으로 날마다 노력을 아끼지 않으며, 위험을 감수하는 두려움을 뛰어넘어 진정한 자아 실현을 이뤄 내기를 원한다면 오늘부터 당장 실천하세요.

사랑과 존경을 담아

John R. Miles

성
장
지
향
성

《성장지향성》에서는 삶을 바꾸는 틀을 제시한다. 이 책을 읽다 보면 놀라운 변화를 시작할 힘이 생겨날 것이다. 이 과정 속에서 당신만의 여정을 받아들이며, 이 책을 믿음직한 동반자 삼아 내면에 숨은 놀라운 잠재력을 발휘하라. 이와 함께 삶의 목적을 떠올리고 열정에 불을 지핌으로써 진심으로 만족힐 수 있는 목표 지향적인 삶을 꾸려 나가기 바란다.

이 책에서는 보편적인 원칙과 학문적 지식을 넘어 개인의 경험에서 찾을 수 있는 위대한 지혜를 다룬다. 이처럼 성장을 따르는 삶을 택한 뛰어난 인물의 이야기는 성장 지향성의 실현으로 향하는 자신만의 여정을 계획할 때, 당신을 인도하는 영감의 등불이 되어 줄 것이다.

이 책을 읽는 때와 상황은 중요하지 않다. 당신은 지금 성장의 인도를 따라 뜻깊은 선택을 할 수 있는 기로에 있다는 사실을 잊지 말라. 당신에게는 빛날 자격이 있으니 말이다. 이제 이 책에서 전하는 바를 통해 내면의 찬란함을 발휘하기 바란다.

*

추천사

많은 이들이 매일 활기차게 일어나 각자의 가치관을 따라 커리어와 관계, 웰빙에 만족하며 살아가는 세상을 상상해 보자. 유감스럽게도 우리 앞의 현실은 그렇지 않다. 지금 세상은 전 세계 사람들이 저마다 삶의 의미와 중요성에 회의를 품은 채 삶을 이어 가는 실존적 위기에 처해 있다.

또한 자신의 가치를 성취와 연관짓는 이들이 많다. 당신도 이러한 갈등에 익숙할 것이다. 나는 확실히 그러한 사람이었다. 평범함이라는 편안한 영역을 벗어나는 일은 곧 기념비적인 도전이다. 직업적 성공, 안정적인 소득, 화목함이 넘치는 가정 등 모든 것을 거머쥔 듯한 사람조차 마음속에 실망감이나 공허함을 떨칠 수 없다고 한다. 그들은 더 많은 것, 즉 자신들을 사로잡는 심오한 삶의 의미를 갈망한다.

당신은 어떠한가? 확실히 좋은 삶은 나쁘지 않다. 이를 위해 많은 사람이 주저 없이 자리를 바꾸려 들 것이다. 그러면 다음 질문을 생각해 보자. 지금 당신은 진정으로 원하는 삶을 살고 있는가? 그렇다면 미래의 당신에게 알려 주고 싶을 정도인가?

위의 까다로운 질문은 크나큰 성취를 이룬 사람이 스스로에게 던지는 까다로운 질문이다. 당신도 그 사람과 마찬가지라면 이 대화에 뛰어들기를 바란다. 당신은 꿈을 좇으며 잘 살고 있을 테니 말이다. 또한 당신은 신중함 속에서 살았으나, 그 삶에 '정상'은 없음을 알고 있다. 그리

성장지향성

15

고 당신은 선택이 미치는 영향을 확대할 방법을 모색하면서 더 나은 우위를 갈망하고 있다.

당신이 '좋은' 삶을 살고 있음에도 어딘가 막힌 듯 힘겨우면서 뭔가 부족하다는 느낌이 들거나, 현재 수준을 넘어서야겠다는 생각이 든다면 바로 그 시점에 있는 것이다. 변화하겠다는 의도적인 선택만 남은 것이다.

변화는 우리에게 본능적인 두려움을 안겨 준다. 나는 성공과 실패에 대한 두려움은 근본적으로 같은즉, 변화가 주는 두려움이라고 말한다. 변화를 진정으로 수용하려면 이러한 불편함을 받아들이고, 실현을 위해 필요한 조치를 모두 취해야 한다.

그러면 그 저편에는 무엇이 기다리고 있을까? 그것은 바로 자신의 진정한 잠재력을 발휘함으로써 성취감으로 가득하며, 인류에 보탬이 되는 삶이다. 그러나 이를 위한 여정은 여간 어려운 일이 아니다. 우리는 일반적으로 변화를 생각할 때, 결실이 아닌 희생에 초점을 맞춘다. 하지만 우리는 결실과 희생이라는 갈림길 너머의 가능성을 그려 보아야 한다.

한편 우리가 마음속에 만들어 내는 이미지는 괄목할 만한 위력을 발휘한다. 나는 비즈니스 리얼리티쇼 〈샤크 탱크(Shark Tank)〉에 게스트 상어인 투자자로 출연했을 때, 이 쇼가 생소하게 느껴지지 않았다. 실제로 출연하기 전, 이미 수년 동안 게스트 상어로 출연한 나의 모습을 시각화해 온 덕분이었다.

나는 과감한 비전과 꾸준한 노력, 자신감으로 가득한 용기와 흔들림 없는 정직함으로 삶의 목표를 향해 나아갈 것을 꾸준히 주장해 왔다. 따라서 나는 많은 이들이 자발적으로 가장 지향적인 삶을 누릴 수 있도록 도와주고 싶다는 존의 열망에 매료된 것이다.

이 책에서는 당신의 핵심 목표를 발견하고, 이를 성취하는 지향적인 행동에 집중한다. 내 삶의 원칙인 "무조건 직진(Burn the boats)"이라는 말은 복잡한 인생의 여로에서 나를 이끄는 자력이 되어 준다. 나는 이러한 원칙을 공유하는 사람에게 자발적으로 끌리며, 생각이 비슷한 사람과 어울리려 한다. 존을 만나고, 그의 책을 읽자마자 우리는 사람들이 잠재력을 최대한 발휘할 수 있도록 함으로써 세상에 긍정적인 변화를 전파하겠다는 같은 목표를 공유한다는 사실을 직감했다.

나는 사람들이 매일 놀라운 업적을 이루는 것을 목격한다. 그들의 특별한 점은 무엇일까? 그 사람들에게는 바로 꿈을 좇고 삶을 변화시키려는 용기가 있다는 점이다. 존의 책으로써 두려움보다는 목표와 회복탄력성, 자발적인 행동에 따르는 삶과 커리어 구축에 앞의 사고방식을 적용하는 방법을 배우게 될 것이다.

이 책의 목적은 행동 변화에 그치지 않고 자아를 실현하는 데 있다. 구체적으로는 목표에 따라 미지의 것을 선택하고, 그 의미를 찾아 최고의 자아로 거듭나는 것이다.

삶의 목적을 탐색하는 방법을 제시하는 책은 많다. 그러나 이를 행동으로 옮기도록 이끄는 책은 거의 없다. 성장 지향성에 따른 행동이야말로 이 책에서 강조하는 핵심이라는 점에서 앞의 차이는 매우 중요하다.

용기를 내는 것은 어렵고, 두려움은 우리의 발목을 잡는다. 하지만 두려움을 이겨내고 실천하는 모습을 상상해 보자. 그러면 어떠한 변화가 일어날까?

다행히 지향성은 근육과 같아서 쓸수록 강해진다. 이 책은 지향성을 실천하는 방법뿐 아니라 일상의 편안함 너머에서 겪는 새로운 경험을 사소한 것부터 시작하여 불안의 한계치를 확장하는 지침을 제시한다. 이를 통해 두려움을 잠재우면서 더욱 자신만만해질 것이다.

존은 삶의 여러 문제를 해결하는 가장 효과적인 방법이 성취가 아니라는 사실을 상기시킨다. 그 해답은 바로 행동이다. 한계를 넘어서는 삶을 바라지만, 이를 이룰 '특별한' 행동이나 그곳으로 이끌 방법을 모른다면, 이 책을 펼쳐 보자. 그러면 귀중한 조언을 얻을 수 있다.

성장지향성을 따르면, 깨달음을 얻으리라!

맷 히긴스(*Matt Higgins*)
투자회사 RSE벤처스 공동 창립자 겸 최고 경영자

서문

당신은 행복한가?

당신은 지금의 삶이 행복한가? 다시 말하면 당신은 성취감과 만족감을 느끼며 살고 있는가? 이처럼 간단한 질문에 대부분 본능적으로 "그렇다."라고 답한다. 그러나 이제부터 마음 깊은 곳을 들여다보면서 자신에게 솔직해져 보사.

나는 소위 성공적인 삶을 살았다. 여러 면에서 성공적으로 보이는 삶이었다. 사회적 기준으로 평가하더라도 믿기 힘들 정도의 성공적인 커리어를 쌓았다. 여러 사업을 전개하는 기업의 CEO라는 직업적 목표를 이루고, 〈포춘(Fortune)〉 선정 50대 고위 경영진(C-Suite)에 선정되었다. 또한 4대 컨설팅 회사의 리더로 일했으며, 해군 장교 훈장도 받았다. 이렇게 많은 사람이 애타게 이력서에 쓰고 싶어 하는 여러 상과 명예를 손에 넣었다. 그럼에도 무언가 빠진 듯 공허했다.

모든 것이 완벽해 보였지만, 사실 나는 자동조종장치에 끌려다니는 듯 살고 있었다. 마치 핀볼처럼 삶의 방향성이 없었던 데다 내가 하는 일도 사랑하지 않았다. 내가 계획한 삶 대신 다른 사람의 삶을 사는 것 같았다.

그럼에도 지금까지의 시간을 되돌아보면 나는 분명 성공적인 커리어의 본보기라고 할 만한 길을 걸었다. 다양한 분야에서 일하며 각 분야의 전문가로 거듭나는 사다리를 올랐다. 그러나 그 과정에서 영감을 얻지도 못했고, 더군다나 그 일이 나의 목표라고 느낀 적도 없었다. 이에 자아 정체성을 집어삼키고 진정한 잠재력을 제한하는 교착 상태에 빠질까 두려워 가식의 가면 뒤에 숨어 버렸다. 큰돈을 벌고 물질적 풍요를 누리고 있음에도 외롭고 절망적이었고, 그 상태에서 무기력, 무관심, 상실감을 느꼈다.

이유가 뭘까? 가족, 인간관계, 성장 지향성, 신념, 가치, 건강, 사랑, 정신적 유산 등 정말 중요한 요소보다 사회적 성취의 잣대인 돈과 지위, 명성 같은 물질적이고 허망한 요소를 더 가치 있게 여겼기 때문이다. 결국 나는 타인의 목표 달성에 기여하고 있었지만, 정작 내 꿈을 추구한 바는 없었다. 그렇게 수십 년 동안 해야 한다고 믿었던 일에 사로잡혀 마음의 소리에 귀를 기울이지 못했다. 그리고 그러한 사람은 나뿐만이 아니었다.

"수많은 사람이 조용한 절망의 삶을 살아간다."라는 헨리 데이비드 소로(Henry David Thoreau)의 유명한 말이 있지 않은가. 그의 말처럼 많은 이가 꿈의 추구를 목적으로 삼으며 살아가는 대신 현실에 안주하고 만다. 혹시 자신이 진정한 자신이 아닌 것 같다고 느낀 적은 없는가?

우리는 자신을 잃은 채 살아가다 결국은 인생의 기쁨을 잃은 채 지향성을 상실한 삶에 수반되는 절망감으로 불행해진다. 이처럼 지향성이 결여되면 자신의 삶을 속이는 데 많은 힘을 쏟으며, 결국 진정한 자신을 잃어버린다. 그리고 이는 번아웃, 탈진, 무기력 또는 감정 고갈로 이어진다. 이는 모두 내가 느낀 적 있는 것이었다.

사람들은 차, 집의 크기, 지갑의 무게, 사회적 지위, 팔로우하는 미디어 인플루언서, 옷으로 자아 정체성을 정의한다. 이렇게 '꿈꾸던 삶'이 물질적 기준으로 변질되면 결국 과거의 나처럼 가면을 쓰게 된다. 이에 자신의 실체를 도외시하면서 다른 이를 돕겠다는 이타적 야망 대신 이기적 야망을 추구한다.

그런가 하면 오늘날 자신의 꿈을 추구하기 위해 신념의 도약, 즉 도전을 시도하는 사람의 수가 점차 줄고 있다. 특히 새로운 기업가 정신의 시대로 나아가야 할 MZ 세대는 그러한 생각을 피하고 있다. 그리고 높은 학자금 및 개인 부채는 개인의 창업 도전 의지를 꺾는 요인으로 지적되곤 한다. 이에 전문가들은 미국에서만 1조 5,000억 달러로 급증한 학생 부채를 그 주요 요인으로 지적하고 있다.[1]

그러나 진짜 근본적인 문제는 다른 곳에 있다. 즉 사회적 규범의 체계적 착취에서 비롯된 무관심과 불안, 자기 의심, 순응 그리고 차등적 자격에 있다는 것이다. 오늘날 너무나 많은 사람이 타인의 기대에 부응하기 위해 매일 자신을 숨기며, 이에 따라 많은 에너지를 소모하고 있다. 결과적으로 우리 사회는 무관심, 자기만족, 절망, 그리고 돈과 안락함, 권력을 향한 이기적인 욕망이 불러온 이기주의에 점점 시들어 가고 있다.

따라서 이 책에서는 위와 같은 잘못된 체계의 제약에서 벗어나 흔들림 없는 지향성으로 삶과 커리어를 구축할 힘을 갖도록 하겠다는 것이다. 지향성이란 당신이 자아를 실현하고 삶의 의미를 찾도록 이끄는 내면의 하나된 외침이다. 이 책에서는 의미 있는 삶이 가능할 뿐 아니라 누구라도 실천할 수 있다는 선언을 통해 변화를 끌어내고자 한다. 이제 부디 힘께 목적성 있고 충민한 존재로 다시 태어나기 위한 여정을 시작해 보자.

♦ 무엇을 갈망하는가?

지난 7년 동안 나는 첨단 기술, 스포츠, 정부, 엔터테인먼트, 학문, 예술, 비즈니스 분야에서 큰 영향력을 가진 인물들이 자신의 잠재력을 어떻게 최대한 발휘할 수 있었는지 알아내고자 연구하며, 팟캐스트에서 그들 중 다수를 인터뷰하기도 했다. 이러한 연구와 인터뷰를 통해 의사 결정과 문제 해결에서 역경, 혁신, 행동 변화, 적응, 불안, 리더십에 이르기까지 저명한 인물의 공통적인 접근 방식을 발견하였다. 이러한 연구 결과는 내 경력에서 성공과 실패에서 얻은 개인적인 교훈과 함께 각 장마다 제시한다.

---

1   Mark Travers, "The Student Debt Crisis Is Crushing Entrepreneurship", Forbes, October 17, 2019.

궁극적으로 이 책에서 설명하고자 하는 원리는 우리 삶의 모든 측면에 적용된다. 이 원리 앞에 당신의 고향과 출신 학교, 지금까지 이루어 온 성취는 중요하지 않다. 과거의 실패는 과거에 불과하다. 진정한 충만함을 느끼는 유일한 방법은 더 이상 자신의 본모습을 숨기지 않는 것이다. 즉 가면을 벗고 자신을 스스로 사랑하고 아끼는 길을 선택하고, 꿈을 실현하기 위한 지향적인 행동을 일상에도 실천함으로써 진정한 자신을 세상에 드러내는 것이다.

중요한 진리를 전하고자 위에서 '지향적(intentional)'이라는 말을 의도적으로 선택했다. 단순히 존재하는 것을 넘어 진정한 삶을 위해 진실한 자아를 받아들이고, 내면 깊은 곳에 숨은 욕망을 드러내는 데 의식적으로 노력해야 한다는 것이다. 당신에게 삶의 목적을 추구하려는 확고한 의지를 불어넣고, 그 목적을 이루도록 이끄는 것은 바로 변함없는 지향성이다. 이 불굴의 길을 포용하자. 이 길에는 비범함을 풀어내고, 변함없는 매력으로 유혹에서 당신을 삶을 붙잡을 힘이 담겨 있다.

심리학자와 과학자, 실존주의 철학자는 우리가 존재의 조건을 자유로이 선택하고 진정한 목적을 발견할 수 있는가를 오랜 세월 동안 논쟁해 왔다. 그들의 사고 핵심에는 근본적인 의문이 존재한다. 그렇다면 우리에게는 자기 존재의 본질을 형성하고, 진정한 목적을 드러낼 자유가 있는가?

물론 한 특징이 변하지 않을 수 있고, 상황에 따라 한계에 치달을 수도 있다. 하지만 지향성을 계속해서 추구하다 보면 분명히 현실과 열망 사이의 간극을 메울 수 있다. 우리가 꿈과 열망이라는 영역에 점점 더 가까이 다가갈 수 있게 하는 것은 노력에 불어넣는 변함없는 지향성이다. 성장의 추구와 목표를 향한 흔들림 없는 노력은 우리가 부단히 추구하는 운명으로 이끄는 나침반이 되어 준다.

◆ 미래는 당신의 몫

우리의 신념 체계는 우리의 현재와 미래를 규정한다. 우리는 사고방식과 감정을 비롯한 생각과 의견이 습관화된다는 점을 인식해야 한다. 즉 오늘의 고민이 미래로 영원히 이어질 위험이 있다는 것이다. 물론 새로운 통찰을 구하고, 생각을 뻗어 낼 다른 길을 개척하며, 의식적, 계획적으로 변혁적인 여정을 시작하지 않는다면 말이다.

따라서 이 책을 통해 지구상에서 최고의 영감을 주는 사람에게서 체득한 교훈을 바탕으로 새로운 삶을 설계할 수 있는 정보를 제공하려는 것이다. 이러한 정보가 가득 담긴 이 책이 당신의 앞길을 비추며 목적, 성취감과 의미로 정의되는 삶으로 인도하기를 바란다. 이와 관련하여 미국의 제26대 대통령인 시어도어 루스벨트(Theodore Roosevelt)는 다음과 같이 말했다.

> 영광은 먼지와 피와 땀으로 범벅이 된 채 경기장에서 뛰고 있는 사람들의 몫이다. 용감하게 고군분투하고, 실수하며, 거듭되는 역경에 처한 사람들 말이다. 실수와 역경이 없다면 노력도 없기 때문이다. 그러나 실제로 노력을 실행에 옮기고, 위대한 열정과 노력의 가치를 이해하며, 가치 있는 대의에 자신을 바치는 사람은 최선의 경우 크나큰 성취라는 환희를 알고 있다. 설령 실패하는 최악의 경우라도 적어도 과감한 도전으로 실패한 것이다.

위와 같이 내면에 깊이 숨겨진 삶의 목적을 끌어올려 최고의 자아가 되기 위한 지향적인 의지력을 갖추자. 그러면 인생이라는 경기장에서 제대로 싸워 자신의 영역을 내세울 수 있다. 그러니 과감히 도전하자.

제1장

눈앞의 과녁에 집중하라

날마다 조금씩 자라나는 자유를 실천하는 사람은 그 자유를
조금씩 확장해 나간다. 그렇게 하지 않으면 말 그대로 '사는 동
안' 그 자유가 점차 축소되어, 결국 부모와 동료를 비롯하여 사
회가 쓴 각본에 따라 행동하게 된다.

│ 스티븐 코비(Stephen Covey) │

먼저 간단한 사고 실험으로 시작해 보자. 마음속으로 당신의 가장 원
대한 인생 목표 한두 가지를 떠올려 보자. 물론 종이에 쓰는 편이 더 좋
다. 이제 마음을 편안히 하면서 언젠가 현실로 발휘될 기회를 갈망하며
항상 마음속 깊은 곳에 꾸준히 자리하고 있는 꿈이나 갈망, 지향성, 목표
를 생각해 보자. 다 적었다면 뒤집어서 다음 질문에 답해 보자.

- 그 꿈의 실현을 가로막는 가장 큰 두려움은 무엇인가?
- 자신의 꿈을 추구하는 사람이 드문 이유는 무엇인가?
- 우리는 왜 진정으로 열망하는 목표를 향한 노력을 주저하는가?
- 직업과 상관없이 많은 사람이 현실에 안주하려는 이유는 무엇인가?

생각해 보자. 《좋은 기업을 넘어 위대한 기업으로(Good to Great)》의
저자 짐 콜린스(Jim Collins)에 따르면 위대한 기업은 거의 없으며, 진정으

로 영감을 주는 리더는 더 적다는 사실을 밝혀냈다. 한편 캐롤 드웩(Carol Dweck)은 《마인드셋(Mindset)》으로 많은 사람이 고정된 사고방식으로 살아가는 이유를 탐구하였다. 그런가 하면 케이티 밀크먼(Katy Milkman) 의 《슈퍼해빗(How to Change)》에서는 행동 변화를 위해 평생의 목표를 지향하는 삶에 수반되는 계획적인 노력보다 현실에 안주하기가 더 쉽다 는 사실을 발견했다.

그렇다면 왜 현실에 안주하기를 택할까? 이에 주변에서 지금으로도 "충분히 좋다."라고 말하며 만족하는 사람들을 떠올려 보자. 실제로 이 처럼 평범한 삶에 만족하는 사람들이 있다. 대다수 사람은 다음과 같은 인생의 길을 걷는다.

출생

초등학교 졸업

중학교 졸업

고등학교 졸업

대학 또는 직업학교 입학

안정적인 직장 구하기

내 집 마련

가정 이루기

주택 담보 대출 상환

은퇴

사망

이상의 인생 여정은 삶에서 이루는 것들을 지나치게 단순화한 것이 기는 하다. 따라서 위와 같이 흔하게 걸어온 길이야말로 내가 말하고자 하는 요점을 명확히 보여 준다. 즉 꿈을 추구하지 않는 삶이란 그리 특별 하지 않다는 것이다.

사회순환론(Social Cycle Theory)[2]에 따르면 '사회와 역사의 사건과 단

---

2   "Social Cycle Theory", The Lucian of Samosata Project, January 14, 2014.

계는 일정한 주기의 순환 속에서 반복'되며, 나는 우리가 새로운 순환의 중심에 있다고 믿는다. 산업화 시대에 들어 잘 버텨 내어 성공하기 위해 재교육이 필요했듯, 이는 정보화 시대도 마찬가지였다. 유일한 차이점이 있다면 정보화 시대에는 변화가 일어났음에도 체계는 동일하게 유지되었다는 것이다.

2016년 발표된 경제적 이동성 보고서[3]에서는 "1970년대 이후의 소득 불평등이 20세기 초반 이후에 들어 전례가 없던 수준으로 치솟았다. 지난 40년 동안 경제 규모는 2배 이상 성장했지만, 모든 배가 상승 조류를 탄 것은 아니다."라고 말한다. 여기에는 탐욕, 돈, 권력, 정치적 분열, 주식 투자 등의 문제라는 여러 원인이 있다. 그러나 이는 과거의 방식만으로 미래에 대비할 수는 없음을 의미한다.

한때 미국을 세계의 정점으로 이끌었던 활력과 불굴의 기업가 정신은 지난 30년에 걸쳐 서서히 쇠퇴하고 있다. 그동안 여러 연구에서는 다양한 방법으로 고성장 기업의 성과와 기업가 정신의 성장을 평가하였다.[4] 그러나 한때 전 세계가 열광했던 '아메리칸 드림'의 원형이 현재 위태로운 전환점을 맞이했다는 불안한 결론에 도달하였다.[5] 결국 아메리칸 드림은 잡을 수 없는 열망으로 변질되어 극소수만이 성취할 수 있을 뿐, 아무나 희망을 품을 수조차 없게 되었다. 이러한 점에서 전 세계적인 비상 상황에 직면했다고 믿는다.

이러한 현상을 카우프만재단(Kauffman Foundation)의 관점을 통해 살펴보자.[6] 카우프만재단은 창업 밀도(startup density)를 측정함으로써 카우프만 창업 활동 지수(Kauffman Startup Activity Index)를 발표하는 비영

3　Federal Reserve Bank of St. Louis and the Board of Governors of the Federal Reserve System, ed., "Economic Mobility: Research & Ideas on Strengthening Families, Communities & the Economy", Federal Reserve Bank of St. Louis, 2016.

4　Steve Denning, "Why U.S. Entrepreneurship Is Dying", Forbes, May 27, 2016.

5　"Is the American Dream Alive or Dead? It Depends on Where You Look", Economic Innovation Group.

6　"Ewing Marion Kauffman Foundation", Ewing Marion Kauffman Foundation, 2023.

리 기업가 정신 육성 기관이다. 이 재단에서 2021년에 발표한 보고서[7]에 따르면 2013년 창업 활동 지수는 지난 20년 이래 최저치를 기록했다. 또한 팬데믹 5년 동안 새로운 기업가들의 기회 점유율은 급락했다고 한다.

2019년에는 창업활동지수가 86.9%에서 2020년에 69.8%로 감소했는데, 이 감소 폭은 지난 25년, 아니면 그 이상의 기간을 상정하더라도 최대치에 해당한다. 한편 2021년 전체 인구 중 신규 창업 기업가 비율은 0.36%에 불과했다. 다음에 제시하는 2015년 카우프만 창업 밀도 그래프는 창업 밀도의 쇠퇴가 사실상 30년도 전에 시작되었음을 보여 준다.

[도표 1] 카우프만 창업 밀도[8] 그래프[9]

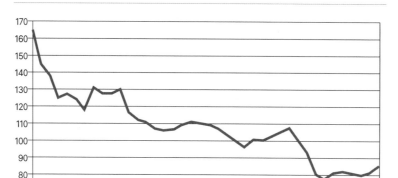

기업 1,000개당 스타트업 기업의 수를 보여 주는 해당 그래프의 선 모양은 우리의 예상과 달리 하키 스틱의 형태가 아니다. 창업 밀도는 1977년 카우프만재단이 이를 측정하기 시작한 이후 감소하는 추세이다.

7   Robert Fairlie, "National Report on Early-Stage Entrepreneurship in the United States (2021)", Ewing Marion Kauffman Foundation, March 1, 2022.

8   Ewing Marion Kauffman Foundation, "2017 The Kauffman Index: Startup Activity: National Trends", Ewing Marion Kauffman Foundation.

9   Judy Rider, "Do We Really Live in a Golden Era of Startups?" Crunchbase News, August 23, 2017.

성장지향성

한편 브루킹스연구소가 수행한 종합적인 연구[10]에서는 더 심각한 사실을 드러낸다. 이 연구 결과는 전체 기업 중 새로 등장한 조직의 비율을 측정한 지표인 창업률이 1978년 이후 거의 절반으로 급감했다는 놀라운 사실과 더불어 큰 반향을 일으켰다. 노동통계국이 발표한 차트에 생생히 드러난 우려스러운 감소 추이는 중소기업과 대기업 간 극명한 대비를 보여 준다.

한때 활기를 띠며 혁신과 경제 성장의 근원이 되었던 신생 중소기업은 2005년 이후 급격히 쇠퇴했다. 반면 직원 규모가 250명 이상인 대기업은 거침없는 상승세를 보이며 성장했다. 이 극명한 차이는 활기차고 도전적인 기업가 정신의 근간이 우리 눈앞에서 무너져 내리는 것 같은 불길한 변화의 흐름에 둘러싸인 경제 지형을 생생히 보여 준다. [도표 1, 2]는 현재 불안한 현실에 맞서 한때 우리가 살던 세상을 뒤집어 놓았던 혁신과 창의성, 위험 감수의 정신에 다시 불을 지펴야 하는 위급한 상황임을 깨닫게 한다.

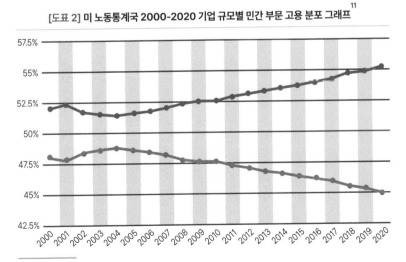

[도표 2] 미 노동통계국 2000-2020 기업 규모별 민간 부문 고용 분포 그래프[11]

10   Ian Hathaway and Robert E. Litan, "Declining Business Dynamism in the United States: A Look at States and Metros", The Brookings Institution, May 5, 2014.

11   "Private Sector Employee Distribution by Firm Size U.S. 2021", Statista, October 12, 2022.

이 통계에서 기업의 규모는 직원 수로 산정하였다. 2020년 기준 직원 규모가 250명 이상인 기업에서는 미국 민간 부문 노동력의 55.12%를 고용했다.

'세계적인 비상사태'라는 말이 다소 과격하게 느껴지겠지만, 이는 현실을 정확히 반영한 사실적 표현이다. 우리는 사회, 경제, 정치, 지리적 갈등의 심화, 경제적 부동성(economic immobility)[12]과 소득 불평등[13]이 전통적 가치와 신념을 단념하거나 바꾸게 하는 증거를 매일 목격하고 있다. 세계적 비상사태의 다른 주요 지표들은 직업 참여의 감소세가 증가한다는 데서도 관찰할 수 있다.

갤럽의 〈2022 세계 일터 보고서(State of the Global Workplace: 2022 Report)〉에 따르면 전 세계 정규직 근로자의 21%만이 일에 애정을 갖고 몰입하고 있다. 고용주 입장에서는 생산성 저하로 7조 8천억 달러에 달하는 비용이 발생한 것이다.[14] 또한 집단적으로는 밀레니얼 세대의 29%만이 직장에 다니고 있으며,[15] 전 세계 정규직 직원들의 약 80%가 직장을 싫어한다.

사무실 칸막이 안에 앉아 있는 나날은 항상 주말, 월말, 다음 휴가, 나아가 은퇴까지 그저 버텨야 할 하루에 불과하다. 월급은 아침에 침대에서 일어날 충분한 동기가 되지만 그 이상의 노력을 기울이도록 하지는 못한다. 그렇다고 해서 다른 직업을 찾거나 사업을 시작해야겠다고 마음먹을 정도로 낮은 편은 아니다. 따라서 많은 사람이 실제로 더도 말고 덜도 말고 '충분한 인내심'으로 마음이 시키는 일을 할 기회가 오기만을 기다리고 있다.

그러나 그 순간은 좀처럼 찾아오지 않고, 노력의 의미는 점차 사라져

12   Patrick Kesler, "Is the American Dream Alive or Dead?" Economic Innovation Group.

13   Patricia Cohen, "A Bigger Economic Pie, But a Smaller Slice for Half of the U.S.", New York Times, December 6, 2016.

14   Ryan Pendell, "The World's $7.8 Trillion Workplace Problem", Gallup, June 14, 2022.

15   Amy Adkins, "Millennials: The Job-Hopping Generation", Gallup.

가는 지점에 이른다. 그렇게 우리는 부정적인 상황을 조금이라도 나은 방향으로 타개하려는 시도에서 절망감을 느낀다. 그렇기에 우리는 현재 상황에 안주한다. 상황을 통제할 수 없다는 인식은 점차 행동으로 학습된다. 믿는 대로 이루어지는 법이라는 말과 같이 그러한 인식이 고착화되면 삶에서 기쁨이나 낙관을 경험할 수 없다.

많은 사람은 기쁨의 반대가 불행이 아니라는 점을 이해하지 못한다. 기쁨의 반대는 지향성이 부재한 삶이며, 이는 만성적인 절망으로 이어진다. 이처럼 무의미한 상태는 허무주의와 유사한 존재의 본질 자체가 모든 의미를 상실하는 심각한 상태이다. 이러한 상태는 우리의 삶과 일, 사회의 모든 영역에 서서히 스며들어 목적과 의미가 결여된 삶이라는 심연에 빠트린다.

이렇듯 서서히 퍼지는 고통의 영향은 매우 크다. 이는 부진함, 무관심, 외로움, 체념을 조장하고 삶의 목적에 대한 믿음을 약화시키며, 기쁨의 순간에 대한 기억을 퇴색시킨다. 이 심각한 변화는 그저 살아갈 뿐인 비참한 존재로 국한함으로써 당신이 원하는 삶에 닿지 못하게 한다. 이처럼 절망에 굴복하면 무관심이 당신의 주변 환경을 장악하고 일과 인간관계, 존재의 핵심과의 관계를 단절시킨다. 그렇다면 이러한 이야기는 어떻게 바꾸어야 할까? 매일 아침, 눈을 뜬 순간부터 우리 앞에 놓은 도전을 순수한 설렘으로 맞이할 방법은 과연 무엇일까?

오늘날 우리가 직면한 격차 가운데 가장 시급한 것은 기술적 분야이다. 대형 기관과 정부는 정보화 시대에 적응하지 못했고, 수백만 명이 아웃소싱, 자동화, 로봇, 인공지능으로 대체되는 냉혹한 현실과 씨름해야 했다. 그리고 불행히도 이러한 흐름은 더욱 심화될 전망이다.

수백만 명에 달하는 사람들은 새로운 체계에 적응하고, 능력을 발휘하는 데 필요한 기술을 배울 교육의 기회를 얻는 대안적인 방법이 시급하다. 이제는 우리가 인간으로서 학습하고 진화하도록 설계된 최고의 적응력을 지닌 존재라는 점을 인식해야 할 때다. 본질적으로 우리는 모두 변화를 수용하고, 빠르게 진화하는 이 세상에서 저마다 흔적을 남길 기회를 포착할 능력이 있는 새로운 교과서와 같다.

◆ 의외로 중요하지 않은 것들

마크 맨슨(Mark Manson)을 위시한 여러 선도적인 저자들[16]은 '부정은 긍정으로 가는 길'이라 주장한다. 그들은 독자에게 '성공으로 가는 단계별 체계는 모두 무시할 것'을 촉구한다.

이에 맨슨은 여러 글은 물론, 저서 《신경 끄기의 기술(The Subtle Art of Not Giving a F*ck)》과 《희망 버리기 기술(Everything is F*cked)》[17]을 통해 삶에서 긍정적인 것을 찾는 대신 부정적 경험을 견디고 수용하는 데 집중하라고 주장한다. 그는 성공이란 그저 사람들이 만들어 낸 것일 뿐이며, 실제로 존재하지 않는다고 믿는다.[18] 나도 다음과 같은 점에서는 맨슨의 의견에 동의한다.

- 다름에서 편안함을 느껴야 한다.
- 역경보다 더 중요한 것에 관심을 쏟자.
- 의도가 중요하다.
- 무조건적인 자신이 되어 무조건성을 보여 주자.
- 항상 관심을 둘 곳을 선택하자.

그러나 지향성과 목적이 삶과 커리어를 이끌어야 한다는 주제에는 더 이상 동의할 수 없다.

당신은 꿈을 이루는 삶을 바라면서 능력과 재능을 최대한 갈고닦으려 노력할 것이다. 그러나 일에 지향성이 없다면 목표를 결코 수행할 수 없다. 그렇게 되면 "주말까지는 일하라."라는 구호에 사로잡힌 전 세계 수많은 직장인과 다를 바 없는 노예가 될 뿐이다.

신경 쓰기의 중요성을 생각할 때면 나는 종종 스티브 잡스(Steve Jobs)의 명언을 떠올린다.

성장지향성

---

16   Mark Manson, "Screw Finding Your Passion", Mark Manson.

17   Mark Manson, "Articles", Mark Manson, February 21, 2023.

18   Mark Manson, "5 Mindsets That Create Success", Mark Manson, February 8, 2023.

> "일은 여러분의 삶의 대부분을 차지할 거예요. 그러니 삶에 만
> 족하는 유일한 방법은 여러분이 스스로 훌륭하다고 생각하는 일
> 을 하는 거죠. 그 멋진 일을 할 유일한 방법은 여러분의 일을 사
> 랑하는 것이고요."

잡스의 말에 담긴 핵심적인 메시지는 종종 간과되기도 한다. 그 핵심은 바로 첫 문장에 있다. 이러한 깨달음은 아무리 강조해도 지나치지 않다.

위와 관련하여 세계보건기구에서는 직업 건강에 대한 최대 규모 연구의 일부[19]를 통해 평생의 1/3을 일터에서 보낸다는 사실을 밝혔다. 그러면 잠시 생각해 보자. 우리가 잠자는 시간을 제외하고 삶 속에서 일보다 더 많은 시간을 할애한 활동은 없다. 만약 주말을 기다리며 매일을 허송세월했다면 그 시간은 도대체 무슨 의미가 있겠는가.

스티브 잡스는 그 사실을 일찍 깨달았고, 영광스럽게도 직접 만나서 연구하고 인터뷰했던, 성장이 이끄는 삶을 살아온 리더 역시 그랬다. 이러한 특징을 깊이 탐구할 것이다. 바로 여기에 일과 삶에 대한 우리의 시각을 바꾸는 데 도움이 될 귀중한 교훈이 있다.

지난 7년간 여러 리더를 인터뷰한 뒤 관찰, 연구하며 얻은 데이터와 통찰을 분석하면서 주요 개념을 도출해 냈다. 또한 오랜 연구 기간을 거쳐 결과에 영향을 미치거나 보편적 특징이 될 것이라 예상했던 요인들이 막상 생각보다 크게 중요하지 않다는 사실도 발견했다. 놀랍게도 이러한 역학 관계에서 성장이 이끄는 변화에 영향을 미치지 않는 요인에는 유전과 부, IQ, 학교 성적, 적성 그리고 출생지 등이 있었다.

위에서 언급한 요인이 평범한 인생에서 각 분야의 확고부동한 거물로 거듭나는 데 아무런 영향을 미치지 않는다고 생각해 보자. 그렇다면 그들이 두각을 나타내면서 성장을 따르는 삶을 살아갈 수 있는 비결은 무엇일까?

성장지향성

---

19   "Long working hours increasing deaths from heart disease and stroke: WHO, ILO", Joint News Release, World Health Organization, May 17, 2021.

앤절라 더크워스(Angela Duckworth)는 저서 《그릿(Grit)》에서 열정과 끈기가 결합된 '그릿'이 재능보다 더 중요하다는 결론을 제시했다. 그녀의 논리를 요약하면 다음과 같다.

> 여러 사람이 동일한 상황에 처했을 때, 각자의 성과에 영향을 미치는 것은 재능과 노력 단 두 가지뿐이다. 기술(skill)을 향상시키는 속도에 재능이 절대적으로 중요하다는 점은 이견의 여지가 없는 사실이다. 그러나 노력은 성취 계산식에 두 번이나 반영된다. 노력은 기술 향상의 기반이며, 동시에 기술에 생산성을 부여한다.

그리고 더크워스는 위의 내용을 다음과 같이 두 가지 공식으로 정리했다.

$$재능 \times 노력 = 기술$$
$$기술 \times 노력 = 성취$$

그녀는 미국 육군사관학교에서 그릿에 대한 연구를 시작하여, 학교를 졸업하는 생도와 중도 포기하는 생도의 차이를 조사했다. 그리고 수년간의 연구 끝에 그 차이는 바로 그릿에 있다고 결론지었다. 그릿이 그 결과를 결정하는 데 중요한 역할을 한다는 점은 부인하지 않겠다. 그러나 나는 직접적인 경험을 통해 그녀와 다른 관점을 제시하고자 한다.

나는 미국 육군사관학교 웨스트포인트와 비슷한 기관인 미국 해군사관학교를 졸업했다. 그리고 여단 명예대원단의 일원으로 기관 역사상 가장 큰 규모의 시험 부정행위 사건을 감독하는 직책을 맡았다.[20] 이 경험

---

20   JoAnna Daemmrich and Tom Bowman. "125 Kids Now Suspected as Exam Scandal Grows 6 Already Convicted of Cheating", Baltimore Sun, September 29, 2021.

으로 우리를 정의하는 것은 삶의 큰 사건이 아닌, 무한한 사소한 순간, 즉 매일 일어나는 사소하지만 중요한 선택과 사고방식 및 행동을 어떻게 바꾸는가의 문제가 가장 중요하다는 사실을 깨달았다. 이 깨달음은 내게 중요한 교훈이 되었다.

해군사관학교의 교육 목표는 생도를 도덕적, 정신적, 육체적으로 계발하고 의무와 명예, 충성이라는 최고의 이상을 심어주는 것이다. 웨스트포인트 생도와 마찬가지로, 해군사관학교 생도 또한 신중히 선택하는 방법을 배운다. 졸업 후 본인은 물론 다른 사람의 생명이 자신에게 달려 있기 때문이다.

일상적인 관점 속에서 해군사관학교 시절의 경험을 다시 생각하면서 공상가, 창작자, 스포츠 선수, 창업가, 게임 체인저를 연구하던 중 나는 불현듯 놀라운 사실을 깨달았다. 더크워스의 공식에는 반드시 포함되어야 할 값이 일관되게 빠져 있었던 것이다. 그것은 바로 지향성이다.

다시 말해 해군사관학교나 웨스트포인트를 졸업해 장교가 되듯 궁극적인 목표를 알고 있다면 일상 행동을 검토함으로써 목표 달성의 방해 요소를 파악, 근절해야 한다. 그리고 이를 가능케 하는 유일한 방법은 지향성이다. 그릿이 완벽하더라도 이를 계획적으로 활용하지 못한다면 역량을 최대로 발휘할 수 없다. 또한 궁극적인 목표, 즉 핵심 가치에 대한 지향성이 없다고 생각해 보자. 그러면 1994년 수백 명의 해군사관생도가 그랬듯 전기공학 기말고사에서 부정행위를 저지를 수도 있다.[21]

잠깐 화제를 다른 쪽으로 돌려 보자면, 글쓰기에서 연결어란 개념과 개념을 연결하는 단어나 구를 말한다. 글의 연결은 문단 내부 또는 문단 사이에서 일어난다. 이처럼 연결어는 서로 다른 주제나 내용이 서로 어떻게 연관되어 있으며, 독자가 글의 주제와 어떻게 연관되는가를 이해하는 장치이다. 즉 저자가 블로그 게시물과 논문, 책 등 독자에게 전달하는 여러 내용이 서로 어떻게 연결되며, 독자가 글에서 전개되는 전반적인 주제와 어떻게 관련되는가를 보여 주는 수단이다.

21   Tom Bowman, "Stalled by a Scandal, Admiral Is Reassigned", Baltimore Sun, September 29, 2021.

연결어와 같이 우리의 삶에도 인생의 중요한 사건을 연결하는 전환점이 있으며, 이는 본질적으로 우리의 지향과 관련되어 있다. 그것이 악의, 선의, 욕망, 의미, 걱정, 의심, 성취감, 좌절, 인생의 방향 중 무엇이라도 상관없이 모든 것은 우리가 거의 신경 쓰지 않는 일상의 사소한 선택에서 결정된다.

그렇다. 더크워스의 관찰대로 그릿이 사관학교 생도들의 졸업 여부를 가른 핵심 속성 중 하나라는 점은 맞다. 그렇지만 그릿보다 중요하진 않더라도 그만큼 중요한 속성이 있다. 바로 지향성이다.

지향성은 인생에서 목표의 중요성을 이해하고, 목표를 달성하기 위한 행동과 그 방식을 따르도록 한다. 또한 당신의 목표가 아닌 것 또한 깨닫게 한다. 이에 따라 스스로 열망을 더 명확히 이해함으로써 집중력과 시간을 어디에 쏟아야 하는지 파악하는 데 도움을 준다. 이러한 지향성의 역할은 자아 실현에 성공한 사람과 성취만 이룬 사람의 차이를 만든다.

팟캐스트에서 더크워스와 함께 '선을 위한 행동 변화 프로그램'을 공동 설립한 케이티 밀크먼(Katy Milkman)과 인터뷰할 때였다.[22] 그때 나는 "강한 그릿을 가지고 있더라도 지향하는 방향으로 이끌어 갈 방법을 모른다면 궁극적인 목표에 도달하지 못할 것이라 생각해요."라고 말한 적이 있다. 이에 밀크먼에게 그 말에 대한 의견과 함께 더크워스라면 어떻게 대답할지, 그리고 행동 변화에서 지향성이 얼마나 중요하다고 생각하는가를 물었다. 밀크먼은 다음과 같이 답했다.

22   John R. Miles and Katy Milkman, Ph.D., "Creating Lasting Behavior Change for Good", podcast, Passion Struck.

제가 아는 앤절라라면 그릿이 유일한 요인이라고 하지는 않을 것 같습니다. 그릿은 성공에 중요한 요소의 일부이며, 그녀가 연구해 온 주제일 뿐이죠. 그리고 그녀는 스탠퍼드대학교의 뛰어난 심리학자 제임스 그로스 박사와 상황 수정을 다룬 수많은 연구를 수행했습니다. 그래서 그녀는 상황 수정 또한 성공에서 매우 중요한 요소로 본다고 생각합니다. 상황 수정은 기본적으로 지향성을 의미합니다. 즉 자신의 상황이 목표를 뒷받침하지 못하면 이를 수정해야 한다는 인식이죠.

밀크먼은 함께 아래에 제시한 바와 같이 위의 내용을 부연하였다.

이런 점에서 더크워스는 목적을 파악하고 그 목적에 접근하는 최적의 방법을 이해하도록 하는 지향성이 성공의 또 다른 중요한 요소라는 데 동의할 겁니다. 그건 저도 마찬가지고요. 또한 제가 《슈퍼 해빗(How to Change)》을 쓴 이유이기도 합니다. 저는 과학이 우리에게 많은 통찰을 주었지만, 지향성과 목표가 많은 대중에게 명확히 전달되지 않았으며, 최적의 사용 사례에 대한 한계 등 부족함이 있다고 느꼈습니다. 그렇기에 앤절라와 저는 당신의 주장에 동의합니다.

나는 이상의 경험과 관찰을 통해 자아 실현에 성공한 사람과 그렇지 못한 사람의 차이에 대한 이론을 정립했다. 때때로 이를 혼자 궁리하면서도, 대부분은 동료나 가족의 반응을 살펴보면서 이 이론을 검증하고자 방대한 양의 도표와 비교 자료를 정리하여 데이터를 검토하며 보냈다. 그 결과 더크워스의 연구에 한 가지 중요한 요소를 추가해 간단한 방정식을 두 가지 도출했다.

열정 × 끈기 = 그릿

그릿 × 지향성 = 자아 실현

자아 실현의 심리학 이론에 따르면, 자아 실현은 동일한 상황이라도 열정, 끈기, 지향성에 좌우된다. 그릿, 즉 기질의 힘은 여기서 절대적으로 필요한 요소이다. 그러나 그것만이 전부는 아니다.

또한 열역학 제2법칙은 자연의 가장 근본적인 법칙에 해당하는바, 에너지의 변환 또는 전달 과정에서 점점 더 많은 에너지가 소모된다고 설명한다. 그리고 어느 고립계라도 에너지가 주입되지 않으면 엔트로피를 향해 움직인다.[23] 다시 말해 목표가 있다면 원하는 결과를 얻기 위해 인생의 사소한 선택의 과정에서 목표 달성을 위한 에너지를 투입해야 하며, 그렇지 않으면 관성에 부딪힌다는 것이다. 지향성을 갖추는 일은 곧 우리의 사고방식과 신념, 행동을 성격, 목표, 핵심 가치에 맞추어 방향을 설정한다는 것이다.

그리고 그것이 바로 성장을 따르는 상태이다. 이는 도착점이 아니다. 그러한 상태는 최선의 자아를 실현하기 위해 자신의 모든 것을 동원하면서 끊임없는 노력을 추구한다. 그리고 이를 통해 인류의 수준을 높이는 데 기여할 수 있다. 이는 곧 열정과 끈기, 지향성을 통해 자아 실현으로 나아가는 여정인 것이다.

본질적으로 성장을 따르는 사람들은 자신의 목표에 뜨거운 의지를 갖고 있다. 따라서 그들은 목적을 이루기 위해 그릿과 지향성을 끝까지

23   Jim Lucas, "What is the second law of thermodynamics?" Live Science, February 7, 2022.

집요하게 추구하며 노력한다. 이 과정에서 닥칠 재정과 평판, 커리어의 위험을 기꺼이 감수하면서 말이다. 성장에 빠진 사람들은 사회에 영향을 미치는 새로운 문제를 해결해 낸다. 그들은 계획적으로 자신의 가치를 자신에게 가장 큰 행복감을 주는 것과 일치시키기 때문이다.

◆ 목표를 향한 집념

널리 알려진 저명한 리더라면 지향성이라는 키워드에 더 이상 관심을 두지 않으리라 생각할 것이다. 하지만 요즘 세계적으로 가장 큰 영향력을 발휘하는 리더들을 직접 만나 온 만큼 내 말을 믿어 주기를 바란다.

지향성이 리더의 관심 밖이라는 사실은 더 이상 사실이 아니다. 오히려 리더는 자신의 일에 집요하게 매달린다. 더 정확히 말하면 이러한 유형의 사람은 해결하려는 문제에 고집스럽게 주의를 기울이며 살아간다. 이러한 집착은 문제를 해결하기 위해 기꺼이 밤을 새고 온 신경을 쏟게 하며, 장애물이나 수많은 실패에도 좌절하지 않고 열망을 달성하는 동력으로 작용한다.

2010년 세일즈포스(Salesforce) 창립자 마크 베니오프(Marc Benioff)를 만난 뒤, 나는 마침내 성장을 따른다는 것이 과연 무엇인지 그 의미를 구체적으로 이해할 수 있게 되었다. 운 좋게도 몇 년 동안 그와 함께 전 세계를 순회하며 클라우딩 컴퓨터의 힘을 홍보하면서 많은 시간을 보낼 수 있었던 덕분이다. 어느 날 나는 세계 최고의 고객 관계 관리(Customer Relationshop Management, CRM) 소프트웨어 및 클라우드 컴퓨팅 기업 창업의 원동력은 무엇인지 물었다. 이에 그는 흥미로운 답변을 내놓았다.

> 세일즈포스를 창립하기 전까지 제 경력은 정말 좋은 편이었어요. 대학 시절에는 스티브 잡스 밑에서 인턴으로 일했고, 대학 졸업 후에는 오라클에 입사했죠. 그리고 4~5년 동안 일에 몰두하면서 영업과 마케팅, 제품 개발 부문에서 다양한 역할을 수행

했습니다. 이에 23살 때 '올해의 오라클 신입사원(Oracle Rookie of the Year)'으로 선정되었고, 25살 무렵에는 백만장자가 되었어요. 그리고 1년 후에는 부사장 자리에 올랐습니다.

베니오프가 오라클에서 그토록 뛰어난 성공을 거두었음에 놀란 나는 다음으로 "그래서 어떻게 되었나요? 왜 회사를 그만두었습니까?"라는 뻔한 질문을 던졌다. 이에 마크는 잠시 생각하더니 놀라우리만치 간결한 답을 내놓았다. 그는 "제 일에 열정을 느끼지 못했습니다. 열정을 추구하지 못하면 행복도, 성취감도 느끼지 못할 것 같더군요."라 답했다. 더 자세한 이야기를 요청하자, 그는 다음과 같이 말했다.

> 오라클에서 13년을 근무했는데도 여전히 성취감을 느끼지 못해서 다른 일을 시도해 보고 싶었습니다. 하지만 뭘 해야 할지는 몰랐어요. 그래서 오라클 창립자이자 CEO인 래리 엘리슨(Larry Ellison)에게 휴직을 요청했습니다. 그리고 그다음 해부터는 여행으로 대부분의 시간을 보냈습니다. 특히 하와이에서 많은 시간을 보내며 명상을 깊이 공부했지요.
>
> 그리고 명상의 힘을 활용해 진정한 열정을 불러일으킬 아이디어를 찾아내고자 했습니다. 그래서 몇 시간이고 한자리에 앉아 소프트웨어 업계의 문제를 곰곰히 생각했습니다. 돌고래 떼와 어울려 수영한 뒤 문득 이런 생각이 들었습니다. 어째서 소프트웨어 회사들은 자사 제품을 클라이언트의 서버에 강제로 설치할까? 만약 고객이 브라우저만으로 언제 어디서나 중앙집중형 클라우드 기반 서버의 애플리케이션에 접속할 수 있다면 어떨까? 즉, 소프트웨어를 제품이 아닌 서비스로 판매할 수 있다면 어떨까?

바로 이거였다. 베니오프는 내가 그토록 찾던 열쇠를 찾아 주었다. 그의 열정적인 집요함은 큰 차이를 만들어 냈다. 오랜 시간을 신중히 고민한 끝에 베니오프는 자신의 목표인 클라우드 컴퓨팅을 찾아냈다. IT 버블을 비롯한 수많은 좌절, 옛 상사 엘리슨을 비롯한 수많은 갈등과 끝없는 희생을 거친 끝에 그는 세계에서 가장 유명한 소프트웨어 서비스 회사를 창립했다. 그 이유는 무엇인가? 바로 성장 지향성에 몸을 맡겼기 때문이다.

마크 베니오프의 사례는 성장의 힘을 완벽하게 보여 주며, 지향성을 토대로 인생을 살아가는 자가 다른 이보다 앞서는 이유를 설명해 준다. '열정으로 경력을 쌓지 말라.'라는 마크 맨슨의 모토를 따른다면 우리 시대 혁신가의 수는 훨씬 적었을 것이다. 그리고 마크 베니오프 같은 사람도 존재하지 않았을 것이다. 그저 높은 연봉과 만족스러운 직장에 안주하며, 회사에서 자신의 안위를 위협하는 일은 하지 않았을 것이다.

그러나 마크 베니오프는 목적에 따라 열정과 끈기, 지향성으로 대담한 결정을 내렸다. 그리고 그 결정은 지금까지 베니오프에게 끊임없이 긍정적인 결과로 돌아왔다. 그러나 모든 사람이 이러한 결정을 내리는 것은 아니다.

◆ 성장의 단계

당신에게도 성장 지향성이 이끄는 삶을 살 자격이 있다.

성장이라고 하면 으레 리처드 브랜슨(Richard Branson)이나 오프라 윈프리(Oprah Winfrey), 스티브 잡스를 비롯한 이들의 큰 성공을 떠올린다. 따라서 괴리감이 들면서 자신에게는 그만한 지향성이 없다는 잘못된 생각을 하기 십상이다. 그러나 지향성을 그리 거창하게 생각할 필요는 없다. 유명한 억만장자가 되어야 할 필요는 없으며, 그것이 지향성의 참된 의미는 아니니 말이다.

내면의 목소리에 귀를 기울이고 내일의 성장을 추구하며, 자유를 키워 가는 사람으로 변화하는 여정에 첫발을 내디딜 준비가 되었는가? 그렇다면 아래의 그림을 성공의 로드맵으로 활용하자. 이것은 최고의 성과를 거둔 이에 대한 연구와 30년 동안 쌓인 커리어를 토대로 성취를 이루는 방법에 대한 깨달음을 바탕으로 7년에 걸쳐 만든 프레임워크이다.

다음 12단계 프레임워그는 성격 및 신념과 관련하여 목표를 달성하는 데 필요한 여섯 가지 구체적인 사고방식 변화와 여섯 가지 근본적인 행동 변화로 구성된다. 사람에 따라 초반에는 어려움을 겪기도 하고, 후반에 갑작스럽게 깨달음을 얻을 수도 있다. 이 단계에는 순서가 있지만, 때로는 그 절차가 동시에 나타나기도 한다. 또한 이 체계는 당신보다 앞선 리더가 지향적인 삶을 위해 따랐던 과정이다. 따라서 이 여정은 개개인의 모든 과정을 뒷받침할 수 있다.

[도표 4] 지향적인 삶을 위한 성장 프레임워크

제1부에서는 위에서 여섯 단계에 걸친 사고방식 변화를 설명한다.

❶ 목표 탐색자
❷ 브랜드 재창조자
❸ 해충 방역자
❹ 두려움 대응자
❺ 관점 확장자
❻ 행동 창조자

뒤이어 제2부에서는 성장을 따르려는 사람들에게 필요한 지향적 행동 변화를 자세히 설명한다.

❶ 불안 관리자
❷ 독창성 수용자
❸ 경계 확장자
❹ 외부적 동기 부여자
❺ 정원사형 리더
❻ 계획적 참여자

그리고 제3부에서는 '발전의 심리학'을 통해 그 변화를 삶에 적용하는 법을 탐구하겠다. 먼저 억만장자 짐 맥켈비(Jim McKelvy)를 분석하도록 하겠다. 이름이 낯선 이를 위해 설명하자면 짐 맥켈비는 현대의 기업가이자 예술가로, 금융 서비스 플랫폼 스퀘어(Square)와 비영리단체 론치코드(LaunchCode)를 공동 창립하였다. 현재는 인비저블리(Invisibly)라는 새로운 벤처 기업에서 근무 중이다. 그의 지향적인 집요함의 결과는 현재 출판 산업의 패러다임을 뒤흔들고 있다.

그리고 저마다 비범한 성과를 이룰 잠재력을 타고났다는 사실을 인식하는 일은 중요하다. 그러나 성장을 따르는 사람으로 변모하는 과정은 자신감이 결여된 소극적인 사람을 위해 마련된 길이 아님을 이해하는 것이 무엇보다 중요하다. 이 길은 자기 개선에 대한 흔들림 없는 노력과 목표를 추구하는 확고한 마음가짐을 요구한다. 성장을 따르는 길은 각자에게 크나큰 노력과 변함없는 주도성을 요구한다는 점에서 모든 이에게 적합하지는 않다.

그렇기에 마크 베니오프 같은 사람은 드물다. 그럼에도 이 책에 담긴 원리를 받아들인다면, 당신도 개인 또는 비즈니스에서의 성과를 전례 없는 수준으로 높일 수 있는 정보를 바탕으로 결정하는 법을 알게 될 것이다. 그러니 변함없는 결단력과 지향성으로 열정을 키워 나가며, 끈기 있게 추구함으로써 자신의 이야기를 재구성할 힘을 수용하자. 이를 매일 진전을 이루는 확실한 힘으로 삼는다면, 당신의 삶에 목적과 성취감을 불어넣는 원동력이 될 것이다.

또한 성장 지향성을 수용함으로써 꿈을 추구하는 여정의 나침반을 만들어 보자. 그리고 그 찬란한 빛으로 당신을 목적과 성취, 자아 실현의 미래를 향하도록 인도하자. 이 책에 소개된 리더처럼 나 역시 성공을 거두면서 나만의 돌파구를 경험했지만, 심각한 좌절도 겪었다. 결국 삶의 척도는 우리의 선택이 좌우한다. 이뿐 아니라 선택은 미래를 마주하면서 자신의 존재 이유를 인식하고, 지향성 있는 삶을 위한 결심을 확고하게 다지는 데 필수적인 요건이다.

지금까지 말한 바와 같이 삶의 마지막에 다다랐을 때, 당신이 평생에 걸쳐 한 일은 후대에도 지울 수 없는 흔적을 남긴다. 이를 얼마나 중요하게 여길지는 당신의 결정에 달렸다. 이에 '선택과 실천으로 어떤 목표라도 이를 지향하며 노력하라. 위태로운 길이라도 발걸음을 내디디고 두려워하는 일에 도전하면서 물러서지도, 지나치게 고민하지도 말라.'라는 내 모토는 단순하지만 강력한 힘을 발휘한다.

그렇다면 이제 상상해 보자. 결단력 있는 자세로 미지의 세계를 향해 나아가며, 두려움에 발목 잡히지 않고 지향성에 따라 결정을 내리는 리더가 없다면 세상은 어떤 모습일까? 세상을 바꾼 변화와 그에 따른 영향이 움틀 수 있었던 이유는 위대한 사상가와 산업계 선구자의 선지적 행동과 혁신적인 사고방식 덕분이었다. 이처럼 그들이 경이로운 업적을 이룰 수 있었던 까닭은 무엇일까?

그들은 사고방식과 행동을 근본적으로 변화시키는 과정으로 그만한 성과를 이루어 낼 수 있었다. 혹시 두려움이 날카로운 칼날처럼 당장이라도 우리를 공격할 것 같다고 생각하는가? 분명히 그렇다. 만반의 준비가 되었다고 느낄 때조차도 두려움을 느끼는 것은 지극히 당연하다. 그러나 막상 열정과 끈기, 지향성으로 두려움에 맞선다면, 두려워할 것은 애초에 없다는 사실을 곧 깨달을 것이다.

이 장의 도입부에서 당신의 꿈이 실현되는 것을 방해할 정도로 가장 심각하게 두려워하는 것을 적어 보라고 한 바 있다. 이제 당신에게 질문을 던지고자 한다. 두려움이 당신을 가로막도록 놓아둘 것인가. 아니면 그에 맞서 극복할 것인가?

세상과 더불어 우리가 사랑하는 사람, 그리고 자신에게 주어야 할 가장 큰 선물은 우리가 선택한 영향력임을 명심하자. 이 목표를 그 무엇도 방해하게 두어서는 안 된다.

성장지향성

제1부

사고방식의 변화

나를 바꾸는 생각

제2장

인생 설계의 과학

열정은 에너지이다. 당신을 들뜨게 하는 일에 집중할 때 흘러
드는 힘을 느껴라.

| 오프라 윈프리(Oprah Winfrey) |

무관심은 성장의 적이다.

우리는 사회적 인간으로서 종종 변화를 꺼리는 군중 심리에 휩쓸리
기도 한다. 이는 낚시꾼이 물고기 떼를 보고 행운의 기회를 포착한 것과
비슷하다. 그 물고기 떼처럼 수많은 사람이 현 상태에 도전할 엄두를 내
지 못하고 삶이 흘러가는 대로 표류한다. 그들은 내면 깊은 곳에서 더 많
은 것을 이루어야 한다는 사실을 알고 있음에도 당장의 소박한 목표를
달성하면서 편안한 삶을 누리려 한다.

우리는 성공을 꿈꾸며 거물급 사업가와 기업가, 스포츠 스타에게 찬
사를 아끼지 않는다. 하지만 정작 그들이 본질적으로 우리와 크게 다르
지 않다는 사실은 깨닫지 못한다. 그들은 그저 다른 일을 할 용기를 발휘
했을 뿐이다. 그렇게 목표를 찾고 성장을 추구함으로써 각자의 비전을
현실로 이룰 수 있었다.

또한 그들도 당신과 마찬가지로 목표 의식을 간절히 바라면서 성장

지향성으로 가득 찬 삶을 갈망했다. 그리고 그들은 실패와 미지의 세계에 대한 두려움을 극복하고 성장의 여정에 첫발을 내디뎠다. 세월의 흐름에 따라 아무것도 하지 않은 채 현실에 안주하는 다수와 다르게 말이다. 이처럼 그 사람들이 앞으로 진전을 이룰 수 있었던 동력은 심오하고도 근본적인 목표 의식이었다. 그들은 새로운 문제의 해결에 착수하여 그 문제를 개인의 것으로 받아들였으며, 저마다 비전이 현실로 이룰 때까지 만족하는 법이 없었다.

몇 년 전, 나는 대기업 임원으로서 중요한 직책을 맡고 있었다. 주변에는 각 분야의 전문가이면서 역량이 뛰어난 사람으로 가득했다. 이때의 경험이 분명 많은 것을 배울 수 있는 소중한 시간이었다는 사실은 부인할 수 없지만, 마음속 깊은 곳에서 계속되는 불편함은 지울 수 없었다.

그렇게 일은 더 이상 활력을 주지 못했고, 나는 끝없는 성장과 자기 발견의 영역을 갈망하기 시작했다. 깊은 성찰을 통해 진정으로 야망이 있는 사람이라면 지금 같은 상황에서 무엇을 할 것인지 곰곰이 생각했다. 그러면서 커리어 코치에게 조언을 구해야겠다는 생각이 떠올랐다.

물론 그때는 인생 최고의 결정이 될 것이라고는 생각지도 못했다. 자아 탐색의 시간에 코치는 상징적 이미지를 통해 내면을 돌아보게 했다. 그는 나에게 삶의 장인이 되어 인생을 여러 개의 다리로 지탱하는 스툴 의자가 되는 상상을 해 보라고 말했다. 여기서 중요한 깨달음을 얻었다.

의자는 여러 개의 다리로 지탱되는 구조였지만, 내 것에는 실질적으로 하나의 다리, 즉 끈질긴 노력만 있었던 것이다. 덕분에 나는 생활에 필요한 물질적 요건을 충족할 수 있었지만, 전인적으로는 풍요로워지지 못해 번아웃과 지향성 상실에 이르렀다. 무관심하고 무기력해 희망이 없는 상태가 되어버린 것이다.

따라서 코치는 내 '삶의 의자'에 또 다른 다리를 더해 보라고 권했다. 정확히는 "새로운 다리를 여러 개 더해 보세요!"라고 말했다. 이에 나는 할 말을 잃었다. 그런 관점으로는 단 한 번도 생각해 본 적이 없었기 때문이다. 그 말은 내 삶을 바라보는 전혀 새로운 방식이었다. 이를 통해 내가 바라는 방식으로 삶을 설계한다면, 이따금 일터 밖에서보다 삶의 모든 영역에 성장 지향성을 불어넣을 수 있다는 사실을 깨달았다.

나는 그 깨달음에 고무되어 삶의 다양한 측면, 즉 정서적 건강, 신체적 건강, 정신적 건강, 영적 건강, 그리고 건강한 관계를 상징하는 5개의 스툴 다리를 만들어 냈다. 이들 다리의 상징은 사람마다 다 다르겠지만, 나의 경우는 삶에서 어딘가 막힌 것 같음을 느낄 때, 그 부분을 명확히 파악해야 함을 보여 주기 위한 것이다.

관점의 변화는 다른 삶을 설계하는 힘이 나에게도 있음을 깨닫게 한다. 이는 내면을 깊이 파고들어 성장을 원하는 영역을 파악하고, 변화를 이루기 위한 결단력을 끌어모으도록 촉구하는 메시지였다. 이렇게 인생의 모든 면에서 목표를 탐색하겠다는 생각이 자리 잡으면서 나는 새로운 목적의식과 성취감을 향해 나아가기 시작했다. 다르게 행동하는 힘은 누구에게나 있으며, 이를 발굴하고 활용하여 목적의식과 기쁨, 의미 있는 영향력으로 가득한 삶으로 바꿀 수 있다. 이제부터는 인생을 설계하는 과학을 살펴보도록 하겠다.

◆ 성공의 마인드

인생 설계는 목표 탐색과 어느 정도 비슷하다. 곧 현재와 미래의 삶을 고찰하고, 관계와 커리어, 웰빙 등 중요한 영역에서 목표를 설정하여 가치관과 열망에 따라 구체적인 삶을 만들어 나가는 능동적인 과정이다. 이는 각자 미래의 목적을 탐색하고, 이를 실생활에 조화롭게 반영하는 역동적인 프레임워크로 작용한다.

심리학자 윌리엄 데이먼(William Damon)의 깊이 있는 연구[24]에서는 성취감을 느끼는 삶에서 목적 개발의 중요성을 강조한다. 그의 포괄적인 연구에 따르면 목적은 자기 성찰과 탐색, 그리고 자신의 핵심 가치와 성장 지향성에 부합하는 목표를 달성하고자 전력투구하는 행동을 통해 생겨난다. 저마다 인생 설계의 원칙을 수용함으로써 가장 깊은 가치관을

---

24   William Damon, The Path to Purpose: How Young People Find Their Calling in Life (New York: Free Press, 2009).

반영하면서 진정한 성취감을 가져다줄 삶을 만들어 나갈 수단을 얻는다.

UCLA 앤더슨경영대학원 소속의 저명한 행동과학자이자 미래 자아 연구 전문가인 할 허시필드(Hal Hershfield)를 팟캐스트에 초청하여 인생 설계를 주제로 이야기를 나눈 적이 있었다. 그때 나는 목적의 부재가 미래 자아에 미치는 영향과 미래에 대한 두려움에서 벗어나 목적을 성취하는 방법에 관하여 심도 있는 질문을 던졌다.

허시필드는 그 질문이 궁극적으로 '큰 이유(big why)', 즉 우리의 열망과 행동의 원동력을 중심으로 전개된다고 설명했다.[25] 명확한 목적의식이 없다면, 미래 자아가 머물기 원하는 곳을 상상하기 어려워진다. 이는 미래에 더 많은 돈을 벌기를 원하면서도 그 돈을 어떻게 사용할지 명확한 계획을 세우지 못하는 것과 비슷하다. 허시필드는 이상의 내용을 다음과 같이 설명했다.

> "암묵적으로 더 큰 그림을 염두에 두는 목적이 있다면 미래의 자신이 무엇을 하고 있을지 상상하는 데 매우 도움이 될 수 있습니다. 그리고 지금 하고 있는 일이 자신에게 어떤 영향을 미칠지 더욱 깊이 생각하는 것도 중요합니다."

위와 같이 더 큰 목적을 염두에 두면서 미래의 자아를 더욱 구체적으로 상상한다면 현재의 선택이 자신에게 어떤 영향을 미칠까를 생각하게 된다. 이처럼 목적을 깊이 이해하고, 현재의 행동이 미래의 자아에 어떻게 작용하는가를 고려함으로써 우리는 성취를 향한 변화의 여정을 시작한다. 그리고 이를 통해 더욱 지향적이고 의미 있는 미래를 만들어 갈 수 있다.

마틴 셀리그먼(Martin Seligman)과 캐럴 드웩 등의 연구자가 주도하는 긍정 심리학 연구도 지향적인 삶의 설계가 웰빙과 성취감 증진에 중요한 역할을 한다는 견해를 뒷받침한다. 셀리그먼의 긍정 심리학은 개인의 강

---

25   John R. Miles and Hal Hershfield, "How You Embrace Your Future Self Today", podcast, Passion Struck.

점을 활용하고 의미와 성취감을 높이는 활동 참여의 중요성을 강조한다.

한편 드웩의 획기적인 사고방식(mindset) 연구[26]는 성장 마인드셋을 강조한다. 이러한 사고방식의 소유자는 자신의 성장 및 발전 가능성을 믿기에 삶의 목적을 추구하는 과정에서 맞닥뜨리는 도전을 받아들이며 끈기를 발휘할 수 있다.

이상과 같이 지향적인 탐색과 목표 설정 과정을 통해 인생을 설계하는 사람들은 가치관과 성장 지향성, 목적과 일치하는 행동을 통해 결정을 내린다. 그들은 진정한 자아와 일치하는 삶으로 나아가도록 신중하게 선택한다. 이처럼 지향적인 접근은 외부의 압력이나 사회적 기대에 휩쓸리지 않으면서 자신이 진정으로 중시하는 것을 앞세울 수 있도록 한다.

인생 설계는 구체적인 계획 수립에서 원하는 결과를 얻기까지 실행 가능한 단계를 밟는 과정으로 구성된다. 사람은 저마다 자신의 비전을 실현하는 데 필요한 자원과 기술, 조력자를 파악한다. 인생을 설계하는 사람들은 목표를 적극적으로 추구함으로써 삶의 주체성과 주인 의식을 키우고, 행복과 성취는 자신에게 달려 있다는 책임감을 수용케 한다. 이제부터 인생 설계 및 변화와 새로움에 도전하는 힘과의 연관성을 깊이 탐구해 보자.

◆ 새로움에 도전하라

오늘날 디지털 세계는 그 어느 시대보다 경쟁이 치열하다.[27] 그럼에도 중소기업에서 대기업까지 모두 익숙한 아이디어와 절차, 비즈니스 방식을 고수하는 경향이 많다. 관성이 작용하는 것이다. 사업체나 업계에서는 저항을 최소화하기 위해 명문화되지는 않았지만, '항상 그렇게 해 온' 규칙이나 지침을 따른다.

26   Jeremy Sutton, Ph.D., "18 Best Growth Mindset Activities, Worksheets, and Questions", PositivePsychology.com, October 27, 2021.

27   Klaus Schwab, "The Global Competitiveness Report 2019", World Economic Forum.

맥킨지 글로벌연구소(McKinsey Global Institute)의 최근 연구에서는 AI와 자동화 도입이 전 세계 노동력의 약 1/5에 영향을 미칠 것이며, 그 중에서도 영국, 독일, 미국 등 선진국이 가장 큰 영향을 받을 것이라는 전망을 내놓았다. 또한 2022년에는 선진국 내 기업의 절반가량이 자동화 도입으로 정규직 인력이 감소하고, 2030년까지는 전 세계적으로 8억여 명의 노동자가 로봇으로 대체될 것이라 예상했다.[28]

사회와 직장 환경의 변화가 임박한 현시대에서는 개인적, 직업적 발전에 대한 갈증을 끈기 있게 키워 가는 것이 중요하다. 새로운 지식과 기술을 수용하고 연마하며, 끊임없이 진화하는 환경에 적극적으로 적응하는 학습 마인드를 세우는 것이야말로 변화의 물결 속에서 목표 탐색자로서 번창할 수 있는 열쇠이다. 이러한 시대에 성공하기 위해서는 현실에 안주하지 않고, 능력을 꾸준히 발전시키는 데 전념해야 한다. 즉 새로운 기술을 꾸준히 배우면서 새로운 환경에 적응하려는 지향성이 필요한 것이다.

변화의 여정을 시작하기에 앞서 명심해야 할 점은 성장을 따르는 사람이라면 익숙함과 현실에 안주하라는 유혹에 굴복해서는 안 된다. 현상 유지에 만족하는 삶은 목적으로 가득하고 끊이지 않는 열망으로 불타는 삶과 근본적으로 양립할 수 없다. 누군가는 지금의 상황에 순응하며 위안을 얻기도 하지만, 진정으로 성장을 따르는 사람들은 그보다 더 큰 가치를 갈망한다. 그들은 평범함에 안주하지 않고, 자신의 기대를 뛰어넘기 위해 지칠 줄 모르는 노력을 쏟으며 가능성의 경계를 확장한다.

다행히도 많은 사람이 단순한 평범함에 안주하지 않으려 한다. 이런 사람들은 매일 아침 깊은 목적의식에 따라 자신의 삶을 설계하기를 갈망하며 삶의 궁극적 목표를 향해 끈질기게 나아간다. 이들은 전통적인 규범에 도전하며 무관심의 족쇄를 부수고 숨겨진 잠재력을 실현할 때까지 쉼 없이 노력한다. 그리고 위험을 받아들이고 큰 성취를 이루겠다는 흔들림 없는 결단력을 발휘해 두려움 없이 내면 가장 깊은 곳의 불안에 맞

28   "Jobs lost, jobs gained: What the future of work will mean for jobs, skills, and wages", McKinsey Global Institute, November 28, 2017.

선다. 이들은 어떻게 이 놀라운 면모를 갖추게 되었을까? 진정으로 추구할 가치가 있는 목표를 설계했기 때문이다.

비즈니스계의 유명 아이콘의 사진으로 화려하게 수놓은 잡지의 표지를 보고 있으면, 큰 성공을 이루었을 때 어떤 느낌일까를 생각해 보곤 한다. 그러나 우리가 직면하는 심리적 압박은 하룻밤 사이에 극복할 수 없다. 또한 신중함을 놓치기라도 한다면 진정한 게임 체인저가 되겠다는 열망이 실패의 두려움이나 미지의 두려움에 가려 다시 과거의 습관에 갇힐 수도 있다.

> "그때 위험을 감수했어야 했는데...."
>
> 아니면
>
> "그 말도 안 되는 아이디어를 실행에 옮겼더라면 확실히 다른 길이 열리지 않았을까?"

삶을 뒤돌아보며 그렇게 한탄하고 싶은가? 그렇게 되길 원하는 사람이 누가 있을까?

그 핵심은 다르게 행동할 힘을 활용하는 데 있으며, 이를 해내는 사람이 진정한 게임 체인저가 된다. 남들과 다른 길은 숨겨진 장애물이나 압도적인 두려움으로 가득할 수 있다. 그러나 '다름'은 우리가 원하는 곳으로 이끄는 열쇠가 되어 준다.

그러한 힘[29]을 발휘한 인물로 스퀘어의 공동 창업자 짐 맥켈비[30]를 꼽을 수 있다. 그의 이름이 아직 유명하지는 않겠지만, 짐 맥켈비는 목표 탐색자의 정신을 구현함으로써 특별한 성취를 이룬 대표적인 인물이

29   Bold Business, "Square Founder Jim McKelvey Discusses the Characteristics that Make a Leader BOLD!!!" YouTube video, February 27, 2019.

30   "Jim McKelvey", Wikipedia.

다. 우리도 그러한 힘을 활용할 방법에 대하여 그의 이야기를 들어 보도
록 하자.

◆ 통념을 뛰어넘은 위대한 여정

맥켈비는 어린 시절부터 기업가 정신과 기술에 관심이 많았다. 젊은
시절에는 UCSD 파스칼과 애플 파스칼 안내서를 집필해 출간하기도 했
다.[31] 그는 기술에 대한 관심은 물론, 경력 초반에는 유리 세공, IBM과
의 계약 및 CD 캐비닛 제조회사 디스컨셉트(Disconcepts) 창립 등 다양
한 경험을 쌓았다.

그는 현재 소유하고 있는 여러 스타트업 기업의 창업에 필수적인 존
재였다.[32] 그중 가장 주목할 만한 혁신적인 기업은 스퀘어로, 트위터 공
동 창업자인 잭 도시(Jack Dorsey)와 함께 수많은 소규모 비즈니스를 지
원하고 있다. 잭은 스퀘어의 소프트웨어를 설계했고, 짐은 스퀘어의 유
명한 신용카드 리더 기기를 비롯한 하드웨어를 설계했다.[33] 이 하드웨어
는 시장에 획기적인 영향을 미쳤고, 이를 바탕으로 스퀘어는 175억 달
러 규모의 기업으로 성장하였다.[34] 그 기기의 디자인은 뉴욕 현대 미술
관에 전시되기도 했다.[35]

수십억 달러 규모의 회사를 공동 창업했다는 사실만으로 충분히 성
공적인 커리어라는 점에는 이견이 없을 것이다. 그러나 맥켈비는 여러
스타트업에서 핵심적인 역할을 해 왔다. 스퀘어 이전에는 세인트루이스
에 유리공예 교육 센터 및 스튜디오 '써드 디그리 글래스 팩토리(Third

---

31   앞과 같음.

32   John R. Miles, "Bold Leader Spotlight: Jim McKelvey, Founder of Square,
LaunchCode, and Invisibly", Bold Business, March 1, 2019.

33   "Jim McKelvey", Wikipedia.

34   "Square Revenue: Annual, Quarterly, and Historic", Zippia, updated July 21,
2023.

35   "Jim McKelvey, Wikipedia.

Degree Glass Factory)'[36]를 공동 창립하였다. 그리고 2012년에는 동 지역에 기반을 둔 여러 기업가와 함께 생명과학, 소프트웨어, 농업기술 분야의 초기 단계 기업에 집중한 벤처 캐피탈 회사 '컬티베이션 캐피탈(Cultivation Capital)'[37]을 설립한 바 있다. 또한 비영리단체 '론치코드'[38] 창립으로 현장 실습과 고용을 연계하여 새로운 인재를 양성하였다. 이뿐 아니라 사용자에게 디지털 세계를 경험하는 방식을 선택하는 수단과 권한을 제공하는 인비저블리(Invisibly)[39] 또한 창립했다.

위와 같이 한 사람이 어떻게 많은 일을 할 수 있는지 상상하기 어려울 것이다. 맥켈비는 여기에 멈추지 않고 인도계 시민과 영주권자를 대상으로 스마트폰을 통한 상품과 서비스 결제 수단을 제공하는 머니온모바일(MoneyOnMobile, Inc.)[40] 이사로 근무하면서 세인트루이스 연방준비은행의 사외이사로 임명되었다.

다른 이와 구별되는 맥켈비만의 특징은 통념을 넘어 더 나은 미래를 구상하는 능력이다. 그는 진정한 목표 탐색자의 자질을 구현한 선구자라 할 만하다. 또한 그는 신성한 위대함이란 위험을 감수하는 결단력과 자신의 한계를 규정하지 않은 상태에서 목적을 추구하는 능력에 있다는 사실을 인지하고 있었다. 맥켈비의 여정은 우리에게 영감을 주며, 자신의 목표에 온전히 집중한다면 의미 있는 영향력을 발휘할 수 있음을 상기시키는 사례이다.

다르게 행동하는 힘

맥켈비의 커리어는 확실히 인상적이다. 그는 오늘날 우리에게 일상처럼 당연한 서비스를 제공하는 스타트업 기업에서 주도적인 역할을 해

36   "Home – Third Degree Glass Factory", Third Degree Glass Factory, updated April 27, 2023.

37   "Cultivation Capital – A Venture Capital Firm", Cultivation Capital, 2023.

38   "LaunchCode", LaunchCode, 2023.

39   "Jim McKelvey", Wikipedia.

40   위와 같음.

왔다. 우리가 즐겨 찾는 커피숍에서 커피를 사거나, 동네 옷 가게에서 새 청바지를 살 때면 맥켈비가 만든 서비스를 이용할 가능성이 높다. 그의 영향력은 단순한 재정적 성공 이상의 의미가 있다. 그의 사업은 산업계와 지역 사회에 깊은 영향을 미칠 뿐 아니라 새로운 기회와 일자리 및 변혁적 솔루션을 창출해 왔다.

그렇다면 짐은 다르게 생각하고 행동하는 힘을 어떻게 찾았을까? 이 질문에는 희망적인 답과 절망적인 답이 모두 존재한다.

먼저 절망적인 답부터 시작해 보자. 이는 바로 모든 이에게 도움이 될 정도의 명확한 설명이나 안내가 없다는 것이다. 우리 모두가 다르게 행동할 용기를 내도록 독려하는 매뉴얼이 있다면 누구나 실천할 수 있을 것이다. 그렇다면 얼마나 달라질 수 있을까? 항상 효과적이면서 누구나 알 수 있는 유리한 투자나 거래 건이 있다고 생각해 보자. 그렇다면 그 우위는 더 이상 아무 의미도 지니지 못할 것이다.

하지만 희망적이게도 맥켈비의 여정은 누구나 수용하여 활용할 수 있는 핵심 원칙과 전략을 제시한다. 이를 통해 남과 다르게 행동할 힘을 발굴할 가능성을 크게 높일 수 있다.

생각을 실현하는 목적의식

맥켈비와의 대화에서 인상 깊었던 점은 그가 '목적의식'을 꽤 자주 언급했다는 점이다. 그 목표는 이전에 한 번도 시도한 적 없는 일을 하는 것, 즉 다른 사람이 피상적으로만 생각하는 모호한 아이디어를 구체화하여 실현하는 것이다. 성장을 따르는 자와 그렇지 않은 자의 차이는 바로 이러한 발상을 실현하려는 힘, 즉 발상 이면의 원동력이다. 이처럼 문제의식과 목적의식을 모두 품은 리더는 삶에서나 시장 또는 어느 곳에서나 문제를 발견한다면 해결책을 찾아 이전에 누구도 시도한 적 없는 일에 도전할 용기를 냈다.

성장을 따르는 사람들은 본질적으로 문제 해결을 위해 흔들림 없이 전념하는 특징이 있다. 이들은 현상 유지에 의구심을 품고 적극적으로 도전하며, 에너지와 결단력을 발휘해 세상에 의미 있고 실질적인 변화를 일으키려 한다. 심지어 미지의 영역에서도 말이다.

이처럼 그들이 굉장한 노력을 들이도록 하는 동력은 바로 깊은 목적의식이다. 성장 지향성에 빠진 이들은 문제를 내면화하여 개인적인 것으로 만들고, 자신의 비전이 실현될 때까지 만족하지 않으면서 노력을 쏟는다. 이와 같이 목표에 대한 끊임없는 추구는 그들을 다른 사람과 차별화하며, 과감한 행동으로 지속적인 영향력을 발휘하도록 한다.

짐 맥켈비가 잭 도시와 스퀘어를 창립하기까지의 과정이 바로 그와 같았다. 스퀘어의 시작에 대한 이야기는 유명하다.[41] 맥켈비는 신용카드 결제 수단이 없어 수제 유리공예 작품을 판매할 기회를 놓친 뒤 해결 방법을 찾아 잭 도시와 머리를 맞대었다. 대부분의 기업가가 역량 부족을 인정하면서 현재 방식을 고수할 때, 두 사람은 포기하지 않고 고민을 거듭했다. 그들은 현상 유지에 만족하지 않았다. 오히려 소규모 사업자와 중소기업이 신용카드 결제 서비스를 이용할 수 있는 방법과, 이를 이용하기 쉽게 구현하는 것만을 궁리했다.

두 사람의 명확한 목적의식은 스퀘어 창립에 불을 지폈다. 그들은 해결책을 찾고 거대한 장애물을 뛰어넘는 데 전념하면서 오늘날의 스퀘어를 만들어 냈다. 인비저블리도 마찬가지로 독자의 온라인 경험에 일대 변혁을 일으켜 더욱 확장된 개인 맞춤형 서비스와 몰입감을 제공하였다. 한편으로 출판사에는 개선된 수익화 전략으로 힘을 실어 준 바 있다. 이상과 같이 맥켈비는 자신만의 남다른 접근 방식을 다음과 같이 설명한다.[42]

> 해결되지 않은 문제 앞에서 우리에게는 이를 해결할 전문가
> 도, 따라 할 사례도 없었다. 선례가 없기에 우리는 새로운 해결
> 책을 찾아야 했다. 그러나 새로운 해결책의 문제는 이에 따른 새

41   E.B. Boyd, "How Jack Dorsey's Square Is Accidentally Disrupting The Entire Payments Industry", Fast Company, May 23, 2011.

42   C.J. Prince, "Square's Jim Mckelvey: Innovation Is The Only True Hedge Against Crisis", Chief Executive, April 17, 2020.

로운 문제가 다시 발생하기도 한다는 점이다. 따라서 회사는 물론, 일반적으로도 문제를 어느 정도 해결하고 나면 또 다른 문제가 생기기 마련이다. 그러니 그 문제를 해결하기 위해서는 앞의 과정을 반복해야 한다.

추진력과 목적의식이 있는 변혁적 리더는 어떠한 난관에도 포기하지 않는다. 이러한 리더가 이룬 변화는 사회로 확산되어 더 나은 세상을 만드는 데 일조한다.

진정한 거물급 기업가인 개리 베이너척(Gary Vanerchuck) 또한 짐 맥켈비와 마찬가지로 가히 경이로운 여정에서 흔들림 없이 목적의 본질을 구현한 대표적인 사례라 할 수 있다. 비즈니스와 혁신에 대한 깊은 열망에 이끌린 베이너척은 가족이 운영하던 와인 사업을 맡으며 명확한 목적의식을 드러냈다. 그는 미래를 전망하는 예리한 능력을 발휘하여 전자상거래와 디지털 마케팅의 변혁적 잠재력을 인지했다. 업계를 혁신하겠다는 목적에 따라 그는 두려움 없이 온라인 시장에 뛰어들어 와인 사업을 전례 없는 수준으로 성장시켰다.

하지만 베이너척의 목적 지향적 사고방식은 거기서 그치지 않았다. 의미 있는 변화를 이루기 위한 끊임없는 열망에 따라 그는 '베이너 미디어(Vayner Media)'라는 선구적인 디지털 마케팅 에이전시를 창립했다. 그는 직감적으로 소셜 미디어와 콘텐츠 마케팅의 힘을 예견했고, 여러 고객사 브랜드가 디지털 혁명 속에서 길을 찾을 수 있도록 힘을 보탰다.

베이너척을 현재의 위치로 이끈 것은 목적에 대한 깊은 이해와 흔들림 없는 노력이었다. 그는 끊임없는 적응과 진화를 거쳐 끊임없이 변화하는 디지털 환경에서 꿈을 추구하라는 영감과 용기를 준다. 그리고 저서와 강연, 온라인 활동을 통해 수많은 사람에게 자신의 목적을 공유하며, 마음의 변화를 수용하고 기회를 잡으라는 열기를 불어넣고 있다.

베이너척은 목표 탐색자로서 혁신을 부르는 목적의 힘을 단적으로 보여준 사례이다. 목적에 충실하면서 통찰력을 발휘한 그는 목적 지향적인 기업가의 모범이자 마인드셋 리더가 되어 세상에 지속적으로 영향을 주고 있다. 베이너척의 이야기는 강한 목적의식이 개인적 성공은 물론 세상에 긍정적인 영향을 미칠 수 있다는 사실을 싱기하게 한다.

미지를 헤치는 과감함

맥켈비에게 단호하며 포괄적인 목적의식이 있다는 사실은 분명하다. 하지만 그의 성공은 목적뿐 아니라 본보기로 삼을 명확한 모범이 없을 때, 목적에 따라 행동하는 의지에서도 비롯되었다. 이에 그는 다음과 같이 말한다.

> "모든 것은 알려진 해결책이 없다는 문제에서 시작됩니다. 이는 매우 중요한 지점인데, 우리 삶에서 겪는 문제는 대부분 이미 다른 사람에 의해 해결되었기 때문이에요."

터놓고 말해 보자. 우리는 누구도 시도한 적 없는 허무맹랑한 발상에 매달리는 이유가 무엇일까? 특히 주변에서 말도 안 되는 생각이라며 성공할 수 없을 거라고 말할 때는 어떤가? 그런가 하면 가능과 불가능의 암묵적 경계로 꿈에 한계가 정해짐으로써 쉽게 포기하거나 현실에 안주하게 될 때는 어떤가? 바로 그럴 만한 가치가 있기 때문이다.

맥켈비는 그 사실을 잘 알고 있었다. 그는 자신이 이루고자 하는 목표에 명확한 모범이 없는 상황에서도 동력을 잃지 않았다. 오히려 목표를 이룰 능력이 자신에게 있음을 알고 있었다. 맥켈비와 도시가 스퀘어에 대한 아이디어를 논의할 때 모바일 결제 서비스는 존재하지 않았다.

해당 산업은 초기 단계였고, 아이디어를 토대로 출시하더라도 초기 제품의 시장 적합성을 달성할 구체적인 지침도 없었다. 시장을 점유한 선발대를 모방하거나, 경쟁자를 본보기로 삼는 것도 안정적인 대안은 아니었다. 그들은 밑바닥에서 시작해 현실적으로 필요한 하드웨어와 소프트웨어를 설계해야 했다. 결국 해결책을 찾아 끈질기게 노력해야 하는, 전혀 새로운 문제였던 것이다.

물론 그 과정에서 시련과 고난은 있었다. 그럼에도 지금까지 열망에 불타는 리더는 이를 뛰어넘어 왔다. 두 사람 또한 시련과 고난을 더 많은 성취의 기회와 동기로 여기며 극복하고자 부단히 노력했으며, 결국 더 나은 단계로 나아가는 데 성공했다.

스퀘어는 성공으로 향하는 길이 명확하게 보이지 않을 때도 선입견에 굴하지 않고 행동한 사례이다. 즉 실패라고 여길 법한 상황에서도 맥켈비와 도시는 성공의 기회를 찾았다. 그리고 두 사람은 그 기회를 수용하면서 가장 기본적인 원칙에 따라 상품과 서비스를 설계했다.[43]

실제로 뚜렷한 모범이 없는 상태에서 미지의 영역으로 나아가는 일은 너무나 버겁다. 명확하게 밝혀진 길이 없으면 두려움과 불안이 생기기 마련이다. 그러나 두려움이라도 강한 촉매로 작용함으로써 원하는 목적지로 나아가도록 하는 원동력이 되어 주기도 한다.

미지의 영역을 받아들이고, 참고할 만한 선례가 없는 상태에서도 용기를 내어 행동하는 것이 곧 여정을 이끌어 가는 동력이다. 이로써 자신의 길을 개척하고, 새로운 영역을 탐험하며 고정관념의 틀을 깨는 결단력에 추진력을 부여한다. 이처럼 두려움을 정면으로 받아들여 무한한 가능성을 열고 내면의 잠재력을 발견할 수 있다.

물론 미지의 영역에 발을 내디디는 것은 불편한 일이 아닐 수 없다. 그러나 진정한 성장과 변혁은 바로 개척되지 않은 곳에서 일어난다. 이처럼 불확실한 순간에는 스스로 자기만의 이야기를 써 내려가면서 자신만의 잣대로 성공의 기준을 재정의한다면 세상에 지워지지 않을 족적을 남길 기회를 얻을 수 있다.

그러니 시작을 앞두고 두려워질 때, 정확한 해답이 없다는 사실을 장애물이 아닌 선물이라 여기자. 오히려 창의력을 발휘하면서 자신만의 길을 자유로이 개척하고, 새로운 영역을 탐구할 기회가 될 테니 말이다. 그렇게 두려움을 받아들이고, 거기서 나오는 에너지를 활용하여 남들과 다른 특별한 방향으로 나아가자. 미지의 영역에 도전하는 용기로써 내면에 숨은 무한한 잠재력을 발견할 것이다.

---

43   James Clear, "First Principles: Elon Musk on the Power of Thinking for Your-self", James Clear.

무리에서 벗어나라

다수의 의견에 저항하는 능력은 집단의 정점에 오르게 하는 중요한 요소이다. 이를 위해서는 생각지도 못한 일을 감내해야 한다. 즉 비판, 조롱, 수치심을 기꺼이 감수해야 하는 것이다. 물론 당신 또한 나와 같이 어렵게 느껴질 것이다. 그렇다고 해도 놀랄 필요는 없다. 우리는 인간이기에 본질적으로 흐름에 역행하지 않으려는 편향성이 있으니 말이다. 이것이 바로 우리가 군중 심리에 쉽게 휘둘리는 이유이다.[44]

우리는 무리에서 벗어나더라도 신체적 위협이 없는 상황에서도 군중의 판단을 따르려는 심리가 있다. 이는 다수가 선택한 길이 안전하리라는 잘못된 믿음에서 비롯된다. 경험의 수준이나 지능을 막론하고 성장을 따르는 리더는 모두 자신의 아이디어를 세상에 알리고자 기꺼이 무리에서 벗어나는 선택을 했다.

흥미로운 점은 그러한 사람 역시 위와 같은 심리적 압박을 느꼈지만, 목표 달성을 위해 그 압박을 제쳐 두었다는 것이다. 그들은 실패마저도 당연히 성공으로 향하는 과정이라 간주했다. 맥켈비가 그랬듯, 성상에 빠져 산 리더는 일시적인 실패를 불가피한 과정이라 여기며 계속 도전해 나갔다. 이러한 사람과 다수의 군중을 구별 짓는 결정적인 차이는 바로 세상의 긍정적인 변화에 집중하는 태도이다.

맥켈비는 매 순간 자신을 표출하면서도 친구와 가족, 동료의 비판과 사소한 의심에도 열려 있었다. 그 또한 군중 심리와 안전감에 저항하는 데는 용기가 필요했다. 마찬가지로 맥켈비와 도시의 회사에서 구상한 아이디어는 실현 불가능한 것으로 보였다. 결제 산업은 까다롭고 복잡하기로 악명 높았는데, 그중에서도 스퀘어는 급성장하는 모바일 결제에 중점을 두고 있었다. 그러나 두 사람은 이에 개의치 않고, 차별화된 서비스를 만들어내겠다는 목표로 공개적인 조롱도 감수할 각오를 다졌다. 그리고 다른 이와 다르게 시도할 역량을 결집함으로써 결국 성공을 거두었다.

본질적으로 남과 다르게 행동하는 힘을 집중한다는 것은 곧 군중에

44   Michael E. Price, Ph.D., "Human Herding: How People are Like Guppies", Psychology Today, June 25, 2013.

성장시향성

서 벗어나야 한다는 의미와 상통한다. 그 힘은 '다르다'라는 단어에 있다. 때로는 두렵고 외로울 수도 있다. 맥켈비를 비롯한 여러 기업가형 리더는 커리어를 지속하는 동안 수많은 의심과 비판을 마주해야 했다. 그러나 이들은 세상에서 진정한 변화를 이루어 내기 위한 입장료에 불과하다.

행동을 만드는 동기

일반적으로 맥켈비, 베이너척, 베니오프와 같은 수준의 성공을 이룰 수 있으리라는 기대는 분명 비현실적이다. 고유한 장점과 도전 과제도, 진전을 이루게 하는 독자적인 아이디어와 동기도 저마다 다르기 때문이다. 그러나 이들 요소야말로 여정에서 가장 중요하다. 바로 이것이 핵심이다. 물론 과거에 효과적이었던 방법을 통해 좋은 결과를 거둔 사례를 모방하면서 시작하는 것도 좋은 전략이기는 하다.

그러니 당신의 전반적인 목적의식을 포괄하는 원인과 문제 또는 프로젝트를 명확히 하자. 맥켈비에게 스퀘어 창업은 개인적으로 경험한 긴급한 문제에서 비롯되었다. 즉 신용카드 결제 문제로 그가 사랑하는 유리공예 작품 판매를 포기할 수밖에 없는 문제를 해결한다는 점에서 목적에 부합했다.

우리의 목적의식에 한계란 없다. 무엇이든 가능하다! 자기 분야에서 제공할 수 있는 최상의 고객 경험을 선사함으로써 지역 사회의 생활이 더욱 편리해지도록 하는 동기를 품을 수도 있다. 자신의 일이라면 무엇이든 반드시 동기가 깃들도록 하자. 이로써 틀에 박힌 사고에서 벗어나면서 경쟁자도 생각지 못한 해결책을 찾을 것이다.

그렇다면 특별한 본보기 없이 행동할 용기는 어떻게 찾아야 할까? 맥켈비가 벌인 수많은 사업은 그의 용기를 잘 보여 주는 사례이며, 이는 개리 베이너척을 비롯한 초인적인 기업가 또한 마찬가지이다. 그렇다면 당신은 어떤가?

'멘탈 게임'에서 승리하라

나에게는 모든 것이 멘탈 게임이라는 오랜 믿음이 있다. 이는 다수의 반대에도 개의치 않고 내면에 집중하며 앞으로 나아가는 것이다. 이때는 행동이 모든 것을 지배하므로, 용기 있게 내디딘 작은 발걸음이 큰 변화를 만든다. 맥켈비와 도시가 스퀘어를 창립했을 때, 처음부터 모든 것을 완벽히 계획한 것은 아니었다. 그럼에도 두 사람은 목표에 가까이 다가 갈 실험을 시작할 만큼 용감했다. 우리 역시 미래의 비전을 결정하려 할 때 이와 같아야 한다.

정신적 어려움이 신체적인 것보다 더욱 감당하기 어렵다는 사실이 놀라운가? 나는 해군사관학교에서 이를 이미 이해했지만, 그 사실은 비즈니스 세계에서도 배울 수 있는 것이다. 어쨌든 그 핵심은 두려움을 극복하고, 열정적인 행동으로 나아가려면 정신이 뒷받침되어야 한다는 것이다.

이를 위해서는 군중 심리에 저항하는 능력이 필요하다. 이제는 당신이 빛날 시간이다. 앞선 이의 발걸음을 따르면서도 당신의 의지로 행동할 용기를 만들면서 타인의 압력이나 기대에 굴복하지 않고 자신만의 길을 가는 것이다. 그렇다면 당신은 어떤 사람인가? 다음 질문에 답해 보자.

- 당신의 주장이 완전히 틀릴 수도 있다는 사실도 감안하고 있는가?
- 타인의 아리송한 반응과 비판을 견딜 각오가 되어 있는가?
- 무리에서 벗어나 홀로 설 준비가 되어 있는가?

위 질문에 모두 '예'라고 대답했다면, 축하한다. 틀릴 가능성을 받아들이고 용기 있게 다른 길로 나아가면서 비판을 견디며, 무리에서 벗어나 저항하려는 의지가 클수록 군중 심리에 굴복하려는 충동을 이겨 내기 쉬워진다. 또한 목표를 포기하도록 종용하는 타인의 의견에도 면역이 생긴다.

그렇다고 해서 타인의 피드백이 아무런 가치조차 없다는 의미는 아니다. 프로젝트나 회사 운영, 리더십 자질에 대한 의견은 당신에게 필요한 변화를 추진하는 자극제가 되어 주기도 한다. 그러나 집단의 의견과 다르다는 이유로 '전통에 반하는 아이디어'의 추구를 포기해서는 안 된다. 체제에 순응하지 않는 이의 의견이 항상 옳은 것은 아니지만, 그들이 옳을 때의 보상은 결코 작지 않다.

◆ 뭔가 다른 사람이 되어라

그렇다. 맥켈비와 마찬가지로 성장을 따르는 사람은 일하는 방식부터 다르다. 그러한 사람은 팀의 의욕 고취를 최우선으로 삼으면서, 자신의 자원을 활용하여 세상에 긍정적인 변화를 일으킬 의무와 책임을 인식한다. 그들은 이사회는 물론 세상에 소신을 굽히는 법이 없다. 이는 소규모 사업자를 위한 새 하드웨어를 만들거나 총 매출에서 일정 비율을 특정 운동 단체에 기부하는 용기를 내기도 한다. 반대와 비판 의견이 쇄도하고 일시적인 실패를 겪더라도, 이에 굴하지 않고 성공할 때까지 앞으로 나아가기를 멈추지 않는다.

당신도 지금 이 글을 읽으며 게임 체인저로 거듭날 만한 아이디어를 떠올릴 수도 있겠다. 하지만 그 아이디어를 머릿속에서 썩힌다면, 그 막연한 아이디어 또는 기존의 문제를 해결할 방안이 현실에서 무엇을 이루어 낼지는 결코 알 수 없다. 따라서 혁신으로 향하는 여정의 첫걸음은 '목표 탐색자'가 되어 새로움에 도전하는 데 힘쓰는 것이다.

성장의 여정을 떠나기 전에

✅ 성찰과 목적 탐색

그동안의 삶과 경험을 되돌아보며 깊은 목적의식이나 성취감을 느꼈던 순간을 찾아보자. 이러한 사례를 주제로 일기를 쓰면서 자신과 통하는 공통된 주제나 가치를 파악하자. 이러한 고찰을 통해 삶의 목적을 요약하고, 정진을 위한 목표 선언문을 작성해 보자.

✅ 실천 계획 수립하기

살면서 두려움이나 불안 때문에 주저한 적이 있거나, 안전한 길을 택했던 영역을 파악하자. 그리고 이 영역에서 안전 지대를 벗어났을 때 발생할 잠재적 위험과 보상을 적어 보자. 또한 그때 느낄 불편함이 성장과 가능성의 확장으로 이어질 수 있다는 사실을 인정하면서 새로운 방향으로 용기 있게 나아갈 수 있는 행동 계획을 수립해 보자.

✅ 목표 나누기

현재 불확실하거나 어려운 목표 또는 열망을 선택해 보자. 그리고 이를 스스로 관리할 수 있는 세부 단계로 나누고, 구체적인 단계별 목표를 세운 로드맵을 작성하자. 이에 잠재적 장애물을 구체적으로 떠올려 보고, 이를 극복할 방법을 모색한다. 이후 용기를 내어 한 걸음씩 나아가면서 이 과정을 기록하고, 단계별 달성 목표를 성취하면 축하를 아끼지 말자.

✅ 진정성 다지기

삶 속에서 사회적 기대나 타인의 의견에 영향을 받은 영역을 생각해 보자. 그리고 군중에서 벗어나 진정한 자아를 표출할 수 있는 영역을 하나 찾아보자. 이에 자기만의 독특한 개성과 가치관이 담긴 선언문이나 각오를 쓰자. 그리고 이 내용을 믿을 수 있는 친구나 멘토와 공유하면서 힘을 얻고, 책임감을 다져 보자.

성장지향성

✅ 동기 부여하기

목표 탐색자의 정신을 구현한 사람이나 책, 팟캐스트나 다큐멘터리를 찾아보자. 그리고 그 사람의 이야기와 통찰에 집중하면서 당신의 여정에 어울리는 교훈을 탐색한다. 또한 당신이 개척하려는 길을 떠올리면서 영감을 주는 이미지와 명언으로 구성된 비전 보드(vision board)를 만들어 보자.

이상의 전략은 당신이 목표를 찾고, 지금까지 내면에 숨은 잠재력을 발휘하며, 미지의 영역을 용기 있게 탐색할 수 있게 하려는 목적으로 구성되었음을 기억하라. 진정성의 변혁적인 힘과 군중에서 벗어나 자신만의 길을 개척하는 데서 오는 보상을 수용하자. 이제 목표 탐색자로서 여정이 당신을 기다리고 있다. 자신감과 확신을 가지고 첫걸음을 내디뎌 보자.

제3장

브랜드가 되어라

두려움이 사라지기를 기다리는 동안 기회도 사라질 것이다.

레슬리 블로젯(Leslie Blodgett) [45]

성장지향성

편안함은 적응력의 적이다.

누구나 삶의 어느 시점에 도달하면 편안함을 느낀다. 매일 아침 눈을 뜬 뒤 직장에 출근하고, 낮에는 이미 익숙해진 업무를 수행한다. 그리고 저녁이면 가족과 함께 저녁 식사를 하고 TV를 보다 잠드는 일상에서 안전감과 소속감을 느낀다는 사실은 부인할 수 없다. 이에 계속되는 재창조, 즉 편안한 일상과 미지의 세계에 대한 도전을 맞바꾸는 것의 개념은 많은 이들에게 끔찍한 악몽 같은 존재로 여겨질 것이다. 그러나 그렇게 생각해서는 안 된다.

편안함에서 벗어나야 한다는 사실을 깨달은 직후라면 곧바로 궁극적인 야망을 이루기 위해 우리를 현재의 위치로 이끈 사고방식을 근본적으로 바꿔야 한다는 점을 알게 될 것이다. 내 여정 또한 마찬가지였다.

그러나 오늘날에는 수많은 사람이 자신의 정체성에 대한 확실한 이

45   화장품 브랜드 BareMinerals 창립자

해가 부족하다는 문제를 떠안고 있다. 그리고 우리는 실제보다 약간 성공했다고 여기는 경향이 많다. 이러한 인식은 대부분 성장 배경과 종교, 친구 관계, 소셜 미디어 등 외적 요인에 따라 형성된다.

하지만 우리가 진정으로 다시 태어나기 위해서는 자신을 분석하고, 강점과 약점을 받아들여야 한다. 이러한 절차는 성장의 여정에서 가장 중요하지만, 가장 간과하기 쉬운 단계이기도 하다. 그 이유는 무엇일까? 마음이 불편해지기 때문이다.

누군가에게는 그러한 깨달음이 실패의 두려움보다 더한 크기로 다가오기도 한다. 아침마다 출근 후 오후 내내 늘 계속해 오던 일을 하고 저녁에 퇴근하여 가족과 저녁 식사를 하고, TV를 보다 잠드는 일상의 안전망을 벗어나는 것이 감당하기 어려울 것이다. 그럼에도 성장을 따르고자 한다면 재창조, 즉 자기 혁신이 자연스러워야 한다. 그러면 재창조가 커리어의 영역뿐 아니라 삶의 모든 측면으로 확산되면서 끊임없는 발전과 함께 새로운 기회를 포착할 수 있다.

성장 지향성으로 성공한 리더를 연구하던 중 발견한 공통점은 바로 개인의 성장이 지속적인 자기 재창조의 영역에서 이루어진다는 사실을 깊이 이해하고 있었다는 점이다. 이에 속하는 사람은 자신의 목표를 이루기 위해 사회적 환경, 익숙한 일상, 눈에 띄는 커리어, 직장 동료, 개인적 취미에서 얻을 수 있는 편안함을 기꺼이 내려놓았다. 그리고 자기 일에 몰두하면서 새로운 업계 인맥과 사업 확장성을 끊임없이 모색해 왔다. 또한 성공을 위해 적합한 자질을 갖추고 성격까지 바꾸는 놀라운 능력을 보이기도 하였다. 그러나 이 모든 것에 앞서 자아 정체성, 즉 목표와 가치, 믿음과 더불어 자기 표상(self-representation) 및 자기 평가(self-evaluation)를 이해해야 한다.

댄 쇼벨(Dan Schawbel)[46]은 퓨처 워크플레이스(Future Workplace)의 파트너이자 연구 이사로, 1,200명 이상의 뛰어난 성과를 이룬 이들과 인터뷰한 바 있다. 인터뷰 대상자는 CEO에서 유명인, 작가, 정치인, 심

---

46   Dan Schawbel, "14 Things Every Successful Person Has In Common", Forbes, October 12, 2022.

지어 우주인에 이르기까지 다양했다. 쇼벨은 인터뷰를 통해 대상자 사이에 두드러진 공통점 하나를 포착해 냈다. 비로 재창조를 꾸준히 추구한다는 점이다.

각자의 분야나 배경과 상관없이 그들은 재창조가 단순한 호사가 아니라 필수라는 사실을 이해하고 있었다. 이 세상은 끊임없이 변화하며, 진화의 양상 또한 역동적이다. 따라서 재창조의 개념을 수용하는 것이야말로 개인적 성장 및 직업적 발전과 함께 시대에 뒤처지지 않도록 하는 강력한 도구임을 인식한 것이다.

회사의 비즈니스 모델을 변화시키려는 CEO, 새로운 창의적 사업을 모색하는 유명인, 글쓰기 스타일의 한계를 확장하려는 작가, 변화하는 유권자의 요구를 반영하고자 하는 정치인 등 각자가 목표를 달성하기 위한 재창조의 가치를 인정했다. 이에 쇼벨은 인터뷰를 통해 재창조가 일회적인 사건이 아니라 지속적인 과정이라는 사실을 발견했다. 그리고 재창조는 자아 성찰뿐 아니라 자신의 강점과 약점에 대한 깊은 이해, 그리고 새로운 모험을 시작할 용기를 모두 필요로 한다. 이에 엘리너 루즈벨트는 다음과 같은 명언을 남겼다.

> 매일 두려워하는 일을 한 가지씩 하라. 이렇게 두려움에 직면하여 멈춰선 경험 속에서 힘과 용기, 자신감을 얻을 수 있다. 그러면 자신에게 "나는 이 공포를 견뎌 냈으니, 다음에 겪게 될 일도 감당할 수 있다."라고 말할 수 있을 것이다. 그러니 우리는 할 수 없다고 생각하는 일을 반드시 해야 한다.[47]

◆ 편안함에서 깨어나라

《멈출 수 없는 혁신(Undisruptable, 국내 미출간)》의 저자 에이단 맥컬렌(Aidan McCullen)은 변화를 수용하려는 우리의 노력에 대한 심오한 통찰이 담긴 격언으로 깨달음을 준다. 구체적인 내용은 다음과 같다.

---

47   Eleanor Roosevelt, quote, Goodreads.

> "지식이란 매일 새로운 것을 배우는 일이며, 지혜는 매일 무언
> 가를 놓아주는 것이다."

　단순하지만 심오한 의미를 담고 있는 위의 격언은 진정한 지혜란 단순히 지식을 쌓는 것 이상이라는 교훈을 준다. 새로운 정보를 배우고 습득하는 것도 필요하지만, 구시대적인 신념과 관점, 습관에서 벗어나는 능력을 배양하는 것 역시 중요하다. 지혜는 더 이상 우리에게 도움이 되지 않는 것을 계획적으로 덜어 내는 과정에서 발휘되어 개인의 성장과 변화를 이끈다.

　맥컬렌은 세상을 바꾸려는 사람은 많지만, 자신을 변화시키고자 하는 사람은 드물다는 사실을 날카롭게 지적한다. 인간의 뇌는 새로운 생각을 비정상적인 것으로 인식하여 본능적으로 저항하는 경향이 있다. 이렇게 본능에 새겨진 인간의 성향은 지속적, 혁신적인 변화 수용에 크나큰 장벽으로 작용한다. 이러한 저항감을 극복하려면 구시대적인 정보를 주도적으로 버리고, 새로운 통찰과 접근법을 수용해야 한다.

　제2장에서 소개한 마크 베니오프, 개리 베이너척, 짐 맥켈비의 사례를 보자. 베니오프가 세일즈포스 창업이라는 새로운 기회를 찾아 오라클에서의 성공적인 커리어를 포기할 결심을 했을 때, 과연 그는 두려움을 느끼지 않았을까? 결정이 옳다고 생각하는 것과 별개로 말이다.

　짐 맥켈비는 써드 디그리 글래스 팩토리의 유리공예 사업가에서 스퀘어의 공동 창립자가 되었을 때 불안하지 않았을까? 그렇다면 개리 베이너척은 어땠을까? 와인 업계에서 거둔 성공을 뒤로 하고 베이너 미디어를 설립했을 때, 긴장하지는 않았을까? 당연하게도 세 사람 모두 그랬다. 그러나 그들은 자신을 재창조하는 과정에서 느낄 법한 두려움에 정면으로 맞섰다. 그 덕분에 세 사람은 수많은 장애물을 극복하여 세계에서 가장 크고 성공적인 회사를 만들어 낼 수 있었다.

　나 또한 재창조를 여러 차례 경험했다. 이 경험은 나의 선택뿐 아니라 주변의 상황에 따른 것도 있었다. 그럼에도 재창조가 불러오는 전인적인 변화를 겪을 때마다 나는 그만큼 더 나은 사람이 되었다. 군 제대 후

인생의 다음 행보를 고민하면서 중앙정보국(CIA), 국가안전보장국(NSA), 연방수사국(FBI), 마약단속국(DEA)에 지원했고, 결국 연방수사국 특수요원으로 합류하는 제안을 수락했다. 그러나 본부 훈련을 불과 1주일 앞둔 시점에 담당자에게서 자금 부족 문제로 훈련 일정이 무기한 연기되었다는 연락을 받았다.

나는 소일거리로 시간을 보내며 훈련이 재개되기를 기다리지 않고 직접 행동에 나섰다. 이에 군에서 습득한 사이버 보안, 리더십, 작전 운영 관련 기술을 활용하고 비즈니스 감각을 익힐 분야를 찾았다. 그 결과 경영 컨설팅이 앞의 조건과 부합했다. 여러 회사를 접촉한 끝에 부즈 앨런(Booz Allen)에서 중간 관리자로 근무했으며, 몇 년 후에는 아서 앤더슨(Arthur Anderson)의 상급 관리자로 이직하여 남서지부의 사이버 보안 업무를 총괄하게 되었다.

하지만 그때 엔론 사태(Enron scandal)[48]로 나의 사업 포트폴리오가 불과 몇 주 만에 모두 휴지 조각이 되고 말았다. 예상치도 못하게 나는 다시 갈림길에 서서 재창조라는 힘든 과제에 직면하게 되었다.

오랫동안 품던 열망이 무너지는 현실을 지켜보며 느낀 감정적, 재정적 고통은 매우 컸다. 그 전환점에서 내가 할 수 있는 일이라고는 지금까지 걸어온 시간을 재평가하고 변화를 수용하는 것뿐이었다. 이에 나는 새로운 지평을 탐색하고 보다 글로벌한 경험을 쌓기로 결심했다. 그리고 성공적인 최고 정보 책임자(CIO)로 거듭나겠다는 포부를 품으며, 기술이 주도하는 혁신의 세계에 뛰어들었다. 그렇게 〈포춘〉 선정 50대 기업에서 9년간 끈기 있게 노력한 끝에 델(Dell)의 최고 정보 책임자의 자리에 오를 수 있었다.

그러나 시간이 지나고 지금 나아가는 방향을 바꾸어 진정한 성장으로의 지향성을 따라야 한다고 끊임없이 말하는 내면의 소리가 들려왔다. 지난 10년 동안 재창조를 여러 차례 겪어 왔고, 개인적으로 매번 상당한 리브랜딩이 이루어지는 과정에서 불확실한 미래에 대한 두려움에도 흔

48   엔론은 1985년에 창립한 이래 2007년에 파산한 미국의 천연가스 기업이다. 엔론 사태는 해당 기업의 부실한 재정 상태를 회계부정, 즉 분식회계로 은폐한 사건을 말한다.

성장지향성

들리지 않고 모든 것을 바쳐 맞섰다. 최고 운영 책임자(COO)부터 무거운 책임감을 요하는 최고 경영자(CEO), 그리고 기업가, 작가, 강연자, 팟캐스터의 길을 받아들이기까지 변화의 순간마다 깊은 자아 성찰과 불확실성을 수용하는 의지가 필요했다.

재창조는 단순히 외면적인 차원뿐 아니라 근본적인 정체성을 재구성함으로써 진정한 목적에 어울리는 삶으로 나아가도록 하는 심오한 변화였다. 매번 미지의 영역에 발을 내딛는 두려움과 마주하면서도 개인적, 직업적 성장을 위해 익숙함이 주는 편안함을 기꺼이 내려놓았다. 이처럼 나는 재창조의 과정을 겪으면서 변화의 굉장한 위력을 실감했고, 미지의 세계에 탐험을 기다리는 무한한 가능성이 있음을 온전히 깨닫게 되었다.

재창조의 여정에 난관은 분명히 존재한다. 이에 우리의 회복탄력성과 적응력, 잠재력에 대한 변함없는 믿음을 요구한다. 그리고 낡은 신념을 버리고, 목적을 재정의하여 두려워하지 않고 성장과 함께 정진하도록 이끈다. 그리고 이러한 변화를 통해 우리는 나아갈 길을 재설정하면서 가장 근원적인 열망과 일치하는 삶을 창조해 낼 용기를 찾아낸다.

지금까지 이어져 온 재창조의 여정은 성장과 성취를 추구하기에 나에게 미지의 두려움에 발목 잡혀서는 안 된다는 깨달음을 주었다. 우리가 진정한 잠재력을 발휘하여 이 세상에 누구도 지울 수 없는 흔적을 남길 수 있게 하는 것은 곧 변화를 수용하고 두려움에 맞서 새로운 길을 개척하는 의지인 것이다.

따라서 계속되는 재창조의 순간에 주저하지 말자. 우리에게 손짓하는 깊은 변화를 받아들이자. 그러면 바로 이때 거대한 잠재력이 발휘되면서 우리를 기다리는 특별한 가능성을 발견할 것이다.

◆ 새로운 도전에 주저하지 말라

운동선수의 경우 재창조를 통해 성공하는 자와 현실에 안주한 대가로 힘겨워하는 자와의 뚜렷한 대비를 보여 주는 사례가 적지 않다. 이 가운데 끊임없는 재구상과 재정의의 대표적인 사례는 드웨인 '더 락' 존슨

(Dwayne 'The Rock' Johnson)이다. 오늘날 헐리우드에서 고액의 출연료를 받는 배우가 되기까지 그가 걸어온 여정은 지속적인 재창조의 힘을 단적으로 보여 준다.[49]

지금은 드웨인 존슨이 높은 몸값의 할리우드 스타로 알려져 있지만, 과거 그의 희망과 포부는 지금과 크게 달랐다. 그는 프로레슬러였던 아버지를 따라 WWF(현 WWE) 경기를 돌면서 미국 전역을 전전하는 힘든 어린 시절을 보냈다. 심지어 불안정한 집안 형편으로 14세가 되던 해, 그와 어머니는 호놀룰루에 살던 집에서 쫓겨나 먹고살기 위해 관광객을 상대로 소매치기까지 하기에 이르렀다. 이에 그는 경찰에 구금된 동안 변화, 즉 재창조가 절실하다는 깨달음을 얻었다.

존슨은 주변을 관찰하면서 성공한 사람은 신체를 단련하며 운동하는 사람이라는 사실을 발견했다. 이에 그는 신체적인 능력으로 더 나은 기회를 잡을 수 있기를 바라며 최선을 다해 운동하기 시작했고, 그 노력은 마침내 결실을 맺었다. 우연히 교직원 화장실에서 고등학교 미식축구 감독을 만나 선수 활동 제안을 받은 것이다.

고등학교 시절 뛰어난 수비수로 성장한 존슨은 마이애미 대학교 허리케인 팀에 전액 장학금으로 입학했다. 비록 대학에서는 워렌 샙(Warren Sapp)의 출현 덕에 역할이 크게 제한되었다.[50] 그럼에도 그는 여전히 39경기에 출전해 77개의 태클을 기록하면서 1991년 내셔널 챔피언십 우승팀의 일원이 되었다.

졸업 무렵에도 존슨은 NFL(National Football League)의 관심을 받지 못했음에도 포기하지 않았다. 그는 캘거리 스탬퍼스와 계약하여 자신을 거들떠보지 않은 사람에게 보란 듯이 CFL(Canadian Football League)에서 주전으로 활약하려 했다. 그러나 그는 두 달 후 팀에서 방출되었고, 프로 미식축구 선수가 되겠다는 꿈은 산산조각 나고 말았다.

49   Travis Clark, "The Rock Topped Forbes' List of the Highest-Paid Actors in the World, Which Also Includes 5 from the Marvel Cinematic Universe", Business Insider, August 21, 2019.

50   "Warren Sapp", Wikipedia, February 18, 2023.

존슨은 이제 부모님이 계시는 탬파로 돌아가야 했다. 그는 차를 몰고 마이애미에서 탬파로 돌아가던 중, 새벽 4시에 지갑을 탈탈 털어 5달러와 1달러 지폐와 동전을 세던 날을 공개적으로 회상하곤 한다.[51] 이때 그의 수중에 있는 돈은 단 7달러뿐이었다. 그는 한 번 더 바닥을 쳤고, 살아남기 위해서라면 재창조가 불가피했다.

이후 그는 가족을 통해 WWF 마이너리그 경기 참가 테스트를 받았다. 혈연이 테스트 기회를 잡는 데는 도움이 되었지만, 레슬링 경기력은 의외로 빠르게 발전하지 못했다. 이에 존슨은 몇 달 동안 레슬링 마이너 경기 투어만 계속하다가, 1996년에 TV 리얼리티쇼 〈서바이버(Survivor)〉 시리즈로 브라운관에 데뷔했다.

그러나 아무리 좋게 보더라도 그에 대한 반응은 미적지근했고, 주간 레슬링쇼인 〈먼데이 나이트 로(Monday Night Raw)〉에서마저 분량을 확보하기도 힘들었다. 당시 무릎 부상으로 경기에 출전하지 못했던 그는 복귀 후에도 대중의 사랑을 다시 받으려 하지 않았다. 그 대신 동료 레슬러인 파루크(Faarooq), 디로 브라운(D'Lo Brown), 카마(Kama)와 함께 네이션 오브 도미네이션(Nation of Domination) 팀을 결성했다.

그리고 프로레슬링 경기에 필요한 빌런 역할로 돌아서면서 존슨은 프로레슬러 로키 마이비아(Rocky Maivia)에서 '더 락(The Rock)'이라는 페르소나를 새로 정립할 수 있었다. 그는 "락 가라사대(The Rock says)" 또는 "더 락이 네놈을 요리하는 냄새가 느껴지나?(Do you smell what The Rock is cookin'?)" 같은 문구로 자신을 계속 3인칭으로 언급했다.

새로운 역할로의 활약은 WWF의 빈스 맥마흔(Vince McMahon)의 관심을 끌었다. 맥마흔은 곧 더 락이 팀보다 솔로 활동에 훨씬 적합하다고 판단했다. 이에 네이션 오브 도미네이션을 해체하는 스토리가 만들어졌고, 존슨은 족쇄에서 벗어나 이후 10년 동안 WWE를 지배해 왔다.

정상에 도달한 뒤, 그는 프로레슬러로서의 성공을 뒤로 하고 연기에 도전한다. 그리고 출연료 550만 달러에 영화 〈미이라2(The Mummy

---

51   The Rock, "Seven Bucks Moment: Dwayne 'The Rock' Johnson", YouTube video, December 6, 2016.

Returns〉에서 첫 주연을 맡았지만, 이후 다수의 출연작이 흥행에 실패하고 말았다. 이에 그는 최근에 이룬 재창조에 회의를 품기 시작했음에도, 자신의 직감을 믿고 노력을 더욱 아끼지 않으며 다시 몇 편의 작품을 선보였다. 이 가운데 〈지.아이.조(G.I. Joe)〉, 〈분노의 질주(Fast and Furious)〉 시리즈 같은 프랜차이즈 영화에서 커리어의 변화를 가져다주는 역할을 맡았다. 그리고 그 이후는 우리가 알고 있는 바와 같다.

존슨의 이야기는 재창조가 아무리 두렵더라도 최악의 실패로 마무리되지 않음을 강조한다. 누구도 프로레슬러 시절의 존슨처럼 정상의 위치에서 업계를 떠나는 결단을 감히 내리지는 못할 것이다. 그러나 일단 결정을 내리고 나면 지속적인 보상이 주어진다. 내가 경험한 바와 마찬가지로, 존슨에게도 재창조는 불가피한 일이었지만, 프로레슬러에서 배우로의 전환은 그가 스스로 내린 결정이었다. 물론 모두가 그에게 레슬러의 커리어를 '내다 버리는' 미친 짓이라 입을 모아 말했다. 그럼에도 그는 나처럼 일단 자신에 대한 재창조가 완벽히 이루어지면, 그 후에도 이를 반복할 때 두려움을 느끼지 않는다는 점을 알고 있었다.

개인적 재창조의 영역에서 운동선수는 근본적으로 큰 변화를 겪는 인물로 자주 언급된다. 하지만 군 복무를 마친 뒤 비즈니스의 세계라는 새로운 길에 진입하는 퇴역 군인, 특히 신체적 장점을 지니지 못한 이들의 여정은 독특하면서도 의욕을 고취시키는 도전 과정을 보여 준다.

이상과 같이 수많은 재창조 사례 중에서도 매우 특별한 사례가 있다. 이는 바로 아메리칸 프리덤 증류소(American Freedom Distillery)를 세운 특수작전 요원들의 놀라운 이야기이다.[52] 이 특별한 사람들은 흔들림 없는 목적의식에 이끌려 자발적으로 재창조의 길에 들어섰다. 그들은 회복탄력성, 적응성, 단호한 결단력을 발휘해 삶의 새로운 장을 열고자 했다. 또한 특수작전이라는 험난한 세계에서 기업가 정신이 지배하는 미묘한 영역으로 방향을 바꾸어 뛰어난 기술과 탁월한 능력을 활용해 미지의 영역을 탐색해야 했다.

---

52   "Live Legendary – Horse Soldier Bourbon Whiskey", Horse Soldier Bourbon Whiskey, 2022.

◆ 집념으로 빚은 성공의 맛

호스 솔저 버번(Horse Soldier Bourbon)의 탄생에는 창립자 존 코코 (John Koko)와 마크 너치(Mark Nutsch), 스콧 닐(Scott Neil)의 특별한 재창 조 여정이 고스란히 담겨 있다. 9.11 테러 참사로 온 나라가 충격과 공 포에 빠져 있을 때, 특수부대인 그린베레(Green Beret) 대원 12명이 즉 시 행동에 나섰다. 그들이 임무가 주어졌다는 사실을 알게 된 것은 작전 에 투입되기 불과 48시간 전이었다. 작전명은 '특임부대 단검(Task Force Dagger)'으로, 말을 타고 험준한 아프가니스탄의 지형을 탐색하는 것이 었다. 대원들은 준비할 시간도 주어지지 않은 채 곧바로 극복해야 할 벅 찬 난관에 직면하게 되었다.

통신 차단에 40:1이라는 압도적으로 불리한 조건에서 용맹한 그들은 '호스 솔저스'라는 별칭 아래 아프가니스탄의 지역 동맹과 함께 치열한 전투를 벌였다. 그리고 단호한 결단력과 전략을 발휘하여 탈레반의 주요 거점인 마자르이샤리프 점령에 성공했다. 이러한 호스 솔저스의 놀라운 이야기는 책과 영화로도 만들어졌고,[53] 뉴욕 9.11 추모 공원의 기념비 에도 기록되어 그들의 영웅적인 불후의 헌신을 기릴 수 있도록 하였다.[54]

그로부터 20여 년이 지나 퇴역한 특수작전 요원 스콧 닐, 롭 셰이퍼, 마크 너치, 밥 페닝턴, 타일러 가너, 존 코코는 엘리자베스 프리처드-코 코와 함께 저마다의 능력을 발휘할 새로운 임무에 착수했다. 이 놀라운 여정 속에 위스키에 대한 사랑이 더욱 깊어지면서 직접 버번 위스키를 만들고 싶다는 열망에 사로잡혔다. 이에 그들은 같은 목적으로 함께하며 이름을 남기고 싶다는 열망으로 아메리칸 프리덤 증류소를 설립하였다.

미국적 정신의 정수인 아메리칸 프리덤 증류소를 대표하는 제품은 수상 경력에 빛나는 호스 솔저 버번이다. 이 위스키 보틀은 한때 쌍둥이 빌딩이 서 있던 장소에서 회수한 강철로 주조한 라벨이 특징이다. 이 라 벨에는 회복력에 대한 찬사와 변치 않는 기억의 의미가 담겨 있다.

---

53   12 Strong, directed by Nicolai Fuglsig (Warner Bros., 2018).

54   9/11 Memorial Staff, "'Horse Soldier' Statue Dedicated in Liberty Park", 9/11 Memorial & Museum.

닐은 당시의 여정을 회고하며 코코, 프리처드-코코와 함께 말을 타고 서부를 여행하던 중 일대 전환점을 맞이한 순간의 이야기를 들려주었다. 그들은 삶의 다음 단계를 탐색하던 중, 우연한 계기로 아이다호주 드리그스에 소재한 그랜드 테톤 증류소에 들렀다. 증류소를 운영하는 부부가 비공식적으로 시설 내부를 보여 주었는데, 닐은 바로 그 순간 '이거다!'라는 생각이 들었다고 한다.

그 경험에서 영감을 얻은 그들은 이후 몇 주 동안 전국의 크래프트 위스키 증류소를 방문하며, 해당 산업에 대한 지향성을 확고하게 굳혀 나갔다. 이 놀라운 여정 속에서 위스키에 대한 애정도 더욱 깊어져 갔고, 버번 위스키 양조의 매력에 빠지게 되었다. 이에 그들은 독자적인 가치를 담고, 목적을 재정의할 브랜드를 설립하기로 했다.

또한 그들은 위스키 양조를 제대로 배우기 위해 스코틀랜드로 갔다. 그곳에서 영국 해군 출신 친구와 함께 울프번 증류소에서 교육을 받았다. 이후에는 세계에서 가장 유서 깊은 증류소 가문에서 양조를 공부하기 위해 아일랜드로 향했다. 그들은 증류 기술에 흠뻑 빠져들었고, 그중에서도 복잡한 버번 위스키 제조에 집중하여 켄터키의 한 증류주 교육에도 참여했다. 증류주 커뮤니티에서는 그들을 따뜻하게 맞이하였고, 정보와 전문 지식을 아낌없이 공유했다. 그렇게 그들은 스스로 정한 최고의 기준을 충족했을 때 제품을 출시하기로 결심했다.

그렇게 그들은 엘리트 전사에서 엘리트 양조자로 변신했다. 이에 증류와 블렌딩, 숙성의 복잡한 기술을 몸에 익히는 데 전념하면서 한 모금마다 완벽한 풍미를 추구했다. 이 과정 속에서 수많은 시험과 고난을 거치며, 평론가의 입맛을 사로잡을 버번 위스키를 정성스럽게 만들었다. 이는 품질과 장인정신에 대한 변함없는 헌신이 만든 결실이었다.

하지만 그들에게는 뛰어난 버번을 만드는 것 이상의 비전이 있었다. 버번 양조 역사에 길이 남을 유산을 남기는 것이었다. 그들은 버번 위스키의 오랜 역사와 더불어 열정으로 유명한 켄터키의 심장부에 증류소를 세우기로 했다. 이러한 결정은 양조 기술에 대한 깊은 존경과 함께 그들이 사랑에 빠진 산업의 다양성에 기여하고자 하는 열망을 담은 것이었다.

코코, 닐, 셰이퍼, 너치, 패닝턴, 가너, 프리처드-코코가 시작한 재창
조의 여정은 그들의 굳건한 결단력과 회복력, 성장을 추구하려는 노력을
증명한다. 그들은 엘리트 전사에서 위스키 마스터가 되어 전문성과 끈질
긴 훈련의 성과, 불굴의 정신을 호스 솔저 버번에 쏟았다. 오늘날 이 버
번 위스키는 탁월함을 위해 바친 헌신적 노력과 변화를 받아들이려는 의
지 그리고 불굴의 재창조 정신의 아이콘으로 세상에 알려지게 되었다.

이상의 내용 속에서 존슨과 호스 솔저스의 재창조 사례에서 영감을
얻을 수 있다는 사실은 의심의 여지가 없다. 그렇다면 그들의 경험을 우
리의 삶에 적용할 방법은 무엇일까?

◆ 당신의 브랜드를 혁신하라

최근 유명 기타리스트 에디 반 헤일런(Eddie Van Halen)과 싱어송라
이터 데이비드 그레이(David Gray)의 인터뷰를 본 적이 있다. 두 사람 모
두 인터뷰 도중 음악 분야의 커리어에서 재창조의 필요성을 이야기한
바 있다.

반 헤일런은 처음에 피아니스트였다가 드러머로 활동했지만, 형 알
렉스 반 헤일런이 자신보다 더 뛰어나다는 사실을 깨닫고 기타리스트
로 전향했다고 말했다. 이후의 이야기는 우리가 아는 대로이다. 그는 기
타 연주 방식을 완전히 바꿔 놓았지만, 이에 멈추지 않고 계속해서 나아
가 새로움을 창조해야 한다고 생각했다. 현실에 머무르기는 그의 사전
에 없었던 것이다.

그레이는 수년 동안 차트 상위권에 오르는 일대 성공을 거둔 후 스타
일을 재창조해야 할 때가 되었음을 깨달았다. 그는 익숙함과 안전함의
영역에서 벗어나 여덟 번째 앨범 〈드로 더 라인(Draw the Line)〉의 과감
한 사운드를 창조했다.[55] 비록 판매 기록은 최악이었지만, 그의 재창조

---

55   The Mirror, "David Gray Interview – Draw The Line", YouTube video, September 18, 2009.

는 인생의 제2막에 접어들게 하는 도약대가 되었다.

지금까지의 사례를 통해 성장을 따르는 리더의 재창조는 순간적인 판단만으로 이루어지지 않음을 이해하는 것이 중요하다. 제1장에서 소개한 마크 베니오프는 누구나 부러워할 만한 커리어를 쌓아 왔음에도 성취감을 느끼지 못했다.[56] 그는 기업가로서 자신을 재창조하기 위해 모든 것을 걸 준비가 되어 있었다. 따라서 그때의 결정은 현재 상상조차 할 수 없는 성공으로 되돌아왔지만, 처음에는 어려움을 겪으며 차고와 집에서 오랜 세월을 보내야 했다.

재창조의 과정은 나이와 상관없이 커다란 위협처럼 여겨지기도 한다. 진정한 열망을 추구하더라도 성공이 보장되지 않는다면 학위는 물론이고 커리어와 재정 능력까지 위협받기 시작한다. 그럼에도 현재 하는 일에서 마음이 이미 떠난 상태라면, 성장을 좇는다는 생각은 곧 두려우면서도 동시에 가슴을 뛰게 하는 짜릿함으로 다가올 것이다.

더 많은 곳을 여행하거나, 학업에 정진하거나 또는 현재 하는 일에 더 뜨거운 열망을 갖기 원하거나, 현재 업계나 직위에서는 불가능한 수준의 수입을 올리고 싶어 하는 등 저마다 원하는 바는 모두 다를 것이다. 재창조는 바라는 것이 무엇이든 사람마다 다른 과정을 거치며, 대부분 몇 년에서 심지어 수십 년에 걸쳐 이루어지는 발전이기도 하다. 이처럼 재창조는 당연히 하룻밤 사이에 이루어지지 않는다.

이제부터 명심하자. 재창조는 자신을 바라보는 방식과 주변의 인식을 바꾸는 과정이다. 따라서 변화의 결과가 예상보다 늦게 나타나더라도 실망하지 말라.

성공적인 재창조 이야기의 구체적인 교훈을 자세히 연구한 결과, 여정의 세부 내용과 상관없이 교훈이 네 가지로 요약된다는 점을 발견했다. 자신을 진정으로 재창조하려면 당신보다 앞서 성장을 따른 이들이

56   Matt Weinberger and Taylor Nicole Rogers, "The Rise of Marc Benioff, the Bombastic Owner of Time Magazine Who Just Became Salesforce's Sole CEO, Has an $8 Billion Fortune, and Owns a 5-Acre Compound in Hawaii", Business Insider, updated February 5, 2020.

살아온 바와 같이 모든 교훈을 이해하고 완벽하게 체화하는 것이 중요하다.

도전하라

자아 재정립 또는 재창조에서 가장 큰 장애물은 편안함이다. 이번 장의 서두에서 말했듯, 편안함은 적응력의 적이다. 지금껏 설명한 모든 사례에는 편안함의 유혹이 존재했다. 나만 해도 델에서 최고 정보 책임자 직위를 계속 유지할 수도 있었다. 드웨인 존슨도 프로레슬러로서 안정적인 성취를 만끽할 수 있었으며, 호스 솔저스 또한 공직이나 방위 및 보안 분야로 진출할 수 있었다.

하지만 누구도 안정적인 선택을 하지 않았다. 애초부터 편안함은 우리의 선택지에 존재하지 않았기 때문이다. 만약 당신이 현재 상황에 편안함을 느끼고 있다면, 잠재력이 발휘될 길을 스스로 막고 있을 가능성이 크다. 재창조는 두려운 일이며, 실패의 가능성이 그림자처럼 도사리고 있기까지 하다. 그러나 굳건한 성장 지향성에 따라 움직여 승리한 리더는 모두 험난한 여정 속에서도 실패의 쓴맛을 경험했다. 그들은 실패를 통해 자신의 진정한 힘을 발견했다.

현실은 가혹하다. 그러나 과감한 도약을 망설인다면 도약 이후 나아가는 과정에서 실수를 통해 배우는 것도 없다. 그렇다면 당신이 이뤄낼 수 있었을 놀라운 성과를 알지 못한 채 언제나 불확실한 영역에만 머물 것이다. 이러한 가능성이 위협적으로 느껴지겠지만, 현실에 안주하는 대가가 재창조의 리스크보다 훨씬 더 크다.

따라서 익숙한 일상에서 벗어나 자신을 향한 도전으로써 올바른 방향으로 걸어 나가자. 날마다 반복되는 패턴에서 벗어나 새로운 활동이나 취미를 시작해 보자. 출근할 때 평소와 다른 길을 선택하거나, 새로운 요리에 도전하거나, 이전에 접하지 않았던 음악이나 문학 작품을 탐색하는 것처럼 간단한 일도 괜찮다.

사소한 행동이라도 편안함을 주는 영역을 벗어나게 한다면 새로운 관점과 가능성에 마음을 열 수 있다. 미세한 일상의 변화는 사고를 자극하면서 적응력과 변화를 수용하려는 의지를 키워 준다. 즉 변화에 대한 본질적인 두려움에 노출됨으로써 새로운 상황에 더 잘 적응할 수 있게 되는 것이다. 이러한 적응에 익숙해질수록 재창조가 필요한 시기에 도달했을 때, 더욱 능숙하게 대처할 수 있을 것이다.

미래의 비전을 세워라

"꿈꿀 수 있다면 이룰 수 있다."는 말이 있다. 그러나 꿈을 이루고자 한다면 말만으로는 충분하지 않다. 말 너머에 목적이 있어야 한다. 목적이 없다면 실천도 없다.

델을 떠난 뒤 토니 로빈스(Tony Robbins)[57]와 대화를 나누면서 당시 나는 최고 정보 책임자로서의 삶을 즐기기는 했지만, 그것이 궁극적인 목표는 아니었음을 알게 되었다. 그리고 그때는 다른 것을 시도할 여유조차 없었음을 뼈아프게 깨달았다. 이에 재창조를 통해 나는 성공적인 CEO가 되었다. 뒤이어 내가 열정을 느끼는 일인 강연과 저술, 컨설팅을 수행할 여력을 만들었다.

그렇게 나는 과거와 현재의 나를 비교하면서 궁극적으로 향하고자 하는 이상을 살펴보았다. 이에 벤저민 하디(Benjamin Hardy)와 댄 설리번 (Dan Sullivan)의 《격차와 성과(The Gap and the Gain, 국내 미출간)》[58]에서 언급한 과거와 현재의 격차와 성과 사이의 현실을 마주했다. 팟캐스트에 출연한 하디는 그 개념을 다음과 같이 설명했다.

> '격차와 성과'는 자신의 경험, 그리고 자신과 타인을 평가하는 모델입니다. 사실 우리는 모두 저마다의 방식으로 자신과 경험을 측정하고 있습니다. 사회적으로 우리는 댄이 '격차'라 부르는

성장지향성

---

57   자기계발 전문가로, 《무한능력》, 《네 안에 잠든 거인을 깨워라》 등의 베스트셀러 저자이기도 하다. 옮긴이.

58   Dan Sullivan and Dr. Benjamin Hardy, The Gap and The Gain: The High Achievers' Guide to Happiness, Confidence, and Success (Carlsbad, CA: Hay House Business, 2021).

방식을 통해 측정하도록 배워 왔는데, 이는 자신과 진행 상황 및 경험을 이상적인 기준과 비교하는 방식입니다. 저 또한 이러한 방식을 늘 이용하고 있다는 사실을 자주 발견합니다. 보통 자신에게 좋지 않은 감정이 든다면, 이는 격차를 느끼고 있기 때문입니다. 즉 현재 자신의 위치와 자신이 서 있어야 할, 또는 그럴 수도 있었던 위치, 아니면 원하던 위치와 비교하고 있으니 그렇습니다.

한편으로 '성과'는 그와 정반대인 삶의 방식입니다. 이는 내적인 동기를 더욱 강하게 유도하여 자신의 핵심적인 자아와 더욱 깊은 연결을 이루어 격차를 무시하도록 합니다. 물론 세상에 완벽한 이는 아무도 없으니 누구나 때론 격차에 빠져 이상적인 기준과 비교하면서 자신이나 상황을 평가하곤 합니다. 하지만 성과는 정말 단순해요. 과거의 자신과 비교하면서 현재의 자신을 평가하는 것이죠.[59]

드웨인 존슨의 경우, 그가 그린 성과는 달랐다. 그는 CFL에서 프로 미식축구 선수로 시작했지만, 시간이 지나며 가족을 부양하고 부모님에게서 독립하고자 레슬러로 전향했다. 그의 동기는 안정적 수입과 더불어 가족의 기대에 부응하려는 데 있었다. 이 덕에 그는 레슬링 마이너리그 선수로 전국을 전전해야 했던 생활의 단조로움을 이겨 낼 수 있었다.

한편으로 호스 솔저스는 '탁월함'에 대한 공동의 헌신이 그들을 재창조의 길로 이끌었다. 미래의 자신을 구상할 때, 우리는 많은 이들이 직면하는 시급한 문제, 즉 자신의 진정한 정체성에 대한 확고한 이해가 부족한 상황과 마주해야 한다.

우리는 종종 현재 자신의 이상적인 모습, 다시 말해 현실을 초월하는 성공을 그린다. 그러나 진정한 재창조의 길 위에 서고자 한다면, 자신의 내면을 깊이 탐구하고 진정한 자아의 복잡한 내면을 정돈할 수 있는 용

59　John R. Miles and Dr. Benjamin Hardy, "The Psychology of Your Future Self", podcast, Passion Struck.

기를 발휘해야 한다. 그러려면 깊은 분석으로 발견한 자신의 장단점과 솔직하게 대면해야 한다. 그러나 이 단계는 혁신을 위한 여정에서 핵심적이지만, 대부분 간과하거나 과소평가되곤 한다.

자신을 분석하는 과정은 섬세함과 불편한 진실을 기꺼이 마주하려는 의지를 요구한다. 이는 사회적 기대라는 껍질을 벗겨 내고, 가면을 벗어던지며, 자기 존재의 본질을 용기 있게 마주하는 것이다. 결과적으로 진정한 자아를 이해해야 의미 있는 재창조의 기반을 다질 수 있다. 다시 말해 진정한 자아와 일치하는 재창조가 이루어지는 것이다.

따라서 변혁의 여정을 이어 나가는 동안 자아 성찰의 힘을 과소평가해서는 안 된다. 자신을 분석하면서 우리는 성장의 문을 열고, 미처 발휘하지 못한 잠재력을 캐내어 우리를 특별하게 만드는 개성을 수용한다. 이 탐색의 과정에서 우리는 미래의 자아를 형성할 원료인 자아 인식 및 수용과 자기애에 기반을 둔 자아를 발견할 것이다.

그 과정에서 한 가지 사례를 생각해 보자. 당신이 직장인에서 기업가가 되기를 꿈꾸는 사람이라면, 이 깊은 재창조의 열망 이면에 숨은 이유를 밝히기 위해 심도 있는 자기 분석이 필요하다. 이때라면 아마 더 큰 자율성이나 성장 지향성을 실현할 기회를 갈망하거나, 세상에 의미 있는 영향을 주기를 바랄 것이다.

이상에서 소개한 기본 원칙은 당신의 '동기'가 되고, 재창조의 토대가 된다. 자신만의 '동기'를 굳건히 지키면서 그 과정마다 마주칠 우여곡절을 헤치다 보면, 자기 혁신의 힘을 획득할 것이다. 그리고 장애물을 극복할 때마다 힘과 회복력이 더욱 강해지면서 당신이 원하던 모습에 한걸음 더 가까워진다.

새로움을 받아들여라

인간은 본능적으로 중요한 사건을 중심으로 사건을 재구성하려 한다. 마치 지난 장에서 다음 장으로 넘기듯 사건이 변화하는 순간을 구분하는 것처럼 말이다. 이러한 재창조의 순간에 우리는 독특한 동기에 이끌려 과거를 뒤로 하고 새로움을 받아들일 기회를 얻는다. 눈앞에 새로운 기회가 열려 있을 때, 우리는 비로소 과거의 사슬을 풀고 혁신이 자리한 길로 향해 갈 수 있다. 이러한 해방의 개념은 우리의 행동을 교정하고, 개인의 성장을 촉진하는 강력함을 지니고 있다.

펜실베이니아대학교의 행동과학자 케이티 밀크먼과 동료가 수행한 연구[60]는 사소하더라도 새로운 시작의 기회를 인식하고 강조하는 일의 중요성을 보여 준다. 새 출발의 상징인 월요일에 한 주를 시작하는 사소한 행동이라도 이후의 행동과 선택에 큰 변화를 불러일으키기도 한다. 이는 과거의 자신보다 더욱 강해진 '새로운 나'로 진화하고 있음을 인식할 때 경험하는 심리적 변화에서 비롯된다.

새로운 시작의 힘은 빈도와 접근성에서 발현된다. 이는 인생의 중요한 사건에만 국한되지 않으며, 다양한 형태로 나타난다. 예컨대 월요일은 잠재적으로 건강한 습관을 추구하고, 새로운 목표를 세울 힘을 지닌다. 이처럼 새 출발의 순간을 인식하고 활용함으로써 변혁의 에너지를 긍정적인 변화의 원동력으로 삼을 수 있다. 이에 밀크먼은 저서《슈퍼 해빗》에서 다음과 같이 말한다.

> "사람들은 새로운 시작이라 생각되는 날에 변화를 추구할 가능성이 더 크다. 이러한 순간은 목표를 시작하면서 흔히 겪는 장애물인 '어차피 전에 실패했으니 또 실패하겠지.'라는 생각을 극복하는 데 도움을 준다."

이외에도 다가올 생일에 의미를 부여하는 단순한 행위라도 큰 영향력을 발휘할 수 있다. 이 미묘한 알림은 스스로 경제 습관을 재평가하고, 은퇴 자금 저축에 더 많이 투자하는 계기가 될 수 있다. 이는 행동 변화는 물론, 원하는 결과를 향해 적극적인 행동을 이끌어 내는 새로운 시작의 힘을 잘 드러내는 사례이다.

60   The Growth Faculty, "Katy Milkman: How to Change Despite Those Obstacles Inside You", The Growth Faculty, August 31, 2022.

당신을 리브랜딩하라

혁신의 과정에서 가장 어려운 단계는 자신을 리브랜딩하는 일이 아닐까. 우리는 성장하면서 특정한 자아 이미지를 형성한다. 이때 형성된 자아 이미지는 버리거나 바꾸기가 매우 어렵다. 드웨인 존슨은 10대 초반부터 프로 미식축구 선수가 되기를 간절히 바랐으나, 대학을 졸업하고 몇 개월이 지나지 않아 꿈은 산산이 부서져 버렸다. 존슨은 이 일로 한때 깊은 좌절감에 빠진 적이 있다.[61]

정신적으로 힘들었던 시간을 극복한 후, 그는 미식축구 선수로서의 커리어가 완전히 끝났으니 앞으로 나아가기 위해서는 그 부분을 빠르게 정리해야 함을 이해했다. 그는 우울한 마음으로 2주 동안 부모님 댁에서 지냈다.

그러던 중 그는 캘거리 스탬피더스의 감독인 월리 부오노에게 연락했다. 존슨은 감독에게 다음 시즌 선발 테스트에 참여할 생각이 없으며, 다른 프로젝트에 집중할 것이라는 뜻을 전했다. 이 일은 WWF와 접촉하기 전에 일어났으며, 개인적인 리브랜딩을 의미하는 중요한 순간이었다. 이후 존슨은 미식축구를 자신과 더 이상 동일시하지 않고, 그 관계를 완전히 끊어 냈다.

이상의 사례를 염두에 두면서 자기 혁신의 일환으로 자신을 재정의하자. 진심으로 자신에게 새로운 것을 말하고 믿는 연습을 해 보자. 물론 총체적인 변화는 어렵다. 그러나 과거에 소중히 여기던 것과의 관계를 단절함으로써 개인적, 직업적 측면에서 자신을 다시 만들어 갈 수 있다. 그 예로 변호사이지만 사업가로서의 자신을 재창조하고 싶다면, 새로운 법률 사건을 맡을 때의 안전망을 끊고 새로운 정체성에 전념해야 한다.

61   Pete Blackburn, "Dwayne 'The Rock' Johnson discusses his battle with depression, mental-health issues", CBS Sports, April 2, 2018.

성장지향성

◆ 두려워지기 전에 뛰어들어라

'왜?'라는 질문에는 우리의 진정한 동기와 열망, 그리고 의미로 향하는 열쇠가 있다. 우리는 내면 깊은 곳의 동기를 이해하고 진정한 목적에 걸맞은 재창조의 노력을 기울임으로써 더 큰 성취감과 성공은 물론, 자신의 본질에 충실한 삶으로 이끄는 혁신의 길에 들어선다. 나의 이야기를 비롯하여 이 장에서 다룬 사례는 재창조가 누구에게나 해낼 수 있는 일임을 완벽하게 보여 준다.

그러나 재창조는 사실상 자발적이라기보다 외부 환경에 따라 선택을 종용받는 경우가 많다. 그러나 적어도 나를 비롯하여 짐 맥켈비와 호스 솔저스는 모두 어찌할 수 없는 상황 속에서도 자발적으로 자신을 재창조하는 데 성공했다.

왜일까? 바로 재창조의 힘을 인식했기 때문이다. 이전의 재창조 경험에서 삶을 더 나은 방향으로 변화시킬 수 있음을 배운 것이다. 비록 그 과정에는 시련과 고난이 가끔 뒤따르기는 한다. 하지만 그 너머에서 우리를 기다리는 성과는 언제나 그 여정의 어려움을 극복해 낼 가치가 있음을 증명해 왔다. 이것이 당신도 재창조가 가능하다는 말을 믿어야 하는 이유이다.

당신도 삶을 근본적으로 변화시키는 데서 오는 달콤함을 누릴 수 있다. 그 길은 저마다 다르다. 누군가는 다른 이보다 더 많은 어려움에 부딪히거나, 외로움과 싸우거나 또는 처음 계획한 대로 일이 진행되지 않아 자기 회의와 두려움에 시달리기도 한다. 그러나 '진정한 용기는 두려움을 느끼지 않는 것이 아니라 그 감정에도 불구하고 행동하는 것이다.'라는 옛 속담도 있지 않나.

그러니 변화에 대한 두려움이 우리의 미래를 결정하도록 내버려 두지 말라. 스스로 재창조할 용기를 내자. 변화를 이끌어 내는 여정의 단계마다 필요한 기술과 가치관, 신념에 맞게 자신을 바꿀 확신이 없다면, 원하던 결말에 닿지 못할 것이다.

이상과 같이 '브랜드 재창조자'가 되면 무엇도 당신을 막을 수 없을 것이다. 편안함과 변화에 대한 두려움이 당신의 진정한 적이라는 사실을 깨닫게 되면, 꿈을 이루는 데 필요한 일을 할 수 있을 것이다. 물론 브랜드 재창조자로 거듭나기는 쉽지 않다. 또힌 12가지 프레임워크에서 목표 탐색자는 물론, 그다음 원칙인 인생에서 방해가 되는 요소를 제거하는 과정과 맞물려 있다.

실전 전략 2 ## 리브랜딩을 통한 자기 혁신

◉ 비전 보드 만들기

당신이 원하는 브랜드 정체성과 미래의 모습을 시각적으로 표현해 보자. 당신의 열망이나 가치관과 결이 비슷한 이미지나 단어, 기호를 모아 보드나 컴퓨터 화면에 배열하자. 이를 통해 당신이 되고자 하는 브랜드가 무엇인가를 계속 떠올려 보자.

◉ 가치관 정의하기

당신의 핵심 가치관과 원칙을 생각해 보자. 이후 당신이 지향하는 것과 행동과 결정을 이끄는 것이 무엇인가를 명확히 파악하라. 그리고 당신의 가치관을 구체적으로 표현해 보자. 이러한 작업은 당신이라는 브랜드의 정체성을 형성하는 지침이 될 것이다.

◉ 브랜드 점검

현재 당신의 브랜드 이미지를 철저히 평가하자. 온라인 활동, 소셜 미디어 프로필, 이력서 및 업무 네트워크를 점검해 보자. 그리고 재창조 목표에 맞추어 개선이나 재조정이 필요한 영역을 파악하자.

◉ 브랜드 스토리 만들기

당신이라는 브랜드의 독창적인 서사와 강점, 열망 등을 어필할 매력적인 이야기를 만들어 보자. 이때 삶에서 중요한 경험과 성취, 이 과정에서 깨달은 교훈을 강조한다. 또한 간결하지만 강한 인상을 남기도록 당신만의 이야기를 효과적으로 전달하는 연습을 해 보자.

◉ 브랜드 소개문 작성하기

당신만의 독특한 가치관과 전문성, 지향성을 집약적으로 나타내는 명확하고도 간결한 개인 브랜드 소개문을 만들자. 소개문은 목표 독자의 공감을 불러일으키되, 경쟁자와 차별화할 수 있도록 작성한다.

재창조는 혁신의 과정임을 명심하자. 그리고 이에 대한 연습을 자기 발견과 성장, 그리고 변화의 기회로 수용하라. 결단력을 비롯하여 모험심과 재창조에 충실하고자 하는 마음만 있다면, 당신의 진정한 자아가 반영된 독창적인 브랜드를 만들어 낼 수 있다. 나아가 성공적인 미래로 나아가는 길이 열릴 것이다.

제4장

사소하지만 치명적인 존재들

인간의 가장 보편적인 약점은 곧 타인의 부정적인 영향에도
마음을 열어 두는 습관이다.

│ 나폴레온 힐(Napoleon Hill) │

성
장
지
향
성

나쁜 관계는 세계적 성공에 독이 되는 요소이다.

나는 매일 통근길에 라디오를 듣는데, 어느 날 방송 진행자가 청중에
게 "지구상 가장 치명적인 동물은 무엇일까요?"라는 질문을 던졌다. 나
도 아는 정보를 되짚으며 여러 답을 추측해 보았다. 모하비 방울뱀? 백상
아리? 호주의 상자해파리? 아니면 악어나 호랑이?

하지만 정답은 내 예상을 완전히 비껴갔다. 내가 생각했던 맹수급 포
식 동물에 의한 사망자 수는 정답인 모기와 비교하면 미미한 수준이었
다.[62] 놀랍게도 이 작은 곤충은 한 세기에 걸쳐 상어에게 희생된 사람의
수보다 더 많은 생명을 해마다 앗아간다. 전 세계적으로 상어에 의한 사
망자는 연간 12명 정도에 불과하나, 모기의 경우 그 수의 5만여 배에 달
한다.[63] 그렇다면 모기가 이토록 위험한 이유는 무엇일까?

---

62   "Fighting the World's Deadliest Animal", CDC, updated August 15, 2019.

63   Bill Gates, "The deadliest animal in the world", GatesNotes, April 25, 2014.

◆ 일상 속에 날아든 위험

모기가 수많은 생명을 앗아가는 이유는 사람에게 여러 가지 치명적인 질병을 옮길 수 있기 때문이다. 모기가 옮기는 질병이 말라리아뿐이라고 생각한다면 큰 오산이다. 말라리아를 비롯하여 지카바이러스, 웨스트나일열, 치쿤구니야열, 뎅기열, 황열병, 일본뇌염까지 모두 모기를 매개로 전파되는 질병이다.

말하자면 날개가 달린 이 작은 곤충이 매년 100만 명 이상의 생명을 죽음으로 몰아넣으며, 그 비중은 전 세계 전염병의 약 17%를 차지한다.[64] 더욱 심각한 것은 모기가 다른 기생충에게도 질병을 전파할 수 있어 사람에게 미치는 위험이 더욱 커진다는 점이다. 그중 가장 우려되는 종은 아노펠레스 모기로, 주로 아동에게 말라리아를 전염시켜 매년 40만여 명의 사망자를 발생시키는 주범이다.

그런데도 이 곤충들은 외형상 지극히 평범한데다가 무해해 보이기까지 한다. 물론 곁에서 날갯짓 소리로 신경을 거스르게 하지만, 흔히 손을 휘저어 쫓아내면 그만인 정도로 생각한다. 문득 삶 또한 모기의 사례와 마찬가지라는 생각이 들었다. 사람들은 비즈니스건 일상이건 눈앞의 포식자에게서 벗어나기 위해 수많은 시간과 에너지를 쏟는다. 그러면서도 정작 바로 눈앞에서조차 알아채지 못하는 사이에 피를 빨아먹는 모기는 놓쳐 버린다. 말도 안 되는 소리 같다면, 지금부터 이어질 이야기를 통해 확인해 보자.

◆ 인간관계의 생태계

나의 동료는 다수가 삶에 도사리는 상어 같은 포식자에 잡아먹히지 않으려 커리어의 상당 부분을 쏟았다. 그러나 나는 동료와 달리 작지만 치명적인 모기와 상어를 구별하는 것의 중요성을 깨달았다. 둘을 구별할 수 있는 능력이야말로 목표와 포부를 더 빠르게 이루는 열쇠가 된다.

---

64 "Vector-borne diseases", World Health Organization, March 2, 2020.

우호자형

우호자형, 즉 상어를 닮은 멘토는 개인적, 직업적 성장에 경이로울 정도로 긍정적인 영향을 미친다. 즉 상어형 인간은 경험과 성취가 풍부한 인물을 말한다. 그들은 스승 역할을 자처하면서 방향을 제시하고, 지원을 아끼지 않으며, 깊은 지혜를 선사한다.

상어형 인간은 풍부한 경험과 지식을 공유하며 길잡이 역할을 수행한다. 또한 멘티가 흔히 빠지기 쉬운 함정에서 벗어나도록 도와주고, 새로운 기술을 익히면서 업계 간 미묘한 차이를 이해하게 한다.

이상과 같이 상어형 인간은 비즈니스 환경이라면 조직 내에서 자신보다 높은 위치에 있는 사람을 일반적으로 가리킨다. 이들은 주로 상사 또는 앞으로의 경력에 직접적인 영향을 미칠 수 있는 고위급의 멘토로 정의할 수 있다. 사적인 관계라면 인생 코치나 친구, 부모보다 더 높은 기준을 요구하는 배우자나 그 부모, 또는 연인이 그 역할을 수행한다.

그러나 사실 환경뿐 아니라 상어형 인간에 대한 두려움의 정도를 막론하고, 그들은 우리가 앞으로 나이기도록 돕는 촉매제와 같다. 그들은 우리에게 재창조를 유도하여 미처 발휘하지 못했던 힘을 발굴함으로써 확신을 가지고 인생의 여정길에 오르도록 한다. 또한 상어형 인간은 끊임없는 성장과 변화를 추구하는 원동력이 되어, 우리를 전례 없는 성취와 자아 실현의 경지에 이르도록 밀어붙인다.

상어형 인간의 중요성을 잘 보여 주는 사례로, 친우인 맷 히긴스(Matt Higgins)를 들 수 있다. 그는 라이즈 벤처스(Rise Ventures)의 대표로, 마이애미 돌핀스 부회장, 뉴욕 제츠 부사장을 지낸 바 있다. 또한 에미상을 수상한 TV 프로그램인 〈샤크 탱크〉 시즌 10, 11에서 게스트 '상어'로 출연했다. 또한 그는 팟캐스트에 출연하여 두 회사에서의 경험을 이야기하면서 조직 내에 상어 역할을 하는 오너의 중요성을 강조했다.

> 스포츠팀도 일반적으로 리더십을 기대하는 다른 업계와 다를 게 없어요. 조직에서 지속적인 가치의 방향성을 제시할 리더를 찾죠. 그런 리더가 있는 곳이라면 사람들은 더 나은 성과를 내기

마련입니다. 그래서 눈에 띄고, 적극적이며, 진심으로 직원을 아끼는 구단주, 즉 오너가 있어야 한다고 생각합니다. 또한 소통 능력도 필수입니다. 사람들은 불안을 느끼면서 자신의 위치를 가늠하지 못한다면 좋은 성과를 내지 못하기 때문입니다. 사람들은 자신이 처한 상황에 혼란을 느끼면 마치 모래 위에 서 있는 듯 위태로움을 느끼면서도 그 빈틈을 채우려 합니다. 저는 구단주가 그 역할을 잘 수행하고, 최소한 소통으로 감독과 코치진에게 현재 상황을 확실히 이해시킬 때 강력한 멘토가 된다고 생각합니다. 그 반대라면 모든 사람이 권력을 쟁취하려고 경쟁하는 권력 공백 상태가 발생하기 마련이죠.[65]

또한 상어형 인간은 자신의 인맥을 멘티에게 연결해 주어 도전에 대처하는 법을 가르친다. 그리고 정서적인 지지와 함께 목표에 대한 책임감을 갖도록 돕기도 한다. 결과적으로 상어형 인간은 잠재력을 최대한 발휘하여 목표를 이룰 수 있도록 방향을 제시하고, 지원을 아끼지 않음과 동시에 동기를 부여한다.

상사에게 밉보일까 두려운 마음이나 멘토를 실망시키고 싶지 않다는 마음이나 결과는 같다. 상어형 인간은 당신이 발전과 성장 속에서 앞으로 나아갈 수 있는 동기를 준다. 다시 말해 상어형 인간은 삶에 큰 도움이 되는 존재로, 추진력을 제공하고 경쟁력을 쌓을 수 있도록 도와준다. 반면 모기형 인간은 당신이 눈치채기도 전에 에너지를 고갈시키는 치명적인 존재이다.

방해자형

방해자형인 모기형 인간은 상어형 인간과 달리 쉽게 구별되지 않으며, 동료나 멘토, 가족 또는 친구로 교묘하게 위장해 우리의 에너지를 고갈시키며 발전을 방해한다. 그들은 다양한 모습으로 다가오기 때문에 미

---

65 John R. Miles and Matt Higgins, "How to Burn the Boats and Just Figure It Out", podcast, Passion Struck.

리 알아차려 피하기도 어렵다.

이에 하루는 리더십 전문가이자 베스트셀러 작가이며 인도주의자, 동기 부여 강사로 유명한 로빈 샤르마(Robin Sharma)와 인터뷰를 한 적이 있다. 그와의 대화를 통해 관계가 우리의 원대한 포부를 일상에서 의미 있고 지향적인 결과로 바꾸는 데 얼마나 중요한 역할을 하는지 깊이 탐구해 보았다. 샤르마는 다음과 같은 귀중한 통찰을 전했다.

> "나는 세상을 변화시킬 수도, 부정적인 사람 곁에 머무를 수도 있겠지만, 두 가지를 동시에 할 수는 없다고 생각해요. 이에 대해 감정의 전염성을 다룬 훌륭한 연구가 많은데,[66] 그 연구에서 우리는 대부분 시간을 함께 보내는 사람의 지배적인 감정을 흡수한다는 사실을 보여 줍니다. 그래서 스스로 삶에서 기쁨을 더하는 사람, 새로운 아이디어를 떠올릴 때마다 기쁨을 빼앗아 가는 사람이 누구인지를 생각해 보는 것이 중요합니다. 아니면 '팟캐스트를 들었는데, 나도 그대로 해 보려고 해. 그래서 마라톤을 시작하거나 사업을 시작해 보려고.' 또는 '관계를 회복해 보려고.'라고 한다면 절대 성공하지 못할 것이라 말하는 사람이 꼭 있어요. 바로 그러한 사람이 여러 측면에서 우리를 최고의 수준에 도달하지 못하게 막고 있는 겁니다."

위의 통찰은 인생에서 원하는 길을 개척할 것인가, 아니면 부정적인 영향이 주변에 스며들도록 할 것인가에 관한 선택의 중요성을 강조한다. 또한 감정의 전염성이 지니는 강력한 위력과 함께 시간을 보내는 사람의 지배적인 감정을 내면화하려는 경향을 조명한다.

이상과 같이 영감과 의욕을 북돋우는 사람을 알아볼 수 있다면, 추진력을 강화하여 목표를 향해 정진하는 관계를 적극적으로 형성할 수 있다. 이와 동시에 자신감을 깎아내리고, 발전을 저해하는 이들의 영향을

66   Carolina Herrando and Efthymios Constantinides, "Emotional Contagion: A Brief Overview and Future Directions", Frontiers, July 16, 2021.

최소화함으로써 모든 면에서 최고 수준의 성공을 이룰 환경을 조성할 힘을 얻는다.

다음부터는 우리의 삶 속에서 흔히 찾을 수 있는 세 유형의 모기형 인간을 살펴보겠다. 이에 아첨과 칭찬으로 우리의 신뢰를 얻으면서 형성된 관계를 개인의 이익에 이용하려는 유형부터 시작하고자 한다.

》 흡혈귀형

안주하려는 태도는 개인의 성장과 변화를 모색하는 부단한 여정에서 가장 강력한 독이다. 변화를 갈망하는 사람들은 안주하기를 고려하지 않는다. 오히려 불편함을 마다하지 않고 현 상태에 도전하며 기존의 규범에 의문을 던진다. 그러나 우리의 발전을 가로막는 은밀하고 악의적인 힘이 그늘 속에 숨어 있다. 바로 흡혈귀형 인간이다.

유명 심리치료사 및 관계 전문가이자 《선을 긋는 연습(Boundary Boss)》의 저자인 테리 콜(Terri Cole)은 해당 유형의 사람에 대해 이야기를 나누었다. 그녀는 그 은밀하고 강력한 존재를 '경계 파괴자'라고 칭한다. 이 유형에 속하는 사람은 우리의 개인적인 경계를 침범하여 성장의 길을 방해한다. 콜은 경계 파괴자, 즉 흡혈귀형 인간을 다음과 같이 설명한다.

> "경계 파괴자들은 그 자체로 하나의 유형입니다. 그래서 《선을 긋는 연습》에서 그 사람들을 다룬 장을 따로 마련할 수밖에 없었어요. 그들은 상대를 감정적으로 조종하며, 당신의 감정이나 상황은 신경 쓰지 않고 그저 자신이 원하는 것만 취하려는 부류입니다."

흡혈귀형 인간은 타인의 경계를 습관적으로 무시하고 침범하는 사람들을 상징한다. 이들은 남을 감정적으로 조종하는 전술을 구사하면서 끈질기게 자신의 목표만을 추구한다. 그들은 개인적으로나 가족 또는 직장에서의 관계를 가리지 않고 우리가 세우려는 경계를 약화시키려 든다. 이에 따라 우리는 그들에게 존중은 고사하고, 에너지가 고갈되면서 감정적으로 조종당하고 있음을 느낀다.

　가스라이팅, 애정 공세, 감정 강요는 경계 파괴자가 통제력을 행사하고, 우리가 만든 경계를 무너뜨리는 데 사용하는 대표적인 무기이다. 그들의 행동은 깊고도 광범위한 영향을 미쳐, 커리어의 흐름과 개인적 성취를 정체시킨다. 이처럼 흡혈귀형 인간의 끊임없는 맹공에 굴복하면, 성장이 멈추면서 진정한 잠재력을 발휘하지 못하는 고립무원의 상태에 갇히고 만다.

　그렇다면 한 기업에서 흡혈귀형 인간이 맹위를 떨치는 상황을 상상해 보자. 이와 관련하여 야심만만하고 재능 있는 전문가 세라는 경계 파괴자와 함께 일해야 하는 난관에 직면했다. 그녀는 평소 혁신적인 아이디어와 뛰어난 직업 윤리, 창의적인 사고로 인정받아 왔다. 경계를 넓히고 성장에 전념한 덕에 그녀의 노력은 남들보다 앞선 커리어의 성공으로 보상받았다.

　그러나 세라는 팀 내에서 경계 파괴자의 특성을 보이는 동료 에밀리를 만나게 된다. 에밀리는 끊임없이 세라의 기여를 폄하하고 아이디어를 무시하며 그녀의 성과를 깎아내리려 들었다. 심지어 교묘한 수작으로 세라의 공을 가로채거나 팀 회의에서 그녀의 성공을 평가절하한 적도 있었다.

　그에 세라가 기존의 방식을 바꾸거나 새로운 접근 방식을 제안할 때마다 에밀리는 무시하는 듯한 발언으로 그녀를 깎아내리려 하였다. 이뿐 아니라 뒤에서 그녀의 프로젝트를 방해하려고 시도한다. 이러한 에밀리의 행동은 깊은 불안감과 팀 내에서 자신의 통제력과 지위를 유지하려는 욕구에서 비롯된 것이다.

　세라가 명확한 경계를 설정하고 자신의 아이디어를 주장하는 끊임없는 노력을 기울였음에도 에밀리는 그녀의 경계를 계속해서 침범해 왔다. 따라서 세라가 존중받지 못하고 창의력이 소진된다는 느낌이 들게 한다. 에밀리의 행동이 만들어 낸 독성 관계는 세라의 직업적 성장에 큰 방해가 되었다. 또한 이는 사적인 영역에까지 침투하여 자기 회의를 불러일으킴으로써 자신감을 전체적으로 무너뜨린다.

나 또한 세라와 마찬가지로 직장과 일상에서 흡혈귀형 인간과 마주한 경험이 있다. 이러한 상황에서 그들의 조종술에 굴복하는 것은 독성 환경을 영구화하면서 내 성장과 행복을 저해할 뿐이다. 이에 나는 그들의 영향력에 대항하기 위해 단호하게 주장하고, 내 성과를 지키며 그들의 이기적인 게임에 이용당하지 않겠다고 결심했다.

흡혈귀형 인간은 우리가 공들여 세운 경계를 무너뜨리는 전략을 다양하게 알고 있다. 그들은 우리의 자존감을 흔들고, 목적을 의심케 하면서 약점을 교묘히 이용한다. 그들의 행동은 우리의 자신감을 깎아내리고, 성장을 방해하여 정체라는 갑갑한 벽 안에 가두기도 한다.

우리를 갉아먹는 흡혈귀형 인간의 은밀한 영향력을 극복하려면, 그들의 존재와 그들이 초래하는 혼란을 인식해야 한다. 그리고 자기 인식과 함께 그들의 조종술에 대한 이해를 통해 우리는 스스로 힘을 되찾고 감정적인 안정을 지킬 단단한 경계를 세울 수 있다.

테리 콜 등 전문가의 지혜에서 배우며 우리는 자신 있는 태도로 당당하게 우리의 경계를 확고하게 지킬 수 있다. 흡혈귀형 인간이 구사하는 조종술에 굳건히 맞선다면 우리의 진정성을 지키고, 자존감을 유지할 수 있다. 이에 독성 관계의 덫에 빠지는 일을 막을 수 있다.

» 은근한 억압자형

우리의 삶에 치명적인 해를 입히는 모기형 인간 중에는 "반밖에 안 남았네.(Glass half empty)"[67]라고 말하는 부류가 있다. 이 유형은 당신의 친밀한 관계 깊은 곳으로 스며들어 상당한 문제를 일으킨다. 이뿐 아니라 존재가 좀처럼 드러나지 않아 삶에서 떼어내기가 어렵다.

이처럼 은근한 억압자는 자신의 커리어에서 일정 수준의 성공을 거둔 후, 현상 유지를 고수하는 부류에 속한다. 그들은 주변 사람에게도 자신과 비슷한 관점을 주입하려 한다. 예컨대 당신이 승진했다면 기뻐하며 축하하기보다 곧바로 "이제 얼마나 더 추가 근무를 해야 할지 생각해

---

67   영어에서 매사를 부정적, 비관적으로 바라보는 태도를 가리키는 관용 표현으로, 반이나 남았음을 뜻하는 것은 'Glass half full'이라고 한다.

봐.", "애들과 보내는 시간은 어떻게 할 거야?", "압박이 엄청날 걸? 오래 버티기 힘들 거야."라며 부정적인 반응을 보인다.

은근한 억압자의 본성은 외부인에게는 매우 명확하게 보이지만, 그들이 당신의 삶에 영향력을 행사하고 있을 때 알아차리기란 여간 어려운 일이 아니다. 혹시라도 직장 생활이나 개인적 목표를 향한 여정에서 정체된 느낌이 든다면, 당장 친밀하게 지내는 사람들과 그 영향력을 점검하고 평가해야 한다.

- 당신과 비슷한 수준의 야망과 추진력을 가지고 있는가?
- 조금이라도 더 노력하려는 당신의 의지를 깎아내리지는 않는가?
- 변화에 거부감을 품으며 사회적, 직업적 영역에서 익숙한 것에 집착하지는 않는가?

성
장
지
향
성

내 멘토였던 토니 로빈스(Tony Robbins)와 함께 일할 때, 그는 내게 "한 사람의 삶의 질은 대부분 그 사람이 속한 집단의 기대를 직접 반영한다네."라는 조언을 한 적이 있다. 만약 그 기대가 늘 똑같다면 발전할 수 있을까? 당연하게도 안락함은 결코 획기적인 아이디어를 낳지 못한다. 변화에 마음을 열고, 때로는 두렵더라도 '예'라고 말할 수 있어야 한다.

그렇게 친밀한 사람들을 평가하다 보면 심오한 깨달음이 머릿속에 떠오를 것이다. 바로 '반밖에 안 남았다는' 생각의 소유자가 당신의 개인적 성장을 가로막으면서 최고를 향한 부단한 노력을 방해하며, 끝내는 열망을 질식시키는 치명적인 영향력이 명확히 드러나는 것이다. 그들의 부정적인 관점은 당신을 평범함에 계속 머무르게 함으로써 내면의 위대한 잠재력이 발휘되는 것을 막는다.

오랜 꿈이었던 사업을 시작한다고 상상해 보자. 이 상상 속에서 당신은 지향성과 결단력, 성공에 대한 명확한 비전의 소유자이다. 그러나 이 여정 중에 은근한 억압자를 만나게 된다. 편의상 그 사람을 마크라 칭하겠다. 마크는 당신의 가까운 친구이지만, 안타깝게도 매우 비관적인 사고방식을 지니고 있다.

당신이 야심에 찬 계획과 포부를 마크와 공유할 때마다 그는 잠재적인 장애물과 어려움을 지적하기 시작한다. 또한 당신의 아이디어가 비실용적이라고 무시하며, 성공할 수 없는 이유를 조목조목 짚어 준다. 그의 지속적인 부정적 태도는 당신의 마음속에 의심으로 서서히 스며들면서 자신감을 갉아먹는다. 급기야는 자신의 능력과 그 꿈이 과연 실현 가능한 것인지 의구심을 품게 된다.

마크의 비관주의는 단순한 회의론의 차원을 넘어섰다. 그는 위험을 감수하거나 대담한 결정을 적극적으로 만류한다. 그리고 실패가 불가피하다고 경고하면서 안전 지대를 벗어났을 때 닥칠 결과를 강조한다. 그가 끊임없이 내뱉는 부정적인 말은 당신의 의욕을 무겁게 짓눌러, 지향성에 그림자를 드리워 한때 밝게 타오르던 꿈의 불꽃을 사그라들게 한다. 그 결과, 당신은 점점 주저하다 안전한 선택을 하고 평범함에 안주하게 된다. 이는 모두 마크의 '반밖에 안 남은' 시각을 내면에 수용했기 때문이다.

이 상황에서 매사에 부정적인 사고방식의 소유자인 마크는 꿈의 실현에 큰 장애물이 된다. 한결같은 마크의 부정적인 태도는 자신감을 조금씩 갉아먹고 동기를 약화시키며, 위험을 감수하려는 의지를 억누른다. 한때 당신 안에서 밝게 타오르던 꿈은 마크의 영향 아래 그 빛을 잃어 간다. 이에 본래 원하던 삶과는 거리가 먼 삶에 안주하고 만다.

은근한 억압자가 우리의 삶과 경력에 미치는 영향은 매우 심각하다. 그들의 지속적인 비관적, 부정적 태도는 자기 확신을 약화시키고 성장을 저해하며, 잠재력이 발휘되는 것을 억압한다. 또한 당신의 포부에 의심을 품게 하여 불확실성의 구름을 키운다. 이는 대담한 행동이나 확신에 따라 꿈을 추구할 능력을 가로막는다.

그리고 그들의 영향 아래에 놓인다면 평범함에 안주하면서 위험을 회피하여 큰 성과를 이룰 기회를 놓치고 만다. 그러니 용기 내어 주변의 관계를 재평가해보자. 이후 당신과 같은 발전 욕구를 공유하면서 서로의 야망을 격려하고, 긍정적 변화를 지지해 줄 사람으로 주변을 채우자.

다양한 인간관계를 만들어 가는 과정에서 우리는 짜증과 좌절, 극심한 불쾌감을 유발하는 부류를 만나기도 한다. 이와 관련하여 골칫거리는 끔찍한 수준을 자랑한다. 이 유형은 뭉뚱그려 표현하더라도 우리 삶에서 흔하게 찾을 수 있다.

처음에 그들은 일상에 자연스레 녹아들어 있어서 알아차리기가 쉽지 않다. 그러나 우리의 행복과 목표를 향한 노력에 미치는 영향은 부정할 수 없다. 이제 골칫거리가 일터와 일상에서 우리에게 훼방을 놓는 행동의 특징과 그 결과를 깊게 살펴보도록 하자.

골칫거리의 의도를 제대로 이해하려면 그들의 독특한 행동 패턴부터 관찰해야 한다. 그들은 당신 앞에서 약속한 바가 무색하게 뒤에서는 전혀 다른 계획을 추진한다. 예컨대 투자자로서 재정 지원을 약속해 놓고, 일상 업무에 끊임없는 질문 공세로 간섭해 대며 소중한 시간을 빼앗는 사람이 골칫거리이다.

또한 그들은 당신의 조언을 구해 놓고 이를 무의미하다고 치부했다가, 나중에는 자신만의 독창적 아이디어인 양 다시 꺼내 드는 친구나 동료 또는 상사의 형태로 존재한다. 이외에 다른 고객의 필요는 아랑곳하지 않고 자신의 건에 관심을 주기를 요구하면서 당신의 사업 성장을 저해하는 까다로운 의뢰인이기도 하다. 이처럼 골칫거리는 다양한 상황에서 발견되며, 그들의 영향은 우리의 개인적, 직업적 영역에 걸쳐 크나큰 파문을 일으킨다.

병드는 조직

골칫거리형 인간은 활기차고 역동적인 직장, 시너지와 팀워크가 중시되는 조직에 조용히 자리 잡는다. 그리고 일에 헌신적인 전문가로 구성된 팀은 공동의 비전과 탁월한 성과에 전념하는 지향성으로 결속되어 있다. 그러나 조직에 몰래 숨어 있던 골칫거리 모기가 어렵게 일궈 온 조화를 조금씩 무너뜨리기 시작한다. 지금부터 이 골칫거리를 알렉스라고 부르겠다.

처음에는 알렉스를 모두가 두 팔 벌려 환영했다. 그는 뛰어난 기술력을 토대로 한 성과로 유명했다. 조직원 모두 그의 전문성이 팀 전체의 성과를 끌어올리는 데 도움이 되리라 기대했다. 그것도 잠시, 머지않아 그의 영향은 긍정적인 결말과 거리가 멀다는 사실이 드러나고 만다.

알렉스는 협력을 촉진하기보다 끊임없이 동료의 기여를 깎아내리기 바빴다. 다른 의견은 사소한 것으로 치부하며 무시하고 회의에서는 강압적 태도를 보이니, 다른 사람들은 그에게 가려 가치를 인정받지 못하는 느낌이 든다. 그의 통제욕과 매사에 남들보다 앞서려는 태도는 긴장과 불화를 조성한다.

위의 문제 행동뿐 아니라 알렉스의 인정 욕구는 갈수록 노골적으로 커져 갔다. 그는 동료들을 희생시키면서까지 주목과 인정을 원했다. 다른 사람의 말을 끊고 타인의 성과를 폄하하며 스포트라이트를 독차지하려 한다. 그로 인해 동료들은 좌절감을 느끼면서 사기가 떨어진다.

게다가 알렉스의 불투명하고 선택적인 정보 공유 태도는 팀 내부의 협동과 노력을 방해한다. 그리고 중요 세부 사항과 핵심 통찰을 은폐함으로써 팀의 발전을 저해하고, 공동의 문제 해결을 가로막는다. 이처럼 협력과 소통에 대한 의지가 부족한 그의 태도는 팀의 생산성을 떨어뜨리고 혁신을 방해한다.

물론 문제를 해결하고 건설적인 피드백을 제공하려는 노력한 사람은 있었다. 그러나 그 사람조차 알렉스를 바꾸지 못했다. 오히려 알렉스는 타인의 우려를 무시하며, 자기 행동이 미치는 부정적인 영향을 인정하려 하지 않는다. 이러한 고집은 팀의 사기를 떨어뜨리고, 분열을 초래하며 불만의 씨앗만 계속해서 퍼뜨릴 뿐이다.

갉아먹히는 일상

당신에게 기쁨과 충만함을 주는 관계와 든든한 지원군으로 가득한 일상을 상상해 보자. 모두가 당신을 격려하고, 서로에게 힘을 북돋우는 관계를 소중히 여긴다. 하지만 이처럼 조화로운 삶에 골칫거리 모기 한 마리가 끼어들어 좌절과 분란을 일으키기 시작한다. 이 모기를 리사라고 하겠다.

리사를 처음 만났을 때, 그녀는 악의 따위는 없어 보였으며, 친근하게 느낄 정도로 순수한 모습을 하고 있었다. 하지만 오랜 시간을 함께할수록 그녀의 존재가 결코 긍정적인 영향을 미치지 않음을 깨닫게 된다. 리사는 계속해서 에너지를 소모시키고 개인적 성장을 방해하는 행동 패턴을 보였다.

리사는 대화 중 발언권을 독차지하며, 당신의 생각과 경험을 진심으로 경청하지 않았으며, 관심조차 기울이지 않았다. 오히려 대화의 중심을 자신의 이야기로 돌리며 당신의 발언을 무시할 뿐이었다. 그렇게 그녀의 자기중심적인 태도가 점점 더 뚜렷해지면서 당신은 갈수록 가치를 인정받지 못하는 느낌과 함께 무시당하는 기분에 휩싸이기 시작한다.

게다가 리사는 끝없는 인정과 관심을 요구하는 성격으로, 당신을 항상 그 희생양으로 삼았다. 그녀는 당신에게 자기 요구를 들어주기 바라며 자신의 욕구를 당신의 안녕보다 우선시한다. 그렇게 그녀의 기대를 충족시키느라 당신의 시간과 에너지는 끊임없이 소모되어, 이에 따라 자기 관리와 개인적 발전을 위한 여유를 잃어버리고 만다.

또한 모임에서는 항상 자신만 주목받기를 원하며, 다른 사람을 무안하게 하거나, 당신의 성취를 깎아내린다. 끊임없이 관심의 한가운데에 있으려는 그녀의 태도는 당신의 자신감을 갉아먹으며, 가치마저 의심하게 한다. 이처럼 리사라는 독충은 당신의 개인적 성장을 억압하며, 진정한 잠재력을 발휘하여 능력을 꽃피울 기회를 앗아간다.

당신은 위의 문제를 해결하기 위해 선을 그으려 한다면 리사는 그 변화에 저항한다. 그녀는 당신의 우려를 무시하고 자신의 이익을 우선시하며, 이에 따라 당신의 삶에 미치는 부정적인 영향을 도외시한다. 그녀의 치명적인 영향력은 당신의 행복을 갉아먹으면서 피로감과 좌절을 불러오며, 소중한 관계의 진정성에 의문을 품게 한다.

이상의 상황은 골칫거리 모기가 직장 생활과 일상에 미치는 해로운 영향을 여과 없이 보여 준다. 골칫거리형 인간은 성별에 상관없이 자신의 진정한 의도를 감추고, 우리가 사는 세상에 혼란을 일으키며, 다른 관점을 거부하려 든다. 따라서 그들은 우리가 정면으로 맞서야 할 위협적인 존재이다.

그러므로 그들의 영향력을 인식하면서 당신을 지켜 나가는 것이야말로 성공의 길을 다지는 동시에 우리의 안녕을 지키는 길이다. 우리는 이러한 방해꾼과 작별을 고함으로써 목표를 이룰 수 있는 긍정적인 환경을 조성하여 의미 있는 관계를 맺고 성장하면서 인생의 새로운 장으로 나아갈 수 있다.

◆ 인생의 훼방꾼과 작별하기

작가이자 펜실베이니아대학교 와튼스쿨의 권위 있는 마케팅 전문가인 조나 버거(Jonah Berger) 교수와 인터뷰를 한 적이 있었다. 그녀는 저서 《보이지 않는 영향력(Invisible Influence)》에서 우리의 행동이 타인에 의해 형성되는 복잡한 방식을 탐구하였다. 나는 팟캐스트에서 버거와 대화를 나누며 부정적 영향력의 중요성에 대해 깊은 대화를 나누었다. 이에 버거는 다음과 같이 말했다.

> "《보이지 않는 영향력》의 초점은 사회적 영향의 복잡한 심리와 그것이 우리 행동에 미치는 깊은 영향력을 풀어내는 데 있습니다. 예를 들어 러닝머신 위를 달릴 때 누군가 옆에서 함께 뛰고 있다면, 우리는 더 빨리 달릴 수 있을까요? 아니면 누군가 차에 타고 있을 때, 평행주차가 더 어려운 이유는 무엇일까요? 이처럼 우리는 때로 독특해지고 싶다가도 군중에 섞이고 싶을 때도 있죠. 영향력은 강력한 도구예요. 그 도구를 활용하는 방법을 이해한다면, 우리는 더 나아질 수 있습니다. 그러나 먼저 영향력에 대해 이해하는 것이 필요합니다."

영향력은 우리가 미처 발견하지 못하는 모기와 같이 종종 잠재의식에 숨어 우리의 행동을 은밀하게 조종한다. 그러나 그 존재감은 전혀 사소하지 않다. 영향력이란 단순한 순응이나 모방의 문제가 아니다. 오히려 타인과의 차별화와 결속 사이에서 균형을 맞추며 추어야 하는 섬세한 춤, 즉 흡혈귀, 은밀한 억압자, 골칫거리와 함께 추는 왈츠인 것이다. 우리는 집단과 조화를 이루면서도 각자의 개성을 유지하는 최적의 독자성을 추구한다.

버거의 연구는 인간 행동의 복잡성을 명확히 조망하며, 우리의 선택을 조용히 이끄는 숨겨진 힘을 밝혀낸다. 그리고 다른 사람을 관찰하면서 우리의 행동이 형성되는 원리와 함께 군중에 녹아들고 싶어 하는 생각과 구별되려는 욕망 사이의 균형을 맞추려는 욕구가 작용하는 원리를 모두 보여 준다. 이는 우리에게 경각심을 촉구하며, 혼란스러운 영향 속에서 자기 주도성을 잃지 않도록 한다. 이처럼 우리는 눈에 보이지 않는 영향력의 위력을 인식하고 활용함으로써 사회적 생태계를 능숙하게 헤쳐 가며, 끊임없는 모기의 날갯짓에 휘둘리지 않는 더욱 충만한 삶을 꾸려갈 수 있다.

가장 가까운 곳에 적이 있다

이쯤에서 생각해야 할 것이 있다. 다소 의외일 수도 있지만, 당신의 삶에 큰 영향을 미치는 사람 가운데에도 모기형 인간이 존재할 것이라는 사실이다. 설령 당신의 발전을 적극적으로 방해하는 동료를 알아채더라도 그 사람을 삶에서 떼어내기란 매우 괴롭고 힘들기 때문에 그러한 유형은 훨씬 위험하다.

우리 삶 주변에 존재하는 모기는 고등학교 시절부터 가장 친한 친구이거나 일하기 싫어하는 직장 동료일 수도 있다. 사실 그들이 누구인지는 중요하지 않다. 이 유형의 사람이 당신의 삶과 경력에 미칠 수 있는 영향이 중요하다. 삶에서 모기 같은 존재를 발견하면 거리를 두고, 적극적으로 떨쳐 내거나 완전히 제거해야 한다.

모기형 인간도 실제 모기처럼 삶을 뒤바꾸는 피해를 입힐 수 있다. 그리고 그 영향은 대부분 인생 후반부에 들어서면서 나타난다. 그러니 최대한 빨리 모기를 찾아야 한다. 그렇지 않으면 자신도 모르는 사이 지구상에서 가장 위험한 동물 같은 사람과 어울릴 수도 있으니 말이다.

지금부터는 모기를 파악하는 일이 무엇인가를 더 잘 이해할 수 있도록 성장에 몰입한 두 유명인의 이야기를 소개하고자 한다. 첫 번째는 내 지인 새디어스 불라드(Thaddeus Bullard), 일명 타이터스 오닐(Titus O'Neil)이다. 두 번째는 세계적으로 유명한 여성 리더이자 기업가 오프라 윈프리이다.

여느 리더와 마찬가지로 새디어스와 오프라 역시 경력에서 상당한 난관을 겪어 왔다. 그들은 의심과 두려움에 부딪혀 깊은 나락으로 떨어져 실패를 겪었지만, 다시 일어나 앞으로 계속 나아갔다. 무엇보다 중요한 것은 이 과정에서 모기형 인간에 대한 원칙을 활용함으로써 큰 성공을 이뤄냈다는 것이다.

비록 우리는 그들만큼의 성공을 거두지는 못할지라도, 실패의 아픔을 이겨 내고 다시 일어나 목표에 집중한 두 사람의 태도는 우리에게 귀감이 될 것이다. 두 사람의 삶과 통찰의 이야기는 우리의 목표 달성을 가로막는 난관을 극복할 용기와 희망을 준다.

걸러 내기는 단호하게

새디어스 불라드는 믿기 어려울 만큼 극적인 삶을 살아왔다. 언젠가 그의 이야기가 영화로 만들어져도 놀랍지 않을 정도로 말이다. 그의 삶에서 배울 점이야 셀 수 없이 많지만, 가장 중요한 점은 계속 인내하며 은혜를 갚으려는 의지이다. 새디어스는 열악한 환경에서 태어나 자라는 동안 여러 의미에서 '면전에 주먹이 날아와도' 결코 포기하는 법이 없었다.

얼마 전 나는 새디어스의 선행 뉴스를 본 적이 있었다. 생의 마지막을 호스피스 병동에서 보내고 있는 히스패닉계 이민 가정의 10대 청소년 자녀의 고등학교 졸업을 축하하는 자리였다. 그 소년은 가족 중 첫 고등학교 졸업자였는데, 새디어스는 슬픔에 잠긴 가족과 함께 그의 성취를 기념했다. 그리고 그 소년의 의료비와 장례비를 전액 부담했다. 이러한 새디어스의 행동은 한 번으로 끝나는 것이 아닌, 삶의 방식 그 자체였다.

새디어스는 태어나면서부터 혹독한 환경을 마주해야만 했다. 그의

제1부 ― 사고방식의 변화

어머니는 11살 때 남자친구에게 강간을 당했고, 그로부터 9개월 뒤 새디어스는 플로리다주의 빈민가에서 태어났다. 그의 삶에 아버지라는 존재는 없었다.

새디어스의 어린 시절은 순탄치 않았다. 그는 내게 "저는 열여섯 살이 되기 전에 죽거나 감옥에 갈 것이라는 낙인이 찍힌 사람이었어요."라고 말하곤 했다. 새디어스는 불우한 환경과 더불어 모기 같은 사람들과 자신을 억누르는 믿음 속에 살아 왔기에 스스로 실패할 운명이라고 여겼다. 그럼에도 새디어스가 그 운명을 벗어 던진 방법은 과연 무엇이었을까?

새디어스를 구원한 것은 위기의 청소년에게 삶의 방향성을 제시하는 유명 청소년 교정 단체인 플로리다 셰리프 보이스 랜치(Florida Sheriffs Boys Ranch)였다. 이에 새디어스는 "그 사람들은 나에게 대가를 바라지 않으면서도 투자를 아끼지 않았다."라고 말한다.

열두 살이 되고, 새디어스의 삶은 새로운 방향으로 나아가기 시작했다. 그는 생면부지의 사람이 "사랑한단다. 그리고 언제나 네가 살될 것이라 믿고 있단다."라고 말해 주던 순간을 지금도 기억한다. 그 한마디는 그의 마음을 밝게 비추면서 더 이상 비극적인 운명을 맞이하지 않으리라는 확신이 생겨난 계기가 되었다.

그리고 그날, 자신의 삶에서 독이 되는 사람들과 그 영향을 지워 내기로 결심했다. 결코 쉬운 일은 아니었지만, 삶을 변화시키겠다는 일념 아래 수년 동안 계속된 노력 끝에 그는 스스로 인생을 구원했다. 그에게도 모기형 인간을 가려내는 일은 절대 간단치 않았다.

그 후 새디어스는 학업에 열중하면서 미식축구에 재능이 있음을 발견했다. 그의 재능은 〈USA 투데이(USA Today)〉와 〈퍼레이드(Parade)〉지에서 전미 대학 최고 수비수(all-american defensive end)로 선정될 정도였다.[68] 그는 체육 장학금을 받고 플로리다대학교에 입학해 44개의 정규 시즌 경기에 출전하였으며, 학생회 부회장으로 선출되기도 하였다.

졸업 후에도 그는 아레나 풋볼 리그에 입단하여 템파베이 스톰과 유

68   "Thaddeus Bullard – Football – Florida Gators", Florida Gators.

타 블레이즈에서 활동을 이어 갔다.[69] 그러나 2007년, 아레나 풋볼 리그의 경력이 끝나면서 그는 선택의 기로에 섰다. 미식축구는 10년이 넘는 세월 동안 새디어스의 삶이라 해도 과언은 아니었는데, 이제 그 막이 내리려 하고 있었다.

이러한 커리어 전환은 누구에게나 부담스러운 과제이다. 하지만 새디어스는 흔들리지 않고 굳건히 버텨 냈다. 그는 자신의 타고난 강점을 살릴 수 있는 또 다른 분야인 프로레슬링의 세계로 과감히 뛰어들었다. 프로레슬링은 신체적 재능뿐 아니라 전념까지 요구하는 분야이기에 누구에게나 어울릴 만한 직업은 아니다. 그러나 새디어스는 미래지향적 리더답게 필연적인 어려움을 딛고, 꿈꾸던 프로레슬러의 길로 나아갔다.

새디어스는 목표를 달성했다. 그는 '타이터스 오닐'이라는 이름으로 WWE에서 전설적인 레슬러로 자리 잡았다. 2013년 〈프로레슬링 일러스트레이티드(Pro Wrestling Illustrated)〉 랭킹에서 레슬러 500명 중 82위에 올랐으며, WWE 태그팀 챔피언과 WWE 24/7 챔피언 타이틀을 차지했다. 특히 레슬링 외에도 템파베이 일대에서 다양한 비영리 단체와 함께 자선 활동에 열정적으로 참여하여 사회 환원에 앞장서고 있다.

이상과 같이 새디어스 불라드는 위압적인 좌절과 부정적인 영향, 해로운 롤 모델을 두려워하지 않고 마주하면서도, 흔들림 없이 목표를 향해 나아갔다. 그의 사례는 모기형 인간 걸러 내기의 본질을 보여 준다. 결과적으로 새디어스는 단호한 결단력과 회복력을 발휘함으로써 한 발짝도 물러서지 않는 열정의 정수를 구현해 냈다. 그의 삶을 특별하게 만든 것은 역경을 딛고 앞으로 나아가며 승리를 쟁취해 낸 그의 능력이었다.

방해 요소는 빠르게 치워라

새디어스 불라드는 아는 사람이 많지 않겠지만, 오프라 윈프리는 누구나 알 것이다. 오프라 윈프리는 '미디어의 여제'이자 북미 최초의 아프리카계 미국인 억만장자로, 누구도 부정할 수 없을 정도의 놀라운 삶을

69   Brian Steele, "Ex-Gator Bullard, Blaze enter arena playoffs", Gainesville Sun, June 30, 2007.

살아왔다. 영광스럽게도 개인적으로 오프라를 직접 만나, 그녀에게서 깊은 울림을 주는 이야기를 직접 들을 기회가 있었다.

새디어스의 여정과 마찬가지로, 오프라 또한 유명세와 특권으로 가득한 길은 아니었다. 즉 처음부터 '세계에서 가장 영향력 있는 여성'으로 태어난 것이 아니라는 말이다.[70] 오히려 수많은 좌절, 부정적인 영향과 동시에 수많은 사람이 포기했을 난관을 헤쳐 나가야 했다. 그녀의 주변에는 끊임없이 피를 빨아대는 모기 같은 사람뿐이었던 암울한 환경이었다.

10대 미혼모에게서 태어난 오프라의 어린 시절은 결코 쉽지 않았다. 그녀는 엄격한 할머니에게 자라면서 잦은 신체적 학대를 견뎌야 했다. 가난과 외로움은 이미 그녀의 일상이 되었고, 앞으로의 삶도 암울해 보였다. 주변 환경의 보이지 않는 영향이 그녀를 계속 가둬 둘 것만 같았다.

어머니와 함께 살기 위해 밀워키로 이사했어도 상황은 나아지지 않았다. 어머니가 가정부로 일했기에 오프라는 오랜 시간을 홀로 외롭게 비뎌야 했다. 그러던 중 아홉 살이 되고, 19세인 사촌에게 강간을 당하고 만다. 그 뒤로 집을 나갈 때까지 4년 동안 가족에게 성적 학대를 겪었다. 집에서 도망친 후에도 비극은 멈추지 않았다. 당시 오프라는 임신한 상태였고, 아이는 태어나자마자 세상을 떠났다.

잠시 오프라가 어린 시절부터 겪은 끔찍한 부당함을 되새겨 보자. 그녀는 끊임없는 학대에도 도움을 청할 곳조차 없는 상황에서 자라야 했다. 이렇게 오랜 시간 지속된 트라우마와 역경을 어떻게 극복할 수 있었을지 짐작조차 하기 힘들다.

그렇게 오프라의 삶에 끝없는 고통과 슬픔만이 이어져 왔겠지만, 다행히 그녀의 회복력이 환경을 이겨 냈다. 그녀는 자신의 삶이 바뀌게 된 계기로 아버지를 꼽는다. 아이를 잃고 나서 오프라는 아버지와 함께 살게 되었다. 그녀의 아버지는 안정적이며, 교육을 중시하는 가정 환경을 제공해 주었다. 이러한 환경 속에서 그녀는 강인한 정신력을 발휘하여 주변의 모기 같은 사람들을 치우며 과거의 비극을 극복하고 성장에 전념

---

70   "Forbes Names World's Most Powerful Women", Bet.

하는 길을 걷게 되었다.

그 덕에 오프라는 마침내 상황을 역전하는 데 성공했다. 고등학교에서 대중 연설과 드라마를 배우면서 자유와 가능성을 만끽했고, 그로써 열정과 의욕으로 삶을 가득 채웠다. 또한 주 미인대회에도 우승하고, 전교 학생회장으로 선출되었으며, 지역 라디오 방송국에서 뉴스 읽어 주는 아르바이트도 했다. 그녀는 어린 시절에 반론의 여지가 없는 역경을 겪었지만, 결코 낙담하지 않았다.

오프라의 커뮤니케이션과 방송에 대한 열정은 대학 시절에 더욱 깊어지기 시작했다. 그렇게 그녀는 내슈빌의 한 TV 방송국에서 경력을 시작했다. 이후 볼티모어 ABC에서 오후 6시 뉴스 공동 앵커로 승진하며 그녀의 노력은 결실을 맺게 되었다.

그러나 그때, 오프라는 큰 난관에 부딪혀 결국 공동 앵커 자리에서 강등되었다. 정확한 이유가 밝혀지지는 않았지만, 이를 두고 오프라가 실패할 수밖에 없었다는 타당한 의견도 있기는 하다.[71] 이유야 어찌 되었든 오프라는 기사 작성 및 보도 직책으로 재배치되는 어려움을 겪어야 했다. 그녀 인생의 갈림길이 찾아온 것이다.

그녀가 당시를 실패의 시기로 회상하듯,[72] 그때의 좌절을 액면 그대로 받아들이고 물러날 수도 있었다. 그녀는 강등으로 더욱 깊은 우울의 늪에 빠질 가능성이 컸고, 상황은 더욱 심각해지면서 마음의 벽을 더욱 높고 두껍게 키워 갈 위험도 있었다. 그러나 우리가 잘 아는 대로, 그녀의 이야기는 행복한 결말을 맞이한다.

오프라는 좌절 속에서도 다시 일어섰다. 그녀는 다시 한 번 모기형 인간을 거름으로써 자신의 발전을 저해한 부정적 영향을 제거하기로 결심했다. 좌절은 그녀가 TV 방송 경력에 계속 집중하는 원동력이 되었다.

---

71   Peter Jones, "How Oprah Winfrey Overcame Failure", The Job Network.

72   Kristin Deiss, "Dances with Defeat: How Oprah Winfrey Overcame Failure", Stir the Sage, September 21, 2020.

그녀는 그 길로 볼티모어 ABC에서 물러나[73], 지역 방송국의 토크쇼 〈사람 이야기(People Are Talking)〉의 공동 진행을 맡았다. 이를 바탕으로 그녀는 시카고에서 또 다른 방송 기회를 잡으며 큰 돌파구를 맞이하였다.

그 뒤부터는 가히 역사적인 길이 펼쳐졌다. 마침내 방송국과 토크쇼 〈오프라 윈프리 쇼(The Oprah Winfery Show)〉 출연 계약을 체결하였고, 이 프로그램은 25년 동안 전국에 방송되며 동종 프로그램 중 역대 최고 시청률을 기록했다. 이에 '미디어의 여왕'이 된 오프라는 HARPO 프로덕션을 설립해 30억 달러에 달하는 순자산을 이루었다. 그리고 2013년에는 최고 훈장인 대통령 자유의 메달을 받았다.

이처럼 오프라 윈프리의 인생 여정은 보이지 않는 영향력을 극복하고, 역경에 맞서 일어나는 데 필요한 불굴의 정신을 보여 준다. 그녀의 이야기는 힘겨운 난관 앞에서도 회복력과 부정적인 영향을 극복하려는 의지가 우리를 꿈으로 이끌어 준다는 진리를 상기시킨다. 그녀는 삶 속에서 끈질기게 붙어 다니는 모기형 인간을 이겨 냄으로써 인간의 정신력이 지닌 강력함을 보여 주는 찬란한 본보기이다.

넘어져도 멈추지 말라

새디어스와 오프라는 삶과 커리어 모두에서 수많은 시험을 극복해 낸 특별한 사례이다. 솔직히 말하자면 우리는 대부분 살면서 두 사람이 겪어 왔던 것과 같은 어려움에 부딪히지는 않을 것이다. 그럼에도 새디어스와 오프라의 삶 속에서 우리는 낙담하거나 좌절했을 때를 위한 교훈을 얻을 수 있다. 이에 우리도 성장을 추구하는 길에 들어설 것이다.

우리에게 실천 가능하면서 가장 중요한 일은 결단력을 갖는 것이다. 이 책 전반에 걸쳐 나는 미래지향적인 사람이라면 새디어스와 오프라처럼 크나큰 불확실성과 상상조차 어려운 좌절 속에서도 행동을 멈추지 않음을 강조한다.

새디어스는 프로레슬러가 되고자 했지만 미래는 불투명했다. 또한

73   Oprah Winfrey, "What Oprah Knows for Sure About a Difficult Climb", Oprah.com, 2013.

오프라는 강등된 후에도 TV 방송 진행자가 되고자 했지만, 그 목표에 접근하리라는 보장조차 없었다. 그러나 그들은 어려움에 굴하지 않았다. 목표에 도달하는 방법을 모를지라도 자신의 앞길을 가로막은 사람과 부정적 영향을 제거하며 끈기 있게 나아갔다.

개인적, 직접적으로 좌절을 마주할 때, 두 사람과 같은 마음가짐을 갖는 것은 우리의 의지에 달렸다. 어려움에 맞닥뜨려 쓰러졌다면, 툴툴 털고 다시 일어나자. 그리고 우리의 발목을 잡는 모기 같은 사람들을 뿌리치며 목표를 향해 꾸준히 나아가면 된다.

다음 단계가 불확실할 때도 마찬가지이다. 이때는 장기적인 목표를 세우고, 그 목표를 달성하기 위해 필요한 단계를 거꾸로 생각해 보면 좋다. 개인적, 직업적으로 최고의 경지에 이르는 데 수반되는 구체적인 행동을 차근차근 정리해 보자. 장기 목표를 작은 단계로 세분화하면 그 과정에서 넘어지더라도 다시 일어날 용기를 얻고 성공에 다가갈 수 있을 것이다.

결국 모든 것은 행동이 좌우한다. 처음에는 목표에서 벗어나더라도 도전과 실패를 반복하며 방향을 되찾을 수 있다. 그러니 운명의 주먹질에도 다시 일어나 행동하는 데 집중하자. 별것 아닌 것처럼 들리겠지만, 그러한 방법을 통해 회복력과 결단력이 강해지면서 성장을 추구하게 될 것이다.

그리고 당신만의 인생 멘토 찾기를 강력히 권한다. 직업과 관련된 분야의 멘토가 아니어도 좋다. 멘토는 피할 길 없이 찾아오는 암흑기에 소중한 조언과 용기를 줄 수 있다. 무엇보다 멘토에게 중요한 것은 진실을 가감 없이 말해 줄 수 있는 사람이어야 한다는 점이다. 그리고 당신 또한 열정과 고충을 솔직히 털어놓을 수 있어야 한다.

새디어스와 오프라의 삶에서도 어두운 시기를 벗어나도록 이끌어 준 사람이 있었다. 새디어스에게는 플로리다 셰리프 보이스 랜치에 소속된 이들의 지도가 그러했다. 한편 오프라의 어린 시절에는 아버지와 선생님, 지역 라디오 방송국에서 아르바이트하던 시절의 동료들이 오프라를 도와주었다.

멘토가 되기 위한 특별한 조건은 없다. 직장에서 경력이 오래된 동료나 선배, 또는 지역 사회에서 존경받는 인물이 멘토가 되기도 한다. 누구든지 멘토가 될 수 있다. 그러니 당신만의 멘토를 찾아 좋으나 나쁘나 어느 시기든 꾸준히 연락하자. 낙담하거나 포기하고 싶을 때, 멘토는 당신이 목표를 계속 추구하도록 도와줄 테니 말이다.

◆ 미묘한 위협을 박멸하라

모기형 인간에 관한 원칙을 삶에 적용하기란 쉽지 않다. 우리는 바닥에 주저앉아 개인적 성장에 필요한 행동을 미루기 십상이기 때문이다.

그러나 그저 주저앉아 있기만 하는 것은 수많은 선택지 가운데 하나에 지나지 않는다. 다시 일어나 삶의 부정적인 영향을 극복하는 길을 선택할 수도 있다. 새디어스와 오프라처럼 지향성 있는 삶을 원하는 사람은 역경을 떨치고 일어나 목표에 한 걸음 더 가까워지는 훌륭한 본보기이다.

물론 그 길은 결코 편하지 않다. 하지만 찾아온 역경에 어떻게 반응할까를 결정하는 주체는 결국 당신이다. 실패와 좌절 이후 자신의 행동에 책임지는 것은 성장 지향적인 사람이 되어 가는 과정이다. 만약 여정의 초반에 멈칫한다면, 모기형 인간 걸러 내기를 실행함으로써 앞으로 걸림돌이 될 사람을 제거하자. 모기형 인간이라고 꼭 당신의 주변만을 맴도는 것은 아니다. 여정을 방해하며 신경을 분산시키는 행동을 하는 사람역시 모기형 인간의 범주에 포함된다.

우리가 다이어트를 할 때 음식의 칼로리를 꼼꼼히 계산하듯, 매일 당신의 자아 정체성을 형성하는 사람이나 요소를 알게 된다면 놀랄 것이다. 따라서 목표나 기대, 신념과 맞지 않는 정체성의 근원을 발견했다면 과감히 제거하자. 당신의 정체성을 통제하려는 요소를 제거해야만 비로소 인생의 주도권을 되찾으며 발전을 이끌어 갈 수 있다.

사람이 아니더라도 자전거 동호회 활동, 발야구 리그, 포커 클럽에서 보내는 시간이 은근한 억압자형 모기가 되기도 한다. 한편 흡혈귀형이나 골칫거리형 모기의 경우 해피아워(happy hour)[74], 술집에서 술 마시기, 또는 드라마 정주행하기 등의 활동을 하는 장소가 될 수도 있다. 이상의 활동은 적당히 즐기면 좋지만, 여기에 시간과 에너지를 지나치게 소모한다면 조절하거나 끊을 필요가 있다.

일단 삶에서 불필요한 요소를 제거했다면, 자신만의 독자적인 정체성을 잘 형성하도록 이끌어 줄 사람과 콘텐츠로 빈 자리를 채우자. 당신의 정체성과 어울리는 개념과 아이디어를 수집하고 분석해 적용하되, 그것이 당신을 규정하도록 해서는 안 된다.

당신을 방해하는 모기 같은 사람과 활동, 영향력, 그리고 습관에서 벗어나거나 거리를 두는 일은 필연적으로 괴로울 수밖에 없다. 하지만 이 과정은 지향성 있는 사람으로 변모하는 과정에서 자신을 재정의하는 단계에 속한다. 그러니 당신의 주변에서 성장에 도움을 줄 사람을 곁에 두면서 자신을 재정의하는 활동에 전념하라. 그렇게 모기형 인간을 퇴치하고 나면 그 변화에 따른 차이를 곧바로 느낄 수 있을 것이다.

---

74   일과를 마친 뒤 친구나 동료와 편하게 만나거나 식당이나 술집에서 개점 직후에 정가보다 저렴한 가격에 술과 음식을 판매하는 이른 저녁 시간대.

성공적인 주변 환경 조성하기

◈ 에너지 소모 요인 파악하기

꾸준히 당신의 에너지를 소모하고 고갈시키는 활동이나 관계 또는 상황을 목록으로 작성해 보자. 이후 이들 요소가 당신에게 부정적인 영향을 미치는 이유가 무엇인지 생각해 보자. 그리고 그 요인이 당신의 가치와 목표에 부합하는지, 아니면 방해가 되는지 고민한다. 이처럼 에너지를 빼앗는 요인을 줄이거나 끊어 낼 구체적인 계획을 세워 보도록 하자.

◈ 가까운 인간관계 검토하기

친구, 가족, 동료 등 당신과 관계가 가까운 사람을 되돌아보자. 그리고 그들이 부정적인 태도나 끊임없는 비판, 기죽이기 등 모기 같은 특성을 보이지 않는지 자문하자.

◈ 주변 인물의 영향력 평가하기

위의 과정에서 찾아낸 사람을 대상으로, 그들이 당신의 사고방식과 감정 및 전반적인 행복에 미치는 영향을 분석해 보자. 그 사람들이 당신의 의욕을 고취하고 격려하는가, 아니면 에너지를 고갈시키고 발전을 가로막는가? 이처럼 당신 주변의 사람들이 삶에 어떠한 영향을 미치는지 구체적으로 적어 보자.

◈ 당신만의 경계 설정하기

당신에게 부정적인 영향을 주는 사람들의 여파가 미치지 않도록 적절한 경계를 설정하자. 이에 관한 행위로는 접촉을 줄이거나, 명확한 기대치를 세우거나, 필요에 따라 거리를 두는 것 등이 있다.

◈ 당신을 지지할 관계 찾기

당신의 삶에 긍정적인 영향을 주면서 당신을 지지하고 격려하는 사람을 찾아보자. 의욕을 고취시키고 당신의 꿈을 믿어 주며, 진심으로 성공을 바라는 이들의 목록을 작성하라. 이에 관계를 더욱 키워 나감으로써 당신을 지지할 강력한 인맥으로 발전시킬 방법을 생각해 보자.

모기 퇴치는 앞으로도 계속해야 할 과정임을 명심하자. 따라서 당신의 삶에서 접하는 사람을 정기적으로 재평가하면서, 필요에 따라 경계선과 사고방식을 재정의하자. 당신에게 긍정적인 영향을 주는 사람을 주변에 두면 당신의 성장과 행복, 성공을 키워 주는 환경을 조성할 수 있다.

제5장

당신의 진정한 적

때로는 아무도 상상하지 못한 사람들이 누구도 상상할 수 없는 일을 해낸다.

| 앨런 튜링(Alan Turing)[75] |

절망은 열망의 적이다.

당신이 마주할 가장 까다로운 상대는 바로 당신 자신이다. 증거가 필요한가? 일단 간단한 사고 실험을 해 보자. 머릿속으로 생각해도 좋지만, 종이에 쓰는 편이 더 나을 것이다. 그러면 지금까지 당신에게 주어진 큰 기회를 몇 가지 적어 보자.

다 적었다면, 그 기회를 떠올리며 다음 질문에 대한 답을 적어 보도록 하자. 당신은 그 기회를 잡았는가, 아니면 흘려보냈는가?

우리는 살면서 종종 놀라운 기회를 맞이하지만, 결국은 놓치고 마는 것도 있는 법이다. 이상과 같이 우리의 삶이나 진로의 방향을 바꾼 결정을 살펴보았다면, 이제부터는 당신 자신을 좀 더 깊이 들여다볼 때다. 이전에는 자아 정체성을 분석하여 핵심 토대를 다졌다면, 이 장부터는 우리의 여정을 방해하는 행동을 검토하면서 그 토대 위에 뼈대를 세운다.

---

75   영국의 수학자이자 컴퓨터 과학자.

◆ 당신은 누구인가?

정체성은 당신의 일상에서 발견된다. 소셜 미디어 채널을 스크롤하는 순간부터 사랑하는 사람과 나누는 대화까지, 당신이 접하는 거의 모든 매체가 정체성의 형성과 정의에 관련되어 있다. 중요한 것은 자아 정체성이 어떻게 형성되는가가 아니다. 누가, 또는 무엇이 정체성에 영향을 주는가를 이해하는 것이다.

자아 정체성은 마치 나침반이나 북극성처럼 작용한다. 이에 따라 정체성은 당신이 주변의 세상과 상호 작용하고 관계를 맺는 방식에 변수를 설정하고 기대치를 정의한다. 당신이 내리는 모든 결정과 행동은 모두 정체성이라는 무대 뒤에서 준비한 결과물이다. 따라서 지향적인 사람이 되기 위해서는 견고하면서 안정적인 자아 정체성이 필요하다. 이는 세상의 변화를 논의하는 자리에서 당신의 의견이 반영될 수 있도록 하는 데 필수적이다.

◆ 냉정하게 심사하라

동이 틀 무렵, 이른 아침마다 나는 반려견 벤틀리와 산책을 나선다. 이 시간이 누군가에게는 단순한 일상이겠지만, 내게는 매우 소중하다. 이때야말로 마음을 가다듬고 그날 반드시 해야 할 중요한 일에 집중할 기회를 주기 때문이다.

산책할 때는 주로 아이디어와 영감을 불러일으키는 팟캐스트를 듣는다. 그중 〈임팩트 이론(Impact Theory)〉의 한 에피소드에 출연한 배우 힐러리 스웽크(Hilary Swank)의 "우리의 가장 큰 경쟁자는 바로 우리 자신이다."라는 말은 내게 깊은 울림을 주었다. 그 말을 듣고 나니, 나 또한 잠시 멈춰 서서 자신을 돌아보지 않을 수 없었다. 마지막으로 나 자신을 솔직히 평가한 것은 언제였을까?

개인적 성장은 철저한 자기 평가에서 시작된다. 그 주요 단계는 자신의 결점을 파악하고, 수용하여 극복할 전략을 세우는 절차로 이루어진다. '나' 자신이 가장 큰 장애물임을 깨달으면 내면의 갈등을 잠재우고 혁신적인 아이디어를 탐구할 힘이 생겨난다. 그렇다면 스스로 다음과 같은 질문을 던져 보자.

| 자아성찰이 지닌 변화의 힘을 수용했는가? |

우리는 종종 타인의 행동과 성취에 얽매여 자기 평가의 중요성을 간과하곤 한다. 하지만 변화는 여기에서 시작된다. 실패를 성장의 디딤돌로 받아들이면서 '두려움에 맞서는 자'가 되는 것이다. 이처럼 용기 있는 여정 속에서 스스로 한계를 넘어 목적을 향해 열정적으로 나아갈 수 있다.

그러니 성장을 추구하는 개척자로서 자기 평가를 반드시 숙달해야한다. 이에 불가능을 속삭이는 내면의 목소리에 도전하자. 그리고 단호한 결단력과 자신에 대한 흔들림 없는 믿음을 수용하라. 그렇게 자기 발견과 개인적 성장의 여정을 길잡이 삼으며, 더 밝고 힘찬 마음가짐 속에서 빛나는 미래로 나아가자. 당신은 스스로 약자라고 생각힐지도 모르겠지만, 이제는 당신의 잠재력을 온전히 받아들이면서 이야기를 다시써야 한다.

◆ 최악의 사태는 일어나지 않는다

미시건대학교 로스경영대학원 소속의 저명한 심리학자이자 《채터(Chatter)》의 저자인 이선 크로스(Ethan Kross)를 팟캐스트에 초대한 적이 있었다.[76] 나는 그와 함께 자기 성찰과 자아 반성의 변혁적인 힘에 대한 깊은 대화를 나누었다. 이선은 우리의 놀라운 도구인 언어의 힘을 소리높여 강조하면서 언어로 삶을 성찰하는 다양한 방식을 설명했다.

---

76   John R. Miles and Dr. Ethan Kross, "The Hidden Power of Our Inner Voice", podcast, Passion Struck.

우리 인간의 놀라운 도구 중 하나는 바로 언어입니다. 우리는 언어를 사용하면서 조용하지만 매우 다양한 방식으로 삶을 돌아볼 수 있습니다. 언어는 다채롭게 사용되거든요. 우리는 언어로 발표나 인터뷰, 데이트를 앞두고 할 말을 미리 연습하고, 자신을 격려하거나 경험을 이해하기도 합니다. 역경을 마주했을 때는 내면으로 주의를 돌려 하나의 이야기를 만들어 내기도 하죠. '왜 이런 일이 내게 일어났을까?'라든가 '여기서 뭘 배울 수 있지?'라는 생각처럼요.

하지만 때로는 그러한 시도가 역효과를 불러일으키기도 합니다. 우리는 내면에 주의를 돌림으로써 자아 성찰이 이루어집니다. 그런데 부정적인 생각의 고리에 갇혀 생각에 지나치게 빠지기도 해요. 그러면 '세상에, 이제 어쩌지? 왜 이런 일이 일어났을까?' 같은 생각이 꼬리에 꼬리를 물고 이어지는 겁니다. 이처럼 부정적 생각의 고리에 갇히는 현상을 '채터'라고 합니다. 여기에는 반추와 우려 같은 현상이 포함됩니다. 반추는 주로 과거에 일어난 일을 다루는데, 이러한 생각에 몰두할 때면 현재나 미래에 대한 불안으로 이어지곤 합니다.

이선이 설명한 바와 같이, 우리는 부정적 생각의 고리에 갇혀 '채터'를 경험하기도 한다. 이는 곧 부정적 반추와 우려의 소용돌이에 갇힘을 뜻한다. 반추는 과거에 일어난 일을 두고 끊임없이 집착하듯 생각하는 것을 말한다. 우려는 현재나 미래의 근심거리를 중심으로 전개되어 '만약 그렇다면'으로 시작하는 불안의 시나리오를 만들어 내는 행위를 가리킨다. 채터는 우리가 상당한 노력을 쏟고 있음에도 목표를 향해 한 걸음도 나아가지 못하게 한다는 점에서 중요하다. 마치 계속 쳇바퀴를 도는 햄스터처럼 말이다.

채터는 본질적으로 인간이라는 종이 마주하는, 흔하면서도 심오한 난제이다. 이는 의미 있는 발전은 물론 성장과 안녕을 방해한다. 이러한 문제를 이해하고 해결해야만 내면의 복잡성을 탐색함으로써 더 큰 명료함과 회복력, 그리고 충만함을 찾을 수 있을 것이다.

◆ 당신을 꿰뚫어 보라

자아 성찰은 자신의 존재를 깊이 탐구하는 행위를 이른다. 자신이 누구이며, 가치는 어떠한지, 생각과 행동 이면의 동기는 무엇인지에 관한 이해를 높인다. 이러한 내적 여정으로 우리는 삶과 열망이 조화를 이루는 데 필요한 통찰을 얻으며, 더욱 충만한 삶으로 나아가는 길을 닦을 수 있다. 결국 챕터의 복잡성을 풀어내고, 자아 성찰의 결과를 받아들임으로써 우리는 개인적 성장과 안녕, 진정한 잠재력을 실현할 열쇠를 얻는다.

단지 잠깐 멈춰 서서 자신을 평가하는 것만으로도 놀라운 점을 발견할 수 있다. '내가 X라는 상황에서 그렇게 행동한 이유가 뭘까?', '나는 왜 항상 Y라는 작업을 싫어할까?', 'N이라는 주제에 대해 그런 의견을 내놓는 이유가 무엇일까?' 같은 질문에 답하면서 내면의 작동 방식을 이해하고, 인간으로서 적응하면서 성장은 시작된다.

자아 정체성이라는 개념이 생소하게 느껴진다고 해서 정체성이 약하다는 것은 아니다. 그보다는 외부의 영향이 당신의 정체성을 만들어 내고 정의할 주도권을 쥐고 있었을 가능성이 크다.

> 내가 생각하는 '나'도, 타인이 생각하는 '나'도 모두 내가 아니다. 타인이 나에 대해 생각한다고 믿는 모습이 곧 나이다.
> 찰스 호튼 쿨리(Charles Horton Cooley)[77]

이 말에 대한 증거가 필요한가? 그렇다면 당신의 중심을 이루는 가치관이나 개인적인 목표 또는 책임을 떠올려 보자. 이처럼 삶의 지침을 살펴볼 때, 누구의 목소리가 가장 먼저 머릿속에 떠오르는가? 물론 다른 업계 리더의 통찰이나 리더십을 배우는 것이 자신의 리더십을 성장,

---

77   미국의 사회학자.

발전시키는 좋은 방법이기는 하다. 하지만 다른 개인이나 조직, 미디어를 통해 자신의 목표와 열망을 정의하는 것은 자신의 자아 정체성이 자신이 아닌 타인에 의해 형성되고 있음을 분명하게 나타내는 신호이다.

다만 자신의 정체성은 반드시 자신이 주도해야 하며, 타인이나 집단이 이를 규정하게 해서는 안 된다. 그렇지 않으면 미래의 리더로서 잠재력에 제약이 생기고 만다. 세상에는 낡은 아이디어나 개념, 계획의 사본은 더 이상 필요치 않다.

미래의 리더라는 톱니바퀴를 작동시키는 요소는 자신만의 고유한 경험과 열정, 신념이다. 친구와 가족, 조직의 조직원, 다른 조직의 리더 등 당신이 매일 이끄는 사람들은 모두 당신이 강인한 자아 정체성에 기반한 흔들림 없는 확신으로 미지의 영역을 향해 대담하게 나아가기를 기대하고 있다. 이는 실패할 가능성을 생각하는 대신 거의 확실함을 받아들이며, 미지의 영역으로 '기꺼이' 발을 내딛는 것이다. 바로 사자의 담대한 정신을 구현하는 것이다.

사자는 매일 위험을 감수한다. 동물의 왕국에서 위험을 감수하는 가장 큰 포식자이다. 매일 아침 눈을 뜨고 사냥에 나서지 않으면 그날 하루는 굶주릴 수밖에 없다. 거의 영원히 반복되는 불편함 속에 살아가는 것이다. 그럼에도 사자는 '밀림의 왕'이라 불린다. 왜일까? 생존에 필요한 일을 하면서도 번영을 누리기 때문이다.

낯선 곳에 처음 발을 들일 때, 사자가 마주하는 현실은 당신만큼이나 냉혹하다는 사실을 기억하자. 새끼 사자들이 태어나 성체가 될 때까지 생존할 확률은 8마리 중 1마리꼴이다.[78] 미국 노동통계국의 데이터에 따르면, 새로운 아이디어로 사업을 시작한 회사의 생존 확률도 그와 비슷하다.[79]

78 Douglas Main, "Becoming King: Why So Few Male Lions Survive to Adulthood", Live Science, November 27, 2013.

79 "Survival of private sector establishments by opening year", U.S. Bureau of Labor Statistics.

◆ 외면은 눈속임일 뿐

내면을 들여다보는 것이 그토록 중요한 이유를 비즈니스의 맥락에서 살펴보면서 이해해 보도록 하자. 비즈니스는 대부분 거울보다 창밖을 내다보는 데 더 많은 시간을 할애한다. 나는 20년 넘게 기업계에 몸담아오는 동안, 많은 시간을 경쟁자와 경쟁 우위에 집착해 왔다. 사실 대부분의 기업이 그렇기는 하지만, 이는 쉬운 길을 택한 것이나 다름없다. 창밖으로 건너편의 경쟁자를 평가하며 약점을 찾는 일은 비교적 수월하기 때문이다.

창밖을 외면하고 내 앞에 놓인 거울을 들여다보는 일은 그리 쉽지 않다. 자신이나 팀 내부를 돌아보며 약점과 부족한 점을 찾는 일은 매우 힘들다. 하지만 이를 해낼 수 있다면 더 나은 방향으로 적응하고 발전하면서 본질적으로 동료보다 더 나은 자기만의 '강점'을 만들거나, 경쟁사와 달리 경쟁에서 우위를 점할 수 있다.

내면에 집중하라

성공을 추구하는 과정에서 내적 성찰이 발휘하는 혁신의 힘을 잘 보여 주는 사례가 있다. 내가 로우스에 재직하던 시절, 우리는 많은 시간을 경쟁사인 홈디포(Home Depot), 머나즈(Menards) 외에도 비프랜차이즈 주택 자재 판매점을 주시하며 시장 점유율에 신경을 썼다. 하지만 우리 조직에 변혁의 불꽃을 일으킨 것은 깊은 내적 성찰의 순간이었고, 덕분에 소매업계를 혁신하는 길을 열 수 있었다.[80]

혁신의 갈림길에서 우리는 고객에게 서비스를 제공하는 방식에 대해 과감히 자문했다. 이러한 성찰의 과정 속에서 우리는 고객의 기대를 새롭게 정의할 대담한 개념인 매장과 디지털 경험을 완벽히 연결하는 방식을 구상하기에 이른다. 당시에는 미처 알지 못했지만, 그 프로젝트는 소매업계에서 실현 불가능하다고 여기는 목표에 근접한 것이었다. 이는 현재 홈디포가 수십억 달러를 투자해 추진 중인 '하나의 홈디포(One Home

성장지향성

---

80   John R. Miles, "How Lowe's Created the First Interconnected Shopping Experience", John R. Miles, February 29, 2020.

Depot)' 프로젝트가 목표하는 바이기도 하다.[81]

고객의 쇼핑 과정이 오프라인 매장, 모바일 기기, 웹사이트를 가리지 않고 하나로 통합되어 예측 가능한 경험으로 이어지는 세상을 상상해 보라. 매장 직원이 고객과 신속하게 소통하고, 별도의 요청 없이도 후속 조치를 취하며, 고객은 실시간으로 구매 현황과 관련 서비스를 추적할 수 있다. 이처럼 우리의 내적 성찰에서 비롯된 통합 연결 쇼핑 경험은 소매업계의 지형을 바꿀 잠재력을 지니고 있었다.

그러나 초반의 추진력에도 불구하고, 이 혁신적인 비전을 현실화하는 과정에서 우리는 의도치 않게 스스로 가장 큰 장애물이 되고 말았다. 이 작업은 제대로 이해하기 어려울 만큼 방대하고 복잡했기 때문이었다. 우리의 프로젝트는 일부 경영진의 지지를 얻었지만, 로우스의 최우선 과제로 자리 잡는 데는 실패했다. 반면 홈디포는 CEO인 크레이그 메니어(Craig Menear)의 진두지휘하에 그 개념을 적극 수용하여 최우선 목표로 삼았다.

완벽히 상호 연결된 쇼핑 경험을 실현할 기회는 경쟁 구도와 세계 시장 확장, 그리고 내면보다 외면에 집중하는 시각에 가려 우리의 손을 빠져나갔다. 로우스에 재직하면서 깨달음을 준 이상의 이야기는 성공으로 가는 길을 형성하는 데 성찰의 중요성을 강조한다. 이는 우리의 추정과 우선 순위를 의심하고 되돌아보도록 하면서 도전을 촉구한다. 이에 우리는 내적 성찰의 변혁적 힘을 수용함으로써 한계를 넘어 혁신과 위대함으로 향하는 길을 개척할 잠재력을 펼친다.

한계란 없다

자신이 가장 큰 장애물임을 깨닫고 나면 내면에서 들려오는 비판의 목소리를 잠재우고, 진정으로 혁신적인 사고와 성장의 마음가짐으로 나아갈 수 있다. 해병대 출신 산악인 커스티 에니스(Kirstie Ennis)가 바로 그 생생한 증거이다. 그녀는 '할 수 없다.'라고 속삭이는 내면의 소리를 극

81   James Melton, "Home Depot plans to spend $5.4 billion to sharpen its om-
nichannel strategy, Digital Commerce 360, December 8, 2017.

복하며 새로운 도전에 성공했다.

2012년 6월 23일, 그날의 아침도 여느 날과 다름없이 시작되었다. 그럼에도 에니스 상사는 기분이 좋았다. 그녀는 비행 전 브리핑에 참석한 뒤, 두 번째 아프가니스탄 파병 중 마지막 임무를 수행하러 출발했다. 그러나 그 마지막 비행에서 전투 보급 임무 중 헬리콥터 추락으로 심각한 부상을 입었다.[82] 이 사고로 여러 부위가 골절되었고, 화상, 외상성 뇌 손상뿐 아니라 척수와 턱, 왼쪽 다리에 큰 부상을 입었다. 40여 차례의 수술을 거쳤지만, 그녀의 왼쪽 다리는 절단이 불가피했다.

병원에서 오랜 시간을 보내던 에니스는 신체적 외상은 물론 보이지 않는 상처에 짓눌려 극단적 선택을 고려하기도 했다. 그러나 위기의 순간에도 그녀는 돌파구를 찾아냈다. 부상과 한계를 딛고 일어설 수 없다는 내면의 소리를 극복한 것이다. 에니스는 머리를 다치고, 다리도 잃어서 장애가 생겼다고 해서 성취감 충만한 삶을 포기해야 하는 것은 아니라는 깨달음을 얻었다.

> 사람들은 제 삶 속에서 에베레스트산을 등반하거나, 상을 받으며 무엇이든 도전하는 영광스러운 모습만을 생각합니다. 그 이면의 암울하고 힘겨운 시간은 생각하지 못하죠. 아침에 의족을 착용하는 일이 얼마나 끔찍한지, 특히 회복 초기의 시간이 얼마나 고통스러웠는지는 몰라요. 그때는 뭔가를 스스로 해내기가 어려웠으니까요. 저는 사람들이 이러한 전환의 시기를 견디기 힘들어하는 이유가 거기에 있다고 생각합니다. 완전히 혼자라고 느껴지거든요.

에니스는 절망의 끝에서 삶을 되찾기로 결심했다. 이후 한계를 뛰어넘을 개인적인 목표를 세워 새로운 취미를 시작했다. 바로 산악 등반과 장애인 스노보드였다. 그녀는 각 대륙의 가장 높은 7개 산을 등반해 커

82 Alyssa Roenigk, "Veteran and hopeful Paralympian Ennis on the power of sports", ESPN, June 30, 2017.

스티 에니스 재단 설립 기금을 모으겠다는 목표를 세웠다. 그리고 이 여정을 시작한 후, 참전용사, 여성, 장애인을 위해 70,000달러 이상을 모금했다. 목표를 달성한 지금은 7일간 7개 대륙에서 7개 마라톤을 완주하는 '세계 마라톤 챌린지'에 도전할 계획이다.

그녀의 이야기에서 우리는 두려움에 맞서고 내면의 냉소를 극복하는 행동에 내포된 변혁의 힘을 이해할 수 있다. 삶을 송두리째 뒤바꾼 시련 앞에서도 그녀는 눈앞의 가장 큰 장애물이 곧 자신이 만들어 낸 의심과 한계에 대한 믿음임을 깨달았다. 그녀는 내면의 비판을 잠재워 성장의 마음가짐을 얻음으로써 혁신의 길로 나아갈 수 있었다.

이상과 같이 에니스의 여정은 놀라운 회복력과 결단력의 본보기라 해도 과언은 아니다. 그녀는 헬리콥터 사고로 절망적인 수준의 부상을 입었음에도 절망에 굴하지 않았다. 오히려 눈에 보이는 신체적 부상과 그렇지 않은 상처에도 현재의 삶을 온전히 받아들이기로 결심했다.

그녀의 돌파구는 현재의 어려움도 자신의 정체성을 정의할 수 없다는 사실을 깨달았을 때 찾아왔다. 절단된 다리와 부상으로 그녀의 가치를 판단할 수 없다는 인식 속에 자신의 한계에 굴하지 않기로 한 것이다. 이에 힘든 회복 과정을 견뎌 내고 산악 등반과 스노보딩을 통해 새로운 정상을 향한 도전을 시작하면서 마침내 많은 이에게 영감을 주는 사람이 되었다.

에니스의 이야기는 승리의 순간 이면의 보이지 않는 투쟁을 가감 없이 보여 준다는 점에서 큰 울림을 준다. 매일 의족을 착용하는 어려움부터 회복을 위한 여정의 힘겨움에 이르기까지 자신의 괴로움을 솔직하게 나누는 그녀의 모습은 자신의 취약함을 인정하는 자세의 중요성을 일깨워 준다. 이를 통해 에니스는 삶의 전환기와 고난의 시기에 따라오는 고립감을 허물어 낼 수 있었다.

지독히 완벽한 삶

다라 커츠(Dara Kurtz)는 팟캐스트에서 진행한 인터뷰에서 깊은 인상을 남긴 사람에 속한다.[83] 그동안 커츠의 삶은 모든 것이 순조로워 보였다. 멋진 가족과 성공적인 금융권에서의 커리어를 갖추고 있었으며, 모든 일이 잘 풀리고 있었다.

그러던 어느 날, 그녀는 오른쪽 가슴에서 멍울을 발견했다. 진단 결과 유방암이었다. 인생이 다 그렇지 않던가. 오늘 당장 모든 게 좋다가도, 다음날에는 과연 아이들이 결혼하는 모습을 볼 수나 있을까 염려하기도 하는 것처럼 말이다.

어쨌든 다라는 암 투병에 성공한 뒤, 금융 자문가로 복직하여 커리어를 이어 나갈 수도 있었다. 그러나 그녀에게 죽음의 공포를 이겨낸 경험은 삶 속에 존재하는 모든 것들을 돌아보면서 남은 시간을 보낼 방법을 고민하게 했다. 그 길로 다라는 대형 은행을 그만두고 '지독히 완벽한 삶(Crazy Perfect Life)'이라는 이름의 새로운 사업을 시작하기로 결심했다. 다라는 인생에서 중요한 것들은 재무제표나 자산 목록으로 표현되지 않고, 진정으로 해야 할 일을 하는 두려움과 맞서는 데서 나타난다는 사실을 깨달았다.

그렇다면 '지독히 완벽한 삶'이란 무엇일까? 이에 다라는 다음과 같이 설명한다.

> "인생은 뒤죽박죽인 데다 변덕까지 심하죠. 하지만 동시에 소중하고 귀하게 여겨야 하는 게 인생이더라고요. 따라서 제 경험 속에서 진정으로 중요한 것을 깨달았고, 제 삶의 모든 것을 당연시하지 않게 되었습니다."

인터뷰 중 나는 다라에게 사람들이 시련이나 고난을 마주하고 나서야 비로소 두려움에 맞설 용기를 낸다고 생각하는 이유를 물은 적이 있다. 이에 다라는 삶이란 역경과 소중한 시간으로 가득 찬, 뒤죽박죽이지만 그 자체로 귀중한 시간이라는 통찰력 있는 의견을 제시했다. 또한 그녀는 개인적인 경험으로 인생에서 진정으로 중요한 것이 무엇인가를 깊

83   앞과 같음.

이 이해했고, 그대로의 삶이 주는 선물에 깊은 감사의 마음을 갖게 되었다고 말한다.

이유는 정말 많죠. 하나는 틀을 바꾸지 않고 그저 살던 대로 사는 편이 더 쉽기 때문이에요. 우리는 현재의 삶과 그 안에서 형성된 사회적 이미지와 함께 그에 수반되는 모든 것이 만들어 낸 틀 속에서 살고 있죠. 그런데 어느 날 갑자기 벌떡 일어나 "사실 내가 원하는 삶은 이게 아니야!"라고 말하는 건 쉽지 않아요. 모두가 그러한 변화를 반기는 것도 아니고요.

그게 아니면, 제가 선택한 변화가 타인의 입장에서 마주하고 싶지 않은 것을 떠올리게 할 수 있기 때문이기도 합니다. 따라서 그냥 지금처럼 사는 편이 더 안전하다고 느끼는 거죠. 개인적으로는 성공이란 무엇이며, 의미는 어떠한가를 재정의하는 것으로 귀결되었습니다. 암을 겪고 나니 제 성공과 성공적인 삶의 의미는 완전히 달라졌습니다. 이제 더는 제 이름이 목록의 맨 위에 올라와 있는지도, 타인이 저를 어떻게 보는지도 중요하지 않게 되었어요.

결국 '내 시간을 어떻게 쓰고 싶은가?', '내가 하는 일이 가치 있는가?', '내 영혼을 채워 주는 일인가?', '내가 열정을 느끼는 일인가?'라는 질문으로 돌아가게 되더라고요. 그런데 단호하게도 답은 '아니오'였죠. 정말 감사하게도 그 길을 벗어나 방향을 선회할 수 있었어요. 지금 저는 과거에 상상도 할 수 없을 만큼 행복한 오늘을 살아가는 중입니다. 만약 누군가 10년 전의 저에게 지금 하고 있는 일을 하게 될 거라는 말을 했다면 절대 믿지 않았을 거예요.

하지만 삶이라는 게 늘 그렇잖아요. 우리가 예상하는 대로, 아니면 "이래야 한다."라고 생각한 대로 흘러가지는 않으니까요. 제가 굳이 "이래야 한다."라는 말을 쓴 건 그 표현을 정말 싫어하기 때문이에요. 우리는 해야 하는 일을 하는 삶에 익숙한 나머지, 정

작 하고 싶은 일은 못 할 때가 많잖아요. 하지만 삶은 우리의 상상
보다 더 나을 수 있어요. 우리가 자발적으로 성공의 의미를 찾고
두려움에 맞설 자유를 준다면 말이죠.

다라에게는 자신만의 언어로 성공을 재정의하고, 삶에서 진정으로
가치 있는 것을 결정하는 일이 중요했다. 암과의 싸움은 그녀의 관점을
완전히 바꿔 놓았다. 그녀는 더 이상 외부의 평가나 사회적 시선에 연연
하지 않으면서 근본적인 질문에 이끌리기 시작했다. '내 시간을 어떻게
쓰고 싶은가?', '내 영혼을 채우고 열정을 불러일으키는 일에 몰두하고
있는가?' 등의 질문 말이다. 물론 그녀의 답은 '아니오'였고, 이는 기존의
예상된 길에서 벗어나 새로운 방향으로 나아가게 하는 계기가 되었다.

오늘날 다라는 이전에 상상도 하지 못했던 행복을 만끽하고 있다. 그
녀는 자신의 여정을 돌아보면서 삶이란 종종 우리가 그리던 이미지나 스
스로 부여한 사회적 기대와는 다르게 펼쳐진다는 사실을 새삼 느낀다.
그녀는 한때 자신이 선택을 좌우하던 "해야만 한다."라는 사회적 고정관
념을 거부하고 진정한 열망을 따르는 삶을 살라고 독려한다. 스스로 성
공을 정의하고 두려움에 맞설 자유를 받아들일 때, 우리는 상상 이상의
현실을 마주할 수 있다. 지금까지 소개한 다라의 이야기는 삶의 진정한
아름다움이란 탐험하고 도전하며, 궁극적으로 자신만의 길을 개척하려
는 의지에 있음을 일깨워 준다.

약자의 잠재력

흔히들 약자의 잠재력을 과소평가하는 실수를 저지르기도 한다. 테
니스 선수 노바크 조코비치(Novak Djokovic)의 여정이 이를 잘 보여 주
는 사례이다. 그가 2004년 ATP 투어에 처음 등장했을 때는 로저 페더
러(Roger Federer)와 라파엘 나달(Rafael Nadal)이 테니스계를 장악하고
있었다.

해설자와 전문가는 대부분 조코비치의 경기력이 부족하다고 평하며,
두 선수의 상대가 되지 못하리라고 예측했다. 그러나 조코비치는 주변의

성장지향성

말을 그대로 받아들이지 않고, 약점을 인정하면서 다시 원점으로 돌아가 훈련장에서 땀을 쏟았다. 이에 오늘날 그는 수많은 이들의 기대를 뛰어 넘고, 최다 그랜드 슬램 타이틀을 획득하며 페더러와 나달을 넘어섰다.[84]

한편 팟캐스트에 출연한 적이 있던 힐러리 스웽크를 살펴보도록 하자. 그녀의 인생 자체가 역경을 극복한 증거이니 말이다. 그녀는 열네 살에 어머니와 함께 로스앤젤레스로 이사를 왔다. 그러나 이 모녀가 가진 것이라곤 집을 대신할 밴 한 대와 75달러뿐이었다. 이후 그녀는 9년 동안 오디션을 전전하면서 아르바이트로 생계를 이어 갔다.

그러나 수도 없는 거절 속에서도 그녀는 배우가 될 운명이라는 믿음을 잃지 않았다. 배우 지망생으로서 기약 없는 시간이 10년이 되어 감에도 말이다.[85] 그렇게 그녀는 거절을 받아들였고, 심지어 이를 인정하기까지 했다.

그렇게 스웽크는 반복되는 좌절을 딛고 자신에 대한 계발과 발전을 멈추지 않았다. 이러한 노력으로 그녀는 작은 독립 영화인 〈소년은 울지 않는다(Boys don't cry)〉 주연으로 발탁되었지만, 출연료는 단 3,000달러에 불과했다. 그러나 1년 뒤, 그녀는 그 영화로 아카데미 시상식에서 여우주연상을 수상한다.

◆ 약점은 나약함의 상징이 아니다

지금까지 소개한 네 사람의 이야기는 내면의 비판을 극복하는 문제를 해결할 소중한 실마리가 된다. 에니스의 여정은 삶을 송두리째 바꾼 신체적 부상과 심적 고통을 마주하면서도 목표를 놓지 않으며 한계를 넘어서는 의지를 발휘하는 회복력을 보여 주는 사례이다. 그녀의 감동적인 이야기는 두려움에 맞서고, 자신의 기준에 따라 성공을 재정의하는 일의

---

84   Adam Zagoria, "Roger Federer Say It's 'Obvious' Rafael Nadal, Novak Djokovic 'Will Win More' Grand Slam Titles Than Him", Forbes, January 16, 2020.

85   Stephanie Denning, "Hilary Swank And Her Nine-Year Overnight Success", Forbes, June 30, 2018.

중요성을 일깨워 준다.

세계 테니스 챔피언으로 향하는 조코비치의 경우, 역경과 의심에도 흔들림 없는 자신감을 유지한 믿음의 힘을 강조한다. 한편 스왱크가 할리우드에서 거둔 성공은 겸손과 진정성을 바탕으로 고뇌와 유약함을 공유하며 타인과 연결되는 힘을 보여준다.

네 사람의 이야기는 저마다 자신의 한계에 도전하고, 취약함을 받아들이면서 자신을 발견하는 여정의 중요성을 강조한다. 회복력과 자신에 대한 믿음, 진정성을 배양하면 부정적인 내면의 소리를 잠재울 수 있다. 또한 진정한 잠재력을 발휘함으로써 앞날의 어떤 장애물도 극복할 것이다. 이에 이선 크로스는 다음과 같은 말을 남겼다.

> 우리의 도덕적 나침반은 우리가 어떻게 하면 좋은 삶을 살 수 있을지에 대한 신념의 집합입니다. 적어도 나는 그렇게 정의합니다. 그러면 올바름과 그름의 차이를 어떻게 알 수 있을까요? 옳고 그름을 판단할 때, 우리의 행동은 우리가 나침반을 따르는가 벗어나는가를 보여 주는 지표가 될 것이다. 그리고 벗어남을 감지할 때 잘못되었음을 인식하는 거죠.
>
> 이때 우리를 올바른 길로 되돌려 놓는 것이 관건입니다. 이때 내면의 목소리가 큰 도움이 될 수 있습니다. 우리는 내면의 목소리를 활용해 자신에게 동기를 부여하고 문제를 해결합니다. 뭔가 잘못되었다는 걸 감지하면, 그 목소리를 듣고 다시 올바른 길로 돌아가 바로잡을 계획을 세우고 해결책을 마련하는 것이죠. 그래서 도덕적 나침반은 반드시 필요하며, 내면의 목소리는 그 나침반이 올바른 방향을 가리키도록 조율하는 역할을 한다고 생각합니다.

내면의 잡음 무시하기

✅ 자아 성찰 일기 쓰기

각 장을 모두 마쳤을 때 당신의 비판적 성향을 성찰해 보자. 그리고 생각이나 행동 속에서 자신을 비판하는 순간을 기록한다. 이후 비판적 사고를 유발하는 근본적인 신념이나 두려움을 탐색해 보자.

✅ 원인 살펴보기

자기 비판을 촉발하는 특정 상황이나 사건, 또는 상호 작용을 찾아보고, 자신에게 큰 영향을 미치는 이유를 곰곰이 생각해 본다. 그리고 그 원인을 기록해 보자. 기록한 내용에 반복되는 패턴이나 공통된 주제가 있는가? 이처럼 자기 비판을 촉발하는 원인을 이해한다면, 그것이 언제 시작되는가를 명확히 파악할 수 있다.

✅ 부정적인 자신과의 대화(self-talk)에 반박하기

내면의 대화에 주의를 기울이면서 자기 비판적 사고나 믿음을 구별해 보자. 부정적인 내면의 대화에 빠져 있다면 그 생각이 합리적인가, 공정한가, 아니면 도움이 되는가를 자문하며 반박해 본다. 그리고 자기 비판을 긍정적이고 따뜻한 표현으로 대체하도록 하자.

✅ 자기 연민 실천하기

의식적으로 자신을 친절하게 대하면서 이해심을 발휘하여 자기 연민을 실천하자. 자기 비판의 기미가 느껴진다면, 잠시 멈추어 격려와 지지의 말을 건네자. 예를 들어 자신에게 따뜻한 내용의 편지를 쓰거나 비슷한 상황에 처한 친구에게 건넬 말을 상상해 볼 수 있다.

✅ 외부의 의견 구하기

믿을 만한 친구나 가족, 또는 상담사에게 자기 비판의 경험을 공유하고, 그들의 견해나 피드백을 들어 보자. 외부의 목소리는 대부분 균형적이며, 시각 또한 너그럽다는 점에서 자신을 새롭게 인식하는 데 도움을 줄 수 있다.

　　자기 비판을 극복하기 위해서는 시간과 인내가 필요하다. 이에 자기 연민이 자아의 성장과 행복을 키우는 강력한 수단임을 명심하자. 그리고 이상에서 소개한 전략을 연습할 때, 자신을 자애로운 시선으로 바라보기 바란다.

성장지향성

제6장

눈앞의 세상을 바라보는 법

갑자기 저 작은 완두콩만 한, 아름다운 푸른 점이 지구라는 생
각이 들었다. 나는 엄지손가락을 세우고, 한쪽 눈을 감았다. 엄
지손가락은 지구를 완전히 가려 버렸다. 그렇다고 거인이 된
듯한 기분은 아니었다. 오히려 내가 너무나 작은 존재라는 생
각만 들 뿐이었다.

| 닐 암스트롱(Neil Armstrong) |

고집스러움은 관점의 적이다.

나는 오랫동안 지구 밖 탐사와 외계 생명체 탐구에 깊은 매력을 느껴
왔다. 1980에서 1990년대까지 빈번했던 우주왕복선 임무부터 국제우
주정거장에서의 발견에 이르기까지 지구를 벗어난 탐사 활동의 모든 것
이 나를 사로잡았다. 그 관심은 현재도 마찬가지, 아니 더욱 높아졌다.
스페이스 X나 블루 오리진(Blue Origin), 버진 갤럭틱(Virgin Galactic) 같은
민간 우주 기업이 부상하면서 설렘은 더욱 커졌으니 말이다.

우주로 떠나는 용감한 이들의 여정은 곧 목숨을 건 모험에 발을 내
딛는 것과도 같다. 어쩌면 우주로 발사되는 순간에는 공포감과 함께 짜
릿한 흥분감을 느끼겠지만, 궤도에 진입한 뒤에는 수많은 우주 비행사
가 이루 말로 할 수 없는 경외감을 느낀다고 한다. 이러한 경외감은 지
구가 존재한다는 사실에 기인한다. 이를 '조망 효과(overview effect)'라
고 한다.

아폴로 14호의 우주 비행사 에드거 미첼(Edgar Mitchell)은 조망 효과에 따라 우주가 서로 연결되어 있다는 깊은 깨달음을 얻었다고 말했다. 또한 시간의 경계가 희미해지는 미묘함도 느꼈다고 털어놓았다. 미첼과 다른 우주 비행사는 우주에서 지구를 바라본 경험이 지구 안에서는 얻을 수 없는 중요한 사고의 틀을 형성한다고 설명한다. 이러한 틀은 인류와 그 체계 간 상호 작용이 만들어 낸 전체 가운데 일부라는 사실을 토대로 한다. 그러나 인간이 만든 경계가 사라진 세상을 본 그들은 당시에 경험한 새로운 관점을 평생 간직한다.

결국 우주 비행사는 거대한 패러다임의 전환을 경험한 것이다. 이러한 인식의 인지적 전환은 삶의 큰 그림을 이해하는 데 도움을 준다. 이로써 그들은 각자에게 진정으로 중요한 것을 깨닫고, 저마다의 삶과 커리어가 지닌 의미를 최대한 찾아내는 법을 이해한다.

이렇듯 관점을 전면적으로 전환하는 능력은 비단 우주 비행사만의 일은 아니다. 성장을 지향하는 리더 또한 마찬가지라서 시야를 넓혀 관점을 변화시키는 힘을 활용할 수 있다. 그들은 다른 입장을 고려하고, 상황을 여러 각도에서 봄으로써 난관과 존재론적 위기를 극복할 수 있다. 상공에서 내려다본 금문교가 인류의 성취와 창의성의 상징이라는 의미를 드러내듯, 우리는 신선한 관점을 통해 새로운 가치를 발견할 수 있다.

세부적인 부분에 주의를 기울이는 것만큼이나 하나의 관점에 갇히지 않는 것 또한 중요하다. 맥락을 넓게 파악하지 못하면 기회를 놓치거나 개인적으로 불만족을 느끼기도 한다. 반면 그러한 관점을 유지한다면 어려운 시기에도 긍정적인 면을 찾고, 동기 부여 상태를 유지해 난관을 극복한다는 뚜렷한 장점이 있다.

결론적으로 관점은 우리의 삶과 커리어에 깊이와 의미를 더해 준다. 또한 관점에 따라서 우리 존재가 거대한 우주의 티끌에 불과하다는 사실을 상기하며 겸손함을 생겨나게 한다. 이처럼 관점을 바꿈으로써 미래를 위해 앞으로 나아가는 사람들은 더욱 행복하고 건강하며, 목표를 성공적으로 추구해 나갈 수 있다. 관점의 힘을 받아들이면 성장과 성취의 무한한 가능성이 열리는 것이다.

♦ 관점의 힘

커리어 초기에 관점의 위력을 잠깐 실감한 적이 있었다. 1995년 가을, 나는 미국 해군 소위로 보스니아 전쟁에 배치되어 동맹군을 지원하는 USS 키드호에 임시 배속되었다. 당시 클린턴 대통령은 발칸반도 갈등[86]에 대해 신중한 접근 방식을 철회하고 NATO군을 직접 지원하기 위해 USS 키드호를 비롯한 여러 함선을 아드리아해로 배치했다.[87]

사실 그 지역이 처음은 아니었다. 초기에는 분쟁과 관련한 인도주의적 지원을 제공하던 미군의 임무를 수행했다. 그러나 보스니아군은 도를 넘어 인종 청소 작전을 감행함으로써 전 세계를 충격에 빠뜨렸다. 변화가 절실한 상황이었다. 특히 대선 기간도 다가오면서 상황이 긴박해지자 정부에서는 대응을 시작하기로 결정하면서 다시 아드리아해로 돌아가게 된 것이다.

USS 키드호에 탑승 후, 관점에 눈을 뜬 계기는 추수감사절이었다. 그날은 휴일이라는 점만 빼면 평소와 다를 바 없었다. 당시 추수감사절 기념 행사로 5km 터키 트롯(Turkey trot)[88] 경주가 열렸다.

중간쯤 달렸을 때, 나는 그곳에 있으면 안 될 것 같은 매우 비현실적인 느낌에 사로잡혔다. 이는 매우 극명히 대비되는 상황이었다. 나와 동료들은 늘 그렇듯 추수감사절마다 있는 행사에 참여하고 있었지만, NATO군 전투기는 굉음과 함께 우리 함선을 지나쳐 갔다.[89] 세르비아군 공격을 위한 집결 지점으로 사용하고 있었던 것이다.

그때 겪었던 일은 관점의 변화를 불러왔으며, 이는 흥미로운 경험이었다. 그때 겪었던 바를 통해 나는 전쟁과 그 속에서 우리의 위치를 완전히 다른 시각으로 보게 되었다. 나는 이처럼 새로운 관점으로 전쟁을 바

제1부 | 사고방식의 변화

---

86   보스니아 내전.

87   Thomas R. Covington, "Three-Dimensional Evaluation of Mandibular Changes Associated with Herbst Treatment in Growing Class II Patients", Carolina Digital Repository, UNC.

88   미국에서 추수감사절 기념으로 열리는 달리기 행사. 옮긴이.

89   위와 같음.

라보며 더 나은 장교가 될 수 있었다. 상황은 변하고 있었으며, 나 역시 스스로 더 높은 기대를 걸 필요가 있었다. 사실 이러한 관점의 변화는 나와 동료들이 최선을 다해 NATO의 임무를 지원하고, 슬로보단 밀로셰비치 정권에 맞서 싸우는 데 중요한 촉매제가 되었다.

정부 최고위층 역시 이러한 관점 변화의 효과를 경험했다. 국방부는 보스니아계 세르비아군이 스레브레니차 집단 학살로 선을 넘었다고 판단했다.[90] 윌리엄 페리(William Perry) 국방장관과 존 샬리카시빌리(John Shalikashvili) 합참의장은 강력한 공습 작전 추진에 앞장섰다.

하지만 실제로 상황이 고조된 이유는 미국 외교 정책에서의 관점 변화에 있었다. 앤서니 레이크(Anthony Lake) 국가 안보 보좌관에 따르면, 보스니아에서 벌어진 사태로 미국의 신뢰도가 손상되고 있다고 판단하였다. 미국과 NATO가 이를 종식하지 못하는 상황은 불과 1년도 남지 않은 미국 대선과 맞물려 관점의 전환을 유발했고, 이는 결국 미국의 적극적인 개입을 불러왔다.

관점은 산도 움직일 수 있다. 또한 갈등 속에서도 한 집단이나 국제 관계의 방향을 바꾸는 핵심 결정권자에게 깨달음을 주기도 한다. 이에 성장을 중시하는 리더라면 본능적으로 그러한 사실을 인식하면서 관점을 활용한다.

◆ 머릿속의 울림을 바꾸어라

나는 《패러독스 마인드셋(Both/And Thinking)》의 저자인 델라웨어대학교 여성 리더십 책임자 겸 디렉터 웬디 K. 스미스(Wendy K. Smith) 교수와 신시내티대학교 칼 H. 린드너경영대학원 학장 마리안 W. 루이스(Marianne W. Lewis) 교수를 팟캐스트에 초대해 이야기를 나눈 적이 있다.[91] 두 사람은 복잡한 문제를 풀어 가면서 의미 있는 대화를 촉진하는

90   "Srebrenica massacre", Wikipedia.

91   John R. Miles, Marianne W. Lewis, and Wendy K. Smith, "The Power of Both/And Thinking", podcast, Passion Struck.

데 패러독스 사고방식 수용의 중요성을 조명하며 깊은 통찰이 담긴 견해를 내놓았다. 이에 루이스 교수는 다음과 같이 설명한다.

> "힌두교 우화 '장님과 코끼리' 이야기를 생각해 보세요. 정말 어려운 문제는 복잡하게 꼬여 있으며 역동적이기까지 합니다. 따라서 한 사람이나 단일한 관점만으로는 전체적인 그림을 파악할 수 없습니다. 그래서 반향실에 머물면서 같은 관점을 지닌 사람들의 이야기만 들으며 관점을 제한하면, 결국 코끼리의 다른 부분은 놓치게 됩니다. 그러면 문제의 복잡성을 보지 못하면서 매우 잘못된 결정을 내릴 가능성이 커집니다."

루이스 교수는 위와 같이 복잡한 문제를 한정적인 시각으로 이해하면 잘못된 정보를 토대로 결정을 내릴 위험이 있다고 말한다. 이에 그녀는 노벨 경제학상 수상자 제임스 마치(James March)가 주창하는 '제한된 합리성(bounded rationality)'의 개념을 들어 말을 이어 나갔다.[92]

> "제한된 합리성의 개념으로 노벨상을 받은 제임스 마치의 뛰어난 연구 업적에 따르면, 우리는 인지적으로 코끼리 전체를 볼 수 없습니다. 시스템이 너무 복잡하게 얽혀 있으니까요."

위와 같이 루이스 교수는 복잡한 문제를 전체적으로 이해하는 데는 인지적인 한계가 있음을 인정하면서 '삼각 측량(trangulation)' 방식을 적용할 것을 권장한다. 이는 복잡한 문제를 더욱 포괄적이고 세밀하게 이해하기 위해 다양한 관점을 적극적으로 탐구하여 논의에 반영하는 방식이다.

그녀는 다양한 관점을 수용하는 과정에서 수반될 수밖에 없는 어려움을 강조한다. 특히 우리의 감정이 자기 의견이 옳다고 확인받으려 할

---

92 "James G. March, Professor of Business, Education, and Humanities, Dies at 90", Stanford Graduate School of Business, October 29, 2018.

때 더욱 그러하다. 이에 루이스 교수는 다음과 같이 말한다.

> "쉽지 않은 일입니다. 그 이유는 '맞아, 그래. 네 말이 정확해.'
> 라고 말해주는 사람과 대화할 때 훨씬 더 편안함을 느끼기 때문
> 입니다. 그러면 자신의 견해가 강화되는 느낌을 받거든요. 하지
> 만 이러한 반응은 그 견해만을 더욱 강화할 뿐입니다. 따라서 다
> 른 의견을 수용하지 않으면 정말 중요한 요소를 놓치고 말아요."

스미스 교수는 루이스 교수의 통찰을 토대로 관점과 상호 작용에 영
향을 미치는 감정적 요소에 주목한다. 스미스 교수에 따르면 사람은 자
신의 신념을 지지하는 사람과 동조하는 경향이 있다. 이에 따라 논의가
양극화되면서 효과적인 해법을 찾기 어려워지는 양상을 강조한다.

그녀는 기후 변화 문제를 예로 들면서 사람들의 관점이 의견이 둘로
나뉜 듯 보이지만, 실제로는 훨씬 더 미묘한 차이가 있음을 보여 준다.
이에 스미스 교수는 다음과 같이 말한다.

> "기후 변화 문제는 좋은 예입니다. 우리는 특정 관점을 선택하
> 고, 그 관점을 지지하는 사람과 발맞추어 움직입니다. 그러면서
> 양극화된 논쟁에 빠지는 거죠."

스미스 교수는 저마다 견고한 입장이 있다고 한다지만, 근본적인 믿
음과 관심사에는 상당한 공통점이 있음을 강조한다. 이에 그녀는 "타인
과 직접 이야기를 나누다 보면, 특정 관점에 동의한다고 할 때보다 훨씬
더 많은 공통점을 발견할 수 있다."라고 말한다. 그러므로 이를 인식하
고, 서로 다른 관점과 생각을 존중할 수 있는 열린 대화를 나눌 것을 권
장한다.

즉 무언가를 논의할 때, 믿음과 부정이라는 이분법적 선택으로 틀을
만들기보다 대화를 촉진하면서 다양한 관점을 통합할 수 있는 전략을 모
색하라는 것이다. 이에 그녀는 "우리가 서로 대화를 나누며 앞으로 나아

가기 위해서는 다른 관점과 생각을 존중하고, 이를 반영한 전략을 함께 만들어 가야 한다."라고 말한다.

이상에서 소개한 두 교수의 통찰은 익숙한 관점의 경계를 넘어 다양한 시각을 탐색할 때 수반되는 불편함의 수용이 얼마나 중요한가를 강조한다. 그리고 생각이 같은 사람으로 이루어진 반향실을 벗어나, 대안을 적극적으로 모색할 것을 촉구한다. 열린 마음으로 솔직한 대화를 통해 다양한 관점을 통합하려는 의지는 더 깊은 이해를 촉진하고, 혁신적인 해결책을 창출한다. 또한 밝고 포용적인 시각으로 복잡한 세상을 헤쳐 나가는 원동력이 된다.

요컨대 스미스 교수와 루이스 교수는 관점의 힘이 다양한 목소리를 수용하고, 고정관념에 도전하며, 의미 있는 대화를 촉진하는 능력에 있음을 일깨워 준다. 편협한 시각의 한계를 넘어 다양한 시각을 통합함으로써 우리는 이해의 폭을 넓힐 뿐 아니라, 복합적인 문제에 대한 혁신적인 해결책을 모색할 잠재력을 발휘할 수도 있다. 그리고 이러한 노력으로 다양한 관점의 힘을 활용하여 더 밝고 조화로운 미래를 형성하고, 더욱 포용적이며 지혜로운 사회를 만들어 갈 것이다.

◆ 우주 비행사와 조망 효과

성장을 지향하는 리더 가운데 관점의 힘을 적극 반영한 대표적인 사례로 우주 비행사이자 해군 특수부대 네이비씰(Navy SEAL) 출신인 크리스 캐시디(Chris Cassidy) 대위를 꼽을 수 있다. 그는 나와 미국 해군사관학교 및 예비학교 동기이자 친구이다.

크리스는 해군사관학교 졸업 후, 네이비씰이 되기로 결심했다. 주지하다시피 네이비씰이 되려면 극히 어려운 과정을 거쳐야 한다. 하지만 그는 육해공 기초수중폭파학교(Basic Underwater Demolition SEAL/School, BUD/S) 192기 중 최우등으로 졸업했다.[93] 이처럼 미국 군대에서 가장 혹독한 훈련 과정 하나를 성공적으로 마친 크리스는 이후 11년 동

---

93   Christopher Cassidy, Wikipedia.

안 네이비씰로 복무했다. 그는 복무 기간에 용맹함을 인정받아 알파벳 V[94]가 부착된 동성훈장과 또 다른 동성훈장 외에도 대통령 부대 표창을 비롯한 여러 영예로운 훈장을 받았다.

하지만 크리스는 그것만으로도 충분하지 않았는지 네이비씰 이후에도 한 단계 더 나아가기로 했다. 그는 MIT에서 해양공학 석사 학위를 취득한 뒤, NASA 우주 비행사 프로그램에 지원한 것이다. 2004년, 그는 NASA 우주 비행사에 선발되어 세 번의 우주 비행[95]에 참여한 바 있다. 그리고 NASA의 15대 수석 우주 비행사로서 현직 우주 비행사 가운데 가장 높은 리더의 자리를 맡았다. 그는 현재 미국 명예 훈장 박물관 재단의 회장 겸 CEO로 활동하고 있다.[96]

이상의 업적은 결코 쉽게 쌓을 수 있는 것이 아니다. 크리스는 인내와 노력과 함께 다양한 관점의 힘으로 어려운 시기를 극복해 낼 수 있었다.

발상의 전환이 불러온 변화

관점의 힘으로 삶의 변화를 이끌어 낸 크리스의 사례 가운데 가장 훌륭한 예는 BUD/S에서의 경험이다. BUD/S 훈련은 미군에서 가장 혹독한 훈련 중 하나로, 입학생의 25%만 졸업할 정도로 높은 탈락률을 자랑한다.[97] 전체적인 훈련도 어렵기로 유명하지만, 그중 가장 악명 높은 것은 일명 '지옥주(Hell Week)'이다.[98] 지옥주 기간 동안 후보생은 5일간 단 4시간의 수면만 취한 채 거의 끊임없는 활동으로 구성되어 있어 극한의 도전에 직면한다.

지옥주에는 모든 후보생이 극한의 상황에 몰린다. 대학 시절 스포

---

94   용맹을 뜻하는 Valor의 머릿글자.

95   우주왕복선 임무 STS-127, 우주정거장 Expedition 35 및 65 임무.

96   "National Medal of Honor Museum Foundation President and CEO Chris Cassidy, Retired U.S. Navy SEAL, Releases Statement of Remembrance Ahead of Memorial Day", National Medal of Honor Museum, May 26, 2022.

97   Stavros Atlamazoglou, "Navy SEAL Doctor Speaks about the Peculiar Dangers of Hell Week", Sandboxx, June 23, 2022.

98   위와 같음.

츠 스타 출신이거나, 벤치프레스를 200파운드나 들어 올리는 근력의 소유자라도 예외는 없다. 지옥주와 BUD/S의 전체 훈련 통과 여부는 정신력과 관점 유지에 달려 있었다. 크리스도 인정한 바와 같이 지옥주와 BUD/S 훈련을 견뎌 내는 것은 진정한 자신과의 싸움이다.

그러나 자신과의 싸움을 견뎌 내다 보면 힘든 시간도 언젠가는 끝난다는 깨달음도 얻는다. 모두들 고통에서 해방되어 편안해지고자 포기의 유혹에 빠지기도 한다. 그러나 크리스를 비롯하여 모든 과정을 완수한 BUD/S 후보생은 관점을 바꾸어 그 훈련 또한 기간이 정해져 있다는 사실을 인지했다. 몇 년 동안을 계속해서 괴롭히는 만성 질환에 비하면 지옥주는 단 5일에 불과하다. 또한 BUD/S 전체 훈련 일정도 24주로 짧은 편이다. 이러한 사실은 끝없는 고통에 시달리는 크리스와 그의 동기에게 위안을 주었다.

BUD/S 훈련을 통과하는 데는 강인한 체력을 넘어서는 것이 필요하다. 그것은 바로 팀워크와 동료를 위해 끝까지 헌신하는 마음이다. 극한의 스트레스 상황에서 매우 의욕적인 사람들과 함께하는 경험은 정말이지 특별하다. 그들은 의식적, 또는 무의식적으로나 새로운 관점과 동기를 선사하기 때문이다.

지옥주 동안 크리스와 그의 동기들은 고통 그 자체를 맛보았다. 하지만 그들은 태국에서 온 교환 장교를 보며 마음을 다잡았다. 그 장교는 체지방이 거의 없어 추위에 취약했지만, 춥고 불편한 극한의 상황에서도 포기하지 않고 끝까지 최선을 다했다. 참을 수 없는 조건 속에서 그 장교가 보여준 의지력은 크리스와 동기들에게 '저 태국인 장교조차도 불평 없이 중도에 포기하지 않고 이 고통을 견뎌내고 있으니 우리도 할 수 있어!'라는 강렬한 메시지를 전했다. 크리스는 그때의 경험을 다음과 같이 털어놓았다.

> 이 훈련을 거치며 미래에 대한 시간적 관념이 마치 고무밴드 같다는 사실을 깨달았어. 여유가 있을 때, 그 고무밴드는 길게 늘어나 먼 미래를 내다볼 수 있어. 그런데 BUD/S처럼 정말 힘든 상

> 황, 그러니까 모래에 묻히고, 팔굽혀펴기를 수백만 번이나 하고, 교관들이 계속 소리를 질러 대는 극한의 상황이라면 시간의 지평선은 눈앞의 일로 줄어들지. 그 순간에 내 관점이 '힘든 시간도 언젠가는 끝난다.'라고 바뀌는 거야. BUD/S 훈련 초반에 끝까지 가는 건 생각만 해도 압도되는 느낌이었어. 첫 단계의 끝을 생각하기도 버거웠지. 그럴 때는 고무밴드를 떠올리면서 시간의 지평선을 늘렸어. 그리고 큰 목표를 식사 시간에 맞추어 생각했지. '점심까지 버티자!', '저녁까지 버티자!'처럼 말이야.

견디기 어려운 힘든 상황에 직면했을 때, 크리스의 지옥주 경험을 떠올린다면 도움이 될 것이다. 지금의 고통이나 스트레스가 끝없이 계속되리라는 생각에 도저히 극복할 수 없을 것이라는 생각이 드는 나머지 포기만이 가장 확실하고 솔직한 답이라고 생각될 때 말이다.

정진하는 리더는 포기의 유혹을 뿌리칠 줄 안다. 이러한 리더는 관점의 힘을 활용하여 더 큰 그림을 늘 마음속에 떠올린다. 또한 이 유형의 사람들은 극심한 고통이나 두려움 속에서도 목표를 달성하지 못했을 때의 괴로움과 공포가 훨씬 더 크다는 사실을 직관적으로 이해한다. 그리고 이러한 관점을 동력으로 삼아 꿈을 현실로 만들어 나간다.

관점과 주인 의식

얼마 전까지만 해도 NASA는 우주 유영(spacewalk)을 매우 위험한 활동으로 간주한 적이 있었으며, 관계 당국은 이를 두려워했다. 1990년대 중반에 NASA가 우주정거장 건설을 준비하던 시기에 일부 전문가는 조립을 위해 10년 동안 매년 수차례, 왕복 임무 1회당 서너 번의 우주 유영을 안전하게 수행할 수 있을지에 회의적인 입장이었다. 그들은 까다로운 선외 활동(Extravehicular Activity, EVA)을 '장벽'이라고 부르면서 극복 불가능한 도전으로 여겼다. 이러한 배경을 감안하면 NASA가 수천 시간의 선외 활동을 수행하면서도 2013년 7월 16일까지 단 한 번도 큰 사고가 없었다는 기록은 매우 놀랍다.

7월 9일, 크리스 캐시디는 이탈리아 우주 비행사 루카 파르미타노 (Luca Parmitano)와 함께 첫 우주 유영 임무를 수행했다. 이때의 선외 활동에서는 몇 가지 과학 실험 및 장비 재배치, 그리고 새로운 러시아 실험 모듈의 도착에 대비한 전력 및 데이터 케이블 연결을 위한 준비 작업 등 수행해야 할 임무가 많았다.

일주일 후인 7월 16일, 두 우주 비행사는 앞선 선외 활동에서 마무리하지 못한 작업을 완료하고, 추가 정비 작업을 수행하기 위해 우주 공간으로 나섰다. 그런데 운명의 그날, 크리스와 파르미타노는 죽음과 맞닥뜨리고 만다.[99]

두 우주 비행사의 우주 유영은 순조롭게 시작되어, 약속된 시간보다 40분 일찍 작업을 수행하고 있었다. 이때 파르미타노는 다음 작업 장소인 우주정거장의 원통형 모듈 세 개가 만나는 틈새로 이동 중이었다. 일정상 빠르게 마무리할 수 있는 일이었다. 그는 최대한 팔을 뻗어 접근성을 평가했다.

그런데 테스트를 수행하던 중 갑자기 목 뒤에 물기가 있음을 느꼈다. 두 우주 비행사는 처음에는 그 물기가 부담이 심한 작업을 수행하면서 흘린 땀이라고 생각했다. 그런데 크리스가 파르미타노의 헬멧을 들여다보니, 물방울처럼 보이는 물이 고여 있었다.

파르미타노가 그 물방울을 맛보자, 땀과는 다른 끔찍한 금속성의 맛이 났다. 그 순간, 두 우주 비행사는 상황의 심각성을 눈치챘다. 파르미타노가 헬멧 속에서 익사할 위기에 처한 것이다. 이에 NASA는 즉시 작업 중단을 명령했다.

우주정거장으로 돌아오는 길에 파르미타노는 날카로운 돌출부를 피하기 위해 몸을 이리저리 움직였다. 이때 그의 스누피 야구 모자가 물에 흠뻑 젖었다. 그리고 물이 모자를 타고 내려오면서 그의 눈과 콧구멍을 완전히 덮은 나머지 앞을 볼 수 없는 상태에서 입으로만 숨을 쉬어야 했다.

제1부 | 사고방식의 변화

---

99 Tony Reichhardt, "The Spacewalk That Almost Killed Him", Air & Space Maga-zine, Smithsonian Magazine, May 2014.

그 순간 그는 생사의 기로에 섰다. 얼마 지나지 않아 숨도 쉬지 못하게 될 참이었다. 이에 크리스는 상황의 심각성을 파악하고 행동에 나섰다. 크리스는 그 뒤에 일어난 일을 다음과 같이 회상했다.

> 어떤 일이라도 결국 우리가 하는 일은 모두 훈련으로 귀결되더라고. 처음 겪는 상황에서는 반응이 느릴 수밖에 없어. 크리스마스 이브에 아이들을 위해 자전거 세 대를 조립한다고 생각해 봐. 처음에는 시간이 오래 걸리지만, 두세 번째는 훨씬 빠르게 완성할 수 있잖아. 우주 훈련도 마찬가지야. 이게 우주 비행사가 수영장에서 우주 유영을 반복 훈련하는 이유이기도 해. 조종석에서 발생할 수 있는 오작동 상황에 대비해 시뮬레이터로 반복 훈련하기도 하고.
>
> 그날 선외 활동을 수행할 때 내가 해치를 닫았는지는 기억나지 않아. 내 손이 그냥 습관적으로 움직였으니까. 그래서 이상해. 지금도 내가 루카를 어떻게 밖으로 움직이도록 했는지, 해치를 어떻게 닫았는지, 그것도 봉인을 손상시키지 않은 채로 어떻게 닫았는지 아무리 생각하려 해도 기억이 안 나. 그냥 했던 것 같아. 내가 그럴 수 있었던 건 반복 훈련을 통해 얻은 관점 덕분이야. 그걸 완벽히 몸이 숙지한 거지. 이건 신속하고 효율적인 반응으로 작업을 수행할 수 있도록 커리어 전반에 걸쳐 수천 시간을 투자한 결과라고 생각해. 그래서 나는 제대로 해낼 수 있었지. 이것이 연습의 가치를 보여 주는 나만의 관점이야.

관점은 갑자기 하늘에서 툭 떨어지는 것이 아니다. 다행히 우리는 관점을 스스로 통제할 수 있으며, 이를 통해 자신은 물론 타인에게도 깨달음을 줄 수 있다. 크리스의 선외 활동 경험이 바로 그 완벽한 예이다. 일반적인 경우와 마찬가지로 크리스 또한 기술 연마에 수많은 시간을 투자했다. 그 경험으로 크리스는 원칙과 교훈이 깃든 독특한 관점을 형성할 수 있었다. 이러한 통찰은 그의 관점을 형성하는 기반이 되었고, 파르미타노를 위험에서 구해야 하는 절체절명의 순간에 제2의 천성처럼 자연스럽게 발휘되었다.

크리스는 초기 네이비씰로 활동하면서 폭파나 통신은 자신의 전문 분야가 아님을 깨달았다. 그보다 그에게는 모든 대원을 하나로 규합하고 이끌며, 구성원에게 필요한 것을 제공하고 독려하는 일이 더 어울렸다. 그의 이전 경험은 임무를 이해하고 그 목적을 전달하며, 신속하고 신중한 결정을 내리는 데 도움을 주는 관점을 형성하도록 일조했다.

우리는 저마다 다른 삶을 살아왔다. 같은 임무를 수행하거나 동일한 프로젝트를 진행하더라도, 우리의 인식과 사고가 관점을 형성하므로 관점 역시 각자 다를 수 있다. 하지만 크리스의 사례가 보여 주는 바와 같이 관점에 주인 의식을 가질 수 있다. 관점에 수동적으로 접근할 필요는 없다. 날마다 기울이는 작은 노력의 가치를 인식할 수 있다면, 그 장기적인 가치도 알 수 있다.

그러한 태도는 우리에게 크나큰 이점을 선사한다. 무엇보다도 위기의 상황에서 난관이나 문제에 적극적으로 대응해야 할 때, 우리의 관점과 지금껏 쌓아온 노력에 의지할 수 있음을 깨닫는다. 관점과 노력은 언제나 우리를 격려하며 동기를 부여하는 힘이 되어줄 것이다. 우리는 단지 적극적으로 관점을 형성하고, 스트레스 상황에서 그것을 불러내기만 하면 된다.

넓은 시야로 큰 그림을 그려라

해군사관학교 졸업 후 혹독한 BUD/S 훈련을 거쳐 아프가니스탄전에서 최고위 군사 훈장을 받고 퇴역한 뒤, 우주 비행사가 되기까지 크리스는 독보적인 이력을 쌓아 왔다. 수많은 사람이 그의 업적에 찬사를 보내며, 그러한 성취를 이룰 수 있다면 무엇이든 할 수 있다고 말한다. 그러나 크리스가 성장 지향적인 리더에 속하는 이유는 그가 더 큰 그림을 이해하고 있다는 점이다. 그는 모두가 하나의 '우주선 같은 지구'에 탑승해 있으며, 이에 서로에게 책임이 있음을 깊이 이해하고 있다.

여기서 '조망 효과'가 등장한다. 나는 크리스에게 궤도에 처음 진입했을 때 조망 효과를 느꼈는지 물었다.[100] 그의 첫 우주 경험이 실제 우주 공간이라는 점에 착안한 질문이었다. 메인주 요크에서 자란 그는 내 질문에 국제 우주정거장에 도착하고 나니 여기까지 오는 과정이 믿기지 않으며 그저 놀랍기만 했다고 말했다.

하지만 그는 두 번째 우주 비행에서 조망 효과를 체감했다. 그는 우주 비행이 삶에서의 선택에 대한 관점을 어떻게 변화시켰는지 이야기해 주었다. 크리스는 지구를 바라보았을 때, 거대한 우주 속에서 하나의 점처럼 자신이 얼마나 작은 존재인가를 느꼈다고 말한다.

다음 장에서 자세히 소개할 미 해군 소속 우주 비행사 웬디 로렌스 대령도 그와 비슷한 말을 했다. 그녀는 조망 효과를 한층 깊이 느꼈다고 말하며, 어떤 우주 비행사도 우주선 창밖으로 지구를 직접 보기 전까지는 그 경험이 미치는 강력한 영향을 이해하지 못한다고 이야기했다. 로렌스와 크리스에 따르면 우주에 다녀온 우주 비행사는 각자 다른 얘기를 하다가도 지구를 묘사할 때면 한결같이 사용하는 단어가 있다. '취약하나(fragile)'가 바로 그것이나. 로렌스는 그때의 감정을 아래와 같이 표현했다.

> "우리의 행성을 바라보노라면 우주라는 공허하고 깊은 어둠의 공간에 떠 있는 것만 같다. 마치 우주가 지구를 삼키려 드는 것처럼 말이다. 이 경험에서 나는 지구가 우리의 고향이자 우리가 살아가는 방법을 알고 있는 유일한 곳임을 절감한다. 따라서 우리는 지구에 더욱 신경 써야 한다. 지구를 집어삼키려는 공허한 우주에게서 우리의 행성을 지켜 내야 하기 때문이다."

이 경험을 통해 크리스와 로렌스는 우리가 모두 연결되어 있다는 사실을 배웠다. 우리의 결정은 지역 사회와 세계에 영향을 미친다. 따라서 신념과 의도에도 지구 전체를 고려하는 세계 중심적 관점을 담아야 한다.

---

100   John R. Miles and Chris Cassidy, "The Importance in Life of Being Present", podcast, Passion Struck.

성장을 향해 나아가는 리더는 자신 너머를 내다본다. 야망이 큰 사람도 마찬가지다. 그들은 우리가 거대한 세계 중심적 공동체의 일원임을 본능적으로 알고 있다. 그러니 우리의 재능을 세계 중심적 관점에서 활용하면 모두가 더 나은 삶을 살 수 있을 뿐 아니라 더 큰 만족감을 느낄 것이다. 또한 일상적인 일에도 더 큰 행복과 충만함을 만끽하며, 우리의 삶이 지구 전체에 긍정적인 변화를 가져오고 있음을 실감한다.

◆ 일상에서 실천하는 관점의 힘

지금부터 64,000달러가 걸린 질문[101]을 해 보겠다. 우리의 삶에서 관점의 힘을 얻고 활용할 방법은 과연 무엇일까?

위 질문에 대한 답은 개인적, 직업적으로 자신의 사고와 행동을 다양한 관점에서 살펴보려는 의식적이고도 계획적인 노력에서 시작된다. 얼핏 보기에는 다소 추상적이라 느끼겠지만, 이 필수적인 단계를 거쳐야만 보다 충만한 삶으로 향하는 여정을 가속할 수 있다. 일상과 해야 할 일의 목록이 주는 혼란 속에서 우리는 적극적으로 더 큰 그림을 이해하려는 노력을 기울여야 한다.

먼저 삶에서 얻은 교훈을 떠올려 보자. 부정적인 교훈이라도 상관없다. 당신의 일상에서 잠깐 시간을 내어 과거의 경험, 목표와 함께 세상에서의 위치를 생각해 보자. 이 시간이 명상 과정의 일부나 잠자기 전의 성찰하는 시간 등 언제라도 관점을 우선시하는 자세는 타인과 당신을 차별화할 것이다.

그리고 어려운 순간에 처했을 때 크리스의 사례와 같이 당신만의 관점을 활용해 보자. 우리의 도전이 크리스만큼 극한의 수준은 아니더라도 관점만 바꾼다면 장애물은 극복할 수 있다. 잠시 물러나 당장의 스트레스에서 벗어나 보자. 관점을 유지하면 벅찬 도전도 감당할 수 있을 정도로 보이기 시작할 것이다.

---

101   1955년에 첫 방영된 미국 퀴즈 쇼 〈The $64,000 Question〉의 최종 상금 액수에서 비롯된 표현.

성장 지향적 리더는 세상에서 자신의 역할이 단순히 물질적 성공을 넘어섰음을 알고 있다. 그들은 적극적으로 사회에 환원하며 긍정적인 영향을 미칠 방법을 모색한다. 따라서 자신의 고유한 능력을 고찰하고, 이를 타인의 행복에 기여할 방법을 고민하자.

또한 행동을 우선시하며, 달라질 기회는 언제든지 받아들이자. 지역사회든, 더 큰 사회든 규모는 상관없다. 인간관계를 확장하고 긍정적 영향을 미치는 일은 개인적, 직업적 목표를 추구하는 과정에서 큰 장점으로 작용한다.

이상의 내용을 체화하고 관점의 힘을 수용한다면 삶의 여정에서 새로운 차원의 성공과 충만함을 경험할 것이다. 이러한 마음가짐의 변화가 인생의 궤도에 미칠 깊은 영향을 과소평가하지 말자. 일단 관점을 받아들이고, 그것이 당신을 더욱 지향적인 삶으로 이끌도록 하자.

◆ 상황과 타인에 얽매이지 말라

지금까지 소개한 인물 외에도 관점의 힘에 대해 증언한 또 다른 리더가 있다. 그는 RSE벤처스의 공동 창립자이자 최고 경영자이고, 〈샤크 탱크〉에서 상어로 출연한 바 있으며, 《플랜B는 없다》의 저자인 맷 히긴스이다. 맷은 인터뷰에서 다음과 같이 말했다.

> 우리는 타인보다 자신을 틀 안에 가두려는 경향이 있습니다. 이에 저는 상황에 얽매인다면 거기에서 결코 벗어나지 못하리라는 생각도 했어요. 저마다 처한 상황에 얽매이지 않기 위한 첫걸음은 다른 사람이 당신을 재단하지 못하게 하고 스스로 자신을 틀 안에 가두지 않는 것입니다. 이 말을 좀 더 풀어서 설명해보겠습니다.
>
> 저는 살면서 여러 번이나 고등학교 중퇴자가 될 기로에 놓인적이 있었습니다. 하지만 저는 그 길을 따르지 않기를 선택했어요. 그렇게 저는 대학과 로스쿨을 졸업한 성공 신화를 이룩하고,

세계 역사상 가장 큰 개발 프로젝트를 감독하는 로어 맨해튼 개발 공사의 최고 운영 책임자로서 정부에 몸담기도 했습니다. 따라서 저는 정부 인사, 언론인으로 정의될 수 있었습니다. 그렇게 저를 스스로 제한할 수도 있었지만, 그렇지 않았습니다.

이 자리에 계신 여러분께 권하고자 하는 바는 모두 자신의 경험을 어느 한 순간에서 확대해 보고, 마음속으로 근본적인 질문을 던져 보라는 것입니다. 어떤 분야에서 일하고 있는지를 넘어, 근본적으로 무엇을 하고 있는가를요.

위의 내용에도 우리는 자신의 관점을 깊이 생각하고 재정비하는 시간을 거의 내지 못한다는 점이 문제이다. 이에 훌륭한 아이디어는 실현되지 못하고, 수많은 사람이 스스로 만들어 낸 한계의 굴레에 갇히고 만다. 모든 장애물은 넘을 수 없이 높고, 발전은 더디게만 보인다.

그러나 자신의 관점을 성찰하고 질문을 던지면 풍부한 자기 인식을 깨닫는다. 우리의 행동과 의견 이면에 존재하는 '이유'를 탐구함으로써 우리는 적응력의 향상과 성장으로 향하는 문을 열 수 있다. 즉 '관점 확장자'로의 변화는 깊은 변화를 가져올 가능성을 담고 있다는 것이다. 이는 우리를 단순한 아이디어에서 실질적인 성취로, 자기중심적 목표에서 타인을 고려하는 세계 중심적 관점으로 이끄는 것이다.

우주 비행사들이 우주에서 지구를 바라보면 경외심을 느끼는 조망 효과를 경험하듯, 우리도 관점의 힘을 받아들임으로써 패러다임의 전환을 경험할 수 있다. 이러한 전환은 우리가 도전을 극복하고 불확실성을 헤쳐 나가며, 숨겨진 가능성을 발견할 힘을 준다.

복잡성과 불확실성이 가득한 세상에서 시야를 넓혀 다양한 각도에서 통찰을 얻는 능력은 매우 귀중하다. 성공, 성취감, 영향력을 추구하는 과정은 더 넓은 가능성의 지평을 탐구하려는 우리의 의지에 따라 달라진다. 관점의 힘을 받아들임으로써 우리는 자기 발견과 성장의 여정을 시작하며, 궁극적으로 잠재력의 완전한 실현을 가능케 한다.

관점 활용하기

✅ 성찰 일기 쓰기

최근에 내린 결정이나 고민 중인 문제를 돌아보며, 그 과정에서 적용한 관점과 이에 근거한 정보의 출처를 되짚어 보자. 이후 비슷한 상황에서도 관점을 확장하고, 대안적인 관점을 적극적으로 탐색할 방법을 생각해 보자.

✅ 의견이 달라도 건설적인 견해라면 대화해 보기

당신이 깊은 관심이 있는 대상을 주제로 관점이 다른 사람과 서로 존중하는 자세로 대화를 나누자. 이에 적극적으로 경청하고 질문을 던지면서 상대방과의 공통점을 찾아보자. 그리고 이러한 경험이 당신의 관점에 미치는 영향을 성찰한다.

✅ 정보의 출처 다양화하기

뉴스 매체나 소셜 미디어, 책 등 당신이 정기적으로 접하는 정보의 출처가 얼마나 다양한가를 평가해 보자. 그리고 당신에게 대안적인 관점을 제공할 새로운 정보의 보고를 3개 이상 찾아보자. 이들 매체에서 열람할 수 있는 정보를 정기적으로 접하면서 이해의 폭을 넓히고, 기존의 고정관념에 도전하는 습관을 들이자.

✅ 여러 분야의 토론에 참여하기

다양한 분야 또는 전문 분야에 종사하는 사람과 함께하는 토론에 참여할 기회를 찾아보자. 그곳에서 다양한 관점을 경청하고, 자신의 통찰을 공유한다. 이러한 대화가 어떻게 당신의 이해에 깊이를 만들고, 새로운 아이디어에 영감을 주는가에 주목해 보자.

✅ 확증 편향에 저항하기

당신이 확고하게 생각하는 주제의 반대 의견이나 반박 근거에 자신을 계획적으로 노출시키자. 기존의 신념에 도전하는 기사나 책, 팟캐스트를 접하며 제시된 증거를 평가하는 과정을 거치며 당신의 관점이 변화하는 양상을 성찰한다.

　　이상의 전략을 통해 다양한 관점을 수용하고, 이해의 폭을 넓히면서 더 나은 결정을 내릴 수 있다. 따라서 자기 발견으로 지적 성장을 이루는 여정을 시작해 보자. 이에 관점을 계속 확장해 나감으로써 포용적이며 서로가 연결된 세상을 만들어 가자.

제7장

꿈꾸는 대로 행동하라

유일하게 불가능한 여정은 아직 시작도 하지 않은 것이다.

| 토니 로빈스(Tony Robbins)[102] |

망설임은 실천의 적이다.

지금 단계에 이르러 당신은 어느덧 성장을 추구하는 탐구자가 겪어온 혁신적인 사고의 전환을 목격했을 테다. 이러한 유형의 사람은 지배적인 규정을 면밀히 검토하여 보편적이지 않은 길을 택하는 내적 용기를 끌어내는 능력의 소유자이다. 그들은 심각한 실패나 좌절에 직면했을 때조차도 과감하게 자신을 재창조함으로써 새로운 기회를 망설임 없이 잡았다.

위에서 언급한 특징은 모두 중요하다. 그중에서도 근본적이라 할 수 있는 '사고방식의 전환'은 성장 지향적인 사람을 정의하는 대표적인 특징이다. 그러한 사람은 크나큰 공적 실패를 딛고 회복 또는 재기의 기회를 모색하는 등 일관된 행동으로 열정을 불태우며, 일상 속에서도 의도

102　본명은 앤서니 로빈스(Anthony Robbins)로, 《네 안에 잠든 거인을 깨워라(Awaken the Giant Within)》 등을 쓴 베스트셀러 작가이자 심리학자.

에 따라 사소한 선택을 반복한다. 이처럼 작은 결정은 모이고 모여 그들의 열정과 포부에 관한 변함없는 헌신을 뒷받침한다. 이상의 특징은 내 리더십에서도 두드러지게 나타나며, 비즈니스, 스포츠, 자선 활동에서 내 평판을 형성한 요소이기도 하다.

다행히 나는 그 특징을 커리어 초기에 배웠다. 조직에서 새로운 전략을 도입하거나 새로운 마케팅 캠페인을 발표 또는 자금 조달이나 뛰어난 전략 또는 계획을 세울 수 있을 것이다. 그러나 실행에 대한 적극적인 태도가 부족하다면 돌파구를 마련하는 결과도 없다. 이는 대개 조직의 리더십 때문일 가능성이 크다.

그러한 점이 잘 나타나는 최고의 사례는 내가 플로리다 키웨스트에 있는 남부 합동기관 태스크포스(Joint Interagency Task Force South, JIATF-South)에서 NSA 파견부대 부대장으로 복무하던 시절의 경험이다. 잘 모르는 사람을 위해 설명하자면, JIATF-South는 미국 마약 밀매와의 전쟁에 초점을 맞춘 합동 사령부로, 전신은 JIATF-East였다.[103]

JIATF-South는 독특한 조직이다. 5개 미군뿐 아니라 마약단속국(DEA), 관세국경보호청(U.S. Customs and Border Protection), CIA, NSA, FBI 및 네덜란드, 영국, 캐나다 등의 국가가 파트너로서 함께한다. 사실 국토안보부는 해당 조직이 보여준 압도적 성공, 즉 기관 간 협력과 다기능팀 구축의 모범적인 사례를 일부 모델로 삼아 설립된 것이다.[104] 이처럼 조직 구조가 크고 다양한 탓에 리더십은 JIATF-South의 임무 달성에 절대적으로 중요했다. 이러한 이유로 2성 소장이 사령관을 맡아 육해공에서의 마약 불법 밀매 감시 및 탐지에 막강한 책임을 지고 있었다.

JIATF-South에서는 기관 간 협력 및 조정이 가장 중요하다. 또한 사령관은 모든 팀이 실시간으로 움직여 임무 완수를 이끌어 내는 책임을 지고 있다. 이에 전 미국 남부 사령부 사령관 더글러스 프레이저(Douglas

103   "Home", Joint Interagency Task Force South.

104   Evan Munsing and Christopher J. Lamb, "Joint Interagency Task Force-South: The Best Known, Least Understood Interagency Success", Institute for National Strategic Studies, June 2011.

제1부 | 사고방식의 변화

Fraser) 장군은 다음과 같이 말한다.

> "JIATF-South는 국내와 함께 문제를 공유하는 지역 안보의 위협에 대응하기 위해 정부와 국가, 세계 전체에 걸친 해결책을 통합하고 동기화하는 표준기구이다."

나는 JIATF-South로 파견되면서 중위에서 소령으로 파격 발탁되었다. 나를 선택한 사람은 윌리엄 '빌' 피츠시몬스(William 'Bill' Fitzsimmons) 해군 중령으로, 흥미진진한 이력을 자랑하는 전설적인 인물이었다. 그는 일명 머스탱 장교, 즉 해군 훈련병으로 시작해 준사관을 거쳐 30여 년 동안 승진을 거듭하여 중령까지 오른 사람이었다.

나는 도착하기 전부터 피츠시몬스 중령에 대한 이야기를 들은 적이 있었다. 그의 평판은 너무나 유명한 나머지 그와 함께 일하지 않는 것이 좋다는 경고도 받았다. 그에게 '피츠히틀러 중령'이라는 별명이 붙은 만큼, 나는 그와 함께 일하는 앞날이 다소 걱정스러웠다.

하지만 놀랍게도 피츠시몬스 중령은 나와 함께 일했던 최고의 상사이자 인생의 스승이었다. 그가 뛰어난 리더인 이유는 많았지만, 두드러진 점 중 하나는 행동의 필요성을 믿었다는 점이다. 물론 그는 팀의 임무 완수를 위해 계획을 신중하게 세울 줄 아는 사람이다. 하지만 피츠시몬스 중령은 무엇보다 결단력 있는 행동을 취할 줄 아는 사람이었다. 그는 전투 중이라면 참호에서 함께 작전을 수행하고 싶을 정도의 전사형 인재였다.

또한 피츠시몬스 중령은 부하에게도 독립적으로 결정을 내릴 수 있는 재량권을 주었고, 우리 또한 그렇게 할 것을 기대했다. 한편 우리가 실수를 저질렀다면, 그는 공적으로 지지하면서 사적으로는 상세한 피드백을 주었다.

한번은 내가 작전통제실에서 JIATF-South 사령관인 소장에게 개인적인 의견을 제시하며 작전 명령을 내린 적이 있었다. 그 방에 있던 다른 사람들은 내가 틀렸음을 사령관에게 말했지만, 피츠시몬스 중령만은 나를 옹호했다. 나중에 내가 옳았음이 밝혀졌지만, 그는 개인적으로 나를 크게 꾸짖었다. 정보를 전달하는 방식과 그 과정에서 대령인 두 상관의 권한을 침해했기 때문이었다. 이는 귀중한 교훈이 되어 이후에 그러한 실수는 두 번 다시 반복하지 않았다.

그렇지만 시기적절한 결단력은 그의 강점이었다. 그는 행동편향(bias for action)을 바탕으로 군에서 커리어를 쌓아 갔고, 처음 입대했을 때 예상보다 훨씬 높은 계급으로 진급했다. 그는 해군에서 주어진 기회를 최대한 활용했으며, 그 과정에서 몇 차례 잘못된 결정을 내린 적도 있었다. 하지만 그보다는 옳은 결정이 압도적으로 높은 비율을 차지한다.

이상과 같이 뛰어난 결단력이 발휘된 사례로 1996년 발생한 국제적인 사건을 들 수 있다. 당시 쿠바 전투기가 아바나 북쪽 해역에서 쿠바계 미국인 단체가 운항하던 소형 항공기 두 대를 격추한 사건이었다. 사건 발생 장소와의 근접성 때문에 JIATF-South가 해당 사건의 중심이 되었고, 피츠시몬스 중령은 지휘 계통을 따라 클린턴 대통령에게까지 보고되는 중요한 정보를 제공했다.

크나큰 압박을 받는 상황에서도 피츠시몬스 중령은 미군의 정보를 분석했다. 이때 그는 쿠바 전투기 조종사가 미사일을 발사하기 전, 쿠바 망명자의 항공기가 민간 세스나(Cessna)기라는 사실을 이미 인지했다는 점을 밝혀냈다. 이에 그는 쿠바 망명자가 조종하던 세 대의 항공기 중 두 대가 격추되었다는 입장을 고수했다.

그뿐 아니라 그는 반격하지 않을 것을 강력히 권고했다. 그는 카스트로가 이 공격을 승인하지 않았다고 확신했다. 그 대신 미국의 대 쿠바 제재를 검토하기를 청했다. 결국 미국은 UN 안전 보장 이사회에 해당 사건을 상정하고 규탄하며 제재를 시행하기에 이른다.

피츠시몬스 중령이 JIATF-South를 떠나 퇴역한 후에는 다른 장교가 자연스럽게 그를 대신했다. 그는 좋은 사람이라는 평판이 있었고, 실제로도 그랬다. 그 장교와 함께라면 호되게 혼날 걱정은 없었다. 나는 거의 매일 점심시간마다 그와 함께 달리기를 하곤 했다.

하지만 그 장교의 문제는 분석 마비(analysis paralysis) 성향이라 결정을 쉽게 내리지 못한다는 점이다. 그는 판단이 필요한 일이라면 모두 지나치게 분석하면서 깊은 고민에 빠지곤 했다. 물론 전략적 사고는 뛰어났지만, 자신의 아이디어를 행동으로 옮기지 못하는 것이다. 이러한 그의 성향은 실제 결과로 나타났고, 팀의 성과는 피츠시몬스 중령 때보다 훨씬 낮은 수준에 머물렀다.

결과적으로 이상의 사례는 행동과 망설임의 극명한 대비를 드러낸다. 그렇다면 두 사례를 구분하는 핵심 변수는 무엇일까? 바로 불확실성이 큰 실시간 군사 작전 중에도 일관적으로 '행동'에 집중한 것이다.

성장 지향성을 키우다 보면 눈덩이 효과를 체감하기도 한다. 그만큼 성장 지향성에는 놀라운 특징이 있다. 목표를 향한 일관적이고 체계적인 행동이 당신의 지향성을 기하급수적으로 불타오르게 하는 것이다. 이에 진정으로 성장을 갈구하는 사람이라면 그 현상을 알고 있다. 그들은 굳은 결단력을 실천하면서 장애물과 마주칠 때도 개의치 않고 굳건히 앞으로 나아간다.

◆ 실천의 연쇄 작용

팟캐스트 인터뷰에서 크리스티경매의 전직 홍보대사이자 유명 자선경매사, 그리고 《자신감을 가져라(Claim Your Confidence, 국내 미출간)》의 저자인 리디아 페넷(Lydia Fenet)을 만났다. 우리는 행동이 행동을 낳는 놀라운 현상과 함께 성장에 대한 지향으로 나아가는 여정에서 '모멘텀(momentum)'이 지닌 변혁적인 힘에 대해 심도 있는 대화를 나누었다.

페넷은 인터뷰에서 "행동이 또 다른 행동을 낳는다는 사실은 수많은 사람이 삶과 비즈니스에서 놓치고 있는 핵심 요소이다."라는 확고한 진실을 전했다. 그녀는 성공이 저절로 우리를 찾는다는 관념을 반박하며, 운명을 적극적으로 만들어 가야 한다고 주장했다. 즉 기회가 찾아오기만을 기다리는 일은 무의미하며, 주도적으로 나서서 스스로 일을 성사시켜야 한다는 것이다.

페넷은 노력을 기울이는 과정에서 능동적인 참여의 중요성을 강조한다. 그리고 침체기에 빠졌다면 자신의 행동을 점검할 것을 권장한다. 예컨대 '우리는 적극적으로 새로운 고객을 찾고 있는가?' 또는 '인맥 쌓기에 시간을 투자하고 다른 사람과 포부를 공유하는가?' 등의 질문과 같이 말이다. 우리가 계획적으로 취하는 작은 단계 하나하나가 목표에 한발짝 더 다가가게 하며, 네트워크를 확장하고 잠재적 지지자를 끌어들인다.

이에 페넷은 행동이 또 다른 행동을 이끌어 낸다는 사실의 영향을 깊이 경험한 친구의 감동적인 이야기를 들려주었다.

> 코로나19 시기, 제 친구는 돈이 없다는 걱정에 빠져 있었어요. 친구는 가족의 경제적 문제는 물론이고 수입이 없다는 현실을 걱정했지요. 사실 친구는 매우 재능 있는 예술가예요. 작품이 꽤 많았지만, 그녀에게는 나무만 보고 숲은 보지 못한다는 문제가 있었어요. 그래서 제가 친구에게 "네가 뭘 하고 있는지 사람들에게 알리고 있어?"라고 물었죠.
>
> 그런데 그녀는 소셜 미디어에서 아무것도 홍보하지 않은 채 조용히 있기만 했어요. 그래서 저는 "즉시 배송이 가능한 작품이 많이 남아 있다는 점을 사람들에게 알리는 게 좋겠어."라고 조언했어요. 15분 남짓한 짧은 대화였지만, 그녀에게 불꽃이 일기 시작했어요. 그래서 "넌 이 모든 불길의 불씨가 되어야 해."라고 말하자마자 그녀는 적극적으로 움직이기 시작했어요. 반짝 세일을 열고, 주문 제작도 시작했죠. 친구의 행동으로 모든 것이 연쇄 반응을 일으키며 갑작스럽게 변화하기 시작했어요. 이것이 바로 행동이 새로운 행동을 불러온다는 의미입니다. 일단 일어나 불씨에 불을 붙이고, 그 불이 타오르는 모습을 지켜보세요.

페넷이 들려준 이야기는 행동이 다른 행동으로 이어진다는 만고불변의 진리를 전한다. 그녀의 통찰은 우리가 삶을 주도적으로 이끌고, 흔들림 없는 결단력으로 성장을 추구하는 과정에서 펼쳐지는 놀라운 연쇄 반응을 조명하며 영감을 준다. 각각의 지향적인 행동은 촉매제가 되어 추진력을 발휘해 궁극적으로 꿈을 실현하는 길로 나아가게 한다.

◆ 행동은 성장의 씨앗이다

페넷의 이야기는 행동 없이 아무것도 이루어지지 않는다는 근본적인 진리를 잘 보여 준다. 행동은 성장을 따르는 여정의 정수이다. 누구나 특정 주제나 일, 취미에 관심이나 열정을 가질 수는 있다. 그러나 행동하지 않는다면 어떠한 열정이나 흥미도 상상에만 머물 뿐이다. 물론 이편을 더 안전하고 편안하게 느끼겠지만, 이러한 사람은 결과적으로 '만약 그 랬더라면…'이라는 후회 속에 살아갈 것이다.

피츠시몬스 중령과 페넷처럼 성장 지향적인 리더들은 커리어에서 어느 지점에 있더라도 행동을 최우선으로 삼는다. 그들은 열정을 연료 삼아 다양한 시도를 하고, 이에 따른 성공과 실패에서 교훈을 얻으면서 끊임없이 행동을 이어 간다. 설령 상당한 위험 요소가 존재하는 일이라도 성장을 중시하는 리더는 위험을 가능한 최소화할 방법을 찾아내며 계속 나아간다.

성장 지향적인 삶을 원한다면 두렵거나 위축되더라도 일어나 목표를 향해 행동해야 한다. 행동은 무관심을 피하는 가장 중요한 전략이다. 그리고 우리는 이를 통해 머나먼 곳에 있는 원대한 목표에 한 걸음 더 가까워질 수 있다.

성장 지향적 리더 가운데 이상의 특징을 지닌 훌륭한 두 사람이 있다. 바로 해군 대령이자 NASA 우주 비행사인 웬디 로렌스(Wendy Lawrence)와 억만장자이자 NBA 구단주이며 자선사업가인 마크 큐반(Mark Cuban)이다. 그들은 기다림을 절대 반기지 않았으며, 지향성과 행동을 일체화하여 성공적이면서 선구적인 커리어를 쌓아 왔다.

이제부터는 두 사람의 이야기 속에서 우리는 인생에서 중요한 전환점의 사례를 이해한다. 그리고 우리의 삶에서 행동을 우선시하는 태도를 함양하는 방법을 배워 보자.

우주를 향한 꿈

웬디 로렌스(Wendy Lawrence)는 성장 지향형 리더의 완벽한 사례이다. 그녀는 커리어 내내 과감하면서 일관적인 성취를 쌓아 왔다. 로렌스는 미국 해군사관학교에 입학한 최초의 여성으로, 1981년 해양공학 학사 학위 취득 후 졸업했다. 이후 해군 항공사관으로 임관하여 항공모함 전투단에 합류한 최초의 여성 헬리콥터 조종사가 되었다.

그 시점에서 로렌스는 이미 세계에서 가장 존경받는 기관 중 하나인 미군에서 가히 이정표가 될 만한 성취를 이룬 셈이다. 그러나 그녀의 여정은 이제 막 첫걸음만 뗴었을 뿐이었다. 그녀는 MIT에서 매우 까다로운 석사 과정을 마치고, 해군사관학교로 돌아와 나의 물리학 강사가 되었다. 그녀를 만났을 때, 나는 그녀에게서 남들과는 다른 특별함과 넘치는 활력, 확고한 신념을 느꼈다.

그러나 우리 두 사람 모두 해군사관학교에 있을 때인 1991년, 로렌스의 경력은 사실상 세계를 넘어섰다. 그녀는 NASA 우주 비행사에 지원하여, 1992년 3월에 우주 비행사 후보로 선발되는 기쁜 소식을 받았다. 혹독한 우주 비행사 훈련을 거친 그녀는 여성 최초로 우주 비행의 꿈을 이룬 미 해군사관학교 출신자가 되었다. 그녀는 컬럼비아호 탐사 이후 첫 번째 우주왕복선인 STS-114 디스커버리호를 비롯한 네 번의 우주 비행 임무를 수행했다.

그녀의 이력은 매우 인상적이다. 다른 성장 지향형 리더와 마찬가지로 로렌스가 해군사관학교에 입학하여 우주에서 공중제비를 돌기까지 순탄한 길을 걸어온 것처럼 보이는 것은 어찌 보면 당연하다. 그러나 로렌스도 수많은 장애물을 맞닥뜨렸고, 그때마다 열정을 연료로 적극적이고 결단력 있는 행동으로 나아갔다.

» 금녀의 영역을 깨다

1969년 7월 20일, 로렌스도 전 세계 수백만 명의 사람과 함께 아폴로 11호 우주 비행사들이 달 위를 걷는 모습을 지켜보았다. 당시 10살이던 그녀는 그 순간부터 우주 비행사가 되기를 꿈꾸었다. 하지만 그녀

제1부 — 사고방식의 변화

는 그때까지 자신과 같은 사람이 우주 비행사가 되는 것을 본 적이 없었다. 로렌스에게는 원대한 꿈이 있었지만, 그 시점까지 우주 비행사는 모두 남성뿐이었다.

그러나 그녀의 열정은 초기 머큐리 7호 우주 비행사를 많이 알고 있었던 덕분에 힘을 얻을 수 있었다.[105] 실제로 그녀의 아버지는 앨런 셰퍼드(Alan Shepard)[106]와 함께 비행했으며, 머큐리호 우주 비행사 선발 과정에도 관여한 바 있다. 이뿐 아니라 전 우주 비행사이자 미국 상원의원인 존 글렌(John Glen)과 함께 시험 조종사로도 일한 적이 있었다.

로렌스는 목표를 이루기 위한 여정을 평범한 대학교에서 시작할 것이라 생각했다. 물론 그녀의 아버지와 할아버지 모두 해군사관학교 출신이었다. 그러나 그녀가 고등학교 졸업반이 되기 전까지 세계 최고 리더를 배출한 그 명문 학교에 여성이 입학한 적은 없었다.

자신이 이루려는 꿈이 몇 광년쯤 떨어진 곳에 있다는 생각만으로 목표를 향한 노력을 포기하는 사람이 허다하다. 이는 각자 최종 목적지에 도달하려는 노력을 기울일 준비가 되어 있지 않았기 때문이다. 로렌스는 이에 다음과 같이 말했다.

> 일단은 시도할 의지가 있어야 합니다. 처음에 몇 걸음이라도 내디뎌야 하는 거예요. ... 우리는 즉각적인 반응을 얻을 수 있는 사회를 만들어 왔고, 이에 따라 사람들의 집중력은 약해졌어요. 그러니 이 상황을 벗어날 방법을 고민해야 합니다. 여전히 많은 사람이 당장 결과를 얻고 싶어 합니다. 그러나 꿈을 이루고 큰 장애물을 극복하는 과정은 하룻밤 사이에 일어나지 않습니다.[107]

105   "Mercury Seven", Wikipedia.

106   미국 최초의 우주 비행사. 옮긴이.

107   John R. Miles and Wendy Lawrence, "Permit Yourself to Dream the Dream", podcast, Passion Struck.

그녀를 둘러싼 모든 상황이 만만치 않았지만, 로렌스는 물러서지 않았다. 그녀는 자신의 처지를 과도하게 분석하거나, 앞에 놓인 모든 난관을 굳이 생각하지 않았다. 그 대신 행동에 나섰다.

고등학교 3학년이 되던 해, 해군사관학교가 첫 여성 생도를 받아들이기 시작했다. 그녀는 이것이 현실적인 선택지임을 깨달았다. 이에 바로 그 기회를 잡아 꿈을 향한 여정을 시작했다. 그리고 그 시점부터 해군사관학교에서 NASA로 향하는 여정의 경로를 계획하기 시작했다. 그녀의 아버지는 다른 우주 비행사의 커리어를 참고하여 계획을 비슷하게 짜라고 조언했다.

그렇게 그녀는 입학 후에도 해이해지지 않고 추진력을 발휘해 최종적인 목표를 향한 노력을 계속했다. 먼저 그녀는 동기 생도에게 모범이 되는 것을 우선 과제로 삼았다. 이에 로렌스는 남성 생도보다 한 발 더 앞서야 함을 알고 있었다. 아버지가 사관학교장이라 해군사관학교에서 많은 이의 주목을 받았지만, 그녀는 개의치 않고 목표에만 집중했다.

그다음 과제는 공학 학위를 받고 사관학교를 졸업한 뒤, 꿈꾸던 헬리콥터 조종사가 되는 것이었다. 이상의 두 가지는 그녀가 꿈꾸던 우주 비행 프로그램에 참여하기 위한 필수 요건이었다.

» 실패도 꺾지 못한 꿈

여성이 미 해군사관학교를 졸업하고 헬리콥터 조종사가 되는 것만으로도 전대미문의 길을 개척한 큰 성공이라고 할 수 있다. 그리고 그 시점에 안주하고 성과에 만족하여 쉬고 싶다는 유혹에 흔들리기 마련이다. 그러나 웬디 로렌스는 달랐다. 그녀는 우주 비행사라는 궁극적인 목표를 향해 노력을 멈추지 않았고, 실패를 겪었을 때조차 포기하지 않았다.

로렌스는 MIT에서 해양공학 석사 과정 시절의 경험을 들려주었다. 그녀가 막 입학했을 때, 이곳에 다니는 대학원생에게 경외감을 느꼈다. 처음에는 뛰어난 다른 인재에 비해 자신이 부족하다고 생각했다. 그리고 그녀는 '공학 미적분' 수업을 수강한 첫 여름 학기에 현실을 절감했다. 그녀는 그 수업을 잘 따라갈 수 있을 것이라 믿었지만, 내용조차 이해하기 어려웠다. 게다가 그녀는 5년 동안 교실을 떠나 있었기에 결국 첫 시험에서 큰 실패를 겪고 말았다. 이는 그녀가 학문을 포함하여 키리어를 위한 노력을 기울인 과정에서 처음으로 경험한 실패였다.

삶이 늘 그렇듯, 넘어졌을 때 선택의 순간이 온다. 로렌스 또한 실패와 자기 연민에 머물 것인지, 아니면 자신을 추스르고 다시 앞으로 나아가기 위해 무엇을 해야 할까를 선택해야 했다. 이에 그녀는 후자를 선택했다.

실패가 눈앞이었다. 이에 그녀는 크나큰 실망을 보기도 했지만, 로렌스는 포기하지 않았다. 그녀는 MIT 석사 학위를 취득하면 우주 비행사가 될 가능성이 커질 것을 알기에 포기할 수 없었다. 그 길로 그녀는 조교를 찾아가 정기적인 보충 학습을 받았다.

힘들기도 했지만, 그녀는 수업 내용을 이해하는 데 온 힘을 쏟았다. 그리고 단호하고 결단력 있는 행동으로 장애물을 극복한 결과, 석사 학위를 취득하면서 꿈에 한 발짝 더 가까워졌다. 도움을 요청하는 것은 곧 그 사람이 강인하다는 증거이다. 그녀는 자신을 불편한 상황에 밀어 넣으며, 목표에 가까이 다가가기 위해 적극적으로 행동했다. 또한 목표를 향해 나아가는 과정에는 타인의 도움도 필요하다는 귀중한 교훈도 얻었다.

» 꿈을 계속 꿈꾸어라

웬디 로렌스는 NASA 우주 비행사가 되는 과정에서 실패와 좌절뿐 아니라 정체기도 극복해야 했다. 우주 비행사 선발 과정은 경쟁이 치열하기로 악명 높지만, 그녀는 그 험난한 관문을 성공적으로 통과할 수 있었다.

그녀는 어떻게 해냈을까? 답은 꿈을 실행에 옮기는 것에 달려 있었다. 원대한 꿈을 꾸는 것도 중요하지만, 자칫하면 자기가 설정해 놓은 목표에 압도되기 쉽다. 수많은 이에게 앞길이 막막해 보이는 이유는 현재에 집중하지 않고, 지금 당장 할 수 있는 일에 초점을 맞추지 않으려 하기 때문이다. 로렌스는 이를 다음과 같이 설명했다.

> "최종 목표와 함께 그곳까지 가는 방법을 생각하다 보면, 얼마나 많은 노력이 필요할까에 압도된 나머지 아무것도 못할 수도 있어요."

따라서 앞으로 나아가기 위해서는 눈앞에 주어진 일에 집중하면서 앞으로 천천히 나아가야 한다. 이에 로렌스는 성공이란 '점진적 발전과 과정, 여정'에 있다고 믿는다. 이러한 그녀의 믿음은 커리어 가운데 STS-114 임무에서 비롯된다.

임무 당시 로렌스와 동료 우주 비행사는 안정 절차와 수리 기술을 점검하고 있었다. 우주 비행은 언제나 중요한 임무였지만, 특히 STS-114는 컬럼비아호 참사 이후 우주왕복선의 '비행 재개' 임무였기 때문에 한층 더 중요했다. 이 임무는 미국 국민은 물론, 국제적으로도 큰 관심사였다.

로렌스는 그 임무에서 두 차례 우주 유영을 하며 우주정거장의 로봇팔을 조종했다. 보통 우주 비행사는 임무에 배정되면 훈련 초반부터 해야 할 일이 무엇인지 정확히 알고 있지만, 그 임무에서는 달랐다. 이에 로렌스와 동료 우주 비행사는 우주에서 새로운 작업 방식을 고안해야 했다. 그들은 당면한 문제에 노력을 기울인 끝에 해결책을 찾아냈다. 이러한 접근 방식을 통해 그들은 불확실성을 극복하고 대참사 이후 주춤했던 미국의 우주 탐사를 부활시켰다.

목표의 크고 작음에 상관없이, 로렌스의 사례는 장기 목표를 달성하는 데 목표 설정뿐 아니라 연습과 노력도 중요하다는 사실을 보여 준다. 일이 쉽게 느껴지지 않을 때, 많은 사람들이 물러서곤 한다. 그렇게 대안을 찾기로 선택하면서 "어차피 난 해낼 수 없을 거야."라는 합리화와 함께 포기를 선언한다.

우리는 종종 각자 바라는 미래를 상상하지만, 이 과정에서 필요한 행동을 실천하지 못한다. 그렇게 좌절을 겪으면 자신을 과소평가하는 나머지 목표 달성에 실패하고 만다. 누구나 목표를 향한 여정 속에서 역경과 마주친다. 그러나 실패는 우리를 더 나은 사람으로 만든다. 그리고 이 모든 것은 우리의 시도에 달렸다. 이에 로렌스는 다음과 같이 말한다.

> 많은 아이가 진심으로 우주 비행사가 되고 싶다고 생각하면서도 이내 자신은 해내지 못할 거라고 지레 포기합니다. 그들은 자신을 과소평가해 결국 자신에게 피해를 주지요. 꿈을 꾸십시오. 그리고 자신에게 시도할 기회를 주세요. 용기 있게 꿈을 꾸고 첫발을 내딛는 겁니다. 그리고 얼마나 잘하고 있는지 평가하세요. 처음에 어렵거나 잘 되지 않는다고 포기하지도 말고요. 이것이 바로 삶이니까요. 운명적으로 해야 할 일은 쉽게 주어지지 않는 법입니다. 끈기있게 열심히 노력하고 연습한다면 대체로 나아지기 마련입니다.

우주로 가기까지 로렌스가 걸어온 여정은 꿈을 이루기가 결코 쉽지 않음을 보여 준다. 그녀가 우주 비행의 꿈을 이루기까지 자그마치 25년이나 걸렸다. 그 시간 속에서 그녀는 첫걸음에 집중하면서 필요에 따라 타인에게 도움을 요청했다. 커리어에 관한 조언을 구하는 사람들에게 그녀는 자신에게 시도할 기회를 주라고 말한다. 시도조차 없이 후회로 남는 것만큼 안타까운 일은 없으니 말이다.

세일즈맨 성공 신화

마크 큐반은 〈샤크 탱크〉와 댈러스 매버릭스 구단주로 유명한 인물이다. 그러나 그가 이 정도로 성공하기까지 순탄한 길만 걸어온 것은 아니었다. 그는 성공을 찾고, 이를 지키기 위해 과감한 결단을 내려야 했다.

큐반은 기업가의 DNA를 타고났다. 그는 열두 살 때부터 쓰레기 봉투를 집집마다 돌아다니며 판매하는 일로 첫 사업을 시작했다. 이후 인디애나대학교를 졸업한 후, 피츠버그의 은행에서 일하다가 댈러스로 이주한다. 그리고 큐반은 그곳에서 진정한 기업가로서의 여정을 시작했다.

그는 여러 비즈니스에서 핵심 인물로 활약했다. 처음으로 소프트웨어 리셀러이자 시스템 통합업체 마이크로솔루션스(MicroSolutions)를 설립한 뒤 600만 달러에 매각했다. 이 자금을 바탕으로 초창기 인터넷 라디오 회사 브로드캐스트닷컴(broadcast.com)을 설립해 닷컴 붐이 한창일 때 야후에 무려 57억 달러에 매각했다.

순식간에 억만장자가 된 큐반은 은퇴하여 카리브해에서 여유를 만끽하는 쉬운 길을 갈 수도 있었다. 그러나 그는 멈추지 않고 자신에게 영감을 주는 기업에 투자하면서 계속 행동해 왔다. 그렇게 그는 스타트업 투자자로서 확고한 커리어를 쌓았으며, 댈러스 매버릭스를 인수한 뒤 〈샤크 탱크〉의 고정 패널로도 활약 중이다.

큐반의 이야기는 많은 기업가가 꿈꿀 법한 성공 신화이다. 하지만 그 성공은 저절로 이루어지지 않았다. 그는 크나큰 불확실성과 두려움을 만났음에도 물러서지 않고 결단력 있는 행동으로 목표를 이루어 냈다.

» 운명을 바꾼 선택

큐반의 인생에서 결정적인 순간은 바로 댈러스 지역의 초창기 PC 소프트웨어 소매업체 유어비즈니스소프트웨어(Your Business Software)에서 영업사원으로 일할 때였다. 소문에 의하면 그의 업무에는 소프트웨어 판매와 설치뿐 아니라 아침에 매장을 열고 청소하는 것까지 포함되어 있었다고 한다.[108] 처음에는 그도 불만은 없었다. 추천도 받고, 판촉 전화를 하며 전반적으로 일을 즐기고 있었다.

입사 9개월 무렵, 큐반은 한 고객이 자기 사무실에서 거래하자는 연락을 받았다. 문제는 큐반이 그날 아침에 출근하여 매장 문을 열어야 했다. 그에게는 결정의 순간이었다. 종종 작은 결정이 큰 영향을 미친다. 이에 큐반은 직감을 따랐다. 고객과의 거래를 택한 것이다. 성사를 앞둔 거래를 놓쳐서는 안 된다고 판단했다. 이에 큐반은 동료에게 연락해 대신 문을 열어 달라고 부탁한 뒤 고객과 계약을 체결했다.

그리고 다음 날, 큐반은 해고되었다. 그의 사례와 같이 우리 모두 규칙을 따를 것인지, 옳다고 생각하는 일을 할 것인지 양자택일해야 하는

108 Mark Cuban, "Success and Motivation, Part 2", Blog Maverick: The Mark Cuban Weblog, April 25, 2004.

순간을 맞는다. 큐반은 자신이 옳다고 생각한 길을 택했고, 그 결정이 마이그로솔루션 설립과 600만 달러 매각으로 이어졌다.[109]

위와 같이 초기 커리어에서의 결정은 언뜻 사소해 보이겠지만, 이를 통해 큐반의 성장 지향형 리더로서의 자질을 확인할 수 있다. 그는 자신의 커리어 발전과 새로운 고객 발굴이라는 매우 특별한 기회를 잡기 위해 과감하고 적극적으로 행동해야 함을 인지했다. 물론 실직의 위험이 있었고, 실제로 그렇게 되었다. 하지만 그는 단기적으로 불확실하다면 그 기회를 적극적으로 잡아야 한다는 사실도 알고 있었다.

다시 명확히 밝혀 두자면, 꿈을 추구하기 위해 당장 일을 그만두거나 자신을 위험에 빠뜨리라는 뜻은 아니다. 그리고 개인의 이익을 위해 고용주를 저버릴 필요도 없다. 하지만 목표에 더 가까이 다가갈 수 있는 매력적인 기회가 있다면 진지하게 고민해야 한다. 한 번 더 강조하지만, 결국 행동이 모든 것을 결정한다.

》 한 수 앞을 내다보라

마크 큐반은 경력 내내 기회를 놓치지 않는 기업가이자 투자자로 이름을 떨치며, 신속한 행동으로 큰 수익을 올렸다. 그는 항상 기술 동향과 소비자 선호도 변화를 분석한다. 그리고 회의를 싫어하고, 사람들이 큰 회의실에 모여서 탁상공론만 하며 계획을 세우기보다 일단 행동하기를 선호한다. 무엇보다 억만장자 투자자라면 일선에서 물러나 모든 것을 관망할 수 있는 위치임에도 큐반은 자신에게 유리한 기회가 왔다는 판단이 들면 과감하게 베팅한다.

그러한 사례는 매우 많다. 큐반을 억만장자로 만들어 준 스타트업 브로드캐스트닷컴은 인터넷 기술의 발전과 스포츠 콘텐츠를 이용하려는 수요 증가에 대응해 설립되었다. 댈러스 매버릭스를 인수한 것도 NBA가 폭발적인 인기를 얻으면서 TV 방송과 대형 계약 체결을 앞두는 상황을 기회로 평가했기 때문이다. 그가 〈샤크 탱크〉에서 투자를 결정하는 모습을 보면, 큐반은 늘 한발 앞서 시장의 변화를 분석하고, 유리한 상황

성장지향성

109　"Mark Cuban", Wikipedia.

에서는 과감하게 행동한다.

막대한 자본이 걸려 있는 만큼, 큐반은 앞을 내다보고 위험을 최소화하면서 과감하게 행동해야 한다. 이는 아슬아슬한 줄타기와 같기에 그도 적지 않은 실패를 경험했다. 그럼에도 큐반은 실패에서 교훈을 얻으며 행동을 계속 이어 갔다. 비록 미래가 완전히 확실치 않더라도 말이다.

승리의 선취점

웬디 로렌스와 마크 큐반이 보여 준 바와 같이 성장을 지향하는 리더는 삶에 '행동을 우선시하는' 사고방식이 새겨져 있다. 그들은 상황이 어떻든 끊임없이 앞으로 나아간다. 당신이 회사의 CEO나 교회의 담임 목사 또는 우주 비행사, 장군이 되고 싶거나, 수십억 달러 가치의 스타트업을 시작하려 한다면 행동이 답이다. 그렇다면 우유부단함을 극복하고 목표를 향해 더욱 적극적으로 행동하는 방법은 무엇일까?

먼저 결정을 내릴 때 완전하거나 그에 준하는 확실성을 찾으려는 생각은 하지 말자. 헛된 노력일 뿐이다. 성장을 중요시하는 리더는 문제나 딜레마, 기회를 아무리 오랫동안 연구해도 완전한 확실성에 도달할 수 없음을 이해한다. 오히려 그들은 대담하고 적극적인 행동을 취한다. 비록 틀릴 가능성이 있더라도 말이다. 때로는 틀리기도 하지만, 그러한 접근 방식은 장기적으로 더 옳은 결정과 더 큰 가치를 창출한다.

그렇다면 위의 접근 방식은 자연스럽게 '어느 정도의 확신이 필요한가?'라는 질문으로 이어진다. '50%, 아니면 80%? 아니면 다른 수치일까?'라는 생각도 들겠지만, 금세 답이 나오는 쉬운 공식이란 없다. 모두 시행착오를 통해 얻을 수 있을 뿐이다. 다만 보통 스스로 편하다고 느끼는 시점보다 조금 더 일찍 행동에 나설 것을 권한다. 비록 처음에는 두렵더라도 그러한 습관을 들이면 시간이 지나면서 덜 부담스럽게 느껴질 것이다.

다음으로 반드시 실제 데이터를 활용하자. 과감한 결단력 아래의 행동이 지니는 가장 큰 장점은 즉각적으로 현실 세계의 피드백을 얻을 수 있다는 점이다. 스타트업 세계에서는 피드백이 최소 기능 제품(Minimally

Viable Product, MVP)의 가치와 맞먹는다. 첫 제품을 출시하기에 부끄럽더라도 일단 내놓으며 제품이나 서비스에 대한 진실하고 솔직한 피드백을 얻을 수 있다.

스타트업 아이디어를 생각하거나, 제품의 잠재적 기능을 이론적으로 논의하는 것만으로는 피드백을 얻을 수 없다. 이는 결국 불안정성이 줄어들고 적당한 때가 되기를 기다리면서 목표에 더 가까워질 수 있는 귀중한 데이터를 버리는 셈이다. 기다리거나 신중한 태도는 단기적으로 편리함을 주겠지만, 그 대가로 현실 세계의 피드백을 잃고 만다. 이러한 피드백은 당신을 장기적인 목표로 나아가게 하는 원동력이 될 수 있다.

마지막으로 도움을 요청하는 것을 두려워하지 마라. 장기 목표를 향해 한 걸음 내딛기 불안할 때, 다른 사람의 도움을 받으면 행동에 두려움을 덜 느낄 수 있다. 웬디 로렌스는 MIT에서 조교의 도움을 받으며, 마크 큐반은 브로드캐스트닷컴을 공동 창업하면서 그러한 사실을 경험했다.

만약 부업 창업을 미루고 있거나 적절한 타이밍을 기다리며 월급 인상을 요청하지 못하고 있다면, 주저하지 말고 주변에 도움을 요청하지. 친구나 멘토 또는 책임감 있게 당신을 도와줄 사람에게 연락하자. 그리고 당신이 정말 행동에 나서는지 확인하고, 이를 점검해 달라고 부탁해 보자. 당신에게 책임감 있는 친구가 있다면 생각을 행동으로 옮기는 데 큰 도움이 될 것이다.

◆ 작은 선택의 나비 효과

행동 변화 전문가이자 수상 경력이 있는 미시간대학교의 연구자, 그리고 《즐거운 선택(The Joy Choice, 국내 미출간)》의 저자 미셸 세가(Michelle Segar)를 초대한 적이 있다. 나는 세가와 함께 지향성의 중요성과 우리 삶에 영향을 미치는 의식적 행동의 변혁성을 주제로 대화를 나누었다. 그녀는 작은 선택의 힘에 대한 깊은 통찰을 제시했다. 세가는 일관된 순간의 선택이 지속적인 변화를 이끄는 핵심이라고 말한다.

"지속 가능한 행동 변화에 성공하는 비결은 우리의 하루, 일주일에서 1달, 1년에 걸친 일관적인 선택에 있습니다. 이러한 일상의 작은 선택이 삶에서 변화를 이루고 지속시키는 기반을 다지는 거죠."

지속 가능한 행동 변화를 구현하는 필수 요건은 내적 동기와 추진력을 키우는 것이다. 이에 세가는 다음과 같이 설명한다.

"지속 가능한 변화와 일관된 결정을 구현하는 기반을 다지는 필수 단계 하나는 바로 추진력과 동기를 기르는 것이다. 이러한 내적 원료가 변화의 촉매제가 된다. 하지만 추진력만으로는 충분하지 않다. 현재의 순간에 즉흥적으로 대처하고 적응할 능력도 갖추어야 한다."

처음 동기가 불꽃을 피워 내도 삶은 우리에게 종종 예상치 못한 난관과 변수를 던진다. 아무리 세심한 계획과 굳은 결심에도 상황은 변할 수 있고, 이에 따라 탈선할 위험이 있다. 이렇듯 불확실한 순간에는 발빠른 판단으로 그 자리에서 결정을 내릴 수 있는 순발력이 중요한 역할을 한다.

즉흥적으로 대응하는 순발력은 장애물을 극복하고 목표를 향한 길에 정진할 수 있도록 한다. 이를 통해 접근 방식을 조정하고, 대안을 찾으면서 예상치 못한 장벽을 극복할 수 있다. 이러한 적응적 사고방식을 받아들이면 역경 속에서도 긍정적인 변화를 지속할 가능성이 커진다.

따라서 추진력과 동기가 기본 요건이라면 순발력을 기르는 것 또한 못지않게 중요하다. 이와 같은 역동적인 조합은 삶 속에서 변화하는 환경에 효과적으로 대응함으로써 지속 가능한 변화를 만들어 낼 힘을 준다.

당신 앞에 한 사람의 사진이 주어지고, 오직 연필만으로 그 사진의 모습을 똑같이 그려 내야 하는 상황을 상상해 보자. 평소 그림을 그리지 않는 사람이라면 그 상황에서 단호하게 '못 한다.'라는 대답이 바로 튀어나올 것이다.

하지만 단순한 회색 정사각형을 그대로 그리라는 과제라면 어떨까? 분명 '네, 할 수 있습니다.'라고 대답할 것이다. 사실 회색 정사각형 하나를 그릴 수 있다면, 두세 개는 가뿐히 그릴 수 있을 것이다. 그렇게 회색 사각형의 음영이 모여 그 사진 속의 이미지가 완성된다.

이 단순한 예시는 우리 자신은 물론, 야심에 찬 꿈과 목표 사이의 장벽이 노력으로 얻기 힘든 재능이나 특별한 기술의 부족 때문이 아님을 시사한다. 이러한 문제는 오히려 문제 해결 또는 의사 결정 방식과 더 연관되어 있다는 사실을 확실히 보여 준다.

당신의 과제를 하나의 거대한 복합체로 바라본다면, 그 복잡성에 질려 의지가 꺾이기 쉽다. 하지만 이를 감당할 수 있는 작은 부분으로 나누어 매 순간 내릴 수 있는 작은 선택에 집중한다면, 신속하게 과제를 완수하며 작은 성취를 쌓을 능력을 얻는다. 이 개념은 제3부에서 자세하게 다룰 예정이다.

위와 같이 작은 선택을 일상에 적용하면, 이러한 행동이 반복되면서 행동 패턴으로 자리 잡는다. 직업적 성장이나 새로운 배움의 여정 모두 첫걸음을 내딛는 데서 시작하여 점차 확장을 이룬다. 한 걸음 앞으로 나아가는 것쯤이야 누구나 할 수 있는 일이다. 그러나 진정한 어려움은 작은 선택의 힘을 활용해 삶과 커리어를 새로운 단계로 끌어올리는 것이다. 이처럼 지향적인 실천으로 잠재력을 최대한 발휘함으로써 놀라운 성공에 이르는 길을 닦을 것이다.

◆ 순간의 선택과 동행하라

성장 지향적인 사람이라면 진정한 변혁과 깊은 열망을 이루기 위해 내적 성찰과 성장에 발맞추는 행동만으로는 부족하다는 점을 알고 있다. 이에 따라 단호하면서 결단력 있는 행동과 불확실한 상황에서도 과감한 결정을 내리는 의지가 수반되어야 한다. 성장의 진정한 힘이 발휘되는 순간은 바로 지금까지와 같이 지향적이면서 의식적인 작은 선택을 내리는 때이다.

미셸 세가가 지속적인 변화를 만드는 데 작은 선택의 중요성을 강조한 바와 같이, 성장을 중시하는 사람은 그러한 선택의 실천이 무엇보다 중요함을 인식한다. 그들은 매 순간이 자신을 앞으로 나아가게 하는 궁극적인 결정을 내리는 기회로 여긴다. 이에 불확실성은 그 여정의 일부임을 인정하고, 목표를 향해 나아가는 과정에서 겪기 마련인 성공과 실패 모두에서 배우려는 열린 마음을 가지고 있다.

성장을 추구하는 여정으로 첫걸음을 내디딜 때는 막막하다는 생각도 들겠지만, 성장 지향형 리더는 사소하지만 계획적인 행동으로 동력이 형성된다는 사실을 알고 있다. 그들은 두려움 속에서도 노력과 용기, 과감한 결정의 원동력인 열망으로 도전을 받아들인다. 이처럼 작은 선택을 일관성 있게 내리다 보면, 시간이 지날수록 회복력과 결단력의 힘이 강해지고 있음을 깨달을 것이다.

마치 하나의 회색 정사각형이 완전한 초상의 기초가 될 수 있듯, 우리가 내리는 각각의 작은 선택이 꿈을 실현하는 밑거름이 된다. 이처럼 지향적인 선택을 일상에 녹여낸다면, 그것이 점차 행동 양식으로 정착하면서 우리가 원하는 결과에 더 가까이 나아갈 수 있다.

따라서 성장을 추구하는 과정에서 작은 선택의 힘을 수저 없이 발휘하라. 물론 우리의 노력과 용기가 필요하지만, 이는 절대 간과할 수 없는 중요한 투자이다. 그러니 힘차게 시작하고, 결단력 있는 행동으로 당신의 길을 가로막는 장애물이라면 무엇이든 휩쓸어 버릴 거대한 동력의 파도를 만들어 내자.

이상으로 '행동 창조자'의 마음가짐으로 상황에 상관없이 계속해서 앞으로 나아가자. 인생의 마지막 순간에 지금껏 살아온 인생에 만족하는지 스스로 질문을 던지는 모습을 상상해 보자. 당신에게는 꿈꾸는 삶을 살아갈 기회가 있으며, 그 여정은 날마다 반복되는 의식적인 선택에서 시작된다.

지금이야말로 당신만의 꿈을 꾸면서 작은 선택의 변혁적 힘으로 그 꿈을 붙잡을 때다. 그러니 당신의 지향성을 풀어내고 행동에 불씨를 지펴 의미와 성취감으로 가득한 여정을 시작하자. 당신은 어떤 꿈을 꿀 것인가?

실전 전략 6 꿈에 다가가는 행동 패턴

✅ 성찰과 분석

과거에 실천을 주저한 상황을 떠올려 보자. 그때 실천하지 않았던 결과는 어떠했는가? 만약 첫걸음이라도 내디뎠다면, 이것이 일련의 행동으로 나아가 다른 결과로 이어지지는 않았을까? 이에 관한 통찰을 글로 기록하면서 당신의 행동 패턴을 더 깊이 이해해 보자.

✅ 행동 루프(action loop) 수용

'행동 루프' 개념은 하나의 행동이 동력과 동기로 작용하여 다음의 행동으로 이어진다는 뜻이다. 그러니 긍정적인 변화를 만들고자 하는 영역을 생각하고, 이와 관련된 작은 행동을 시작하자. 그리고 그 행동이 다른 행동을 이끌어 내는 도미노 효과로 작용하는 방식을 살펴보고, 그 과정에서 얻은 통찰을 글로 기록하자.

✅ 저항감을 극복하고 습관 형성하기

우선 개발하고자 하는 습관부터 정하자. 그리고 그 습관을 체화하기 위해 꾸준히 실천할 수 있는 작은 행동을 하나 찾아보자. 이와 같은 초기 단계에서의 행동이 추가적인 행동을 촉발하는 행동 루프를 강화할 방법은 무엇일까를 생각해 보자. 이에 선택한 행동을 기록해 두고, 다음 한 주 동안 그 행동을 매일 실천하는 데 전념하라.

✅ 작은 성취를 축하하며 방향 조정하기

첫 행동이 원하는 결과로 이어지지 않은 상황을 상상해 보자. 그렇다면 필요에 따라 방향을 유연하게 조정하는 방법을 아는 것도 중요하다. 이에 행동이 목표와 일치하는가를 스스로 평가하고, 이를 조정할 세 가지 전략을 적어 보자.

위에서 제시한 전략의 목적은 자아 성찰을 통해 얻은 통찰을 궁극적으로 행동으로 옮기게 하는 데 있음을 명심하자. 첫걸음을 내딛는 힘을 받아들이고, 그 첫걸음 이후 어떻게 연속적인 행동으로 이어져 목표에 더 가까워지도록 하는가를 직접 살펴보도록 하자.

제2부

행동 양식의 변화

자아를 실현하는 습관

제8장

몰입의 심리학

지금 이 순간과 이에 최선을 다하겠다는 생각 외에는 과거도 미래도, 아무것도 떠올리지 말라. 불안도 두려움도 없어야 한다.

데이비드 캐머런 리(David Cameron Lee)[110]

1985년, 쿠퍼스 앤 라이브랜드(Coopers & Lybrand), 훗날 프라이스워터하우스-쿠퍼스(Pricewaterhouse-Coopers)로 합병된 이 회계 법인은 당시 8대 회계 법인 중 하나였다. 콜게이트대학교에서 경제학을 전공한 21살의 청년이 그곳에서 일을 시작했다. 그는 어린 나이답지 않게 규칙적인 생활 습관이 확립되어, 아침 일찍 일어나 10km를 달린 뒤 출근했다.

점심 시간에는 모두가 식사하러 갈 때, 그는 헬스장에 가서 고강도 인터벌 운동을 했다. 그리고 저녁 퇴근 후에는 대학원 수업까지 2시간 반이라는 긴 공백 시간이 있었다. 그는 여느 동료처럼 집에 가거나 쉬는 대신 이 시간을 활용할 방법을 고민했다.

그러던 어느 날, 23번가에서 브로드웨이 근처를 걸어 지나가던 도중 어느 건물 2층에서 들려오는 함성을 들었다. 잠시 멈춰 위를 올려다보니 그곳은 세이도(Seido) 세계 가라데 본부였다. 그는 직접 올라가 그곳을

110 미국의 배구 선수.

알아보기로 했다. 도장에서 느껴지는 긍정적인 분위기와 가라데 유파의 창시자인 나카무라 타다시가 발산하는 에너지에 깊은 인상을 받은 그는 바로 그 자리에서 가입을 결정했다.

나카무라는 선(禪) 수행자로, 신체 및 정신적 발전만큼이나 지향성과 영적 성장이 중요하다고 믿고 있었다. 청년은 처음으로 신체 및 정신 훈련, 지향성, 그리고 호흡과 명상을 결합한 통합 스트레스 관리를 경험하게 되었다. 이에 그는 이 새로운 길에 에너지를 집중하기로 결심했다.

청년은 가능한 모든 자료를 섭렵하였다. 그는 가라데에 대한 모든 자료를 읽으며 매일 연습에 매진했다. 또한 뉴욕 마운트트렘퍼의 캣츠킬 산에 위치한 젠 마운틴 수도원이라는 선불교 명상 겸 훈련 센터에 가서 4~5일간의 집중 수행 코스에 참여하기도 했다. 그는 그곳에서 하루에 서너 번, 몇 시간 동안 가라데를 연습한 뒤 명상을 했다. 훈련을 매일 습관적으로 이어 가면서 그의 실력은 점차 향상되었고, 완벽히 숙련될 때까지 세밀하게 다듬어 나갔다.

이후 몇 년 동안 그 훈련을 계속하던 청년은 내면의 안내 시스템, 즉 그의 영혼에게서 커리어로나 인생으로나 잘못된 길을 가고 있다는 신호를 받기 시작했다. 그는 일기를 쓰며 스스로 질문을 던지기 시작했다. 이러한 내면의 대화를 통해 삶의 질은 자신에게 건네는 질문의 질에 달렸음을 깨달았다. 그러한 질문에서 그는 비즈니스 업계와는 다른 일을 해야겠다는 비전이 떠올랐다. 그리고 그는 '전사'가 되어야겠다는 답을 내렸다.

그는 바로 네이비씰 사령관 마크 디바인(Mark Divine)이다. 그는 나와 나눈 대화에서 이렇게 말했다.

나는 신체 훈련과 정신적 발전에 대한 깊은 열정과 함께 나카무라와의 선 수행을 통해 깨달은 전사의 길을 나란히 놓고 고민하기 시작했습니다. 그러면서 제게 군에서 필요로 하는 전사가 될 만한 몇 가지 능력이 있다는 생각에 이르렀죠. 하지만 어떤 환경에서도 전사로 살아갈 수 있는가를 파악하는 것이 중요합니다. 전사로 살아간다는 것은 적절한 긴장감을 안고서 도전적이고 불편한 위험을 감수하며 어떻게 행동하고 참여할지 결정한다는 것을 의미하니까요.[111]

1990년, 27세가 된 디바인은 기초 BUD/S 훈련에 입소해 170기 최우수 졸업생으로 졸업했다.[112] 그는 강인한 인지력, 지향성, 지구력을 겸비한 특별한 능력으로 팀원에게 '사이보그'라는 별명까지 얻었다. 그렇게 그는 긴장하지 않고 긴장감을 유지하는 법을 배웠다.

가장 인상적인 사실은 해당 기수 19명 중 그가 속한 소형 보트 조직원 전원이 졸업했다는 것이다. 이는 SEAL 훈련사상 전례 없는 일이었다. 나는 디바인에게 해당 기수의 졸업생과 탈락한 166명의 차이점은 무엇인지 물었다. 그는 아래와 같이 설명했다.

> BUD/S에 도착했을 때, 저는 침착함을 유지하며 감정적으로 반응하지 않고 우리에게 쏟아지는 모든 상황을 받아들이겠다고 마음먹으며 크게 심호흡을 했습니다. 깊은 복식 호흡을 하면서, 지금 무엇을 할 수 있을까 스스로 질문했어요. 교관들이 스트레스를 주고 훈련생끼리 서로 싸우거나 도망가게 하는 상황을 조성하여 일어난 혼란에서 벗어나는 것이 최선이었습니다. 따라서 팀을 진정시키고, 함께 해결책을 찾아 그 상황을 헤쳐 나갈 방법을 생각했어요.

이에 그는 보트 조직원에게 일명 '4대 기술'을 가르쳤다.

❶ 호흡 조절: 자동적으로 일어나는 투쟁-도피 반응을 막는다.
❷ 긍정적인 내적 대화: 보다 창의적인 해결책을 찾고 성과를 높이는 데 도

---

111   John R. Miles and Mark Divine, "How to Create a Life of Excellence", podcast, Passion Struck.

112   "Mark Divine", Wikipedia.

움을 준다.

❸ 이미지화: 승리의 순간과 성공적으로 임무를 수행한 모습을 시각화하는 능력이다.

❹ 집중력: 현재의 한 가지 일을 잘 수행하는 데 집중하는 능력이다.

위의 4대 기술 덕에 디바인의 팀원은 모두 현재에 집중하고 협력하며, 고집을 내려놓고 팀으로서 함께 문제를 해결할 수 있었다. 다시 말해 그는 팀원에게 지향적인 태도를 가르친 셈이다.

디바인의 이야기는 최적의 성과를 내는 상태로 움직이려면 무엇이 필요한가에 관한 흥미로운 관점을 보여준다. 네이비씰은 소심한 사람에게 적합하지 않다. 집에서 수천 km나 떨어진 곳에서 소규모 팀만을 의지한 채 전투에 나서는 것보다 두려운 일은 찾기 어렵다. 하지만 마크 디바인은 네이비씰로 20년 동안 매주 그 두려움에 맞섰다.

디바인처럼 강인한 정신과 지향성을 유지하는 사람도 있겠지만, 이러한 사람과 다르게 많은 이들이 초심 유지에 어려움을 겪는 이유는 무엇일까? 바로 인간의 뇌는 도전을 좋아하지만, 감당할 수 있는 장애물일 때만 그러하기 때문이다. 예컨대 배구를 좋아하는 사람은 자신보다 훨씬 실력이 떨어지는 상대와 겨루면 금방 지루해진다. 큰 노력을 기울이지 않아도 압도적인 차이로 이길 수 있기 때문이다.

반면 카치 키랄리, 데이비드 캐머런 리, 미스티 메이-트리너 같은 프로 배구선수와 맞붙는다면 상대가 너무 강하다고 느끼면서 의욕이 급격히 떨어진다. 이는 상대가 너무 강해 이기기 어렵다고 생각되면 자신의 능력을 믿지 않게 되기 때문이다. 이에 카치 키랄리는 다음과 같이 말한 바 있다.

> "배구에서 서브 없이는 어떤 플레이도 시작할 수 없다. 그런데 서브는 유일하게 완전히 자신의 능력으로 통제 가능한 기술이다. 다른 일에서도 자신을 믿지 않고서는 성공할 수 없으며, 그 믿음은 서브와 마찬가지이다."

그렇다면 당신보다 실력이 약간 더 나은 상대와 배구 경기를 한다고 상상해 보자. 경기가 진행되며 당신은 득점과 실점 사이를 오갔을 것이다. 승리가 손에 닿을 듯 가까이 있지만, 이는 온 마음을 다해 몰입 상태에 들어가야 거머쥘 수 있다. 이때 당신은 초점을 좁히고, 자신을 믿으면서 현재에 완전히 집중할 것이다. 곧 방해 요소가 사라지고 승리한 모습에 사로잡혀 있는 것이다. 이 순간에야 당신은 '최적의 긴장 상태'에 도달했다고 할 수 있다.

최적의 긴장 상태란 개인의 불안 정도와 지향성이 최적 범위 내 또는 가까이 있을 때 성과가 최고조에 달하는 상태를 의미한다. 이 최적 수준을 벗어나면 성과가 저하된다. 이 개념은 1908년 심리학자 로버트 여키스(Robert Yerkes)와 존 딜링엄 도슨(John Dillingham Dodson)이 쥐를 대상으로 한 연구로 처음 소개되었다. [도표 5]는 불안과 지향성의 상관관계를 반영한 것이다.

[도표 5] 여키스-도슨 법칙(Yerkes-Dodson Law)

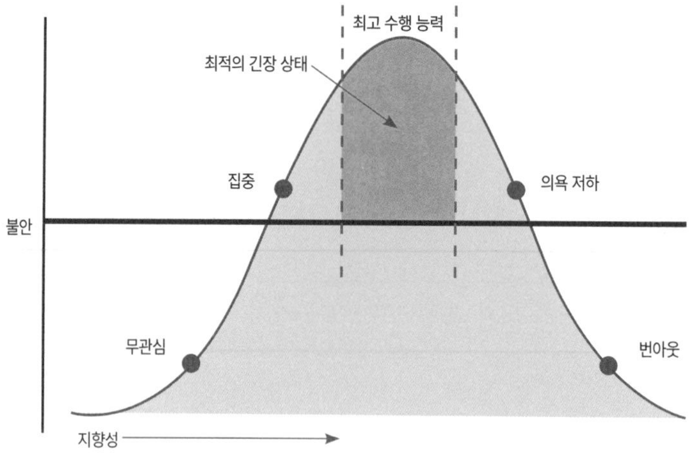

최적의 긴장 상태란 불안과 지향성이 적절히 조화를 이루어 위기 상황에서도 무너지거나 탈진하지 않고 성과를 낼 수 있는 상태를 의미한다. 이는 불안과 지향성의 중간 지점에 위치한다.

마크 디바인의 네이비씰 경력은 최적의 긴장 상태를 실전에 활용한 최고의 사례이다. 그는 매년 4대 기술을 활용하여 자신의 일상을 조금씩 확장해 나갔다. 이 과정에서 자아를 내려놓으며 현재에 몰입하는 기술을 연마했다. 그는 경력 내내 감정적, 신체적으로 혼란과 차질을 겪으면서도 강한 끈기로 임무 성공이라는 목표를 놓치지 않았다.

또한 디바인은 최적의 긴장 상태에 진입하는 법을 반복적으로 익히며, 꾸준히 작은 행동을 개선하는 데 집중했다. 그는 한 가지 행동을 익히면, 이를 최대한 단순하게 유지하면서 점진적으로 발전시키는 것이 중요함을 깨달았다. 이를 통해 그는 최적의 긴장 상태를 유지하여 장기적으로 최고의 성과를 달성하는 데 필요한 동력을 얻을 수 있었다.

최적의 긴장 상태는 각자 수행하는 활동에 따라 다르다. 디바인 같은 군인은 높은 수준의 긴장감을 통해 경계심을 유지하고 전투 작전 시 집중력을 극대화할 수 있다. 반면 악천후 속에서 비행기를 착륙시키려는 조종사의 경우는 낮은 수준의 긴장감을 통해 정밀하고 섬세하게 조종을 해낼 수 있다. 이와 다르게 카레이서는 긴장감이 지나치게 적을 경우, 지루해지면서 뒤에서 쫓아오는 경쟁자에게 추월당하거나 사고를 당할 위험이 있다. 그러나 그 반대라면 승리를 위해 필요한 한계까지 차량을 밀어붙이는 것을 두려워할 수도 있다.

◆ **신중함만이 능사는 아니다**

성장 추구의 길을 성급하게 뛰어나가면 곧바로 '안전한' 루틴을 따르는 함정에 빠지기 쉽다. 물론 어떤 방식을 선택하더라도 어느 정도의 진전은 있겠지만, 그 속도가 타인보다 느리다면 결국 뒤처질 것이다. 이는 자기 회의와 안락함, 그리고 무엇보다 '예'라고 말해야 하는 기회가 주어졌을 때, '아니오'라고 말하게 하는 두려움 때문이다. 그러나 최고 수행 능력은 최적의 긴장 상태를 회피하지 않고 받아들여 생활에 체화하는 법을 익힐 때 이루어진다.

내가 부즈 앨런에서 일하던 당시, 인생을 바꿀 기회를 거절할까 말까를 고민하느라 사업상 매우 중요한 돌파구를 놓칠 뻔한 적이 있었다. 그 때 나는 얼마 전 샌디에이고 사무실로 옮긴 뒤 부즈 앨런의 기술 실행 분야를 구축하는 중이었다.

몇 달 뒤 나는 한 콘퍼런스에 참석했고, 휴식 시간에 코르벳 재킷을 입은 남자를 보았다. 나는 원래 코르벳 재킷을 좋아했던 터라 그 재킷 이야기를 나누고 싶은 충동을 억누를 수 없었다. 우리는 바로 통했고 그 멋진 차에 대한 열정을 공유했다. 우리는 그가 소유한 1963년식 쉐보레 코르벳 스팅레이에 대해 이야기를 나누다가, 서로 콘퍼런스에 온 목적과 함께 인사를 주고받았다.

그에게 준비된 우리 회사 소개를 마치자, 그는 부즈 앨런이 원격 교육을 제공하는가, 그리고 그것이 핵심 역량에 속하는가를 물었다. 그 물음에 대답하기 전, 나는 그의 소속을 여쭈었다. 그런데 그는 "안녕하세요, 저는 미국 해군 탑건 프로그램의 민간 수석 교관 웨인 헤임로스입니다."라는 답을 내놓았다. 완전히 예상 밖의 대답이었다. 탑건 프로그램의 공식 명칭은 타격 전투기 전술 교관(Strike Fighter Tactics Instructor, SFTI) 프로그램이다.[113]

헤임로스는 전투기 조종사의 배치 중 잠재적 전투 임무에 대비하는 데 더욱 효과적인 훈련 프로그램이 필요하다고 밝혔다. 그는 상사에게 원격 교육이 훌륭한 대안이 될 수 있다는 제안을 해 오던 중이었다.

그 순간 나는 상황의 중대함과 그의 지위가 지닌 중요성을 깨달았다. 그의 목표를 충족한다면 부즈 앨런에게도 큰 성과가 될 것이다. 비록 그 가능성은 희박했지만 말이다. 당시 우리 회사는 SFTI와 관계가 없었기에 이 기회는 분명 회사의 장기적 성장에 틀림없이 큰 도움이 될 것이었다. 나는 그에게 부즈 앨런의 원격 교육 경험 유무 가운데 무엇을 말할지 선택해야 했다.

마침 그 콘퍼런스가 시작되기 일주일 전, 버지니아주 레스턴의 본사

113   Joey Hadden, "'Top Gun' and 'Top Gun: Maverick' are based on a super-elite US Navy training program, and fighter pilots say the films are pretty spot on", Insider, February 2, 2020.

에 다녀온 참이었다. 나는 그곳에 며칠 더 머물면서 최근에 제공했던 프로젝트의 영업 브리핑을 검토하기로 했다. 그런데 운명적이게도 부즈 앨런이 막 구현한 주방위군의 원격 교육 프로그램에 관한 내용이 포함되어 있었다. 그 프로그램은 세계 최대 규모였다.

그때 나는 배치된 항모단에게 원격 교육 프로그램을 제공하는 데 예상되는 기술적 난관과 그 해결 방안에 대해 아는 바가 전혀 없었다. 대신 나는 깊게 숨을 들이마시고 긍정적인 의도로 계약을 따내는 모습을 머릿속에 그리면서 지금 해야 할 일에 집중한 채 직감에 따라 다음과 같이 말했다.

> "네, 부즈 앨런은 이제 막 전 주방위군을 대상으로 한 최대 규모의 원격 교육 프로그램을 납품했습니다. 이는 우리의 핵심 서비스입니다."

그 기회는 내 커리어에서 가장 결정적인 '네'였다. 하지만 그것으로 끝은 아니었다. 나는 그 기회를 잡기 위해 열정을 쏟으며, 헤임로스와 집중적으로 만나면서 그와 친분을 쌓았다. 결과적으로 18개월 후 부즈 앨런에서는 500만 달러 규모의 타격 전투기 온라인 원격 교육 프로그램 계약을 따냈다.

2년 후, 그 계약은 1,500만 달러 규모의 프로그램으로 확장되었다. 그리고 전투기 커뮤니티를 넘어 해군 및 해병대의 다른 항공기 부문으로 확대되었다.

돌이켜보면 내가 그때 어떻게 '네'라고 대답했는지 모르겠다. 안전한 길을 택해 '아니오'라고 말할 수 있었으니까. 어떻게 해낼 것인가에 대한 계획은 없었지만, 해낼 수 있을 것 같다는 확신만큼은 있었다. 그리고 5년이 지나기 전, 그 운명적인 만남은 점차 다른 군으로까지 확장되며 8,000만 달러에서 1억 달러 규모의 계약으로 발전했다.

아마 많은 사람이 훨씬 신중한 태도로 "확인해 봐야겠네요."라거나 "알아보고 말씀드리겠습니다."와 같은 대답을 했을 것이다. 만약 내가 그렇게 대답했다면 결과는 완전히 달라졌으리라 믿는다. 헤임로스에게 대답하던 그 순간, 나는 적절한 자신감과 동기, 그리고 긴장감을 가지고 미지의 영역으로 나아갈 준비가 되어 있었다.

◆ 불확실함에 압도되지 말라

뮤지션이자 배우인 저스틴 팀버레이크(Justin Timerlake)는 다음과 같이 말했다.

> "인생은 쉬운 일만 하도록 되어 있지 않다. 다만 자신에게 도전하도록 되어 있다."

'Yes'는 영어에서 가장 흔히 쓰이는 단어에 속한다. 그러나 많은 사람이 삶의 가장 중요한 것들에 대해서는 '예'라고 답하는 데조차 어려움을 겪는다. 나는 그 이유가 단어 자체에 대한 두려움 때문이라기보다, 오히려 그렇게 대답함으로써 생길 수 있는 결과에 대한 두려움 때문이라고 생각한다. 성장을 중시하는 사람이라면 실패의 가능성이나 어려운 결정을 피하지 않는다. 진정한 성장과 기회는 불안감으로 가득한 순간과 지금 당면한 과제에 집중하는 지향성에서 발생한다는 사실을 알기 때문이다.

이제 여러 수상 경력에 빛나는 프로듀서이자 작가, 크리에이터인 숀다 라임스(Shonda Rhimes)의 이야기를 살펴보자. 그녀는 사소한 일뿐 아니라 두려워하는 일에도 긍정적으로 답하며 한 해를 보냈다.[114] 그리고 이를 자신의 인생을 바꾼 결정이라고 말한다. 라임스는 베스트셀러 저서인 《긍정으로 답한 1년(Year of Yes, 국내 미출간)》에서 그러한 여정이 추수감사절부터 시작되었다고 설명한다. 그때 그녀의 여동생이 "언니는 매사 '예'라고 하는 법이 없어."라고 지적한 것이 발단이었다.

---

114   Shonda Rhimes, "My year of saying yes to everything", TED video, February 17, 2016.

라임스는 그전까지 내향적이며 편안함 속에 머무르기를 좋아하는 사람이었다. 그러나 동생의 말은 그녀의 과제가 되었다.

> 1년 동안 제가 두려워하는 모든 일에도 '예'라고 응하기로 결심했어요. 그래서 긴장도 되고, 편안함을 벗어나야 하는 일에도 억지로 '예'라고 말했죠. 그랬더니 놀라운 일이 벌어졌어요. 두려워하던 일을 실제로 하면서 두려움이 사라진 거예요. 대중 앞에서 말하기에 대한 두려움과 사회적 불안감 모두 사라졌어요. 정말 놀라웠어요. 단 한 마디의 힘이 정말 대단하더라고요.[115]

인류가 진화하면서 인간은 본능적으로 높은 불안을 유발하는 상황을 회피하도록 발달했다. 따라서 우리는 새로운 도전을 원하지만, 실패에 대한 두려움과 자기 의심이 적극적인 도전을 방해한다. 일단 '예'라고 말하는 두려움이 진정되면 우리는 현 상태에 안주하며, 안타깝게도 대부분은 그 자리에 머물고 만다. 이처럼 안락한 상태에서는 중요한 돌파구가 거의 마련될 일이 없다.

그렇다고 두려움을 온갖 미사여구로 포장할 생각은 없다. 물론 불확실하거나 해 보지 않은 기회에 긍정적으로 답할 용기를 내기가 두려울 만도 하다. 하지만 일단 긍정적으로 응한 다음 불안을 관리하는 행동을 찾아 나간다면, 실패를 정면으로 마주하며 적응하고 성장할 것이다. 마크 디바인과 크리스 캐시디가 BUD/S 훈련 중에 그랬던 것처럼 말이다.

우리는 두려움을 피하기 위해 그와 반대 방향으로 향하기 쉽다. 이는 기본적으로 인간의 신경이 그렇게 행동하도록 설정되어 있기 때문이다. 인류가 존재하면서부터 우리는 위험을 피하고 가진 것을 보호함으로써 불편함을 회피하도록 설계되었다.

우리는 본질적으로 불확실성의 틈을 건너가기를 두려워한다. 그 틈만 건너면 변화를 받아들이고 극복할 동기가 생기는데도 말이다. 그러나 그 불확실성의 틈이야말로 우리가 찾아야 할 지점이다. 가장 큰 자기 발

115 Shonda Rhimes, Year of Yes (New York: Marysue Rucci Books, 2016).

전의 기회가 그곳에 있기 때문이다.

◆ 불안을 잊는 몰입의 과학

최적의 성과를 추구하는 과정에서 우리는 집중과 즐거움은 물론, 최고 성과의 정점인 정신 상태에 빠진다. 이는 바로 몰입(flow)이다. 몰입의 개념은 1960년대 심리학자 미하이 칙센트미하이(Mihaly Csikszent-mihalyi)가 정의하였다.[116] 몰입은 시간이 사라진 듯한 깊고 지속적인 집중 상태를 의미하며, 이 상태에서 사람들은 자연스럽게 탁월한 성과를 낸다.

나는 팟캐스트에서 《멘탈이 무기다(The Art of Impossible)》, 《슈퍼맨의 비상(The Rise of Superman, 국내 미출간)》의 저자로, 유명 작가인 스티븐 코틀러(Steven Kotler)를 인터뷰한 때도 있었다. 우리는 몰입 상태에 도달하기 위한 필수 요소를 깊이 탐구했다. 이에 코틀러는 최고의 성과를 달성하기 위해 인지 및 신체적 조건 모두의 중요성을 강조했다. 그는 앞선 바를 아래와 같이 설명한다.

> "최고의 성과를 산출하는 공식은 '동기, 학습, 창의성, 몰입'이라는 네 가지 필수 인지 기술이 있으며, 이들 기술은 '힘, 지구력, 민첩성, 균형, 유연성'이라는 다섯 가지 신체 기술이 뒷받침한다."

또한 몰입은 흔들림 없는 집중과 최적의 참여가 특징인 정신 상태이다. 코틀러는 몰입을 "학습을 비롯한 모든 것이 최고조로 치솟아 수행 능력이 최적화된 상태."라 말한다. 사람들은 몰입 상태에 들어가면 일에 저절로 몰두하며, 성과가 향상되면서 깊은 즐거움을 경험한다. 이 상태에서는 행동과 인식이 하나가 되고, 시간이 느리게 흐르는 듯한 느낌이 들면서 현재의 순간에 완전히 빠져든다.

---

116 Mihaly Csikszentmihalyi, Flow: The Psychology of Optimal Experience (New York: Harper Perennial Modern Classics, 2008).

코틀러는 몰입 상태를 유도하는 요인에 대한 중요한 통찰을 다음과 같이 나누었다.

> "새로운 기술을 체득하고 싶다면, 몰입 상태에서 시간을 극대화해야 한다. 그동안 얻은 큰 깨달음으로, 몰입에는 요인이 있다는 것이다. 인생에서 더 많은 시간에 몰입하고자 한다면, 알려진 스물두 가지 요인을 수단으로 활용하면 된다."

《멘탈이 무기다》에서는 몰입의 요인을 '심리', '환경', '창의성', '사회성'이라는 네 가지 범주로 분류했다. 이들 요인은 다양하게 분화되기도 하지만, 모두 현재의 순간에 완전히 집중한다는 공통점이 있다. 그중 코틀러는 도전 과제와 기술의 균형을 중요한 요인으로 강조한다. 이는 도전 과제가 자신의 기술 수준을 약간 초과할 때 주의가 과업에 집중되도록 하기 때문이다.

몰입 심리학의 실제적인 응용은 의도적으로 목표에 가까워지도록 하는 행동을 추구하는 데 있다. 몰입은 학습 과정을 강화하고 몰두하게 하여 새로운 기술을 습득하는 데 걸리는 시간을 최적화한다. 여기서 전체 결과의 80%가 원인의 20%에서 일어나는 현상을 말하는 파레토 법칙(Pareto principle)[117] 일명 '80/20법칙'이 중요한 역할을 한다. 파레토 법칙은 몰입 상태로의 진입과 유지를 돕는 핵심 과업이나 요소를 식별할 줄 안다면, 이를 우선시하여 몰입의 가능성을 높이는 환경을 조성할 수 있다.

파레토 법칙과 몰입의 원칙을 통합하면 강력한 시너지가 발생한다. 이에 자원을 효과적으로 배분하고 핵심적인 일 몇 가지에만 집중함으로써 우리는 지속적으로 몰입 상태에 진입할 가능성을 높인다. 이러한 구성은 생산성과 창의성, 성취감을 크게 높이는 결과로 이어진다.

몰입하는 능력을 갖추는 과정은 깊은 집중의 힘을 활용하고 행동을 목표와 일치시키며, 몰입의 원칙과 파레토 원칙을 조화시키는 변혁의 과

117 "Pareto principle", Wikipedia.

정이다. 이러한 절차를 따르면서 우리는 최적의 참여와 탁월한 성과는 물론, 인생 전반에 걸친 깊은 성취감을 이끌어 낼 수 있는 잠재력을 열어간다. 이에 코틀러는 다음과 같이 말한다.

> "몰입은 당면한 과업에 완전히 집중하는 것이며, 요인의 역할은 모두 우리의 주의를 현재 순간으로 이끄는 것이다."

◆ 긴장의 끈을 붙들어라

"당신이 두려워하는 일을 하루에 하나씩 하라."라는 엘리너 루즈벨트 (Eleanor Roosevelt)의 말 속에서 답을 찾아보자.[118] 불안 관리는 성과를 끌어올리는 데 중요한 역할을 한다. 성과에 몰입하는 삶을 원한다면 '예'라고 답하는 것뿐 아니라 그에 따른 불편함에도 익숙해져야 한다.

또한 몰입 상태에 도달하기 위한 필수 조건은 불안을 관리하는 능력을 갖추는 것이다. 이를 위한 한 가지 방법은 바로 현재 편안함의 영역 바로 너머에 있는 목표에 도전하고, 매일 그 행동을 거듭하며 점진적으로 성장을 이루는 것이다.

당신이 두려워하는 것이 무엇이든, 그것과 마주하기를 선택하라. 그리고 위태로운 한계에 발을 내디며 보라. 당신이 두려워하는 것은 사교 댄스, 대중 앞에서 말하기, 자신보다 실력이 뛰어난 상대와의 운동 경기, 파트너와 어려운 대화 나누기 또는 상담 예약 잡기 등의 활동일 것이다. 이에 자신을 의도적으로 불편한 상황에 내던져라. 그 경험 하나하나가 당신에게 자신감과 강인함, 용기를 줄 것이다.

고등학교 시절 육상 선수로 활동한 내 경험이 그 적합한 예가 될 듯하다. 그렇다면 '좋은 선수'와 '엘리트 선수'의 차이는 무엇일까? 나는 날마다 반복되는 훈련과 점진적인 향상에 접근하는 방식에 있다고 생각한다. 바로 지향성으로 스트레스를 극복하려는 충분한 의지로 임하는가에 달려 있다고 본다.

---

118 "10 Inspiring Quotes by Eleanor Roosevelt", Virtues for Life.

처음 육상을 시작했을 때, 나는 시합 전부터 느낀 심한 긴장감으로 제 실력을 발휘하지 못했다. 이후 매일 훈련을 시합처럼 여기기 시작했다. 연습 시간을 나 자신에게 도전하면서 팀원과 경쟁하는 기회로 보았고, 트랙에 나가 800m 반복 훈련을 할 때면 실제 경기를 치르는 마음으로 임했다. 그리고 한발 물러서서 내 성과를 분석하고 배울 점을 정리한 후, 성과 향상 작업에 다시 집중했다.

몇 주가 지나고 나니 변화가 시작되었다. 생각이 달라지기 시작하자 매일 품는 의도에도 영향을 미쳤다. 마음속에는 점점 더 나아지고 싶다는 열망이 생겨났고, 이는 시간이 지나며 꾸준히 발전하기 시작했다. 경기나 훈련을 시각화할 때면 차분하게 현재 순간에 집중하며 개선되어 가는 내 모습을 그렸다. 그 결과 최고의 성과를 발휘할 수 있었다. 불안을 관리하는 법을 익힌 것이다.

최적의 긴장 상태란 무엇이며, 어떠한 느낌인지 깨닫고 난 뒤로 육상부 활동을 하는 내내 언제라도 그 상태로 돌아갈 수 있었다. 나는 성과를 한계까지 끌어올리면서도 동력을 유지할 수 있을 만큼의 발전을 이루는 법을 배운 것이다.

마크 디바인과 내가 육상을 통해 깨달은 바와 같이 날마다 꾸준한 연습과 점진적 단계를 수행하면, 시간이 지남에 따라 적절한 수준의 긴장감과 지향성을 만드는 법을 배울 수 있다. 이렇게 습관을 쌓아 간다면 가장 두려운 목표를 달성하기 위한 행동 기반의 동력을 얻는다. 그제야 한때는 상상조차 하지 못한 일을 해낼 수 있게 되는 것이다.

연구에서도 이상의 주장을 뒷받침한다. 연구에 따르면 불안과 실패에 대한 두려움에 직면했을 때 최고의 성과가 도출된다. 이에 관련한 가장 유명한 연구는 1908년 로버트 여키스와 존 도슨의 실험이 있다.[119] 이들은 편안한 상태에서 성과가 저조하지만, 적절한 불안과 높은 스트레스 수준에서 최고의 성과가 나타난다는 사실을 밝혀냈다.

---

119 Robert M. Yerkes and John D. Dodson, "The Relation of Strength of Stimulus to Rapidity of Habit-Formation", Journal of Comparative Neurology and Psychology 18 (1908): 459-482.

해당 실험에서의 핵심은 완전히 압도되지 않을 정도로 적당한 수준, 즉 최적의 불안 상태에 도달하는 것이다. 불안이 너무 적으면 최고의 성과를 달성하지 못하고, 너무 많으면 성과가 저하되기 시작한다. 따라서 긴장감을 유발하는 기회에 '예'라고 답하면서도 잘 해낼 수 있다는 자신감을 마음속에 품는 것이 무엇보다 중요하다.

주전급 스포츠 스타를 생각해 보자. 오래 훈련해 온 프로 선수라도 경기에 앞서 긴장감을 느껴야 최상의 성과를 낼 수 있다. 예를 들어 프로 축구 선수는 페널티 킥을 찰 때 긴장감을 느끼지만, 한편으로는 성공시킬 수 있다는 자신감이 있다. 하지만 NFL 팀을 위해 승부를 결정짓는 골을 차야 하는 상황이라면, 다양한 기술을 갖추고 있음에도 상황에 완전히 압도되어 실패할 가능성이 커진다.

불안을 관리하는 사고방식을 익히면 계속해서 한계를 넘어서 기회를 발견하고, 용감한 자만이 얻을 수 있는 혁신을 이룰 수 있다. 처음 느끼는 두려움만 가라앉는다면 그 고통이 생각만큼 심각하지 않음을 깨달으면서 인생을 바꿀 잠재력을 얻는다.

그러나 잘 관리된 불안 상태를 달성하려면 섬세한 균형이 필요하다. 이는 곧 모든 일에 무조건 '예'라고 대답해서는 안 된다는 의미이다. 반대로 자신이 감당하기에 버거워 성공할 가능성이 희박할 때는 방해 요소가 되지 않도록 '아니오'라고 말하는 것도 중요하다. 나는 지금까지 경력을 쌓아 오면서 여러 동료나 상사, 부하 직원이 종종 맡기로 한 도전 과제의 굉장한 압박감에 마비된 나머지 커리어가 엉망이 되는 경우를 종종 보았다. 탈진해버린 것이다.

위의 상황은 흔히 볼 수 있는 시나리오에 지나지 않는다. 아마 수많은 사람이 주변에서 그러한 상황을 목격했을 것이다. 해야 할 일이 너무 많아 어떤 목표도 달성할 수 없을 상황인데도 새로운 계획이나 과제를 수락하는 사람들이 있다. 그다음에 벌어질 일은 익히 짐작할 수 있다. 보통 그들은 실수를 통해 배우고 거절하며 훗날을 기약하는 대신, 주변을 탓하기 시작한다. 나는 이러한 패턴에 따라 일자리를 잃은 사람을 여럿 보았다.

결과적으로 자신의 목표와 열망에 맞는 기회를 취사선택하는 것이 중요하다. '아니오'라고 말하는 것은 오히려 탁월함을 성취할 다른 일에 '예'라고 말하는 셈이다. 과중한 부담을 떠안고 탈진해 그저 그런 결과만 내는 것은 꿈에 가까워지는 것이 아니다. 오히려 그 반대다. 이와는 다르게 개인적 목표의 완수는 성장의 여정을 다음 단계로 도약하도록 하는 계기가 된다.

다시 말해 도전 과제가 두렵고 부담스럽게 느껴지는 것이 거절의 이유가 되어서는 안 된다. 다만 당신의 꿈에 더 가까워질 기회를 잡기 위한 그 밖의 일에는 '아니오'라고 말할 수 있어야 한다.

◆ 불안과 한계 사이

성장의 과정에서 누구나 마주치는 커다란 어려움은 성공을 시각화하고, 그에 도달하는 단계에 집중하는 법을 배우는 것이다. 이는 긍정적인 자기 서사를 형성하고 주어진 환경이 만들어 낸 현재 상태를 돌파하는 방법을 배우는 과정이기도 하다.

미 해군 장교에서 프로 레이싱 드라이버로 전향한 제시 이우지(Jesse Iwuji)의 이야기를 살펴보자.[120] 쉽지 않은 꿈을 이룬 그는 나스카 엑스피니티(NASCAR Xfinity) 레이서로 활동 중이다. 나는 그와 불안을 관리하는 방법을 배운 경험에 대한 이야기를 나누었다. 그는 이 과정을 다음과 같이 설명했다.

> 많은 이들이 원대한 목표와 꿈이 있음에도 선뜻 실천하기는 두려워 그 목표와 꿈을 추구하지 못한 채 그것들과 함께 생을 마감합니다. 저는 해군 시절 배치된 처음 두 함정에서 4년을 복무했어요. 그런데 배치 중에 컵 시리즈에서 경주를 하고, 레이서를 소개하는 무대에 오르는 제 모습이 계속 떠올랐습니다. 그리고 두 번째 배치에서 나스카 트랙만이 제가 가야 할 길이라는 결정

---

120 "Jesse Iwuji Racing", Jesse Iwuji Racing, 2023.

을 내렸죠.¹²¹

몇 년 전, 그가 아라비아만에 배치되었을 때 자신의 생각과 이루고 싶은 목표에 몰두하는 법을 배우기 시작했다. 그는 마크 디바인처럼 자신이 꿈꾸는 미래를 시각화하고, 그곳에 도달하기 위한 강한 집중력과 성취에 필요한 긍정적인 지향성을 완성해 나갔다.

그럼에도 포기의 유혹이 그를 여러 번 찾은 적도 있었다. 처음 일곱 번의 경주 가운데 여섯 번이나 사고가 난 것이다. 그때마다 그는 스스로 매번 "이러는 게 맞을까? 차라리 그만두는 게 낫겠어."라는 말을 하며 포기할 수도 있었다. 그러나 그는 오히려 "이제부터 더 나아질 거야."라고 자신을 다독였다. 그렇게 이우지는 점진적으로 나아지면서 스트레스를 조절하는 법을 배웠다.

한편 이우지는 그동안 이루어 낸 성공의 상당 부분은 해군사관학교에서 보낸 시간과 4년간 대학 미식축구팀 주전 선수로 활약한 경험 덕분이라고 말한다. 다음이 그 내용이다.

제가 해군사관학교, 특히 코치들에게서 배운 큰 교훈 중 하나는 지극히 단순한 것이었어요. 그 교훈은 "누구도 신경 쓰지 않는다."였어요. 코치들이 하나같이 그렇게 말한 이유는 우리가 노트르담대학교나 오하이오주립대처럼 덩치나 속도, 힘의 압도적인 우세는 물론이고, 심지어 훈련 시설까지 더 좋은 상대와 겨루어야 했기 때문이었습니다. 조건상 우리가 열세라도 우리를 불쌍히 여기는 이는 없다는 거죠.

그렇게 우리는 매번 똑같이, 나란히 서서 승리를 위해 싸워야 했습니다. 그리고 우리가 마음을 다잡을 때 어떤 일이 일어났을까요? 바로 매년 우리를 압도하던 노트르담대학교를 두 번이나 물리쳤습니다. 우리는 스스로를 불쌍히 여기지도 않았고, 눈앞

성장지향성

---

121 John R. Miles and Jesse Iwuji, "Creating an Unstoppable Life", podcast, Passion Struck.

의 일에 집중하며 승리를 시각화하는 법을 배운 덕분입니다. 상대 팀이 S급 유망주나 미래의 NFL 스타를 보유하고 있다고 해도, 이는 우리에게 중요하지 않았습니다. 그 어떤 것도 우리에게 변명거리가 되지는 못하니까요.

이우지는 해군사관학교 시절 코치에게서 배운 신조를 해군 장교로 복무할 때나, 나스카에서 커리어를 시작해 순위권에 올라갈 때 등 삶의 모든 일에 적용했다. 그가 나스카에 막 발을 디뎠을 때는 여력이 많지 않았다. 그럼에도 그는 '누가 신경 쓰겠어.'라 생각하며 앞으로 나아가는 법을 익혔다. 이에 그는 아래와 같이 말했다.

> "먼저 걷기를 시작한 뒤로 계속 걸어야 합니다. 그리고 뛰기 시작하고, 나중에는 전력 질주하는 법을 배워야 하죠. 넘어지고 쓰러져도 계속 나아가야 합니다. 누군가 당신에게 '너는 할 수 없어!'라고 말한다면, 다른 쪽을 보며 계속 나아가야 합니다."

이우지가 경험한 바와 같이 감정과 느낌은 도움이 되면서도 방해 요소로 작용하기도 한다. 긴장이 조금 완화되는 것은 유익하기는 하지만, 지루함을 느낄 만큼 풀어져서도 안 된다. 결국 불안을 관리하는 데는 심리적 요소도 포함되며, 이는 신체 능력이나 기술과 상관없이 성과에 영향을 미치기도 한다. 이우지는 그에 관한 내용을 다음과 같이 설명했다.

> 이것은 균형의 문제입니다. 레이싱 카와 함께 한계에 서야 하기 때문이죠. 차가 완전히 미끄러지지 않을 정도의 아슬아슬한 한계를 찾는 것이 중요합니다. 하지만 한계 상황에서는 언제든 차가 미끄러질 수 있죠. 그러니까 차가 미끄러지지 않을 정도의 한계를 유지하도록 완전한 통제의 상태를 찾아야 하는 거죠.
>
> 그렇다고 속도를 너무 줄여서도 안 됩니다. 그래서 베스트 드라이버가 되기 어렵다는 겁니다. 말 그대로 한계를 넘지 않으면

서 유지할 수 있는 최적의 긴장 상태를 찾아야 합니다. 통제를 벗어난 상황을 통제하는 것, 그것이 베스트 드라이버들이 일반적으로 갖추는 탁월함에서도 도전적인 영역입니다.

이상에서 소개한 제시 이우지의 여정은 우리 삶에서 한계에 서는 법을 가르쳐준다. 성공을 시각화하고 긍정적인 마음가짐을 유지하며, 역경을 이겨 내는 끈기를 통해 우리는 경계를 넓혀 위대함을 이룰 수 있다. 이는 통제와 한계의 도전 사이에서 미묘한 균형을 찾고, 탁월함을 꽃피울 수 있도록 잘 관리된 불안을 받아들이는 것이다. 그러니 이처럼 어려운 도전을 기꺼이 받아들이고, 한계에 서서 우리의 잠재력을 최대한 발휘해 보도록 하자.

◆ 가지 않은 길 위에서

누구나 성공에 필요한 교육이나 경험, 능력 또는 잠재력이 부족하다고 생각할 수도 있다. 또한 자신의 삶에 온전히 몰입하지 못한다고 느낌도 들 것이다. 그러나 마크 디바인과 제시 이우지는 우리가 달성하고자 하는 미래의 비전에 접근하는 방식이야말로 우리의 삶을 가장 크게 제한하는 요소라고 말한다.

살아가면서 현재보다 더 큰 목표를 이루려고 할 때, 그 과정에서 많은 희생이 따르기 마련이다. 지금보다 삶을 한 단계 향상시키고, 한 번도 이뤄 보지 못한 것을 성취하려면 이전에 해 본 적 없는 일을 해야 한다. 또한 동력을 유지하기 위해 올바른 자세로 임하는 것도 필요하다.

디바인에게는 그것이 가라데를 배우고 호흡법에 대한 자료를 모두 연구하며, 시각화하는 법을 깨달으면서 긍정적 의도를 통해 강한 정신을 구축하는 과정이었다. 한편 이우지에게는 모기형 인간을 퇴치하고, 자신을 억누르던 짐을 내려놓는 것이 첫 단계였다. 이후부터는 스폰서십 확보를 연구하고, 매일 시뮬레이터에서 몇 시간을 연습했다. 그리고 여러 레이싱 팀 구단주와 대화하며 팀 구축 방법을 배우고, 운전 기술을 연습하기 위해 할 수 있는 일이라면 모두 실천했다. 이는 점진적인 자기 발전 행동으로 숙달의 단계에 이르는 훌륭한 사례이다.

어떤 목표든 달성에는 희생이 수반될 수밖에 없다. 미래의 비전을 세우고, 바라는 모습을 분명히 그려야 한다. 그리고 이를 실현하기 위한 동력을 매일 유지하는 활동을 계속해야 한다. 때로는 암울한 시기도 맞이할 것이다. 심지어는 목표와 가까워지면서 터널의 끝에서 한 줄기 빛이 보이는 상황에서도 그 빛에 닿을 수 없을 것만 같은 느낌이 들 수도 있다. 당신이 있는 곳은 여전히 어둡기 때문이다.

그러나 위험을 감수하고 신념으로 도약한다면, 그 순간에 성과가 나지 않더라도 삶은 반드시 당신의 행동에 보답한다. 그렇기에 다양한 일에 '예'라고 답하는 것이 중요하다. 하지만 이와 동시에 어떤 기회가 진정으로 가치가 있는가를 분석해야 한다. 단순히 노력만 소모할 뿐인 기회는 버리고, 진정한 발전으로 이어지는 것을 선택해야 한다.

당신은 자기 회의와 두려움에 무너질 것인가? 아니면 당신에게 딱 맞는 기회를 활용할 것인가?

새로운 기회라는 벼랑 끝에 서는 일은 두렵기도 하다. 그럼에도 긍정적인 대답과 함께 불안을 관리하는 법을 배우지 않으면 삶은 그대로 멈추기 마련이다. 결코 새로운 문제를 해결하지 못하고, 자기만의 '이유'를 찾는 데 어려움을 겪을 것이다. 그렇게 커리어의 대부분을 그저 그렇게 보낼 것이다.

디바인과 이우지처럼 당신도 결정을 내려야 한다. 대다수처럼 평생 자신을 속이며 살거나, 아니면 내면의 목소리에 솔직해질 수도 있다. 우리의 행동은 신념에 영향을 받는다. 신념은 강력하지만, 결국은 마음속에만 존재할 뿐이다. 그러니 최적의 긴장 상태를 조성하는 사람이 되어 주어진 기회에 대한 반응을 계획적으로 변화시키는 단계를 밟아 나가기 시작하자.

그리고 자신을 바라보는 시선 또한 중요하다. 자신의 비전을 보고 어디로 나아갈지, 어떤 사람이 되어야 할지를 알 수 있는 사람은 오직 자신뿐이다. 우리 각자에게는 삶에서 가야 할 방향에 대한 고유한 비전이 주

어져 있다. 다른 누구도 아닌, 당신만이 쥐고 있는 것 말이다. 당신에게
내 비전이 있지도 않고, 그 반대도 마찬가지이다. 따라서 나는 당신의 비
전을 볼 수 없지만, 내 비전만큼은 그렇지 않다. 그리고 자기만의 비전을
볼 수 있다는 것은 곧 그것을 이룰 수 있다는 뜻이기도 하다.

이 책을 읽은 누구라도 큰 목표와 꿈을 이룰 수 있다. 당신의 비전은
오직 당신에게만 주어졌으니 말이다. 당신의 삶 속의 비전을 다르게 말
하거나 의심할 권리 또는 권한이 있는 자는 어디에도 없다. 당신의 꿈이
다가왔을 때 당신이 목표 탐색자가 된다면, 그 꿈은 곧 당신이 이룰 수 있
는 것임을 뜻한다. 이에 당신에게 필요한 것은 그저 불안을 관리하여 앞
으로 나아가는 동력을 유지하는 것뿐이다. 이를 두고 데일 카네기(Dale
Carnegie)는 다음과 같이 말했다.

> "세상에서 중요한 일은 대부분 절망적인 상황에서도 노력을
> 계속한 사람들에 의해 이루어졌다."

실전 전략 7 | **불안 관리하기**

◎ 첫 번째 연습

호흡을 조절한다. 불안하면 무의식적으로 일어나는 투쟁-회피 반응을 막
기 위해 다음 단계를 따라 '박스 호흡법(Box Breathing)'을 연습해 보자.

❶ 조용한 곳에서 편한 자세로 앉거나 눕는다.
❷ 눈을 감고 잠시 호흡에 집중한다.
❸ 4초 동안 코로 천천히 숨을 들이마시며 폐를 완전히 채운다.
❹ 4초 동안 숨을 멈추고 차분함과 고요함을 유지한다.

❺ 4초 동안 입으로 천천히 숨을 내쉬며 폐의 공기를 모두 비운다.

❻ 다시 4초 동안 숨을 멈추고 폐의 공간을 느낀다.

❼ 호흡의 리듬에 집중하며 박스 호흡법을 여러 번 반복한다.

❽ 그 과정에서 숨이 정사각형 모양으로 이동하는 모습을 상상해 보자. 한 변을 따라 들이마신 뒤 윗변에서, 반대편 변을 따라 내쉬고 나서 아랫변을 따라 멈춘다.

❾ 현재의 순간에 완전히 몰입하며 날숨과 함께 긴장감이나 불안을 내려놓는다.

❿ 이상의 과정에서 편안함을 느낀다면 호흡 시간을 점차 늘리되, 항상 편안하고 일정한 리듬을 유지한다.

✅ 두 번째 연습

긍정적인 내적 대화이다. 이 대화에 참여하면 더욱 창의적인 해결책과 더 나은 성과를 이끌어 낼 수 있다. 다음 연습을 따라 해 보자.

❶ 현재 직면하고 있는 도전 과제나 문제를 선택한다.

❷ 그와 관련된 부정적인 생각이나 자기 비판을 세 가지 적는다.

❸ 적어 둔 부정적인 생각을 긍정적이고 힘을 주는 문장으로 재구성한다.

❹ 난관에 부딪힐 때마다 긍정 문장을 반복해서 읊는다.

❺ 이상의 과정에서 내적 대화 방향의 변화가 마음가짐과 문제를 접근하는 방식에 미치는 영향을 반추해 본다.

✅ 세 번째 연습

다음 단계를 따라 성공을 시각화하고 목표를 달성한 모습을 구체적으로 떠올리는 능력을 키우자.

❶ 눈을 감고 원하는 목표나 결과를 마음속에 떠올린다.

❷ 마음속으로 그 목표를 이룬 자신의 모습을 생생히 그려 본다. 이때 주

변 환경과 감정 상태, 행동 등 세부적인 요소까지 주의를 기울이자.

❸ 모든 감각을 활용하여 시각화한 이미지가 최대한 현실적으로 느껴지도록 집중한다.

❹ 몇 분 정도 그 이미지에 몰입하면서 목표를 달성한 느낌을 충분히 느낀다.

❺ 이상의 시각화가 목표를 향한 노력에서 동기 부여와 자신감에 미치는 영향을 반추한다.

◉ 네 번째 연습

다음 단계를 따라 현재에 집중하고 한 번에 하나의 일에 온전히 집중하는 능력을 길러 보자.

❶ 설거지나 산책 등 온전히 집중할 수 있는 단순한 과제나 활동을 선택한다.

❷ 활동을 시작하기 전, 오직 지금의 순간과 눈앞의 일에만 집중할 것을 굳게 다짐한다.

❸ 각각의 동작과 감각에 주의를 기울이며 과제를 수행한다. 이때 마음이 흐트러지지 않도록 주의한다.

❹ 생각이 다른 곳으로 떠돌기 시작하면 부드럽게 주의를 과제로 돌린다.

❺ 과제를 마친 뒤 목표에 집중한 경험과, 집중하는 동안 몰입감과 성과에 미친 영향은 무엇인가를 떠올린다.

이상에서 나열한 전략은 몰입 상태에 들어가 불안을 관리하는 데 필요한 역량을 기르는 데 도움이 될 것이다. 꾸준한 실천으로 난관을 극복하고 최고의 성과를 달성하는 능력에 미치는 긍정적인 영향을 직접 관찰해 보자.

제9장

독창성에도 진화가 필요하다

모방으로 성공하기보다 독창적인 실패가 낫다.

| 허먼 멜빌(Herman Melville)[122] |

◆ 변화의 시대

오늘날처럼 끊임없이 변화하는 세상에서 성공하려면 변화에 열려 있어야 한다. 독창성과 적응력의 수용은 선택이 아니라 필수다. 물론 타고난 창의성이 부족하다거나 변화가 두려울 수도 있다. 나도 한때는 그랬다. 하지만 변화 없이는 성장도 불가능하다. 마치 물 없이 식물이 자라기를 기대하는 것처럼 말이다.

독창성과 적응력을 긴밀히 연결하는 것은 성장에 몰입하는 삶을 이끄는 핵심 요소이다. 이 두 자질은 내면의 지향성을 이끌어 내기 위해 서로 협력한다. 단순히 과거부터 사람들이 걸어온 익숙한 길을 따르는 것만으로는 충분하지 않다.

위와 같은 맥락에서 '독창성'이란 과연 무엇일까? 일반적인 개념은 모두 이해하고 있겠지만, 그 구체적인 의미는 다양하게 해석될 수 있다.

---

122 《모비 딕(Moby Dick)》을 쓴 미국의 소설가.

여기에서 독창성의 핵심은 새로운 아이디어를 추구하고 기존의 틀을 벗어나 산업 전체를 재정의하며, 각자의 여정에서 의미 있는 작은 변화를 만들어 내는 것을 말한다. 성장 지향적인 삶을 사는 사람이라면 누구나 다양한 개념을 자연스럽게 융합하여 독창적이고 혁신적인 아이디어를 창출해 내는 능력이 있다.

그러나 아이디어는 별안간 솟아나지 않는다. 바로 이미 존재하던 씨앗에서 발전하는 것이다. 이에 성장을 중요하게 여기는 사람들은 다양한 분야의 개념을 융합하여 평소에 놓치기 쉬운 아이디어를 포착한다. 독창성을 만들기 위해서는 독창성뿐 아니라 적응력도 키울 수 있는 행동과 습관을 발전시켜야 한다. 이러한 두 자질의 상호 작용이 우리를 앞으로 나아가게 하는 것이다.

독창성과 적응력의 상호 작용은 곧 성장에 몰입하는 삶을 이끄는 원동력이다. 이 여정에는 자신의 한계를 확장하고 미지의 영역을 탐험하는 용기가 필요하다. 따라서 변화를 수용하는 행동을 선택하고 무한한 호기심을 키우며, 혁신에 수반되는 장애물에 맞서기 위한 적응력을 길고닦음으로써 우리는 독창성의 진정한 잠재력을 발휘할 수 있다. 이와 같은 독창성과 적응력의 연관 관계는 성장 지향적인 삶을 추진하는 동력이 되어 창의성과 성취가 새로운 단계에 접어들도록 한다.

독창성은 영원하지 않다

신문의 매혹적인 헤드라인은 비즈니스와 기술 분야에서 세상을 바꾸었다고 평가받는 기업가를 찬양한다. 그중에는 진정으로 업계를 혁신하여 길이 남을 영향력을 발휘하기도 한다. 반면 겉보기에만 게임 체인저급 스타트업인 척하면서 기존에 성공한 사업을 단순히 복제하거나 파생시킨 형태일 뿐인 실망스러운 경우도 있다.

그루폰(Groupon)의 성장과 몰락은 위에서 설명한 대표 사례라 할 수 있다.[123] 누구나 익히 알고 있는 그루폰은 이메일 구독자들에게 '오늘의 특가(daily deal)'라는 이름으로 개별 판매자에 대한 대규모 할인을 제공

---

123 "Groupon", Wikipedia.

하는 집단 행동 플랫폼이다. 이러한 혁신적인 개념은 미국을 강타했고, 그루폰은 사업을 시작한 지 불과 16개월 만에 기업 가치만 10억 달러라는 평가를 받기에 이른다.[124]

위와 같이 그루폰의 놀라운 성공은 그와 유사한 오늘의 특가 서비스를 제공하는 경쟁사를 수없이 낳았지만, 대부분은 의미 있는 차별화에 성공하지 못했다. 경쟁사의 예로는 리빙소셜(LivingSocial), 길트 시티(Gilt City), 바이위드미(BuyWithMe), 티퍼(Tipper), 위기브투겟(We Give to Get) 등이 있다.

그러나 그루폰은 변화하는 소비자의 기호에 적응하지 못하면서 몰락이 시작되었다. 큰 할인과 높은 수수료율에만 의존한 비즈니스 모델은 여러 판매자가 꾸준히 지속하기에 어려운 것이었다. 그 결과 판매자 참여가 감소하면서 오늘의 특가 서비스의 질도 덩달아 떨어졌다. 그렇게 오늘의 특가가 주는 참신한 매력이 사라지면서 소비자는 개인 맞춤형 쇼핑 경험을 추구하기 시작했다. 이에 따라 그루폰의 매력은 점차 약화되었다.

그루폰의 사례는 스타트업의 세계에 독창성의 부족에 경종을 울린다. 이는 성장에 몰입한 사람과 그저 단기적인 이익만 바라보며 기존의 아이디어를 모방하는 사람의 차이를 강조한다. 초보 기업가는 기존의 비즈니스 성공 모델을 복제하여 성장시키킨 뒤 매각하기를 꿈꿀 뿐이다. 그러나 성장에 몰입한 사람이라면 독창성의 힘을 수용하여 기존 개념의 점진적 개선에 안주하기보다 피터 틸(Peter Thiel)의 '제로 투 원(Zero to One)', 즉 무에서 유를 창조하는 과정으로 나아가는 철학을 따른다.[125]

물론 독창적인 아이디어는 무(無)에서 태어나지 않고, 기존 아이디어를 기반으로 탄생한다. 완전히 독특하고 획기적인 개념을 구상하기는 매우 어렵기 때문이다. 하지만 여기서 주의해야 할 중요한 점이 있다. 바로

124 Alice Truong, "Groupon is still the fastest company to reach a billion-dollar valuation", Quartz, May 5, 2015.

125 Shane Parrish, "Eight Things I Learned from Peter Thiel's Zero To One", Farnam Street, September 2014.

그루폰의 복제품처럼 본질적인 독창성이 결여된 아이디어는 상상력의 존재마저도 의심하게 만든다는 것이다.

물론 스타트업의 성공에 실행력이 중요한 역할을 한다는 점은 의심의 여지가 없는 사실이다. 그러나 아이디어 또한 그 자체로 중요한 의미를 지닌다. 이에 자신의 독창성을 진심으로 받아들인 성장 중심의 창업자에게는 막대한 부를 축적하고 세상을 진정으로 변화시킬 잠재력이 있다.

창업의 세계에서 독창성과 적응력의 공생 관계는 부정할 수 없다. 혁신가는 진정한 성공을 위해 새로운 아이디어 창출에 그치지 않고, 변화하는 소비자의 수요와 기호를 충족할 수 있도록 아이디어를 민첩하게 조정할 수 있어야 한다. 변화에 대한 민감성과 함께 독창성을 유지하려는 지향적인 행동을 선택함으로써 우리는 혁신적인 창업의 진정한 잠재력을 발휘하며 시대를 초월한 사업의 변혁을 펼치는 길을 열 수 있다.

여기에서는 제프 베이조스(Jeff Bezos)의 놀라운 여정과 아마존의 성공을 통해 독창성과 적응력의 상호 작용에 대한 심도 있는 탐구를 시작하고자 한다. 베이조스의 경이로운 커리어를 살펴보면서 독창적 사고의 힘과 그 변혁적인 영향에 관해 귀중한 교훈을 얻을 수 있다. 이 교훈은 비즈니스와 스타트업을 넘어 일상에서도 진정한 자신과 독창성과 적응력의 수용이 지니는 중요성을 일깨운다. 성장에 몰입하는 삶으로 나아가는 여정은 관습의 제약에서 벗어나 의미 있는 일에 도전하며, 삶의 도전과 기회에 대응해 끊임없이 진화한다는 의미를 내포한다.

베이조스의 성공의 핵심은 독창성과 적응력의 융합이다. 그는 소매업을 재정의할 온라인 시장이라는 새로운 아이디어를 구상하며, 끊임없이 변화하는 비즈니스 환경에서 굳건한 적응력을 요구하는 여정을 시작했다. 베이조스는 기술의 발전과 소비자의 행동 변화, 새로운 시장 트렌드에 지속적으로 적응할 필요를 인식했고, 이를 통해 아마존을 혁신의 최전선에 세울 수 있었다.

모든 것을 파는 가게

제프 베이조스의 아마존닷컴 창립은 이미 창업의 전설로 인터넷 역사에 깊이 새겨졌다.[126] 그러나 아마존에 대한 베이조스의 아이디어는 단순한 천재적 영감의 산물이 아닌, 여러 가지 독특한 설계가 융합된 결과라고 보는 편이 적절하겠다. 이 모든 것은 베이조스가 뉴욕의 유명 헤지펀드사 D. E. 쇼(D. E. Shaw)에서 근무하던 1990~1994년 동안 그의 커리어를 바꿀 경이로운 통계를 발견하면서 시작되었다.[127] 당시 인터넷이 연간 2,300%의 전례 없는 성장률을 기록하고 있었고, 이 사실은 그의 기업가 정신에 불을 붙여 놀라운 흐름을 포착하도록 이끌었다.

베이조스가 아마존의 첫 전자상거래 제품으로 책을 선택했다는 사실은 유명하지만, 초기 아이디어가 '모든 것을 파는 가게'였다는 사실은 의외로 많이 알려져 있지 않다.[128] 그는 전 직장 상사인 데이비드 쇼에게 "생산자와 소비자 간 중개자 역할을 하면서 거의 모든 종류의 제품을 전 세계에 판매하는 인터넷 회사를 차리는 것"이라는 목표를 밝혔다.[129]

또한 그는 최상의 고객 경험을 제공함으로써 그 목표를 실현하고자 했다. 그러나 베이조스는 아마존이 단번에 지배적인 인터넷 소매업체로 성장할 수 없음을 알고 있었다. 목표를 이루려면 특정 분야의 틈새시장을 공략해 그곳에서 지배적 우위를 점한 뒤, 점차 확장해 나가는 전략적 접근이 이루어져야 했다.

이에 책이라는 아이템과 독창성의 결합이 중요한 역할을 했다. 새로운 서점이라는 아이디어 자체는 새롭지 않았지만, 아마존은 단순히 보더스북스(Borders Books)나 반스앤노블(Barnes & Noble) 등 기존 대형 서점의 복제품은 아니었다. 베이조스는 인터넷의 강력한 힘을 활용하여 방대

126   "History of Amazon", Wikipedia.

127   위와 같음.

128   Shana Lebowitz and Weng Cheong, "Here's the mindset that helped Jeff Bezos expand Amazon from an online bookstore to a $1.7 trillion 'everything store,'" Business Insider, updated February 2, 2021.

129   Tom Popomaronis, "Jeff Bezos: Amazon turned into 'the everything store' thanks to an email to 1,000 random people", CNBC, updated October 9, 2020.

한 재고와 연중무휴 24시간 영업이라는 접근성, 초기에는 판매세 면제라는 강점을 지닌 온라인 서점을 온전하게 만들어 냈다.

위와 같은 접근 방식은 검색의 편리함이나 온라인 거래에 대한 고객의 우려를 해소하는 기능을 어느 정도 포기해야 한다는 뜻이기도 했다. 그러나 베이조스는 최고의 상품 선택, 문 앞까지 제품 배송, 경쟁력 있는 가격이라는 독창적인 고객 가치를 제공하겠다는 목표를 고수했다. 이처럼 독창성의 본질은 새로운 것의 발명이 아닌, 별도의 아이디어를 능숙하게 결합하는 데 있다. 베이조스는 기술과 인터넷에 대한 지식을 활용하여 무한에 가까운 재고와 훌륭한 고객 경험, 빠른 배송, 저렴한 가격으로 전 세계의 독서 애호가를 사로잡았다.

따라서 독창성을 추구하는 여정에서 이상의 이야기로 위안을 삼도록 하자. 이는 분명 어렵지만, 남들과는 다르게 생각하면서 용기 있는 사람들이 기꺼이 수용하는 도전이기도 하다. 그리고 독창성의 원천을 여는 진정한 열쇠는 아이디어의 융합에 있다. 따라서 그 관점을 마음에 새기고 현재의 목표 달성을 위해 노력하며, 미래 사업의 기반을 다지면서 한계가 없는 창조의 여정을 시작하자.

◆ 순응과 저항

진정한 독창성의 발휘는 곧 내면 깊은 곳의 창의성을 발산하고, 두려워하지 않으면서 무한한 상상의 세계로 나아가는 것이다. 이는 기존의 관습과 아이디어에 도전과 해체를 서슴지 않으며, 새로운 길을 개척하는 대담함을 요구한다. 독창성은 미지의 영역을 탐색하고 익숙함의 경계를 넘어 진정한 혁신과 발견이 기다리는 미지의 세계로 우리를 인도한다.

그러나 독창성을 향한 여정은 적응력과 복잡하게 얽혀 있다. 이에는 위험을 감수하고 미지의 상태에서 수반되는 불확실성을 수용하려는 의지가 필요하다. 안전 지대를 벗어나는 순간, 우리는 성장에 따르는 불편함을 마주한다. 이에 독창성은 실패를 성공으로 향하는 디딤돌로 인식하는 강인함을 요구한다. 그리고 획기적인 아이디어는 실험과 실수에서 배운 교훈에서 탄생한다는 사실을 깨닫게 한다.

미국의 벤처 투자자 나탈리 프라토(Natalie Fratto)는 2019년 TED 강연에서 빠르게 변화하는 세상에서 적응력의 중요성이 점점 높아지고 있음을 강조했다.[130]

> "세상은 점점 더 빠르게 변화하면서 우리 모두를 인류 역사상 유례없는 격변의 바다로 내몰고 있습니다. 이처럼 빠른 변화의 원동력은 기술 발전으로, 사람들에게 새로운 기술을 신속하게 습득하여 끊임없이 진화하는 환경에 적응하도록 요구하고 있습니다."

한편 베이너 미디어(Vayner Media)의 최고 인사 책임자인 클로드 실버(Claude Silver)는 팟캐스트 인터뷰에서 독창성을 위한 필수 요소의 중요성을 여실히 드러냈다. 실버는 현재 패러다임 전환의 변혁성을 설명하면서 적응의 시대에 감정적 요소의 필수적인 역할을 다음과 같이 강조했다.

> "우리는 모두 살면서 수없이 많은 것에 적응해야 합니다. 현재 우리는 심오한 패러다임 전환의 벼랑 끝에 서 있습니다. 즉 육체노동이 지배하던 시대에서 광범위한 정보의 시대를 거쳐, 이제는 우리 마음속의 직관, 감정적 낙관주의, 그리고 적응력에 공명하는 시대로 나아가고 있다는 것입니다."

실버는 위의 생각을 확장하여 우리 내부의 여러 '두뇌', 즉 사고, 정서, 직관의 지능이라는 개념을 소개했다.[131] 이들 지혜의 원천은 서로 연

130 Natalie Fratto, "3 ways to measure your adaptability – and how to improve it", TED video, May 1, 2022.

131 본문에서는 'cranial, cardiac, and gut'이라 소개되어 있다. 이를 직역하면 '두뇌, 심장 그리고 내장'이라는 뜻이나, 자연스러운 내용 연결을 고려하여 '사고, 정서, 직관'이라 의역하였다.

결되어 있으며, 우리의 의사 결정 과정을 형성한다. 이에 궁극적으로 변화에 적응할 수 있는가의 여부를 결정한다. 이러한 내적 능력을 깊이 살펴보면, 도전을 대하는 우리의 반응과 관련된 수수께끼가 풀리면서 적응 본능의 복잡성이 드러난다.

오늘날 우리가 살아가는 복잡한 세상에서 변화의 수용은 단순하게 지식 또는 기술을 습득하는 것 이상을 의미한다. 이는 감성 지능과 회복력뿐 아니라 깊이 연결된 공동의 인간성 배양을 요구한다. 적응력은 진정한 핵심 가치에서 생겨나며, 공감과 자기 인식 외에도 자신의 가치관과 열정, 그리고 독자적 관점에 대한 깊은 이해 속에서 길러진다.

'독창적'이라는 의미는 다양성을 수용하면서 독자적인 개인의 차이를 인정한다는 것이기도 하다. 이는 다양한 아이디어와 관점 및 경험의 교차로 진정한 혁신과 발전이 이루어진다는 인식도 아우르고 있다. 따라서 타인의 기여를 받아들이고 존중함으로써 우리는 집단의 성장과 발전을 촉진하는 풍부한 독창성을 키워갈 수 있다.

변화를 거스르지 않고 수용한다면 개인의 성장에 도움을 주는 여러 이점이 따른다. 그중 하나는 창의성의 증대이다. 변화에서 비롯된 새로움과 다양성은 뇌를 자극하여 색다른 사고를 가능케 하며, 혁신적인 아이디어와 해결책을 끌어오는 데 도움을 준다.

또한 적응력을 수용하면 더욱 유연해진다. 이러한 유연함은 오늘날처럼 역동적인 환경에서 매우 중요한 자질이다. 이를 통해 예상치 못한 상황을 효율적으로 처리하고, 갑작스러운 변화에 압도당하지 않고 대비할 수 있다.

순응이 표준인 세상에서 독창성은 그 누구도 따라 할 수 없는 인상적인 음표처럼 돋보인다. 이는 단순히 남들과 차별화되기 위해 다르게 행동하는 것이 아니라, 진정한 자신을 표현하는 방식이다. 따라서 자신의 독창적인 아이디어를 적극적으로 표현하면서 기존의 틀을 벗어나자. 혁신은 남의 발자취를 따르는 것으로 이루어지지 않는 법이니 말이다.

독창적인 사고의 배양은 우리의 마음, 특히 긍정적인 자기 대화에서 시작된다. 이 내면의 대화는 최고의 응원단은 물론, 가장 냉혹한 비판자가 되기도 한다. 그러나 이를 긍정적으로 사용한다면 창의성과 자신감을 촉진하는 매개체 역할을 수행한다. 연구에서 긍정 확언을 꾸준히 시행하면 압박이 심한 상황에서의 문제 해결 능력, 즉 복잡한 문제를 다룰 때 매우 중요한 자질이 향상된다고 말한다. 그 예를 들어 보도록 하겠다.

> "나는 할 수 있어."
> "내 생각이 중요해."
> "실패도 기회로 여기자."

위와 같이 간단한 문장이라도 막막한 상황에서 새로운 사고와 행동의 길을 열어 준다. 변화를 받아들이는 여정은 실패가 걸림돌이 아닌 성공으로 가는 디딤돌임을 알려 준다. 그러니 조직심리학자 애덤 그랜트(Adam Grant)가 말한 바와 같이 실패를 기꺼이 받아들이도록 하자.

독창성 수용의 본질은 성장 속도를 높이고, 이해를 심화시키는 데 있다. 그리고 '실패야말로 완성의 디딤돌'로 요약되는 반복 학습의 개념과 맥을 같이한다. 이에 그랜트는 다음과 같이 말했다.

> "고등 교육은 머릿속에 쌓인 지식이 아니라, 배우는 방법을 익히는 데 달렸다."

위 철학은 과학 연구에서 예술에 이르기까지 다양한 분야에서의 공감대를 형성한다. 혁신과 돌파구는 종종 실패와 좌절의 도가니에서 탄생한다. 토머스 에디슨 같은 선구적인 과학자는 실패한 실험에서 해서는 안 되는 방법을 발견하면서 궁극적인 해결책에 한 발 더 가까이 다가갔다. 이와 마찬가지로 예술가는 수없이 반복되는 붓 터치나 음표 그리기를 통해 기법을 갈고닦는다.

요컨대 변화와 적응력을 수용하여 실패를 성공으로 향하는 여정의 동반자로 여기는 사고방식을 기르는 것이 중요하다. 좌절을 우회로가 아닌, 여정의 필수 요소로 여김으로써 우리는 회복력을 기르고 문제 해결력을 갈고닦으며, 내재된 혁신성을 활성화할 수 있다. 마치 진주가 불순물 주변에서 서서히 층을 쌓아 올리며 만들어지듯, 실패를 수용한다면 경험이 풍부해질 것이다. 그리고 우리의 삶이라는 직조물을 진주처럼 지혜와 성취로 더욱 아름답게 만들어 준다.

◆ 독창성의 근원

독창성을 받아들이기 위한 평생의 여정은 적응력과 자연스럽게 얽혀 있으며, 이를 통해 우리 삶의 다양한 측면이 변화한다. 독창성은 단순히 눈에 띄기 위해 다르게 행동한다는 뜻이 아니다. 따라서 독창성의 여정은 곧 진정한 자아를 탐색하면서 우리는 누구이며, 무엇을 할 수 있는가에 관하여 자신의 진정한 본질을 찾아 나선다는 심오한 의미를 지닌다.

결국 독창성의 수용은 본질적으로 자신의 고유성을 인정하고 받아들임을 의미한다. 우리는 저마다 다른 사람과 구별되는 독특한 특징과 재능, 판짐을 지니고 태어난다. 이와 같은 개인의 특성을 인정하고 존중함으로써 독창성이 발견, 발전됨과 함께 이를 세상과 나눌 준비가 된 선물임을 이해하기 시작한다.

또한 자기 발견은 독창성 수용의 핵심이다. 이는 자신과 내면을 성찰하면서 우리의 존재를 깊이 탐구하려는 의지를 아우른다. 이러한 탐구에서 우리는 각자의 열정과 가치, 포부를 발견하고 목적과 나아가고자 하는 길을 명확히 정한다. 이는 성장과 변화 속에서, 진화는 평생의 과정으로 끊임없이 자신을 재평가하고 재발견하려는 노력이 수반되어야 한다.

한편으로 창의성은 독창성을 수용하는 데 필수적인 요소로, 자기만의 독특한 관점과 아이디어, 감정을 표현하는 수단이다. 미술, 음악, 문학, 기업가 정신을 비롯하여 다양한 창의적 표현을 통해 각자의 진정성을 전달하고, 이를 타인과 공감할 수 있는 방식으로 세상에 내놓는다. 이와 같은 창작 행위는 기쁨과 성취감을 줄 뿐 아니라 더 큰 공동체와 연결하여 우리의 기여와 가치를 인정받도록 한다.

독창성의 수용에는 지속적인 성장과 발전이 수반된다. 이를 위해 우리는 호기심과 개방적인 마음가짐을 기르며 새로운 경험과 지식, 기술을 끊임없이 추구해야 한다. 시야를 넓히면 새로운 통찰을 얻고 고정관념에 도전하며 발전할 수 있다. 이처럼 우리는 지속적인 성장을 통해 독창성의 저변을 넓히고, 창의적인 잠재력을 꾸준히 정제하고 확장해 나간다.

우리가 독창성을 온전히 받아들이고 이를 길러 나갈 때, 혁신이 품은 변혁적인 힘을 발휘할 수 있다. 이는 독창적인 사고와 창의성으로 현재 상태에 도전하고 새로운 기술을 만들어 내며, 다양한 분야를 혁신한다. 그리고 인류의 역사를 형성해 온 사람들과 같이 우리 또한 저마다의 독특한 재능을 존중하고, 이를 세상을 위해 사용함으로써 변화의 촉매제가 된다. 이로써 다른 이들이 자기만의 독창성을 발휘하여 사회 전반에 확산되는 파급 효과를 일으킬 영감을 준다.

◆ 모방의 굴레를 벗어던져라

베이조스는 역사상 가장 혁신적이고 영향력 있는 기업가에 속한다. 그는 1990년대에 '모든 것을 파는 가게'라는 아이디어에서 시작해 우리 삶에 편리함을 불러온 수조 달러 규모의 기업을 만들어 냈다. 그는 독창성을 발휘해 큰 성공을 거둔 성장 지향적 리더의 전형이다.

우리가 베이조스와 같은 규모나 성공을 이루지는 못할지라도, 그의 발자취만큼은 따라갈 수 있다. 독창성은 누구나 접근할 수 있으며, 노력과 함께 역경 속에도 꾸준히 노력한다면 충분히 가능하다. 그 길은 모두에게 험난하며, 독창적인 아이디어는 단번에 떠올릴 수 있는 일이 아니다.

그러나 우리에게는 가능하다. 이는 우리의 비즈니스를 다음 단계로 끌어올릴 수 있는 요소이자, 성장에 몰입하는 삶에서 중요한 특성이다.

성장을 중요시하는 사람은 자기 일에 대한 열정으로 독창성을 발휘한다. 그들은 아침에 눈을 뜨는 순간부터 잠자리에 들 때까지 비즈니스와 차별화 방안을 고민한다. 그들은 해결하고자 하는 근본적인 문제에 집요하게 몰두하며, 변화에 적응하면서 누구도 볼 수 없는 독특한 아이디어를 창출한다. 즉 그들은 '독창성 수용자'가 되는 것이다.

그러나 새로운 문제를 해결할 수 없다면, 당신이 할 수 있는 일은 모방뿐이다.

실전 전략 8 ┃ 독창성 발휘하기

◉ 아이디어플로우(IdeaFlow) 연습하기

- 1단계: 온전히 브레인스토밍만을 위한 시간을 확보하고, 그 활동에 집중할 수 있는 환경을 조성하라. 방해 요소 없이 조용한 공간에서 창의성에 몰입할 수 있도록 한다.
- 2단계: 제레미 어틀리(Jeremy Utley)와 페리 클레이반(Perry Kle-bahn)이 제시한 아이디어플로우의 개념을 익힌다. 이는 많은 양의 아이디어를 생성하고 빠른 아이디어 구상을 장려하며, 그 양과 질을 모두 포용하는 역동적인 과정이다.
- 3단계: 탐구하고자 하는 문제나 도전 과제, 프로젝트를 선택한다. 이는 업무와 개인적 성장, 창의적 시도 등 삶의 모든 측면과 관련되어 있다.
- 4단계: 타이머를 10분으로 설정하고, 그 시간 내에 가능한 많은 아이디어를 생성하는 것을 목표로 삼는다. 이 단계에서는 질보다 양이 중요하므로, 아이디어 검열이나 평가는 금물이다. 상상력을 마음껏 발휘하면서 떠오르는 아이디어는 모두 적는다. 보편적이지 않거나 실현 불가능해 보이는 것도 상관없다.
- 5단계: 초기 아이디어 구상 단계가 끝나면, 잠시 휴식을 취하며 마음과 집중력을 정리한다.
- 6단계: 4단계에서 기록한 아이디어 목록을 검토하고, 눈에 띄는 것을 몇 가지 선택한다. 잠재적으로 더 발전시킬 만한 가능성이 있거나, 당신의 목표와 가치관에 부합하는 아이디어를 찾아본다.

- 7단계: 선택한 아이디어 목록 가운데 하나를 선정하여 그 내용을 더 깊이 탐구한다. 실현 가능성, 잠재적 영향, 원하는 결과가 나올 가능성을 모두 고려한다. 아이디어플로우 과정을 활용해 그 아이디어를 다듬고 확장한다. 이에 다양한 시각과 변형 및 잠재적 실행 전략을 탐구하면서 아이디어를 발전시킨다.
- 8단계: 아이디어플로우를 경험하며 느낀 점을 생각해 본다. 창의성을 발휘하는 과정에서 배운 점과 양을 중시하는 접근 방식이 아이디어 구상에 미친 영향, 그리고 이 연습을 통해 예상치 못하게 얻은 독창적 아이디어가 있는가를 마음속으로 질문한다.
- 9단계: 유망하거나 흥미로운 아이디어를 한두 가지 선택한다. 그리고 다음 단계를 구체화하여 실행 계획을 세우고, 그 아이디어를 삶이나 업무적으로 더욱 발전시키고 실행할 수 있는 방안을 마련한다.

아이디어플로우는 동적이고 반복적인 과정임을 명심하자. 창의력을 집중적으로 발휘하거나 새로운 도전과 기회를 맞이할 때면 언제든지 위 방법을 다시 시도해 보자. 아이디어플로우의 힘을 믿고 수용한다면 문제 해결과 혁신에서 적응력과 독창성을 기를 수 있을 것이다.

제10장

신념을 따라 걸어가라

위대함으로 향하는 외로운 길이 평범함으로 통하는 북적이
는 길보다 낫다.

마트쇼나 드리와요(Matshona Dhliwayo)[132]

성장에 몰입하는 삶의 부작용으로 외로움이 찾아오기도 한다. 이때 외로움은 문자 그대로의 의미가 아니다. 여기에서는 아이디어에 몰두하며 홀로 일하는 순간이 많아진다는 뜻이다.

대부분 혼자라는 것은 물리적인 고독이 아니라 아이디어나 생각에 대한 믿음에서 비롯된 고독을 의미한다. 새로운 접근 방식이나 제품을 도입하여 기존의 규범에 도전할 때, 미지에 대한 저항감과 두려움은 피할 수 없는 법이다. 이때 느끼는 고독은 단순한 물리적 고립이 아닌, 아이디어나 생각에 대한 신념을 홀로 지키는 데서 비롯된다.

새로운 접근 방식이나 제품을 제시하여 현재 상태를 혼란스럽게 할 때, 미지에 대한 저항감과 두려움이 나타날 가능성이 커진다. 사람은 본능적으로 이해할 수 없는 것을 두려워하고, 익숙하고 예측 가능한 패턴을 유지하는 데서 안정감을 느끼려는 경향이 있다. 누구라도 이를 피할

132 짐바브웨계 캐나다 작가 및 기업인.

수는 없다.

경계를 넓히는 길은 험난하고 외로운 일일 것이다. 우리는 사회적 존재로서 함께하려는 본능을 갖추었기 때문이다.[133] 그러나 무리의 일원으로 머문다면 평범 이상의 길로 나아가지 못한다. 따라서 사회적 비판에도 개의치 않고 당신이 열렬히 믿는 것에 대한 입장을 고집할 수 없다면, 성장에 몰입하는 삶을 살 자격이 없는 셈이다.

솔직히 말하자면 많은 사람이 적극적인 반발과 함께 당신을 의심하고, 심지어 배척할지도 모른다. 하지만 그 어려움 속에서도 보편적이지 않은 길을 나서 행동할 용기를 발휘해야 한다. 또한 우리와 가장 가깝게 지낸 사람이라도 안전하고 익숙한 한계를 벗어나 성공을 향한 여정에 함께할 수 없으리라는 점도 인정해야 한다.

그러나 비판자가 당신을 흔들게 두어서는 안 된다. 그저 자신만의 길을 개척한 뒤, 그 길의 끝에 다다랐을 때 보상을 누리면 될 일이다. 이에 용기는 훗날 우리에게 큰 결실을 가져다줄 것이다. 그렇다고 그 과정 가운데 특히 노력의 결과를 바로 확인할 수 없는 초기나 시작 단계에서 여러 정신적 어려움을 극복할 필요가 없다는 뜻은 아니다.

고독을 수용하기 위해서는 혼자 있는 상황에 적응하면서 자신의 진정한 모습을 받아들여야 한다. 우리는 종종 타인 앞에서 자신의 가장 어두운 면을 숨기기 위해 가면을 쓴다. 그러나 고독은 우리의 가장 깊은 곳에 자리한 진정한 자아를 마주보게 한다. 이는 특히 자기 인식이 부족한 사람에게 어려운 과정이 될 것이다.

'자신의 가장 큰 적은 자기 자신이다.'라는 말이 있다. 이 말에 특별히 해당하는 유형은 자기 인식이 부족한 사람일 것이다. 혼자 있을 때는 어떠한 가면도 쓰지 않은 자신의 민낯이 드러나기 마련이다. 이러한 상황에서 생각을 나눌 사람은 오직 자기 자신뿐이라는 사실을 상기한다.

또한 고독은 창의성과 생산성 향상에 중요한 역할을 한다. 혼자 있을 때면 자신을 우선순위에 두고 시간을 자유롭게 관리할 기회가 생기기 때

---

133   Sarah DiGiulio, "In good company: Why we need other people to be happy", NBC News: Better, January 9, 2018.

문이다. 인간은 본능적으로 사회적 상호 작용을 갈망한다. 그러나 혼자 있는 시간에는 자신의 삶에 주도적으로 몰입하면서 명상과 함께 지향성을 성찰하며, 원하는 길을 계획할 기회를 마련할 수 있다.

그렇다면 당신이 가장 최근에 혼자 있었던 때를 떠올려 보자. 당신은 그 시간에 무엇을 이루었는가? 그리고 그 답변을 다섯 명 이상의 사람과 함께했을 때와 비교한다. 그때는 무엇을 이루었는가?

아마 혼자였을 때 더 생산적이었을 가능성이 크다. 혼자 있을 때는 외부의 방해 없이 자신과 목표에 더 집중할 수 있기 때문이다. 자신만의 길을 개척하면 미래에 보상을 받는다. 경계를 확장하는 행동을 받아들인다는 것은 자신이 항상 정확한 길을 가고 있지 않음을 인정하는 것이다. 이와 동시에 목표를 달성하기 위한 행동을 반복하며, 이 과정을 지속할 용기가 필요하다는 의미이기도 하다.

◆ '나'를 알면 미래가 보인다

나는 행복과 인간 본성을 살피는 유명 작가이자 탐구자인 그레첸 루빈(Gretchen Rubin)과 함께 팟캐스트 인터뷰를 진행한 바 있다. 루빈은 성공을 추구하는 과정에서 자기 발견의 중요성에 관한 귀중한 통찰을 제시했다. 그녀는 행복이 모두에게 천편일률적으로 적용되는 하나의 공식으로 간단히 정리될 수 없다고 말한다. 이에 각자 고유한 기질과 가치관, 관심사, 타고난 특성을 받아들이고 자신의 길을 찾아야 함을 강조한다.

루빈이 말한 바와 같이 자신에 대한 파악은 심오하면서도 반드시 필요한 도전이다. 그녀는 다음과 같이 개인적인 경험으로 얻은 지혜를 나눈다.

> "자신에 대한 이해는 인생에서 큰 과제입니다. 마법처럼 한 번에 해결할 방법은 없어요. 각자가 스스로 결정해야 합니다. 나를 더 행복하게 하는 것, 나에게 어울리는 것은 무엇인가를 스스로 질문하세요."

그러나 사회적 압박과 이루지 못한 것에 대한 갈망, 그리고 자신에 대한 고정관념 속에서 자기 이해란 어려운 일이다. 우리는 종종 외부에서 가정된 정체성과 진정한 자아 사이의 괴리를 인식하지 못한다.

루빈은 자기 발견의 여정을 시작할 때, '당신은 무엇을 속이려 하는가?'와 같이 내면을 성찰할 수 있는 질문을 던지라고 제안한다. 거짓은 우리의 가치관과 행동 간의 괴리를 드러낸다. 아니면 '누구를 부러워하는가?' 같은 질문도 괜찮다. 부러움은 불편한 감정이지만, 무의식적 욕망을 나타내는 이정표가 될 수 있기 때문이다.

자기 인식의 또 다른 방법은 어린 시절의 즐거운 추억을 되새기는 것이다. 이에 루빈은 '10살 때 무엇을 하며 즐거워했는가?' 같이 단순하면서도 깊은 의미가 숨어 있는 질문을 제안했다. 어른으로서 바쁜 일상을 살아가다 보면 진정한 기쁨을 주는 것을 잊어버리기 쉽다. 마음을 나누는 동반자와 공원을 산책하거나 손으로 직접 무언가를 만든 경험, 또는 한때 우리를 기쁘게 했던 활동과 다시 연결된다면 지향성을 되살려 앞으로의 방향을 찾을 수 있다.

루빈은 "더 행복한 삶을 원한다면 자신에 대한 이해가 절대적으로 중요하다."라는 확언으로 결론을 맺는다. 이처럼 자기 인식이라는 어려운 과제를 수용하는 것이야말로 진정성과 충만함이 어우러진 삶으로 가는 문을 여는 열쇠이다.

◆ 경계를 확장하라

평범함이 지배하는 세상에서 우리의 진정한 신념을 주장하는 일이 유독 벅차게 느껴지는 환경이라면 자기 인식과 경계 확장의 중요성은 더욱 커진다. 그레첸 루빈의 통찰이 제시하는 바와 같이 깊이 있는 탐구의 여정은 한계를 넘어 특별한 보상을 얻을 수 있도록 우리에게 힘을 준다.

경계의 확장은 본질적으로 핵심 가치에 접근하여 잘못될 수 있다는 두려움을 극복할 것을 요구한다. 이는 내가 깊이 연구한 변혁적 리더의 공통 특징이기도 하다. 애플의 공동 창립자인 스티브 잡스는 경계 확장에 탁월한 능력을 보여 준 대표적인 사례이다.

잡스의 영향력과 더불어 지금까지 이어지는 그의 유산은 핵심 가치에 대한 흔들림 없는 노력에서 비롯된다. 그는 혼자일 때도 신념을 굳건히 지켰다. 이처럼 확고한 결단력은 일과 미디어 소비, 대인 커뮤니케이션 영역에서 일대 혁명을 일으키며 기념비적인 성공을 거두는 데 중심적인 역할을 했다.

신념에 대한 잡스의 굳은 믿음은 기존의 질서에 도전하여 획기적인 혁신을 창출할 수 있도록 했다. 이에 그는 핵심 가치를 의사 결정 과정에 통합하여 수백만 명이 공감하는 비전을 형성함으로써 전례 없는 성취를 이루어 냈다.

잡스의 탁월함은 분명 보통 사람과는 다르게 비범한 편이다. 그러나 우리는 실패에 대한 두려움을 극복할 수 있었던 그의 습관과 행동에서 중요한 통찰을 얻을 수 있다. 이에 우리의 행동을 핵심 가치와 일치시킴으로써 진정한 자아를 지키고 있다는 확고한 자신감으로 경계를 확장하는 노력에 집중할 수 있다. 이처럼 가치에 충실한 삶을 위한 노력은 회복력을 강화하여 그 과정에서 불가피한 도전과 좌절의 극복을 돕는다.

◆ 거인의 가르침

스티브 잡스가 경계를 확장하는 기술을 숙달한 비법을 설명하기에 앞서, 나 역시 그 과정의 두려움을 알고 있음을 이야기해 두고 싶다. 설령 우리가 세계 첨단 기술의 역사에 길이 남을 제품을 만들어 내는 것이 아닐지라도 두려움은 따르기 마련이다.

내가 컴퓨터 제조사 델에서 정보기술 최고 책임자로 일할 때였다. [134] 당시 회사는 하드웨어 제조사에서 솔루션 공급자로 바뀌어 가던 전략적 전환점에 있었고, 그 일환으로 수많은 서비스와 소프트웨어 사업체를 인수하던 중이었다. 이와 동시에 글로벌 최대 규모의 Oracle Quote

134 Seesmic, "John Miles CIO of Dell explains how Seesmic is used with Chatter at Dell", YouTube video, April 11, 2011.

to Cash(Q2C) 구현을 진행하고 있었는데, 이는 전 세계 수천 개의 시스템을 대체하는 작업이었다. 이는 회사에서 가장 중요한 내부 프로젝트였고, 두말할 나위 없이 큰 작업이었다.

나는 델의 다른 사업 부문 사장으로 승진한 전임자에게서 그 프로젝트를 인계받았다. 그리고 얼마 지나지 않아 전환을 위한 솔루션이 우리의 새로운 소프트웨어 사업의 요구 사항을 충족하지 못한다는 사실을 발견했다. 구체적으로는 구독 청구를 비롯하여 새로운 비즈니스에 필요한 여러 세부 요소를 지원하지 못했다.

그때 델에서는 대규모 전환 프로젝트에 착수하면서 당사 최대 프로그램에 매년 1억 달러 이상을 쏟아붓고 있었다. 이는 곧 나와 우리 팀은 이를 완벽히 수행해야 한다는 뜻이기도 했다. 나는 기존 계획의 결함을 인식하고, 대안을 평가하기 위해 전문가로 구성된 태스크포스를 구성했다.

태스크포스는 델에서 뛰어난 인재 8명과 세일즈포스와 주오라(Zuora)의 최고 인재, 그리고 새로 인수한 공급업체 붐아이(Boomi)의 대표로 구성되었다. 우리는 요구 사항을 충족하면서도 훨씬 저렴한 비용에 빠른 속도로 구현 가능한 매력적인 솔루션을 개발했다. 객관적으로도 그 솔루션을 분명히 선택해야 했다. 그 솔루션이야말로 델 직원과 주주에게 더 나은, 현실적인 선택이었기 때문이다.

그러나 막상 결정을 내리기는 매우 어려웠다. 이전 솔루션은 정보기술 실행운영위원회 고위 임원과 내부 후원자에게서 폭넓은 지지를 받고 있었기 때문이다. 온라인 부문 사장 론 로즈(Ron Rose)와 기업 전략 부문 상무 데이브 존슨(Dave Johnson)만은 그 딜레마를 완전히 이해했지만, 그들은 운영위원회 소속이 아니었다.

따라서 두 가지 선택의 기로에 서게 되었다. 다수의 의견을 따를 것인가? 아니면 나의 기본 원칙을 지키며 주주에게 최선의 이익이 되는 선택을 지지할 것인가?

나는 보통 재무 및 인사 분야 최고 책임자이자 총괄 법률 고문인 마이클 델을 그의 전용 카페테리아에서 만나곤 했다. 어느 날 아침, 마이클과 함께 커피를 마시면서 나는 당시의 딜레마를 이야기하며 그에게 조언을 구했다. 그러자 그는 지금까지 잊을 수 없는 답변을 건넸다.

> "내가 이 회사를 처음 시작했을 때, 소비자에게 제품을 직접 제공하는 서비스는 방향이 잘못되었다고 말하는 회의론자들이 많았지."

마이클은 위와 같이 말하면서 "때로는 옳다는 것이 외로움을 의미하기도 하네."라는 말을 덧붙였다. 그런데 그 말은 처음 들은 것도 아니었다. 존경하는 성장 몰입형 리더이자 나의 멘토, 그리고 전 직장 상사인 제이 스키빈스키(Jay Skibinski)도 몇 년 전 논란이 되었던 글로벌 프로젝트를 추진하면서 마이클과 똑같은 말을 한 적이 있었다.

나는 마이클의 조언을 되새기며 지금까지의 커리어에서 수없이 마주한 선택의 기로를 떠올렸다. 나는 다수의 지지를 받는 길과 함께 더 외롭고 힘든 길을 택할 수도 있었다. 다만 후자는 훨씬 더 큰 보상을 가져오는 경우가 많았다. 그러나 그때 닥쳐 오는 정신적 어려움은 생각보다 감당하기 힘들며, 수많은 이들의 의심도 받을 것이다. 이러한 도전 속에서도 우리는 다른 길을 선택하여 행동에 나설 용기를 가져야 한다.

그렇다면 결과는 어땠을까? 결국 나는 회사와 주주를 선택했으며, 새 솔루션을 추진하기로 결정했다. 그것이 회사에 가장 유리한 결정이었기 때문이다. 그러나 이러한 결정으로 델 기술위원회의 일부 고위 임원은 체면이 손상되었다는 이유로 나를 델에서 방출시키려 들면서 나는 정보 기술 최고 책임자 자리에서 물러나야 했다.

그렇게 내가 떠나고 약 1년 후의 일이었다. 후임자가 델의 재무 최고 책임자 브라이언 글래든과의 최근 회의에서 들은 소식을 전해 주었다. 그가 전한 메시지의 핵심은 다음과 같았다.

> "존 마일스의 판단이 옳았다. 그의 판단을 신뢰했어야 했다."

본질적으로 경계의 확장은 이에 수반되는 고독을 받아들이고, 그 과정에서 발생할 수 있는 잠재적 결과에 대비하겠다는 의미가 담겨 있다. 또한 다른 이들과 다른 길을 개척하며, 그 과정에서 일시적인 고립도 감당할 것을 요구하기도 한다. 하지만 핵심 가치에 대한 확고한 노력과 담대한 자세로 미지의 영역을 탐험한다면, 변혁적인 성공을 이룰 위치에 서게 된다.

따라서 잘못될 수 있다는 두려움을 극복하고, 신념에 대한 확고한 믿음과 함께 목표를 실행할 결단력을 세워야 한다. 핵심 가치를 기반으로 어떤 것에도 흔들리지 않은 채 경계 확장에 전념한다면, 평범함을 넘어 혁신과 성취라는 놀라운 유산을 남길 수 있다.

◆ '옳음'을 굽히지 말라

내가 델에서 재직하던 시절의 경험에서 알 수 있듯, 옳다고 믿는 것을 선택하는 일은 곧 그에 따른 결과까지 감내하겠음을 뜻한다. 이 과정에서 조직의 외면을 받거나 현재의 지위에서 물러나야 하는 상황이 발생하기도 한다. 그렇기에 다수의 의견을 따르고 무리에 머물고자 하는 유혹에 더욱 쉽게 빠질 수 있다.

다음으로는 혼자이지만 옳은 것을 고수하는 일에 더 익숙해지는 전략을 몇 가지 다루고자 한다. 그중 잘못될 수 있다는 두려움을 극복하는 방법부터 먼저 살펴보도록 하겠다. 이를 잘 이해하기 위해 실리콘밸리 역사상 가장 유명하고 혁신적인 기업가를 조명하고자 한다. 그렇다. 바로 스티브 잡스다.

아이러니하게도 잡스는 여러 이유로 실리콘밸리에서 거의 신적인 인물로 여겨진다. 그는 완벽한 디자이너였으며, 기술 역사상 가장 혁신적인 제품들을 창조하여 세상에 내놓을 용기가 있는 인물이었다. 또한 기존의 관행과 비즈니스 모델에 대한 도전을 두려워하지도 않았다. 그가 PC, 음악, 텔레비전 등 여러 산업을 혁신했다는 주장은 조금도 틀리지 않았다.

현업에 있던 시절, 잡스는 그리 긍정적인 평판을 얻지는 못했다. 사실 그는 사회적으로 '고립된 섬'에 갇혔던 순간이 많았다. 직원들은 그의 리더십 스타일을 불평했으며, 그를 냉정하다고 여기는 사람도 있었다. 이에 잡스가 혼자 점심을 먹었다거나, 직원들이 그를 보면 멀리서부터 피했다는 이야기도 많다.

하지만 잡스는 자신이 만드는 제품에 강한 확신이 들 때면 결코 자기 입장을 굽히지 않았다는 이야기도 전해진다. 그는 자신의 비전이 고객과 공명할 것이라는 깊은 믿음이 있었기에 절대 물러서지 않았던 것이다.

잡스가 그러한 태도를 보인 사례는 수없이 많은데, 여기에서는 그중 두 가지를 다루고자 한다. 첫 번째는 공동 창립한 회사를 떠난 것, 두 번째는 아이튠스(iTunes, 현 애플 뮤직)를 출시한 뒤 아이팟(iPod)과 결합하여 음악 산업을 재편한 사실이다.

전설의 퇴장

1980년대 스티브 잡스는 자신이 세운 회사를 떠났다. 1976년, 잡스와 스티브 워즈니악(Steve Wozniak)이 공동 창립한 애플은 1985년이 되어 중요한 기로에 서게 되었다.[135] 애플은 최근 그래픽 사용자 인터페이스를 포함한 최초의 컴퓨터 리사(Lisa)를 출시한 뒤로 이후 널리 알려진 매킨토시를 시장에 선보였다. 이들 제품은 애플 고객의 큰 호응을 얻었지만, 그 열정이 시장 점유율 상승으로 이어지지는 않았다.

당시 최고 경영자인 존 스컬리(John Sculley)와 애플 이사회는 그에 만족하지 못했다. 이에 스컬리와 잡스 사이에 권력 다툼이 일어나기 시작했다. 스컬리는 학교, 소규모 비즈니스, 가정용 시장에 판매할 수 있는 개방형 아키텍처 컴퓨터를 지향했지만,[136] 잡스는 폐쇄형 아키텍처의 매킨토시에 집중하기를 바랐다. 매킨토시가 시장을 선도하던 IBM PC의 매

135 Matt Weinberger, "This is why Steve Jobs got fired from Apple – and how he came back to save the company", Business Insider, July 31, 2017.

136 "Steve Jobs", Wikipedia.

력적인 대안이 될 수 있다고 보았기 때문이다.[137]

잡스는 자신의 비전을 고수했다. 그런데 그가 해고되었는지, 자발적으로 회사를 떠난 것인지는 여전히 논란의 여지가 있다.[138] 잡스와 스컬리, 애플 이사회 사이에 쌓인 여러 갈등이 그의 퇴사에 영향을 미쳤을 가능성도 있다. 어쨌거나 이런 상황에서도 잡스는 자신의 비전에 타협하지 않았다. 그는 애플 제품과 회사에 대한 자신의 비전이 결국 인정받을 것임을 직관적으로 알고 있었다. 초기에 재정적 성과가 보이지 않더라도 말이다.

잡스는 넥스트(NeXT)에서 아이디어를 계속 발전시켜 왔으며, 10년도 더 지나서 애플에 복귀했다. 그리고 아이맥(iMac)을 출시하며 역사를 만들어 나갔다.[139]

결과적으로 잡스가 옳았지만, 그는 애플 초창기에 자신의 비전을 고수한 대가로 회사를 나와야 했다. 이후 넥스트에서의 리더십도 순탄하지 않았다.[140] 이러한 상황에서 많은 사람이 자신의 목표를 포기하고 다수의 흐름에 편승했을 것이다. 그러나 잡스는 그러한 부류의 사람이 아니었다. 그는 틀릴 수도 있다는 두려움을 단호히 억누르며 자신의 비전을 끝까지 밀어붙였다. 그리고 결국 그 선택은 성공으로 이어졌다.

음악 산업을 바꾼 비전

잡스가 애플을 떠난 뒤에도, 그는 홀로 신념을 추구하며 자신이 옳았음을 증명한 또 다른 사례가 있다. 바로 아이튠스와 아이팟의 탄생이다. 사실 아이팟이 최초의 디지털 음악 플레이어는 아니었다. 당시에도 워크맨(Walkman)과 디스크맨(Discman)을 비롯한 음악 플레이어가 이미 출시되어 사용자가 이동 중에도 좋아하는 음악을 들을 수 있게 하여 큰 인

---

137   앞과 같음.

138   Matt Weinberger, "This is why Steve Jobs got fired from Apple – and how he came back to save the company", Business Insider, July 31, 2017.

139   위와 같음.

140   "Steve Jobs", Wikipedia.

기를 끌고 있었다.

그럼에도 잡스는 음악 플레이어 시장에 여전히 큰 잠재성이 있다고 판단했다. 아이팟은 최대 1,000곡까지 저장할 수 있는 획기적인 용량뿐 아니라,[141] 개별 곡 구매 및 다운로드까지 지원했다.[142]

원하는 곡을 선택해 음악을 소비하는 방식은 음악 산업계의 판도를 바꾸었다. 이러한 방식은 이전에 아무도 시도한 적이 없었으나, 잡스는 이것이 소비자에게 더 나은 경험을 제공할 것이라 확신했다. 반면 음악 산업계는 충격에 빠졌다. 그들은 앨범 단위로 음악을 판매하는 전통적인 방식에 익숙했던 탓에 곡당 99센트라는 판매 방식이 업계를 파괴할 것이라 주장했다.

음악 산업계에서의 비판은 결국 잡스의 발목을 잡았다. 아이튠스에서 음악을 판매하려면 음반사의 라이선스 승인이 필요하기 때문이다. 그러나 잡스는 난관에 부딪혔음에도 자신의 신념을 굽히지 않았다.[143] 물론 그가 틀릴 가능성도 있었다. 소비자가 곡 단위로 음악을 구매하려는 수요를 과대평가했을 수도 있다. 그럼에도 잡스는 실패에 대한 두려움을 극복하고 일을 계획대로 밀어붙였다.

결국 음악 산업계도 잡스의 비전을 인정하게 되었다.[144] 아이튠스는 뮤지션과 음반사의 작품 수익화에 중요한 수단이 되었다. 소비자들은 곡당 99센트라는 저렴한 가격 덕분에 이전에 주목하지 않았던 새로운 아티스트를 발견할 기회가 넓어지면서 그 방식에 열광했다. 이후 스트리밍 서비스의 부상으로 음악 시장은 다시 변화를 맞이하기는 했지만, 소비자가 음악을 구매하는 방식에서 잡스의 초기 비전은 성공을 거두었다.

141   Shawn Knight, "Original iPod first went on sale 12 years ago with 5GB of storage capable of holding 1,000 songs", TechSpot, November 11, 2013.

142   Andy Langer, "Is Steve Jobs the God of Music?" Esquire, September 10, 2014.

143   위와 같음.

144   Seth Mnookin, "Universal's CEO Once Called iPod Users Thieves. Now He's Giving Songs Away", WIRED, November 27, 2007.

◆ 외로움에 굴하지 않는 법

평범함이 지배하는 세상에서 자신의 진정한 신념을 드러내기 주저하는 사람이 많다는 사실은 그리 놀랍지 않다. 그러나 자기 확신과 회복력을 키우기 위한 변혁의 여정을 시작하려면 익숙한 경계를 넘어서려는 용기가 필요하다. 이러한 노력은 행동과학 원칙과 관련이 있는데, 핵심 가치는 인간의 행동과 동기, 의사 결정을 형성하는 데 중요한 역할을 하기 때문이다.

핵심 가치는 우리 삶의 여러 측면에 영향을 미치는 지침으로 작용한다. 이 핵심 가치는 다음과 같은 방식으로 우리에게 힘을 준다.

- 목표 설정과 우선순위: 핵심 가치는 인생의 나침반 역할을 하며, 진정으로 중요한 것을 분별해 내어 의미 있는 목표를 설정할 수 있도록 한다. 우리는 핵심 가치에 따라 행동함으로써 개인적 성장의 탄탄한 기반을 마련할 수 있다.
- 도덕적·윤리적 의사 결정: 핵심 가치에는 복잡한 윤리적 딜레마를 헤쳐 나가도록 인도하는 도덕적 지침이 내재되어 있다. 가치를 존중할 때, 우리의 선택이 원칙 및 진정성과 합치될 수 있다.
- 관계: 핵심 가치는 타인과의 상호 작용 방식을 형성하며, 친구와 파트너, 사회적 관계를 선택하는 데 영향을 미친다. 우리의 가치를 공유하는 사람과 관계를 맺음으로써 더 깊은 유대감을 형성하고 지지하는 관계망을 만들어 갈 수 있다.
- 조직 문화: 조직 내에서 핵심 가치는 문화를 정의하며, 정책, 관행, 의사 결정 과정을 이끄는 역할을 한다. 조직의 핵심 가치가 직원의 개인적 가치와 일치할 때 긍정적인 근무 환경이 조성되며, 직원의 만족도와 노력, 성과를 촉진한다.

우리의 핵심 가치를 이해하고 규명하기 위해서는 익숙한 습관의 틀을 벗어나는 용기가 필요하다. 이는 우리의 신념에 부합하는 새로운 행동을 의식적으로 길러 내고 힘을 북돋는 습관의 형성 과정까지를 포함한다.

스티브 잡스의 놀라운 여정에서 때때로 혼자가 되는 두려움을 감수하면서도 낯섦을 받아들이라는 귀중한 교훈을 얻을 수 있다. 잡스는 자신이 틀릴 것이라는 두려움을 극복하는 능력을 보여 준 인물이었다. 자신이 설립한 회사를 떠나겠다는 대담한 결정을 내린 것이 그 대표적인 예이다. 많은 사람에게는 그러한 선택이 두려운 데다 넘기 어려운 산처럼 느끼기까지 한다. 하지만 잡스는 끝까지 포기하지 않고 그 길을 걸어갔다.

그렇다면 우리가 잡스처럼 행동하고, 옳다고 믿는 선택을 고수하기 위해 안전 영역을 벗어나야 하는 부담을 받아들일 방법은 과연 무엇일까? 이에 쉽고 빠른 해결책은 없다. 이는 계획적인 행동 변화와 꾸준한 연습을 통해 이루어진다. 물론 쉽지 않은 과정이겠지만, 우리에게 힘을 주는 습관을 형성하는 일은 우리의 저변을 확장하는 여정에 큰 도움이 될 것이다.

그 길을 나서기에 앞서 반드시 인식해야 할 근본적인 진리가 있다. 이는 바로 모든 이들을 만족시키는 것이 불가능하다는 사실이다. 기업가, 간호사, 변호사, 관리자를 비롯하여 우리가 누구인가에 상관없이 모든 이가 우리의 관점이나 선택에 동조하거나 만족하지 않을 것임을 알고 있어야 한다.

물론 비판은 견디기 힘들 것이다. 이상적으로는 모든 사람의 기대를 충족하고 싶겠지만, 비판자와 회의론자의 의견은 적절히 구분할 필요가 있다. 여기에는 우리의 일이나 개인적인 의사 결정뿐 아니라 모든 면에서 반대 의견이 존재함을 받아들이는 것도 포함된다. 건설적인 비판은 가치 있는 통찰을 제시하기도 하지만, 기본적으로 그러한 사실을 인정하고 받아들이면 자신이 틀렸을 것이라는 두려움을 극복할 힘이 되어 줄 것이다.

◆ 당신만의 닻을 세워라

미 해안경비대 예비역 중장이자 《장벽을 허물고 기존의 틀에 도전하기(Breaking Ice and Breaking Glass, 국내 미출간)》의 저자인 샌디 스토즈 (Sandy Stosz)와 팟캐스트 인터뷰를 진행했을 때였다. 이 인터뷰에서는 진정으로 사람들이 따르고 싶어 하는 리더가 되는 자질을 주제로 깊은 대화를 나누었다.

나는 스토즈 중장에게 장기적 목표를 달성하려면 일상에서의 선택과 지향적인 노력의 중요성을 이야기했다. 식습관 개선이나 대장이 되겠다 는 열망 모두 우리가 일상에서 꾸준히 내리는 작은 선택을 토대로 성공 의 길을 만들기 때문이다. 나는 그녀에게 삶을 이끌어 가는 방식에서 핵 심 가치와 신념을 얼마나 중요시하는지 물었다. 내 질문에 스토즈 중장 은 아래와 같이 명쾌하게 답변했다.

> "개인의 핵심 가치는 저마다의 본질적 기반이자 다양한 환경 에서의 행동 방식을 결정하는 초석입니다. 핵심 가치와 그 기준 이 없다면, 변덕스러워져 이리저리 흔들릴 수밖에 없습니다. 이 처럼 지금껏 기준 없는 리더가 여론에 따라 끊임없이 입장을 번 복하는 모습을 많이 봐 오지 않았습니까. 저는 '주관이 없다면 매 사에 줏대 없이 흔들릴 수밖에 없다.'라는 말을 참 좋아합니다. 핵 심 가치는 기준을 제공합니다. 자신만의 기준, 주관이 있다면 원 칙과 타협하거나 비윤리적인 관행에 휘둘리지 않을 것입니다."

이어서 스토즈 중장은 자신의 핵심 가치를 언급하였다. 그 가치는 그 녀가 어린 시절부터 다져 온 것이라고 설명했다.

> "제 핵심 가치는 정직과 겸손, 그리고 성실과 인내라는 두 축으 로 구성되어 있어요. 이들 가치는 '저'라는 사람의 본질을 형성한 토대가 되었습니다. 모두 어린 시절에 부모님과 코치, 선생님들 께 배운 것이죠."

그리고 스토즈는 핵심 가치를 폭풍우 치는 바다 한가운데에서 바람에 흔들리지 않게 하는 닻에 비유했다. 이러한 가치는 그녀에게 안정감을 주어 난관을 마주하더라도 길을 잃지 않고 올바른 결정을 내릴 수 있게 했다. 또한 그녀의 행동 기반인 핵심 가치가 나아갈 방향을 알리는 북극성이 되어 준 덕에 역경 속에서도 동요하지 않고 회복할 수 있었다고 말했다. 핵심 가치는 스토즈 중장의 리더십 철학의 필수 요소였고 그녀는 모든 상호 작용에서 이를 최우선으로 삼았다.

스티브 잡스와 스토즈 중장의 통찰을 살펴보면, 사람들이 따르고 싶어하는 리더가 되기 위해서는 단순한 야망이나 장기적인 포부 이상의 것이 수반되어야 한다는 사실이 분명해진다. 이를 위해서는 매일 자신의 가치에 부합하는 선택을 계획적으로 내리는 노력과 끊임없이 성장을 추구하는 자세, 확고한 지향성이 담긴 행동이 필요하다. 핵심 가치를 함양하고 실천하며 살아갈 때, 우리는 원칙에 기반한 리더십의 토대를 쌓는다. 그리고 이를 통해 우리가 이끌고자 하는 이들의 신뢰와 존경을 한몸에 받게 된다.

◆ 확신의 길은 언제나 외롭다

옳다고 믿는 길을 걷는 일이 고독한 데는 그만한 이유가 있다. 집단에서 벗어나 특정 프로젝트나 계획에 자기 입장을 고수하는 것은 두려운 일이다. 하지만 자신이 틀릴 수 있다는 두려움을 극복하는 것이 사실 커리어 목표를 이루는 데 큰 도움이 되며, 이는 성장 몰입형 리더의 핵심 자질에 속한다. 물론 이는 당신의 아이디어나 견해가 옳기만 하다면 상상 이상의 보상을 가져올 역량이기도 하다.

따라서 나는 스티브 잡스 등 성장을 지향하는 사람을 연구할 것을 권한다. 우리 누구도 스티브 잡스처럼 똑같이 살 수는 없지만, 그는 홀로 옳다고 믿는 길을 가기를 주저하지 않았다. 그때는 그도 분명 두려움을 느꼈겠지만, 이를 극복하고 신념을 행동으로 옮김으로써 실리콘밸리에 영원히 지워지지 않을 흔적을 남겼다.

당신도 그와 같은 도전을 받아들일 준비가 되어 있는가?

핵심 가치로 경계 확장하기

✅ 핵심 가치 성찰하기

당신의 핵심 가치를 깊이 있게 되돌아보는 시간을 마련하자. 당신에게 가장 중요한 원칙과 신념은 무엇인가? 마음속 깊이 와닿는 핵심 가치를 최소 세 가지 찾아보자.

✅ 삶의 영역 규명하기

개인, 가족, 직업, 사회, 건강, 재정 등 당신의 삶을 구성하는 다양한 영역을 생각해 본다. 당신의 핵심 가치는 각 영역에서 어떤 역할을 할 수 있는가?

✅ 핵심 가치에 부합하는 삶

당신의 핵심 가치를 삶의 각 영역에 어떻게 연결할 수 있을지 생각해 보자. 예를 들어 그중 하나가 정직이라면 대인 관계, 직장, 재정적 결정을 비롯한 전반적인 삶의 방식에서 정직을 어떻게 실천할 수 있을지 고민해 본다.

✅ 실행 계획 세우기

핵심 가치와 삶의 다양한 영역 간의 연관성을 파악했다면, 이제부터는 행동 계획을 세울 차례이다. 각 영역에서 핵심 가치를 실천하는 구체적 행동이나 방식을 정한다. 현실적인 목표를 설정하고 실행 일정을 수립한 뒤, 자신을 점검할 방법을 생각해 보자.

✅ 노력과 성찰

계획을 실천하며 핵심 가치에 부합하는 삶을 사는 데 전념한다. 주기적으로 진행 상황을 돌아보고, 각 영역에서 핵심 가치가 얼마나 잘 반영되었는지 평가한다. 필요에 따라 실행 계획을 조정하고, 계속해서 핵심 가치를 반영한 의식적인 선택을 내린다.

제2부 │ 행동 양식의 변화

이상과 같이 당신의 의도 아래 핵심 가치를 삶의 모든 측면에 통합함으로써 당신은 진정성, 목적의식과 더불어 더 큰 성취감을 배양할 수 있다. 이 연습을 가치 지향적 삶으로 향하는 변혁의 여정으로 받아들이자. 그리고 핵심 가치가 진정한 자신으로서 의미 있는 삶을 이끌도록 하자.

제11장

생각대로 행동하고 말하라

나는 더 이상 사람들의 말에 귀 기울이지 않는다. 그 대신 사람들의 행동을 지켜본다. 행동은 결코 거짓말을 하지 않기 때문이다.

윈스턴 처칠(Winston Churchill)

성장을 지향하는 사람들은 동전의 양면을 살펴야 한다는 이야기를 한다. 즉 자신의 사고방식과 '내면의 게임'에 영향을 미치는 일에만 초점을 맞추는 것은 적절하지 않다는 것이다. '외부의 게임'에 영향을 주는 사고 과정과 행동, 그리고 자신의 한계를 확장하는 능력에도 주목해야 한다.

물론 사고방식은 정말 중요하다. 따라서 많은 지면을 할애하여 여섯 가지 사고방식 변화와 관련된 주제를 이야기한 것이다. 하지만 사고방식만으로는 큰 의미를 만들어 내지 못한다. 그러니 다른 사람에게 행동할 동기를 불어넣는 것이 중요하다. 성장에 몰입하는 사람들은 습관을 형성하고, 행동과 기술을 익혀 타인에게 자신의 여정을 따라가고 싶어 하도록 영감을 줄 수 있다.

성장에 집중하는 여정은 대부분 내면을 재정비하는 데 초점이 맞춰져 있으나, 외적인 신호를 다루는 것 역시 숙달해야 한다. 성장을 지향하는 사람 가운데 타인의 도움 없이 큰 성공을 거둔 경우는 거의 없다. 따라서 당신은 다른 사람으로 하여금 행동하고 따르며, 함께 목표를 이루고 싶도록 하는 관계를 키워야 한다.

이를 위해서는 그 여정에 합류하도록 이끄는 습관과 기술을 개발해야 한다. 당신과 목표를 위해 끝까지 함께하며, 심지어는 목숨까지 걸 수 있는 팬을 양성해야 한다. 또한 암묵적인 신뢰와 충성을 기반으로 한 환경을 조성하는 것 역시 중요하다.

그렇다면 그러한 결과를 이룰 방법은 무엇인가? 답은 몸소 실천하는 것이다.

제이 스키빈스키(Jay Skibinski)는 호주에 본사를 둔 수십억 달러 규모의 다국적 금융 서비스 및 부동산·인프라 그룹인 랜드리스코퍼레이션(Land Lease Corporaion)을 비롯한 여러 회사에서 정보기술 최고 책임자를 역임한 인물이다.[145] 그는 매우 성공한 사업가이자 랜드리스 재직 시절 나의 상사였다.

그때 제이는 내게 많은 것을 가르쳐 주었다. 그중에서 가장 중요한 것으로 "발로 말하거나 행동하라."라는 메시지였다. 이 말은 즉 사람의 말만 믿지 말고 행동을 보라는 뜻이었다.

누구나 거창한 말을 늘어놓을 수 있다. 회사의 목표나 조직의 방향을 바꿀 새로운 프로젝트에 대해 뻔한 이야기를 그럴듯하게 포장해 공유하기는 쉽다. 직원들이 그 프로젝트에 열광하는 모습에 세상을 사로잡을 만반의 준비가 된 것처럼 보일 수도 있다. 하지만 진정한 노력과 열정은 어려운 선택의 순간 속에서 과감한 선택을 종용받을 때 드러나는 법이다.

성장에 몰입하는 사람이 되고자 한다면, 사람들이 자신의 말을 어떻게 행동으로 뒷받침하는지 주의 깊게 살펴야 한다. 카리스마 넘치는 연설이나 거창한 약속은 사람을 혹하게 만들지만, 진정한 노력은 꾸준한 행동과 실천으로 입증된다. 따라서 조직 내에서 신뢰와 충성을 구축하려면 말이 아닌 행동에 초점을 맞추어야 한다.

145 "US - Lenlease", Lendlease.

성장지향성

사람들의 행동을 관찰하면 당신의 비전과 목표에 진정으로 부합하는 이들을 알아볼 수 있다. 이러한 유형의 사람은 한결같이 목표를 위해 행동하며 더 큰 노력도 주저하지 않는다. 목표를 이루고 지속적인 영향력을 만들어 내려면 반드시 그러한 사람과의 관계를 키우고, 당신을 위해 노력할 사람으로 주변을 채워야 한다.

그러니 잠시 당신의 행동이 주변 사람에게 영감을 주는 강력한 힘을 인식해 보자. 흔들림 없는 노력과 열의로 모범을 보임으로써 다른 사람에게 깊은 영향을 미친다. 당신의 가치관과 원칙을 행동으로 직접 보여줄 때, 다른 사람의 마음속에도 동기가 부여되면서 당신과 같은 길을 따르게 된다.

"발로 말하고 행동한다."라는 말의 의미를 더 잘 이해할 수 있도록 내 경험과 유튜브 전 최고 경영자인 수잔 워치츠키(Susan Wojcicki)의 사례를 살펴보도록 하겠다. 이 이야기를 통해 행동으로 타인에게 행동을 이끌어 내도록 자극하는 방법에 대한 통찰을 얻을 수 있을 것이다.

◆ 입보다 발로 말하라

로우스 홈임프루브먼트에서 일하던 시절, 이 회사는 글로벌 홈 인테리어 소매업체의 선두주자가 되겠다는 피끓는 목표를 달성하기 위해 노력하던 중이었다. 1,400개가 넘는 매장을 보유하면서 홈디포와 치열하게 경쟁하던 로우스는 놀라운 성장을 이루어 냈다. 기업 문화는 활기차고 열정이 넘쳤으며, 〈포춘〉 선정 50대 기업이라는 거대한 규모에도 마치 끈끈한 가족의 일원이 된 듯한 느낌이었다.

최고 경영자 로버트 틸먼, 최고 재무 책임자 로버트 니블록, 최고 사업 책임자 래리 스톤을 위시한 고위 경영진은 직원과의 빈번한 소통으로 다양한 회사 현황이 업데이트된 소식을 전했다. 이처럼 개방적이고 유대감 높은 환경은 직원에게 자부심과 충성심을 심어 주었다. 그리고 구성원에게 조직의 핵심 원칙과 목표와 더불어 고객과 밀접하게 연결되어 있다는 느낌을 주었다.

그러나 노스캐롤라이나주 무어스빌로 본사를 이전하면서 로우스의 상황이 변하기 시작했다. 불과 96km 떨어진 곳이었는데도 말이다. 본사 이전 과정에서 직원과 경영진은 각자 다른 지역으로 분산 배치되었다. 직원과 상시 접촉하던 임원들은 본사 이전 후 폐쇄적인 임원 전용 구역에 자리 잡으면서 일반 직원과의 소통이 제한되었다. 이러한 물리적 거리의 변화는 기업 문화에 부정적 영향을 미치기 시작했다.

결과적으로 직원은 회사에 대한 주인 의식을 점차 잃어 가기 시작했고, 회사에 대한 자부심 또한 점점 약해져 갔다. 프로젝트팀의 결속력과 긴박감은 떨어졌으며, 회사에서 내놓는 전략은 갈수록 엉망진창이 되었다. 그렇게 로우스는 방향성을 상실하면서 경쟁사인 홈디포를 따라잡는 데 어려움을 겪었다. 회사의 과거 문화와 핵심 가치 사이의 괴리가 점점 뚜렷해졌기 때문이다.

로우스의 경험이 주는 교훈은 명확하다. 바로 임원은 직원과 적극적으로 소통하면서 기업의 가치와 문화를 밀접하게 연결하는 노력을 꾸준히 유지해야 한다는 것이다. 결국 "발로 이끈다."라는 말의 의미는 헌신감을 유지하면서 언제든 접근가능한 관계를 만들어 소속감을 키운다는 것이다.

이를 위해서는 임원부터 대면 소통을 우선시하고, 협업의 기회를 만들어 회사의 핵심 원칙을 끊임없이 강화해야 한다. 이러한 방식으로 리더는 직원들의 충성심을 고취시켜 팀의 결속력을 유지함으로써 성장과 변화의 시기에도 지속적인 성공을 끌어낼 수 있다.

행동은 말보다 강하다

로우스의 사례는 말과 행동이 일치하지 않을 때, 재정적, 문화적으로 발생하는 부정적인 결과를 명확히 보여 준다. 그렇다면 '발로 말하기'라는 개념은 개인의 삶과 인간관계에 어떻게 적용될 수 있을까?

'발로 말하기'란 단순히 말에 그치지 않고 행동으로 생각과 감정, 의도를 직접 전달한다는 의미를 지닌다. 이는 말보다 행동이 더 큰 영향을 남긴다는 뜻의 "행동은 말보다 강하다.(Actions speak louder than words)"

라는 격언을 체현한 개념이다. 즉 말에 의존하지 않고 구체적인 행동으로 자신의 노력과 믿음을 보여 주어야 한다는 것이다.

성장에 몰입하는 사람들은 삶의 모든 측면에서 발로 말하기 원칙을 실천한다. 이 원칙은 본질적으로 행동으로 귀결된다. 어떠한 일을 거부하는 사람이라면 행동에서 망설임이 드러나기 마련이다. 반면 목표나 비전을 진정으로 지지한다면 기회를 기꺼이 받아들이며 온 힘을 다해 난관에 맞선다. 이에 그러한 사람이 내리는 선택과 행보를 관찰하면 그 미묘한 차이를 분명히 알 수 있다.

진정성 있게 '발로 말함'으로써 주변 사람에게도 당신과 같은 행동을 하도록 자극할 수 있다. 이 개념은 의미 있는 관계를 만들고, 성장을 촉진하며, 타인과의 소통에서 신뢰를 형성하는 지침이 된다. 결국 발로 말하기 원칙은 진정성 있는 관계 구축과 개인의 성장, 행동과 의도가 조화롭게 합치되는 환경을 조성하는 핵심적인 기반을 다진다.

타인의 모범이 되어라

지금까지 성장에 몰입한 사람으로서 뛰어난 자질을 겸비한 인물을 다양하게 만났다. 하지만 그중에서도 IT업계의 대표격 리더인 유튜브 전 최고 경영자 수잔 워치츠키에 주목하고자 한다. 그녀는 발로 말하기 원칙을 일상 업무에 일관적으로 실천한 인물로 손꼽힌다.

워치츠키는 구글에서 오랜 시간 눈부신 커리어를 쌓았다.[146] 사실 구글의 역사는 래리 페이지와 세르게이 브린이 워치츠키의 차고에서 작업을 시작하면서 시작되었다.[147] 이후 그녀는 구글의 첫 마케팅 매니저로 합류하여 구글 두들스, 구글 이미지, 구글 북스, 구글 애드센스 등 대표적인 제품과 기능 개발에 기여했다.[148] 이뿐 아니라 더블클릭(DoubleClick)과 유튜브 인수를 총괄하여 구글의 성장을 이끌었다.

2014년, 워치츠키는 유튜브 최고 경영자로 취임했다. 유튜브는 인수

146   "Susan Wojcicki", Forbes, updated June 1, 2023.

147   "Susan Wojcicki", Wikipedia.

148   "Susan Wojcicki Leadership Style", StudySmarter.

당시에도 인기 있는 플랫폼이었지만, 그녀의 리더십 아래 구글 다음으로 많은 방문자 수를 자랑하는 웹사이트가 되었다.[149] 유튜브의 정확한 가치는 알려져 있지 않지만, 한 분석가가 최대 3,000억 달러에 이른다는 추정치를 제시한 바 있다.[150]

워치츠키가 유튜브를 오늘날과 같은 대성공으로 이끈 것은 수많은 자질이 작용한 결과이다. 다만 여기에서는 발로 말하는 그녀의 능력을 중심으로 이야기하고자 한다.

워치츠키가 IT업계에서 경력을 쌓으며 경험한 사례는 발로 말하는 그녀의 능력을 매우 분명히 보여 준다. IT업계가 남성 중심 산업이라는 사실은 반론의 여지가 없는 현실이다. 이 업계에서 여성 리더의 비율은 여전히 적지만, 서서히 개선되는 추세이다.

워치츠키는 CNBC와의 인터뷰에서 자신이 정당한 존중과 주목을 받기 위해 한층 더 노력해야 했다고 말했다.[151] 그녀는 여러 차례 미묘한 차별을 겪었으며, 회의에서 종종 다른 사람이 자신의 말을 끊거나 의견을 묵살하는 때도 있었다. 이에 대응하기 위해 그녀는 그 자리에서 바로 타인의 행동을 지적하면서 자신의 의견을 명확하고 자신감 있는 태도로 전달해야 했다.[152]

구글에서 승진을 거듭하며 유튜브 최고 경영자가 된 워치츠키는 동료에게 직접적으로 접근하라고 조언했다. 이뿐 아니라 유튜브에서 여성 직원 채용을 늘리는 것을 최우선 과제로 삼았다. 이에 유튜브에 성별 다양성을 도입하면서 직장 내 성별 격차와 성차별 해소의 중요성을 직접 보여 주었다.

149 Kit Smith, "57 Fascinating and Incredible YouTube Statistics", Brandwatch, February 21, 2020.

150 Daniel Strauss, "Here's why one analyst thinks YouTube could be worth $300 billion as a standalone company, making it more valuable than AT&T, Exxon Mobil, and Bank of America", Business Insider, October 29, 2019.

151 Courtney Connley, "YouTube CEO Susan Wojcicki: Here's what to say when men are talking over you at a meeting", CNBC, August 20, 2019.

152 위와 같음.

그녀는 CNBC와의 인터뷰에서 위와 같은 리더십은 "위에서부터 시작해야 한다."라고 강조했다.[153] 리더는 말에 그치지 않고 일상적인 업무 속에서 실천해야 한다. 이처럼 리더가 실천하는 모습은 조직원에게도 동일한 행동을 하게끔 동기를 부여한다.

직접 행동으로 보여 주는 리더십에 대한 워치츠키의 노력은 유튜브 최고 경영자로서의 역할을 넘어 그녀가 탄생부터 함께 해온 구글의 성장과 재정적 성공으로도 이어졌다.[154] 성공적인 IT 기업의 창립에 필요한 희생과 끊임없는 노력을 직접 경험했기에 워치츠키는 성공으로 향하는 여정을 잘 알고 있었다. 그녀는 직장 내 성별 격차에 대해 논의하며 다음과 같은 내용을 강조했다.

> "결국 남녀를 불문하고 최고 경영자에 오른 사람은 모두 커리어상에서 성공할 만한 끈기와 치열한 노력을 보여 주었습니다. 이는 단순히 기술이나 능력의 문제가 아닌, 치열한 헌신과 노력이 수반되어야 한다는 의미입니다. 결국 최고 경영자는 성별에 관계없이 사업의 성장과 성공이라는 동일한 기준으로 평가되기 때문이죠."[155]

제 2 부 ― 행동 양식의 변화

위와 같은 그녀의 말은 탁월한 성취는 이에 합당한 노력과 열정이 핵심 자질이지, 성별은 관계없다는 믿음을 보여 준다. 워치츠키는 유튜브 CEO로 재직하는 동안 그러한 자세로 일관해 왔다. 그녀의 흔들림 없는 결단력과 지칠 줄 모르는 노력은 유튜브를 크게 성장시키는 과정에서 분명히 드러났다. 비록 지금은 구글에서의 역할을 내려놓았지만, 그녀의 유산은 여전히 유튜브의 지속적인 성장과 성공을 이끌며 그 영향력을 이어 가고 있다.

---

153   앞과 같음.

154   "Susan Wojcicki Leadership Style", StudySmarter.

155   IntelligentHQ, "Seven Quotes By Susan Wojcicki, Google's Money Fairy", IntelligentHQ.

워치츠키는 솔선수범하며 지속적인 성장을 우선시하는 문화를 조성하고, 동료에게도 자신의 발자취를 따르도록 깨달음을 주었다. 이와 같은 그녀의 막대한 기여는 IT업계에 지울 수 없는 흔적을 남겼으며, 모범이 되어 타인을 이끄는 능력은 여전히 전 세계 수십억 명의 사용자와 공명하는 제품을 만드는 데 영감을 주고 있다.

◆ 행동의 리더십

수잔 워치츠키가 전설로 불리는 데는 그만한 이유가 있다. 그녀는 성장에 몰입하는 사람의 핵심 자질을 체화하여 역사상 가장 혁신적인 회사로 거듭나기까지 중추적인 역할을 해냈다. 이처럼 직접 행동으로 보여 주는 리더십은 성장 지향적인 리더로 거듭나는 필수 조건이다.

그렇다면 그 조건을 어떻게 실천할 수 있을까? 이 책에서 소개한 다른 인물의 자질처럼 직접 행동으로 보여 주는 리더십도 학습이 충분히 가능하다. 이에 행동의 리더십을 배워 실천에 옮긴 네 명의 성장 지향형 리더의 사례를 제시하도록 하겠다. 그들의 행동 방식을 참고하여 당신만의 여정에 적용하여 성장을 이루기 바란다.

공감으로 연대하기

성장에 몰입한 사람이라면 행동으로 직접 보여 주는 리더십의 실천을 통한 공감의 위력을 잘 알고 있다. 그들은 사람을 친절과 따뜻함, 존중으로 대하는 것이 신뢰와 충성을 얻는 데 가장 중요한 요소임을 직관적으로 이해하고 있다. 이러한 리더십은 단순히 말에만 그치지 않은 진실한 행동에서 비롯된다. 동료를 진심으로 아끼고 그들의 안녕을 우선시하는 환경을 조성할 때, 그 리더십의 진정성과 영향력이 발휘되기 시작한다.

공감을 삶의 지침으로 받아들인다면 리더십뿐 아니라 인생의 여정을 대하는 태도까지 변화시킬 수 있다. 삶의 모든 측면에서 공감을 바탕으로 행동할 때, 깊이 있는 유대감을 경험하면서 더욱 따뜻하고 이해심 넘치는 세상을 만들 수 있다.

성장지향성

공감을 몸소 실천하는 사람은 친절과 따뜻함, 존중으로 타인을 대하는 것이 얼마나 큰 영향력을 지니는가를 이미 이해하고 있다. 그들은 말보다 행동이 더 강력하며, 간극을 메우고 장벽을 허물어 주변 사람들의 사기를 북돋우는 수단은 진정한 관심이라는 것 또한 알고 있다.

역사적으로 위대한 인물은 삶을 변화시키는 공감의 힘을 보여 주었다. 인도의 독립을 이끈 지도자로 유명한 마하트마 간디는 공감의 변혁적인 본질을 몸소 증명한 인물이었다. 그는 자신의 추종자를 계급에 상관없이 동등하게 대하고, 그들의 경험을 진심으로 이해하려 하였다. 이로써 간디는 깊은 유대감을 형성하고 공동의 목표 의식을 고취했다.

공감을 바탕으로 한 삶을 살아가기 위해서는 타인의 관점과 감정, 욕구를 이해하고자 노력해야 한다. 진심으로 그들의 입장이 되어 보려 할 때, 깊은 공감대를 형성하여 상호 존중과 이해를 기반으로 한 유대관계를 구축할 수 있다.

타인의 삶으로의 공감은 동료나 지인으로서 관계 맺기를 넘어 삶의 모든 측면에 영향을 미친다. 공감이란 단순히 친절하고 진실하게 대응한다는 것이 아니라, 진심으로 귀를 기울여 상대의 입장을 이해하는 것이다. 이를 통해 주변의 필요에 더 민감해지고, 그들이 어려움을 겪을 때 지지와 위로를 건넬 수 있다. 공감은 우리의 행동을 이끄는 원동력이 되어, 어디서든 도움의 손길을 내밀고 긍정적인 변화를 만들어 내는 마음을 갖게 한다.

개인 또는 직장을 비롯한 모든 관계에서 공감은 신뢰를 쌓고, 열린 소통을 촉진한다. 그리고 모두가 자신의 의견이 존중받는다고 느낄 수 있는 환경을 조성한다. 공감은 갈등 상황에서 모든 당사자의 감정과 욕구를 존중하는 해법을 모색하며 평화로운 문제 해결을 가능케 한다.

또한 공감은 포용성을 키운다. 이에 따라 가까운 관계를 넘어 다양한 공동체 간 상호 이해를 촉진하며, 더 넓은 사회적 문제를 해결하는 데도 도움을 준다. 타인의 관점에서 세상을 바라볼 때, 우리는 편견에 도전하고 분열을 극복하며 더 조화롭고 따뜻한 사회를 만들 수 있다.

공감을 삶의 방식으로 받아들이려면 끊임없는 노력을 기울이고 실천하려는 의지가 있어야 한다. 여기에는 늘 열린 마음으로 타인의 경험과 감정을 이해하려는 적극적인 자세가 수반되어야 한다. 이때 우리는 자기 삶을 변화시킬 뿐 아니라 주변 사람들에게도 공감을 실천하도록 북돋울 수 있다.

노력으로 보여 주기

직접 행동으로 보여 주는 리더십은 치열한 노력을 요구한다. 치열한 노력에서 말은 큰 의미가 없다. 따라서 노력을 그럴듯한 말로 포장할 필요가 없다. 그 대신 실제 행동을 통해 측정 가능하며 명확한 결과를 내는 것이 더 많은 것을 말한다. 이를 통해 당신의 동료는 조직 내에서의 치열한 노력이 단순한 기대 가치를 넘어 정당한 보상을 받는 방법임을 자연스럽게 깨달을 것이다.

이는 특히 내향적이며 동료 사이에서 카리스마가 없다고 평가받는 사람에게 좋은 소식이다. 이러한 사람에게는 자신의 행동이 곧 말이 되어, 행동은 곧 그 자체로 강력한 메시지를 전한다. 이러한 특징을 잘 보여 주는 사례가 바로 데릭 지터(Derek Jeter)이다.

지터는 미 야구 역사상 가장 전설적인 선수이다. 그는 뉴욕 양키스를 이끌며 무려 다섯 번의 월드시리즈 우승을 달성했다. 또한 그는 야구계 명예의 전당 1차 투표에서 야구 역사상 두 번째로 높은 득표율인 99.7%의 지지율로 명예롭게 헌액되었다.[156]

지터의 리더십은 매우 흥미롭다. 그의 동료는 지터가 솔선수범하는 리더라고 입을 모아 말한다. 그의 전 동료인 티노 마르티네즈는 다음과 같이 말했다.

> 지터는 솔선수범하는 리더였습니다. 그의 커리어 전체가 그랬었죠. 그는 항상 경기마다 최선을 다했고, 승리하겠다는 각오로 경기에 임했습니다. 그렇게 지터는 동료도 자신처럼 최선을 다하기를 기대했죠. 그래서인지 그러한 사람과 싸울 때면 그를 실

156   "Derek Jeter", Wikipedia.

망시키고 싶지 않다는 생각이 들기 마련입니다. 슈퍼스타부터 출전 명단(roster) 25번째 선수까지 우리는 모두 지터 덕분에 열심히 뛰며 승리를 위해 싸워야 한다는 책임감을 느꼈습니다. 그러한 리더십은 매우 드물죠.[157]

지터는 주장으로서 동료가 자신을 지켜보고 있음을 알고 있었다. 이는 커리어가 쌓이고 전설적인 존재로 자리 잡을수록 더욱 명백해졌다. 그는 그동안의 성취에 안주할 수도 있었지만, 지터는 늘 완벽히 준비된 상태로 양키스 스타디움에 도착했다.

그는 자신의 직업 윤리를 굳이 말로 설명할 필요가 없음을 알고 있었기에 모든 것을 행동으로 보여 주었다. 지터가 현역으로 활동하는 동안 양키스가 계속 월드시리즈 우승 후보로 꼽혔던 사실로 미루어 보건대, 그의 행동은 충분히 강력한 메시지를 전달했던 듯하다.

지터의 리더십은 강력한 관계 구축에 귀중한 통찰을 제공한다. 야구계에서 보여 준 솔선수범의 리더십만큼 탁월하고도 견고한 노력은 깊고 의미 있는 관계를 형성하는 데도 적용된다. 시간과 에너지, 노력을 관계에 투자하면 주변 사람에게 관심의 진정성을 전달할 수 있다. 이는 건강하고 만족스러운 관계의 기반이 된다.

삶의 다양한 측면을 헤쳐 나갈 때, 솔선수범의 중요성과 한계를 넘어서는 치열한 노력의 가치를 잊지 말아야 한다. 따라서 행동으로 주변에 대한 노력과 충성, 진실한 관심을 보여 주자. 이를 통해 긍정적인 파급 효과를 만들어 내면서 타인에게도 본보기가 되어 시간이 지나도 변함 없이 지속되는 유대감을 형성할 수 있다. 실천하는 리더십은 단지 자기 삶의 변화에 그치지 않고, 다른 사람의 삶에도 깊은 영향을 미치는 힘을 준다.

때로는 소통도 중요하다

실천하는 리더십은 곧 자신의 생각을 직접 전달하는 것이기도 하다.

157   Joe Giglio, "Derek Jeter's Former Teammates Discuss His Leadership, Legacy and More", Bleacher Report, April 1, 2014.

물론 성장 지향적인 사람이라면 치열한 노력의 본보기가 되어야 한다. 일반저으로는 행동이 말보다 강력한 메시지를 전달한다. 이는 말이 무의미하다는 뜻은 아니다. 말은 리더십, 특히 성장을 향하는 리더십에서는 간과해서 안 되는 중요한 요소이기 때문이다.

말로써 동료를 이끌어야 할 때, 성장에 집중하는 사람이라면 자기 생각을 직접 전달하기를 주저하지 않는다. 워치츠키는 그 원칙을 수용하여 동료가 자신의 의견을 존중하지 않는다고 생각되면 이를 직접적으로 지적했다. 상대가 불편해하더라도 직설적인 화법은 실천하는 리더십에서 필수불가결한 요소이다. 이처럼 솔직하고 명확한 말과 단호하고 직접적인 행동이 하나가 되면 강력한 리더십이 발휘된다.

록 밴드 U2의 리드 보컬이자 사회운동가인 보노(Bono)는 다양한 이유로 세계에서 위대한 리더로 손꼽힌다.[158] 그는 솔선수범을 통해 자기 생각을 전달한다. 보노는 중요하게 여기는 문제에 대한 적극적인 발언뿐 아니라, 실제로 세상에 긍정적인 변화를 만들어 내기 위한 행동도 아끼지 않는다.

그 예로 보노는 개발도상국의 채무 탕감을 위해 꾸준히 목소리를 내 왔으며, 극심한 빈곤과 예방 가능한 질병의 종식을 목표로 활동하는 단체인 원(ONE)을 공동 설립했다.[159] 그리고 자신의 영향력을 활용하여 HIV/AIDS 퇴치의 중요성을 알리고 레드 재단(RED) 등의 단체와 긴밀히 협력하며 그 질병과의 싸움을 지원해 왔다.

위와 같이 보노의 리더십이 효과를 발휘하는 주요한 이유는 자기 생각을 직접 전달하기 때문이다. 그는 복잡한 주제와 문제를 단순명료하게 전달하는 능력이 있었다.

그 유명한 일화로, 보노가 공연 중 관객에게 노래 사이에 특정한 박자에 맞추어 박수를 치도록 유도한 이야기가 있다. 관객이 계속해서 박수를 치자, 보노는 "내가 박수를 칠 때마다 아프리카에서 아이들이 하나

성장지향성

158   Ellen McGirt, "Bono: I Will Follow", Fortune, March 24, 2016.

159   "Let's work to end extreme poverty and preventable disease", ONE Campaign.

씩 죽습니다."라고 말했다.[160] 이때 "그러면 박수를 치지 마!"라고 소리치는 관객도 있었다. 어쨌거나 이 일화가 시사하는 바는 보노가 자기 생각을 직접 전달하는 데 능숙하다는 점이다.

보노의 직설적인 접근은 단지 무대에서의 발언에 그치지 않았으며, 글로벌 자선 활동의 변화까지 이끌어 냈다. 그는 관객에게 휴대폰으로 '빈곤을 역사의 뒤안길로 보내기' 캠페인에 참여하도록 독려했다.[161] 이에 보노는 전 세계의 빈곤과 질병 퇴치를 위해 미국 하원과 대통령에게 로비를 하기도 했다.[162] 결과적으로 행동도 매우 중요하지만, 말의 힘 역시 간과해서는 안 된다. 직설적인 화법은 타인이 당신의 발자취를 따라 행동하도록 유도하는 데 큰 효과를 발휘할 수 있다.

이상과 같이 사회 문제에 적극적으로 참여하여 자신의 플랫폼으로 대중의 관심을 끌어낸 보노의 리더십은 우리에게 각자의 방식에 따른 행동을 통한 변화를 이루는 영감을 준다. 그는 단순히 말로 생각을 전달하는 데 그치지 않고, 행동을 통해 세상에 깊은 영향을 만들어 냈다.

이처럼 실천하는 리더십은 행동뿐 아니라 생각을 효과적으로 전달하는 것까지 포함한다. 직접적인 소통과 강력한 행동이 결합하면 사람들이 우리를 추종하도록 함으로써 의미 있는 변화를 만들어 낼 수 있다. 직접적인 소통으로 길이 남을 인상을 남긴다면 타인에게 변화를 통해 세상에 지속적인 영향력을 행사하는 여정에 동참할 것을 독려할 수 있다.

어둠 속에서도 낙관하라

성장을 위하여 행동으로 보여 주는 사람은 낙관적이다. 이는 평온할 때와 가장 암울할 때를 가리지 않는다. 사람들이 낙관적인 리더를 따르고 싶어 한다는 것은 자명한 사실이다. 이 가운데 언어 또한 낙관주의에

160   Marina Hyde, "Bono: the celebrity who just keeps giving", The Guardian, September 23, 2010.

161   Alan McPherson, "U2's Activism: From Innocence to Experience", The Globalist, July 25, 2015.

162   위와 같음.

서 중요한 비중을 차지한다. 성장을 지향하는 사람은 낙관적이고 긍정적인 언어로 동료의 행동을 독려한다.

하지만 낙관주의는 행동으로도 표현된다. 낙관적인 행동이란 성장에 몰입한 이가 넘기 힘든 난관을 마주하더라도 과감하고 대담하게 행동한다는 의미이다. 그들은 실패할 가능성이 있어도 다양한 시도와 실험을 두려워하지 않는다. 이러한 행동의 바탕에는 모두 자신이 속한 팀이 충분히 목표를 달성할 수 있다는 차분하고 확고한 자신감이 자리 잡고 있다.

역경이 닥쳤을 때 오히려 낙관적으로 대응한 대표적인 사례는 미국의 32대 대통령인 프랭클린 델라노 루즈벨트(Franklin Delano Roosevelt)이다. 루즈벨트의 리더십은 이미 수많은 책과 기사로 다루어진 바 있다. 그가 성장 지향적인 사람으로서 보여준 가장 두드러진 자질은 바로 낙관주의와 결단력, 열정이었다. 그는 대통령 후보 지명 수락 연설에서 다음과 같이 선언했다.

> "나는 미국 국민을 위한 새로운 약속을 서약합니다…. 이것은 정치적 활동보다 전투에 가까울 것입니다."

그 말에 미국 국민은 루즈벨트가 누구도 극복하지 못할 듯한 역경 앞에서도 굴복하지 않을 지도자라고 생각했다. 그는 싸울 준비가 되어 있었다. 그의 결단력에 감동받은 미국인은 그를 중심으로 뭉치면서 역사가 완전히 바뀌었다. 이를 두고 역사학자 제임스 맥그리거 번스(James MacGregor Burns)는 다음과 같이 평했다.

> 대통령은 행정 수반으로서 공식적, 비공식적 권한을 최대한 활용하여 행정부를 장악하고 주도권을 유지했다. 목표를 제시하고 추진력을 만들어 냈으며, 개인에 대한 충성심을 고취하여 저마다 최고의 능력을 이끌어 내도록 했다. 또한 계획적으로 보좌진 사이에 경쟁과 의지의 충돌을 조성하여 혼란과 좌절, 분노를

유발하기도 했지만, 동시에 행정적 에너지를 고취함으로써 창의성에 불을 지폈다. (중략) 그는 하나의 업무를 여러 사람에게, 여러 업무를 한 사람에게 맡기는 방식으로 항소심 재판관, 정보 보관소, 조정 및 중재자로서 자신의 역할을 강화했다. 그리고 내각을 비롯한 집단 의사 결정 기구를 무시하거나 우회했으며, 늘 설득하고 어르고 조율하면서 즉흥적으로 대응했다. 이와 비슷하게 개편과 조화, 회유를 통한 교묘한 조작으로 행정부를 운영했다.[163]

루즈벨트의 리더십이 주는 교훈을 적용해 보면, 지도자에게 낙관주의를 수용하는 일이 단지 리더십에만 한정되지는 않음이 분명해진다. 이는 우리의 삶에서도 중요한 의미를 지닌다. 삶을 낙관적으로 대함으로써 다른 이들에게 영감을 주어 성장과 발전을 촉진하는 환경을 만들어 낼 수 있다. 이처럼 낙관주의는 우리의 관계와 우정에 희망과 긍정, 회복력을 불어넣으며 상호 작용 과정에서 명확한 이정표가 되어 준다.

성장을 위해 달리는 삶에서 직접 행동하는 리더십은 낙관주의를 받아들이는 데서 시작된다. 긍정적인 언어, 대담한 행동, 그리고 흔들림 없는 자신감으로 성장에 몰입한 사람은 타인에게 영감을 주고 용기를 북돋운다. 가장 암울한 시기에도 낙관주의를 견지했던 루즈벨트의 리더십은 낙관주의의 힘을 보여 준 대표 사례라 할 만하다. 낙관적인 사고방식을 받아들이고 행동으로 옮긴다면, 삶의 난관을 탄력적으로 헤쳐 나가면서 주변에게도 그와 같은 영감을 줄 수 있다.

◆ 행동으로 증명하라

"행동은 말보다 더 큰 소리를 내지만, 그렇게 자주 나타나지는 않는다."

---

163 Wikipedia Contributors, "Presidency of Franklin D. Roosevelt: Presidency (1933–1945)", in Focus On: 100 Most Popular 20th-century American Politicians.

시대를 초월한 마크 트웨인의 위 명언은 오늘날 말이 중심을 차지한 소셜 미디어 시대에 더욱 큰 울림을 준다. 트웨인의 지혜에는 깊은 진리가 담겨있다. 행동은 말보다 정직하고 진정성 있는 메시지를 전한다는 것이다. 이러한 원칙은 삶의 다양한 측면에 나타나는데, 몸짓 언어가 언어적 표현보다 종종 진정한 감정과 진실성을 더 잘 보여 주기도 한다.

그 원칙을 자기 이해에 적용해 본다면 깨달음을 얻을 수 있다. 자신의 진정한 기호와 신념, 가치를 발견하고자 한다면, 일단 자신의 행동부터 관찰해 보자. 행동은 언어적 소통의 한계를 넘어 정체성을 구성하는 핵심을 드러낸다. 이러한 내적 성찰 과정에서 자신의 예상치 못한 놀라운 사실을 발견함으로써 진정한 자아의 이해를 크게 넓힌다.

'행동으로 보여 주기'는 행동을 중점으로 한 삶의 원칙을 개인의 차원에서 구현하는 것이다. '외부적 동기 부여자'로 살아가면서 언행일치는 신뢰와 존중을 끌어낸다. 진정한 리더십은 단순히 말에 그치지 않고, 약속에 대한 노력과 신념을 일관되게 보일 것을 요구한다. 어려운 시기에도 솔선수범하면서 애정 어린 사람을 지원하고, 일관성을 잃지 않고 자신의 가치관에 계속 충실한다면 존경과 찬사를 받게 된다.

또한 행동으로 보여 줄 때, 상호 신뢰와 지지로 영감을 주는 분위기가 조성된다. 행동은 자신의 의도와 가치를 반영하며, 주변 사람들에게 본보기가 되기도 한다. 이에 관심과 공감, 노력을 적극적으로 표현함으로써 의미 있는 유대감을 형성하고 오래가는 관계를 키워 갈 수 있다.

다행히도 실천하는 리더십은 우리의 통제하에 있다. 이는 우리가 첫걸음을 내디딜 때 방해 요소는 아무것도 없다는 뜻이다. 그러니 행동으로 보여 주는 습관을 기르자. 곧 당신이 속한 조직이 의욕적으로 동기가 부여되면서 낙관적으로 변화하는 모습을 볼 수 있을 것이다.

시작하기 가장 좋은 때는 바로 오늘, 이 순간이다.

행동의 리더십 실천하기

✅ 솔선수범하기

변화시키거나 개선하고 싶은 삶의 영역을 찾아보자. 그 영역에 속하는 것은 사적 관계나 건강 및 웰빙, 또는 지역 사회 참여 등이 있다. 이에 명확한 행동으로 긍정적인 본보기를 만들고, 당신이 타인에게 바라는 행동을 먼저 실천하라. 가치 있게 여기는 자질을 꾸준히 몸소 실천한다면, 주변에도 자연스레 영향을 미쳐 당신을 본받도록 할 수 있다.

✅ 적극적으로 경청하기

타인에 대한 진정한 이해와 공감은 적극적인 경청에서 온다. 경청에는 상대방의 말에 온전히 집중하고, 시선을 따라가면서 그 사람의 관심사에 진정으로 주목하는 것이 중요하다. 주의 깊은 경청과 사려 깊은 대답은 더욱 강한 유대감을 형성하고 신뢰를 쌓는다. 그리고 이를 통해 타인을 이해하고 지지하는 리더십을 발휘할 수 있다.

✅ 실수에 책임지기

자기 행동에 책임을 지고, 실수를 인정하라. 책임을 회피하고 변명하는 대신 책임감 있게 진심으로 사과하라. 겸손뿐 아니라 배움과 성장을 향한 의지를 보임으로써 타인 역시 자신의 행동과 실수에 책임지는 본보기가 될 수 있다.

✅ 타인을 지원하고 격려하기

주변 사람을 지원하고 격려하자. 그들의 성공을 함께 축하하고 어려운 시기에 용기를 북돋우며, 필요할 때는 도움을 제공하자. 적극적이고 긍정적으로 타인을 지지하는 환경을 조성하여 타인의 안녕과 성장을 중시하는 마음가짐을 보여 준다면, 당신의 공동체 또한 이를 본받아 당신과 같은 태도를 취할 것이다.

제 2 부 ― 행동 양식의 변화

✅ 자아성찰과 자기인식 실천하기

주기적인 자아 성찰로 당신의 말과 행동을 스스로 평가해 보자. 그리고 당신의 말과 행동이 가치와 의도에 부합하는가를 자문해 보자. 또한 자기 인식을 키워 당신의 행동이 타인에게 영향을 미치는 과정을 이해하고, 필요에 따라 개선한다. 이처럼 끊임없이 자기 개선에 대한 노력을 아끼지 않으면서 가치관에 부합하도록 행동한다면, 당신은 솔선수범의 본보기가 되어 타인에게도 영감을 줄 것이다.

직접 행동하여 본보기가 되겠다는 바람을 실현하기 위해서는 평생에 걸친 노력이 필요하다. 이 과정에서 당신이 필요한 기술과 마음가짐을 발전시키고, 이를 통해 자신은 물론 주변의 삶에 긍정적인 영향을 미친다.

성장지향성

제12장

지켜보되 간섭하지 말라

리더가 반드시 명심해야 할 것은 겉보기에 고요한 표면 아래
에는 문명을 건설하고, 꿈을 꾸며 위험을 감수하는 존재가 숨
어있다는 사실이다. 리더는 이를 마음에 새기고 결코 마르지
않은 샘, 늘 새롭게 솟아오르는 인간 정신이라는 샘에 다가가
야 한다.

| 존 W. 가드너(John W. Gardner)[164] |

　재능 있고 의욕적이며 충성심이 강한 팀을 구성했다면, 성장을 지향
하는 사람으로서 집중해야 할 일은 바로 구성원에게서 최대한의 잠재력
을 끌어내는 것이다. 성공을 향한 의지가 결연하다면 회사나 조직의 세
부 사항을 하나하나 꼼꼼히 관리하고 통제하려 들지 않는다. 그들은 이
러한 관리 방식에 위험성이 따른다는 사실을 잘 이해하고 있기 때문이
다.[165]

　오늘날처럼 상호 연결된 세상에서는 세세한 부분까지 통제하는 마이
크로매니지먼트(micromanagement)는 영향력 있는 리더로의 성장에 방
해가 된다. 물론 과거의 리더십은 직접적인 개입을 통해 세부적으로 감
독하는 능력을 요구했었다. 그러나 빠른 변화로 연결성을 중요시하는 요

164　미국의 정치인.

165　Heather R. Huhman, "Micromanagement Is Murder: So Stop Killing Your Em-
ployees", Entrepreneur, December 19, 2016.

즘은 환경을 전체적으로 조율하고 개별 요소를 일일이 관리하는 대신 집단 전체를 이끄는 데 초점이 맞춰진 리더십이 효과적이다. 이러한 시대적 변화는 모든 요소를 사사건건 통제하려는 태도에서 벗어나 협력을 통해 발전하는 문화를 조성하는 방향으로 나아가도록 한다.

큰 그림에 집중하면서 타인을 이끌려면 겸손한 정원사처럼 눈으로는 살피되 손은 직접 대지 않는 방식의 리더십을 실천해야 한다. 이는 바로 '정원사형 리더'로, 이 역할은 팀이 성장하는 데 필요한 수단과 안내 및 지원을 제공하여 보살핀다. 정원사가 식물을 돌보듯, 정원사형 리더는 영감의 씨앗을 심고 멘토링으로 영양분을 공급하며 발전을 방해하는 잡초를 뽑아 낸다.

성장 지향형 리더에 대해 논할 때면 그들의 '내적' 자질에 초점을 맞추기 쉽다. 여기서 말하는 내적 자질이란 리더의 사고방식이나 내적 동기를 의미한다. 이는 외부보다 내부로 향하는 관점에 초점을 두는 것이다.

내적인 자질을 갈고닦는 일은 매우 중요하다. 그렇지 않고서는 성장을 중시하는 리더가 될 가능성은 거의 사라져 버리기 마련이다. 그러나 내적 자질은 동전의 한쪽 면에 불과하다. 최고의 성과를 내는 성장 몰입형 리더는 조직의 모든 면을 통제하는 마이크로매니저가 아니다. 이들은 내적인 자질의 발전에 대한 중요성을 인지하면서도 외적인 면 또한 중시한다.

나는 그러한 접근 방식을 로우스의 전 회장이자 최고 업무 책임자였던 래리 스톤에게서 목격했다.[166] 스톤은 40년 넘게 로우스에서 근무하며 눈부신 경력을 쌓은 소매유통업계의 전설이다. 그의 커리어는 우편실 직원에서 시작해 조직 내 거의 모든 직책을 거치며 성장했다. 나는 로우스가 가장 큰 변화를 겪던 6년 동안 그와 함께 일했다.

스톤은 단순히 야망이 매우 큰 인물이라 설명하기에는 부족한 사람이다. 성장에 몰입한 그는 로우스를 최고의 회사로 만들고, 경쟁사인 홈디포를 이기는 데 자신의 모든 것을 바쳤다. 그는 새벽 5시에 출근해 저

---

166 "Larry D. Stone", Wilkes County Hall of Fame, 2017.

녁 7시가 훌쩍 넘어 퇴근하기 일쑤였다.

그리고 로우스의 직원은 그를 사랑했다. 그는 회사에서 가장 겸손하고 소탈한 리더였다. 스톤은 매장 직원들에게 다가가기 쉬운 사람이었다. 이는 그가 회장이기 때문은 아니었다. 여태 직원이 하는 일을 직접 경험했으며, 이를 속속들이 이해하고 있었기 때문이다. 직원들은 스톤이 항상 자신을 지지해 주리라는 믿음이 있었다.

스톤의 겸손함은 현장에서 피드백을 수집하고, 매장에서도 고객의 목소리를 듣는 데 큰 역할을 했다. 그는 본사에서도 매장의 사소한 일이나 세부 사항까지 관여하지는 않았으며, 대신 그만의 피드백 루프를 활용하여 항상 데이터를 분석하고 상품, 공급망, 고객 경험에 대한 운영 방식을 조정했다. 스톤이 데이터를 기반으로 매장 내 매니저에게 직접 전화해 코칭하는 일은 매우 흔한 편이었다. 그렇다고 해서 그가 매니저의 운영 방식에 개입한 것은 아니었다. 그는 매니저 재량으로 매장을 운영토록 하였다. 이는 매니저가 자신의 역할을 잘 해내리라는 스톤의 믿음 때문이었다.

스톤의 사례를 보면 누구나 쉽게 실천할 수 있을 것 같지만, 다수의 리더가 그의 접근 방식을 수용하는 데 어려움을 겪는다. 중요한 프로젝트나 계획에 세세한 부분까지 개입하면서 "반드시 이렇게 해야 한다."라는 방식을 고집하려는 유혹에 자주 빠지기 때문이다. 그러면 단기적으로 안도감을 느낄 수 있겠으나, 장기적으로는 조직에 해로운 영향을 미친다. 결과물의 질이 떨어지고 직원들의 사기는 저하되며, 리더는 더 큰 스트레스를 받는다.

따라서 이 장에서는 성장을 지향하는 이들이 눈으로 살피되 손대지 않는 리더십을 실천하는 이유를 자세하게 살펴보겠다. 이에 스탠리 맥크리스털(Stanley McChrystal) 장군과 기업가이자 전 경제 성장 및 에너지, 환경 담당 국무부 차관인 키스 크라크(Keith Krach)의 사례가 주는 교훈과 통찰을 소개한다. 두 사람은 모두 개인적으로 잘 알기도 하지만, 뛰어난 리더라 부르기에 손색없는 인물이다.

◆ 리더는 교도관이 아니다

정원사형 리더십의 원칙인 '눈으로 살피되, 직접 손대지 않기'는 그 명칭에서 의미를 알 수 있다. 해당 리더십의 핵심은 두 부분으로 나뉘는데, 먼저 '눈으로 살피되'에 해당하는 부분은 '경계심(vigilance)'이라는 단어로 간추릴 수 있다.

성장 지향형 리더는 조직 내에서 일어나는 일을 파악하는 데 탁월함을 발휘한다. 보고서를 읽는 것부터 사무실을 직접 둘러보는 것까지 눈으로 살피는 리더는 세부적인 부분을 중시한다. 여기에서 무지는 가장 큰 적이다. 그들은 직원이 어떤 일을 하고, 누구와 협력하며, 특정 프로젝트의 마감일이 언제이고, 주요성과지표(Key Process Indicator, KPI)는 무엇인지, 그리고 그 프로젝트가 조직의 목표를 어떻게 발전시키는가를 일일이 파악한다.

다음 부분은 바로 '직접 손대지 않는' 것이다. 성장에 몰입한 리더라면 직원의 업무를 이해하고 있어야 하지만, 기본적으로 관찰자의 입장을 유지해야 한다. 이들은 매니저와 직원이 일상적인 업무에서 조직의 핵심 과제까지 최선을 다해 일하리라 믿는다.

위의 원칙에서 가장 큰 적은 마이크로매니지먼트이다. 이에 성장 몰입형 리더는 '현명한 위임(intelligent delegation)'을 실천하며, 하위 업무에는 정말 필요할 때만 개입한다. 이 유형의 리더는 직원들이 해야 할 일을 대신 처리하지 않고, 전략을 세워 더 큰 그림에 집중한다.

눈으로 살피기와 손대지 않기를 혼합한 정원사형 리더십은 직원들에게 권한을 부여한다. 동시에 성장 몰입형 리더가 회사의 가장 중요한 핵심 과제에 집중할 수 있는 매우 효과적인 관리법이다.

정원사형 리더십의 핵심

정원사형 리더십은 광범위한 관찰을 우선시하면서도 직원들이 맡은 일을 잘 해낼 것이라는 신뢰를 바탕으로 한다.

맥크리스털과 크라크는 성장 몰입형 리더의 전형이라 할 수 있다. 맥크리스털은 전장, 크라크는 회의실을 무대로 커리어 내내 강력하면서도 단호한 리더십을 발휘했다. 두 사람에게 '눈으로는 살피되 손대지 않기'는 단순한 구호가 아니었다. 이는 두 리더의 커리어에서 피할 수 없는 난관을 극복하기 위한 실질적인 해결책이었다. 그들은 결과가 모든 것을 말해주리라는 이유로 정원사형 리더십을 채택했다.

정원사형 리더를 가리키는 말 가운데 개인적으로 가장 좋아하는 것은 고(故) 콜린 파월(Colin Powell) 장군의 명언이다.

> 리더란 자신을 따르는 사람을 이끌고 있음을 아는 사람이다. 리더는 인간이라는 집단을 가치와 목적이 있는 일에 투입하고, 그들이 그 목적을 달성할 수 있도록 동기를 부여하는 사람이다. 그리고 리더는 구성원이 맡은 일을 완수하는 데 필요한 것을 모두 지원하는 사람이기도 하다. 자신을 따르는 사람에게 동기를 부여하는 것, 이것이 바로 리더십의 핵심이다.

위의 리더십 철학에서 중요한 핵심 속성은 다음과 같다.

- 적절한 수준으로 위임하기
- 자신의 약점을 보완하는 인재를 적재적소에 채용하기
- '험비셔스(humbitious)'[167], 겸손하게 야망을 갖기
- 어떤 대가를 치르더라도 팀을 최우선으로 두기
- 드높은 목표로써 동료에게 동기 부여하기

» 믿고 맡겨라

정원사형 리더십에는 위임이 필수 요소이다. 하지만 여기서 미묘한 정도의 차이에 유의해야 한다. 성장을 중시하는 리더라면 위임을 실천한다. 다만 전략적 결정을 내리는 데 필요한 모든 정보는 반드시 확보한다.

맥크리스털 장군은 웨스트포인트 미 육군사관학교를 졸업한 후 빠르

---

167 겸손함을 뜻하는 'humble'과 야망을 뜻하는 'ambitious'를 결합한 말.

게 진급을 거듭하며 합동특수작전사령부(JSOC) 사령관[168]에 오르는 매우 인상적인 커리어를 쌓아 왔다.[169] 합동특수작전사령부 사령관 재임 시절에는 아프가니스탄과 이라크에서 특수작전을 지휘했다. 이것만으로도 대단한 커리어지만, 이후 그는 장군으로 진급하여 아프가니스탄 주둔 미군 및 국제안보지원군(ISAF) 사령관으로 활약했다. 이처럼 그는 총 34년 동안 미군에서 복무하며 뛰어난 리더십을 발휘했다.[170]

맥크리스털이 겪은 리더십의 도전 과제는 대부분 절대로 겪을 일이 없는 수준이라는 점은 두말할 필요도 없다. 그는 아프가니스탄에서 미군과 국제안보지원군이라는 대규모 병력을 지휘했을 뿐 아니라, 단 한 번의 실수로 목숨을 잃을 정도로 생사가 위태로운 상황에서 임무를 수행했다.

이처럼 고도의 압박감을 주는 작업 환경은 필연적으로 극도의 스트레스를 동반한다. 여기에 더해 마이크로매니지먼트의 유혹도 매우 커진다. 생명을 구하고 임무를 완수하기 위해 모든 작전을 극단적으로 통제하고 싶어지기 마련이다. 맥크리스털 역시 그러한 압박감을 느꼈지만, 그는 전혀 다른 방식으로 행동하기를 선택했다.[171]

몇 년 전, 나는 맥크리스털을 인터뷰하며 실제 전장에서 그의 리더십 철학과 그것이 민간 생활에 어떻게 적용되는가에 대한 이야기를 나누었다. 결론은 명확했다. 그는 적절한 수준의 위임이 필수적이라고 말했다. 이는 백악관 상황실의 리더는 아프가니스탄 동굴에 있는 전투병과 관점이 같을 수 없음을 뜻한다. 따라서 상황실에 있는 사람은 병사들이 제대로 훈련받았으므로 전장의 상황에 따라 적절한 결정을 내릴 것이라 신뢰해야 한다.

예를 들어 맥크리스털은 합동특수작전사령부 사령관으로 복무하던

168 Michael Ray, "Stanley McChrystal", Britannica.

169 "Stanley A. McChrystal", Wikipedia.

170 위와 같음.

171 Marilyn Haigh, "Retired Gen. Stanley McChrystal's advice to leaders: Be more humble", CNBC, October 30, 2018.

시절, 수십 개의 화면을 보며 군사 작전 현장을 모니터링했다고 회상했다. 당시 미군은 세계에서 가장 정교한 기술을 보유하고 있었고, 맥크리스털과 그의 직속 보고자는 그 기술에 힘입어 지상 상황을 조망할 수 있었다. 하지만 그는 자신이 모든 정보를 알 수 있는 위치에 있음에도 많은 결정에 간섭하지 않았다. 실제로 그는 다음과 같이 말했다.

> "모든 정보가 내 손 안에 있더라도 언제나 최적의 결정을 내리는 위치에 있었던 것은 아니다."

그 말이 매우 중요하다. 맥크리스털은 세세한 부분을 일일이 챙기며 세부 사항을 하나하나 통제할 수 있었지만, 그는 오히려 신중하게 접근했다. 그는 손짓 한 번으로 방대한 정보를 손에 넣을 수 있었지만, 현장의 리더들이 저마다 전문성을 최대한 발휘하여 임무를 완수할 것이라 신뢰했다. 작전 현장에 있는 전사들이 자신보다 더 좋은 정보를 입수했다고 믿었고, 이러한 믿음 덕분에 군이 손대지 않는 접근 방식을 취할 수 있었다.

그는 상황을 주시하고 위임하되, 진행 중인 상황을 면밀히 관찰하면서 필요시 개입할 수 있는 태세를 갖추고 있었다. 그러나 기본적으로는 수동적인 자세를 견지하며 전투 현장에 있는 병사에게 결정권을 맡긴 것이다.

핵심은 이상과 같은 균형을 유지하는 것이다. 물론 생사가 걸린 상황이 아닌 군대 밖의 세계에서도 같은 원칙이 적용된다. 성장에 몰입한 리더라면 전선, 즉 현장에서 직접 뛰는 사람을 신뢰해야 한다.

» 모든 일을 혼자서 해낼 수는 없다

정원사형 리더십을 실천하려면 자신의 약점을 보완할 인재를 채용해야 한다. 이 유형의 리더는 자신의 강점과 약점을 명확히 파악하고 있다. 이에 자신의 약점을 보완할 뛰어난 인재를 과감히 찾아 나선다.

키스 크라크는 눈부신 비즈니스 커리어를 쌓아 온 인물이다. 26세에 제너럴 모터스(General Motors) 사상 최연소 부사장으로 임명되었고,[172] 그 회사에서의 경험을 바탕으로 아리바(Ariba) 공동 설립[173] 후 1996년부터 2003년까지 회장 겸 최고 경영자로 재직했다. 이후 엑스오제트(XOJet), 우마(Ooma), 앤지스리스트(Angie's List) 등 여러 회사의 이사회에 참여했고, 2011년 앤지스리스트를 상장시켰다.

또한 도큐사인(DocuSign)의 회장 겸 최고 경영자로 재직하며 놀라운 글로벌 성장을 이끌었고, 이에 힘입어 도큐사인은 하나의 동사로 쓰일 정도의 강력한 브랜드로 성장했다. 그리고 이를 바탕으로 2018년 성공적인 기업공개(Initial Public Offering, IPO)를 이끌었다. 크리크는 이후 경제 성장, 에너지 및 환경 담당 국무부 차관으로 임명되었고,[174] 2022년 노벨상 후보로 지명되기도 했다.

내가 키스 크라크를 처음 만난 것은 20여 년 전, 그가 아리바의 CEO로 재직하던 때였다. 크라크가 이토록 성공할 만한 이유는 매우 많지만, 그중에서 중요한 점은 자신을 비롯한 조직에 소속된 모든 구성원에게 "우리보다 더 뛰어난 최고의 인재를 고용하라."라는 원칙을 상소한다는 것이다.

그는 그 원칙을 자신에게도 엄격히 적용했다. 크라크는 성과가 높은 조직을 구축하는 것이 리더로서 자신의 최우선 과제라고 믿었다. 이에 자신보다 역량이 뛰어난 조직원을 찾고 채용하는 문제에서 한 치의 양보도 허용하지 않았다.

크라크의 사례를 실천하기 위해서는 자신의 역량뿐 아니라 조직원의 능력과 의욕을 냉정하고 객관적으로 평가하는 능력도 갖추어야 한다.[175] 이는 쉽지 않은 일이지만, 그는 조직 전체의 성과 기준을 끊임없이 높일 수 있는 열정적인 인재를 발굴하는 데 전념한다. 궁극적으로 크라

172   "Keith Krach", U.S. Department of State.

173   "About Overview", Keith Krach.

174   "Keith Krach", U.S. Department of State.

175   John R. Miles, "Bold Leader Spotlight: Keith Krach, Transformational Leader", Bold Business, December 19, 2018.

크는 사람을 통해 배운다고 믿는,[176] 자칭 '인재 수집가'이다. 이는 크라크식 리더십의 최대 장점이자, 지속적인 성공의 핵심 비결이기도 하다.

크라크의 리더십을 잘 보여주는 사례가 아리바 초창기 시절의 일화이다. 당시 아리바는 매출 부진으로 어려움을 겪고 있었다.[177] 문제를 진단하는 데 집중하던 그는 조직의 분위기를 전환하고 의욕을 북돋우기 위해 사외에서 워크숍을 개최하였다.[178] 그리고 외부 진행자를 초빙해 조직원들에게 조직 전체와 크라크의 강점과 약점을 물었다.[179] 크라크는 자신의 단점을 기꺼이 인정하며 열린 마음으로 피드백을 수용하는 모습을 보여 주겠다고 마음먹었다. 그런데 놀랍게도 조직원들은 그에 대한 강점 7가지와 21가지나 되는 약점을 꼽았다.[180]

그 워크숍으로 크라크는 상당한 충격을 받았다. 동료에게서 강점보다 3배나 많은 약점을 듣는 일을 유쾌하게 받아들일 사람은 많지 않을 것이다. 그러나 이는 크라크가 회사 전반에 걸쳐 개방성과 정직, 취약성을 강조하는 문화를 만들기 위해 의도한 과정이었다. 그는 워크숍에서 자신의 약점을 인정하고 이를 개선하겠다고 공개적으로 약속했다.

그렇게 그는 모든 직원이 자신의 두려움과 결점, 실패를 인정할 수 있도록 안전한 환경을 만드는 데 모범을 보였다. 이는 자기 개선뿐 아니라 최고 경영자부터 모든 직원까지 자신보다 뛰어난 사람을 채용하는 데 두려움을 느끼지 않게 함으로써 조직의 개선을 이끌었다.

이상과 같이 정원사형 리더십의 핵심은 자신에게 정직해지는 것이다. 자신의 약점을 파악하고, 이를 보완할 수 있는 재능을 갖춘 사람을 찾

176 Heather R. Morgan, "Entrepreneur Keith Krach Reveals His Secret Sauce for Creating Billion Dollar Companies", Forbes, February 25, 2019.

177 Keith Krach, "The Ariba Legacy Built-to-Last", Keith Krach, June 22, 2017.

178 Keith Krach, "Turning Your Weaknesses into Strengths", Medium, March 21, 2019.

179 Heather R. Morgan, "Entrepreneur Keith Krach Reveals His Secret Sauce for Creating Billion Dollar Companies", Forbes, February 25, 2019.

180 Keith Krach, "How Do You Make Your Weaknesses Your Strengths? Building High-Performance Teams", Forbes, September 19, 2018.

제2부 │ 행동 양식의 변화

아야 한다. 이는 결국 자신에게 큰 보상으로 돌아오기 마련이다.

» 겸손한 야망

'험비셔스'라는 용어가 낯설겠지만, 이는 정원사형 리더십에 필수적인 자질이다. 그 자질은 몇 년 전 IBM에서 처음 만들어졌다. IBM에서 최고의 리더란 '겸손함과 야망을 겸비한 사람'이라 정의했다.

성장에 몰입한 리더는 목표를 달성하겠다는 강렬한 야망과 더불어 지적 겸손(intellectual humility)도 갖추고 있다. 야망은 큰 목표를 지향하는 모든 이에게 기본적으로 필요한 덕목이다. 그러나 성장 지향형 리더는 지적 겸손을 발휘해 실패를 반성한다. 그리고 비판적인 피드백에 귀기울임으로써 중요한 조언을 받아들이고 개선한다.

일론 머스크(Elon Musk)와 스티브 잡스 등 슈퍼스타급 기업가는 언뜻 처음부터 겸손하지 않아 보일 것이다.[181] 그러나 이들 역시 지적 겸손을 실천한다. 다시 말해 그들은 비판적인 피드백을 수용하여 문제를 개선함으로써 크나큰 변화를 만들어 낸다.

맥크리스털 장군은 강렬한 야망으로 미군 내 최고위직에 오른 인재이면서 동시에 '험비셔스'한 리더이기도 하다. 그는 혼자 마음챙김을 수행할 때를 비롯하여 동료와 함께 일할 때도 지적 겸손을 발휘한다.[182] 이와 같은 성향은 수많은 생명을 구하는 데 중요한 역할을 했을 것이다. 이에 맥크리스털은 다음과 같이 말했다.

> 내 결정 덕분이라고 여겼던 성공도 사실 그 결과에 더 크게 기여한 수많은 요소와 사람들을 생각하자, 그다지 대단하게 느껴지지 않았다. 우리는 현장에 있지 않았기에 얼마나 추운지 알지 못했고, 총탄이 날아가는 소리도 듣지 못했다. 우리는 실제로 아

181 Colette Bennett, "Elon Musk Admits He Was Late to Understand One Thing About Twitter", The Street, April 3, 2023.

182 Marilyn Haigh, "Retired Gen. Stanley McChrystal's advice to leaders: Be more humble", CNBC, October 30, 2018.

성
장
지
향
성

는 것 이상으로 아는 척하기란 불가능하다. 따라서 더욱 겸손한 태도로 일관하는 것이 우리의 일이었다.

나는 맥크리스털의 험비셔스 리더십을 직접 목격했다. 인터뷰하는 동안 그는 자신의 이름을 딴 맥크리스털 그룹의 리더임에도 불구하고, 자신이 그 조직의 핵심은 아님을 꾸준히 강조했다. 그는 모든 계층의 직원에게 의견을 구하고 리더십 훈련 프로그램에 참석한 다른 비즈니스 리더의 이야기를 주의 깊게 경청하는 모습을 보여 주었다.

가장 인상 깊었던 점은 맥크리스털의 명성을 감안하면 얼마든지 빠른 판단과 결론을 내릴 수 있었음에도 그렇게 하지 않는다는 것이었다. 대신 그는 주의 깊게 경청하며, 피드백을 수용하고 관점을 조율했다.

그러나 오해하지 말자. 맥크리스털 장군은 야망이 넘치는 사람이다. 그는 전장에서 승리하는 법을 배웠듯, 승리하는 회사를 만들고자 노력한다. 그럼에도 그는 내가 만났던 군의 최고위 지도자 중에서도 가장 겸손한 사람에 속했다.

그는 나에게 자신뿐 아니라 조직 내의 다양한 구성원과도 인터뷰해야 함을 계속해서 이야기했다. 그 이유는 그들 없이 맥크리스털 그룹도 존재할 수 없기 때문이라는 것이다. 인터뷰 대상은 회장인 크리스 퍼셀(Chris Fussell)부터 평소 고객 접점 업무를 담당하는 주니어급 비즈니스 분석가를 비롯한 말단 직원까지 다양했다. 맥크리스털은 인터뷰 내내 맥크리스털 그룹을 '팀 오브 팀스(Team of Teams)'의 개념으로 이야기했다. 이는 그의 저서 제목이기도 하다.

지금까지 살펴본 바와 같이 정원사형 리더십을 체화하기 위해서는 '험비셔스'해야 한다. 뛰어난 능력을 갖추고 있더라도 반드시 지적 겸손을 유지해야 한다. 그리고 상황에 따라 기꺼이 전술을 바꿀 수도 있어야한다. 이상의 특성은 더 나은 리더로 성장하고 목표를 이룰 가능성을 더욱 높인다.

» 책임으로 이끌어라

정원사형 리더십에는 조직에 책임을 다하는 것 또한 무엇보다 중요하다. 성장 지향형 리더는 조직을 이끌고 성장시키지 않는다면 전설적인 수준은커녕 보통의 리더조차 될 수 없음을 잘 알고 있다. 그들은 평판과 관계, 결과가 서로 긴밀히 연결되어 있다는 사실을 이해한다. 또한 그들은 실수가 벌어졌을 때, 자신의 책임이라고 인정할 타이밍을 정확히 알고 있다.

맥크리스털은 관계가 리더로서의 성공과 실패를 결정한다는 점을 잘 알고 있었다. 아프가니스탄에서 미군과 국제안보지원군을 총지휘하던 그는 조직의 행동에 책임을 지는 데도 주저하지 않았다. 비록 전장에서 모든 부대원의 행동을 일일이 통제할 수는 없었지만, 최종적인 책임은 자신에게 있다는 사실을 분명히 인식하고 있었던 것이다. 이러한 태도는 조직원 간 신뢰를 강화하면서 전장에서 더욱 긍정적인 결과로 이어졌다.

크라크 역시 그가 이끌었던 모든 조직에서 위의 접근 방식을 일관되게 실천해 왔다. 그는 아리바에서 겸손과 취약성, 개방성을 중시하는 문화를 구축하고, 모범을 보이고자 끊임없이 노력했다. 조직을 최우선으로 두는 것은 회사의 핵심 운영 원칙이었다. 그리고 이 원칙은 단순한 구호에 그치지 않았다.

아리바의 창립 멤버인 영업 부사장은 페덱스(FedEx), 비자(VISA), 브리스톨마이어스(Bristol-Meyers)와의 초기 계약을 모두 성사시키며 뛰어난 성과를 올렸다. 그러던 어느 날, 영업 부사장이 크라크를 찾아와 다음과 같이 말했다.

> "지금까지 제가 꽤 잘해왔다고 생각합니다. 하지만 솔직히 저는 스타트업에 더 적합한 사람입니다. 이 회사를 다음 단계로 성장시키기 위해서는 더 높은 수준의 일을 해 본 사람이 필요하다고 생각합니다."

크라크는 그의 말에 놀랐지만, 이는 바로 회사에게 필요했던 변화의 때였다. 이러한 겸손함과 이타심은 창립 멤버인 엔지니어링 책임자에게서도 나타났다. 그는 어느 날 모두에게 아래와 같이 말한 바 있다.

> "이 기회는 제가 생각한 것보다 훨씬 더 큽니다. 저는 이 자리에서 물러나 전략적 파트너십에 집중하는 것이 적절할 듯합니다."

크라크가 스스로 모범을 보이며 구축한 조직을 최우선으로 두는 문화는 아리바와 도큐사인의 빠른 성장과 성공을 불러왔다. 이는 두 기업이 역사상 전례 없는 속도로 성장한 소프트웨어 회사로 자리 잡을 수 있었던 원동력이었다.

성장에 몰입한 리더는 조직을 최우선으로 두는 것의 중요성을 잘 알고 있다. 그 핵심은 누군가 내 일을 더 잘할 수 있다면 기꺼이 자리를 내어 주는 문화를 만드는 것이다. 이러한 문화 속에서는 모두가 승리할 수 있다.

» 동기로 결집하라

정원사형 리더십을 실천하는 성장 몰입형 리더는 드높은 목표로 조직에 의욕을 고취한다. 여기에서 목표는 동료들이 한마음으로 뭉치는 기반이 된다. 목표는 스트레스를 피할 수 없는 상황에도 조직 전체에 의욕을 불어넣음으로써 성패를 가르는 결정적인 요소로 작용하기도 한다.

나는 지금까지의 커리어 동안 크라크와 같이 성장에 빠져든 훌륭한 리더와 함께 일해 왔다. 이에 크라크는 최근에 나에게 이상적인 목표로 동료에게 동기를 부여하는 일의 중요성을 다시금 일깨워 주었다. 그 핵심은 드높은 목표에 열정적인 추진력을 융합하는 것이다. 그가 내게 해 준 말 가운데 "성공은 변화를 만들겠다는 당신의 헌신에 담긴 열정에 비례하여 이루어진다."라는 말에 그 의미가 잘 담겨 있다.

회사나 개인의 목표가 세계의 구원처럼 거창할 필요는 없다. 고객에게 최상의 서비스를 제공하거나, 성능이 가장 뛰어난 하드웨어를 만드는 것과 같이 단순한 목표로도 충분하다. 목표의 내용과 상관없이 그것을 마음속에 간직하고, 동료에게 영감을 주는 수단으로 활용하는 것이 중요하다.

정직함이 먼저다

정원사형 리더십은 성장 지향형 리더가 갖추어야 할 필수 요건이다. 이 리더십은 더 나은 결과를 불러올 뿐만 아니라 직원의 행복도는 올리고 리더의 스트레스는 낮춘다. 어떤 관점에서 보더라도 정원사형 리더십 철학의 수용은 곧 현명한 선택이다.

물론 실제로 어떻게 실천해야 할까를 스스로 질문할 수도 있다. 그런데 맥크리스털과 크라크만 해도 정원사형 리더십의 특징을 자연스럽게 받아들인 듯해 보이기도 할 것이다. 하지만 두 사람도 처음부터 모든 것을 체화하지는 않았다. 이에 당신도 몇 가지 유의사항만 염두에 둔다면 맥크리스털과 크라크처럼 정원사형 리더십을 스스로 실천할 수 있다.

먼저 정원사형 리더십의 여러 속성은 정직함을 요구한다. 정직함에는 두 가지 측면이 있다. 자기 자신과 조직원과의 상호 작용에서의 정직이 바로 그것이다. 전자의 경우 자기 성찰이 필수적이다. 자신의 강점과 약점을 명확히 파악하고, 험비셔스한 태도를 지녀야 한다. 한편 조직원 간 관계에서의 정직함은 중요한 과제를 위임할 때뿐 아니라 그렇지 않을 때도 반드시 지켜야 하는 전제 조건이다.

그러나 자신에게 정직해지기란 쉽지 않을 것이다. 사람은 모두 편견을 가지고 있으며, 그것에 쉽게 굴복하기 때문이다. 그러나 성장 지향형 리더라면 거울 앞에서 자신을 냉철한 시선으로 빈틈없이 바라보기를 두려워해서는 안 된다.

따라서 냉정한 관찰자의 시각으로 자신을 바라보면서 부족한 부분을 인정하고, 이를 보완할 사람을 찾아 나서야 한다. 이는 일회적인 것이 아닌, 지속적인 삶의 방식이다. 이처럼 정직함의 수용은 정원사형 리더십을 익히는 데 매우 중요한 초석이 된다.

정직함뿐 아니라 지금까지 나열한 속성의 주도적인 실천 또한 중요하다. 사람은 대부분 험비셔스하지 않은 채로 태어나며, 자연스럽게 조직의 모든 업무에 책임감을 느끼지도 않는다. 따라서 리더십은 학습으로 체득할 수 있는 기술이다. 그리고 이를 가장 빠르게 배우는 방법은 오로지 실천뿐이다.

역량을 습득하는 과정에서도 실패는 피할 수 없는 법이다. 예컨대 중요한 과제를 동료에게 위임해야 할 타이밍을 명확히 파악하지 못할 때도 있을 것이다. 때로는 미묘하게 직속 부하의 뒤통수를 치기도 할 것이다. 그러나 이와 같은 상황은 모두 학습의 기회이다. 그 상황을 학습 경험으로 받아들이며, 적극적으로 활용하려는 태도가 무엇보다 중요하다.

정원사형 리더십을 실천하는 과정에서 좌절을 겪는다면 주저하지 말고 기록하자. 리더십 일지를 만들어 실수를 파악하고, 다음에 같은 일이 반복되지 않도록 예방책을 마련하는 것이다. 다만 그 모든 것을 하루 만에 이루어야 한다고 생각하지는 않기를 바란다.

오히려 장기적인 투자임을 깨달으며 작은 변화부터 시작하는 것이 중요하다. 물론 결과가 당장 나타나지 않을 것이다. 그러니 시간이 지나면 당신의 노력이 결실을 맺으리라는 믿음이 필요하다.

♦ 눈으로 이끌어라

지금까지 커리어를 쌓으며 관찰한 바에 따르면 정원사형 리더십은 받아들이기 쉽지 않다. 처음에는 권한을 내려놓는 것처럼 느껴지기 때문이다. 그리고 여기에서 많은 문제가 발생하곤 한다. 권력과 권위를 혼동하는 탓에 리더의 마이크로매니지먼트로 과도한 업무에 압도되어 결국 무기력해지는 상황이 종종 벌어진다. 나는 이러한 상황을 수도 없이 목격했다.

그동안 자기 잘못을 결코 인정하지 않는 상사나 동료, 또는 과도한 양의 일을 떠안고 있다가 결국 최악의 상황에 책임을 회피하는 동료를 겪어 왔다. 누구나 한 번쯤 그 사례를 직접 목격했을 것이다. 그러한 유형의 사람은 자신이 보여 주고자 하는 이미지를 깨뜨리는 것을 실패와 다름없다고 느끼기 때문에 통제권을 내려놓지 못한다.

따라서 정원사형 리더십은 순수에 가까운 정직함과 추진력, 조직원에 대한 신뢰가 필요하다. 하지만 그보다 더 중요한 첫 단계는 자신의 취약함에 용기를 내는 것이다. 우리는 모두 자신에 대한 이미지를 각자 마음속에 품고 있다. 문제는 그 이미지가 전반적으로 실제 자신보다 조금 더 똑똑하고 자신감 있으며, 더 나은 사람으로 인식하는 경향이 있다는 점이다.

커리어 초기에는 나 또한 마찬가지였다. 내가 생각하는 자아상에 지나치게 자부심을 느낀 나머지 취약함을 드러내기를 받아들일 수 없었다. 취약함은 남자답지 못한 모습이라는 개인적인 믿음 때문이기도 했지만, 또 다른 이유는 해군사관학교를 거쳐 군에 복무한 경험 때문이었다. 그곳의 환경은 취약함을 드러내는 것과는 거리가 멀었다. 그때는 내가 틀렸다고 인정하는 것은 선택지에 없다고 느꼈고, 진정한 내 모습을 드러내면 부정적인 결과가 따를 것만 같았다.

업계에서 커리어를 시작했을 때도 나는 여전히 그 태도를 고수하고 있었다. 그러나 직원이자 리더, 인간으로서 성숙해 가면서 취약함에도 다양한 이점이 있음을 깨닫기 시작했다. 달리 말하면 불안감에 사로잡히기보다 취약함을 인정하면 리더십을 더욱 효과적으로 발휘하여 더 깊은 관계를 형성할 수 있다는 사실을 알게 된 것이다.

그 사실을 다시 깨닫게 된 계기는 스팽스(Spanx)의 창립자인 사라 블레이클리(Sara Blakely)와 이야기를 나누면서였다. 크라크와 맥크리스털의 사례와 마찬가지로 블레이클리 역시 취약함을 인정하는 것이 자신의 핵심 가치이자 비즈니스를 성공으로 이끄는 중요한 원동력이라고 말했다.

오늘날에 이르러서야 나는 취약성을 비즈니스 리더는 물론 삶에서 가장 중요한 자산으로 여긴다. 취약성은 자신의 진정한 모습을 드러내며, 있는 그대로 행동하고 느낄 것을 요구한다. 이는 자신이 바라는 이상적인 모습이나 특정 대상에게 맞추기 위해 만들어 낸 가면 뒤에 숨는 것과 정반대의 태도이다.

정원사형 리더는 취약성을 인정함으로써 조직에 영감을 주어 더욱 깊고 밀접한 유대감을 형성함으로써 비즈니스 성과 향상이라는 결과를 만들어 낸다. 이는 자신을 비롯한 동료와 조직에 말로 표현할 수 없을 정도의 막대한 가치를 창출한다. 그러니 성장에 빠져든 리더로 성장하는 과정에서 취약성을 기꺼이 받아들이고 실천하자.

또한 정원사형 리더십은 비즈니스에만 국한되지 않는다. 개인적인 차원에서 성장에 몰입하는 삶으로 변화하고자 할 때도 적용이 가능하다. 예컨대 체중 감량을 목표로 했을 때, 매 끼니와 섭취하는 음식의 칼로리에 집착하는 것은 사실 의미가 없다. 매일 정교한 식단을 짜고 음식을 먹을 때마다 앱으로 칼로리를 확인하는 데 에너지를 과도하게 쏟다 보면 정작 운동을 하거나 충분한 수면을 취할 시간이 부족해지기 마련이다.

따라서 매 끼니의 칼로리를 대략적으로 계산하되, 섭취한 것보다 더 많은 칼로리를 소모하겠다는 큰 그림에 집중하면 올바른 궤도를 유지할 수 있다. 그러면 가장 중요한 운동에 집중할 시간을 확보하면서 가장 큰 성과를 얻을 것이다.

이상과 같이 성장에 몰입한 리더라면 큰 그림을 보는 통찰력을 발휘해 목표를 더 빠르게 달성한다. 일상의 세세한 부분에 사로잡히는 함정을 피하고, 진정으로 중요한 곳에 에너지를 집중하기 때문이다.

정원사형 리더십 실천하기

✅ 성찰과 자기 인식

❶ 자신의 리더십 스타일을 성찰한다. 이에 직접적으로 개입하는가, 아니면 방임하는 편인가를 파악한다. 당신이 파악한 접근 방식이 조직과 그 성장에 어떠한 영향을 미치는가?

❷ 정원사형 리더십을 실천할 수 있는 상황을 생각해 보자. 그렇다면 조직원이 필요할 때 지원과 지침을 제공하면서도 그들의 자율성과 성장을 독려하는 환경을 조성할 방법은 무엇일까?

✅ 위임과 권한 부여

❸ 조직원에게 위임할 수 있는 과제나 프로젝트를 찾아보자. 그리고 그들의 역량과 관심사에 부합하는 것을 선택하고, 이에 대한 명확한 지침과 기대 사항을 제시한다.

❹ 조직원이 자율적으로 의사 결정하고, 자신의 업무에 주인 의식을 가질 수 있도록 권한을 부여한다. 권한을 부여했다면 마이크로매니지먼트의 유혹을 떨치고 그들의 능력을 신뢰하는 태도를 취한다.

✅ 신뢰와 소통 구축

❺ 자신의 의사소통 스타일을 성찰한다. 그리고 그것이 조직 내 신뢰에 미치는 영향을 살펴보자. 투명성과 열린 대화라는 측면에서 당신이 개선해야 할 부분이 있는가?

❻ 정기적인 확인 모임 또는 조직 회의를 마련하여 진행 상황을 업데이트하고 피드백을 반영하여 우려 사항을 해결한다. 또한 열린 대화와 솔직한 소통을 장려하고, 조직원의 의견을 적극적으로 경청한다.

✅ 지도와 지원 제공

❼ 과제에 직접 개입하지 않으면서 적절한 지도와 지원을 제공할 기회를 마련한다. 이에 해당하는 것에는 자료 제공, 지식 공유, 멘토링 등

성장지향성

이 있다.

❽ 조직원이 비판적 사고를 통해 스스로 해결책을 찾을 수 있도록 질문을 던지며 적극적으로 코칭하라. 이러한 방식이 필요하지 않다면, 즉각적인 답변이나 해결책을 제시하지 않도록 주의한다.

◉ 지속적인 학습과 개선

❾ 리더십과 모든 것에 간섭하지 않는 관리 방식을 다룬 책을 읽거나, 팟캐스트 청취, 관련 영상 시청, 또는 워크숍에 참석한다. 그중 당신의 리더십 목표와 어울리는 통찰과 전략을 찾아 적용해 본다.

❿ 간섭하지 않는 리더십을 잘 실천하고 있는지 조직원에게 피드백을 요청한다. 그리고 그들의 피드백을 적극 수용하여 리더십 효과를 개선한다.

정원사형 리더가 되려면 꾸준한 연습과 헌신적인 노력이 필요하다. 이상의 실전 전략으로 조직원에게 권한을 부여하고 자율성을 육성함으로써 성장과 성공의 문화를 만들어 가는 데 필요한 역량을 개발할 수 있다.

제13장

즉흥성의 위협

비즈니스와 인간의 활동은 시스템이다. ... 우리는 그 시스템
의 고립된 일부를 순간적으로 포착하는 데만 집중한다. 그러
고는 우리의 근원적 문제가 왜 해결되지 않는지 의아해한다.

| 피터 센게(Peter Senge)[183] |

제12장에서 정원사형 리더의 개념을 논의했다. 리더의 주된 역할은
바로 가장 중요한 것을 그러한 것으로 유지하는 일, 즉 업무의 본질적 핵
심을 놓치지 않는 것이다. 이를 위해서는 계획적인 선택을 초점과 일치
시키는 노력이 필요하다. 이론적으로는 매우 쉬운 개념처럼 보이지만,
실제로는 결코 간단하지 않다.

힌두교 사제이자 기업가이며, 《좁고 깊게 산다는 것에 관하여(The
Power of Unwavering Focus)》의 저자로서, 승려로서 10년 동안 살았던 단
다파니(Dandapani)와 인터뷰한 적이 있었다. 인터뷰에서 우리는 목적과
집중의 깊은 연관성에 대한 이야기를 나누었다. 단다파니는 목적과 집중
이라는 요소 간 상호 작용을 강조하며 다음과 같이 말했다.

---

183 미국의 경영 구루이자 대학 교수.

"집중은 목적과 함께 이루어져야 합니다. 이는 목적 중심의 삶을 살면서 지향적으로 행동하는 것을 말하죠. 그렇다면 우리가 진정으로 무엇을 원하는지 모른다면 지향적인 삶을 어떻게 살 수 있을까요? 모든 것은 마음의 상태와 집중을 유지하는 능력에서 시작됩니다. 그러면 집중과 자아 성찰 없이 삶의 목적을 어떻게 발견할 수 있을까요? 집중은 목적을 발견하는 기초가 되고, 더 나아가 헌신과 몰입을 지속하여 지향적인 삶을 살아갈 수 있게 합니다."

위처럼 단다파니의 지혜로운 말을 들으니 자연스럽게 《성공하는 사람들의 7가지 습관(The 7 Habits of Highly Effective People)》의 저자 스티븐 코비가 떠올랐다.[184] 코비의 책은 전 세계 수백만 명에게 깊은 울림을 주며 시대를 초월한 개인적, 직업적 성장 지침서이다. 이 책에서 말하는 코비의 핵심 개념은 단다파니가 전하는 메시지의 본질과 맞닿아 있다. 이는 바로 '가장 중요한 것을 그러한 것으로 유지한다.'의 개념이다.

그 심오한 원칙은 코비가 말하는 가르침의 정수이자 책의 내용을 관통하는 주제이다. 이는 복잡하고 빠르게 변화하는 삶 속에서 우리가 쉽게 산만함에 빠져 우선순위를 잃어버림을 상기시킨다. 그럼에도 그 주제는 정말 중요한 것에 의식적으로 집중하고, 우리의 행동을 핵심 가치와 목적에 맞춘다면 놀라운 명확성과 효율성을 얻을 수 있다는 강력한 교훈을 전한다.

한편 단다파니의 통찰은 코비의 가르침을 보완한다. 그리고 개인적, 직업적 성취를 추구하는 과정에서 목적성이 가미된 집중의 중요성을 강조한다. 단다파니와 코비는 우리에게 진정으로 중요한 것을 우선시하는 행동과 습관을 길러 산만함을 깨뜨리면 지향적인 삶 속에서 뛰어난 성과를 거둘 수 있음을 일깨운다. 이러한 행동 변화를 통해 우리는 행동과 목적을 일체화할 동력을 얻고, 난관을 극복하여 의미와 영향력을 모두 내포한 삶을 만들어 나갈 수 있다.

---

184   "The 7 Habits of Highly Effective People", FranklinCovey.

나는 목적성 있는 집중이 스티븐 코비가 책을 쓴 25년 전보다 오늘날에 훨씬 더 중요하다고 믿는다. 현대 사회는 우리에게 막대한 시간과 집중력을 요하고 있기 때문이다. 디지털 중독과 새로운 업무 방식, 소셜 미디어, 인공지능, 프리랜서 일자리 증가, 그리고 거의 끊임없이 나타나는 방해 요소는 우리가 매일 마주하는 어려움을 더욱 가중시키고 있다. 우리의 일정은 지나치게 빽빽해진 나머지 모든 것을 조율하기가 점차 복잡해지고 있다. 그 결과 우리는 안정과 루틴을 추구하게 되었다.

한 걸음 물러서서 정말 중요한 것을 우선시하려면 상당한 의식적 노력이 필요하다. 생각이 현실을 만든다는 말은 사실이지만, 혼자서 이뤄낸다는 것은 결코 사실이 아니다. 실제로 우리는 주변의 모든 것과 주고받으며, 소유하고 방출하는 무한한 순환 속에서 끊임없이 상호 작용하고 있다. 따라서 우리가 세상과 상호 작용하는 방식이 중요한 것을 우선적으로 유지할 수 있는가의 여부를 가르는 근본적인 차이를 만든다.[185]

- 우리는 자동 조종 장치처럼 종종 무의식이 일상의 상호 작용을 지배하도록 둔다.
- 우리는 지연 보상 사회를 살아가지만,[186] 진화의 과정에서 긴급하고 즉각적인 결과에 집중하도록 조건화되어 왔다.
- 우리는 루틴과 습관에 얽매여 즉흥적이고 무계획적으로 이루어지는 상호 작용이 많다.
- 우리는 장기 목표를 추구하는 데 필요한 일상의 행동을 강화하고 진척 사항을 추적하는 체계가 갖추어져 있지 않다.

위와 같은 이유로 우리는 삶 속에서 의식적인 몰입이나 집중보다 일상적인 행동과 의도를 즉흥적으로 수행한다. 이는 다수의 사람이 직장과 인간관계, 신체적·정신적 건강 및 영성과 도덕적 성장에 몰입하지 못하

185   Melody Barnes & Paul Schmitz, "Community Engagement Matters (Now More Than Ever)", Stanford Social Innovation Review, Spring 2016.

186   "Immediate Return vs. Delayed Return Societies", P2P Foundation Wiki.

게 하는 주요 원인에 해당한다.

우리가 종종 마주하는 어려움은 우리의 시간을 소비하는 현실이 진정으로 갈망하거나 우선순위로 삼는 바와 상당한 거리가 있다는 점이다. 이러한 현실은 개인적, 직업적으로 다양한 갈등과 역경, 실패를 불러올 기반을 만든다.

◆ 무의식적 몰입

제2장에서 스퀘어의 창립자 짐 맥켈비를 통해 목표 탐색자의 개념을 소개한 바 있다. 짐은 조직 및 개인이 가장 자주 저지르는 큰 실수로 아이디어의 기원인 가장 중요한 근본적인 문제에 대한 집중력을 잃는다는 점을 꼽았다. 그는 자주 만나는 기업가가 주변 세상과 끊임없이 상호 작용하면서도 행동을 지향적이고 계획적으로 취하지 않는 경우를 종종 발견한다고 말했다.

다시 말해 그들은 하루를 대부분 자동 조종 모드로 보낸다. 그리고 최종 목표로 다가가는 행동에 의도적으로 집중하기보다 즉각적인 영향을 줄 법한 일을 반복하는 즉흥적 루틴에 갇혀 있다. 시간이 지나면서 그들은 본래의 목표에서 점점 벗어나 다른 복잡한 문제에 발을 들이게 된다. 그 문제는 본래 집중해야 할 사안에서 수의를 분산시킨다. 그러다 결국 자신도 모르는 사이에 목표와 야망에서 점점 더 멀어지고 만다.

그러한 사실은 비단 기업가만의 문제는 아니다. 무의식적 몰입은 우리 주변을 비롯하여 어디에나 존재하며, 우리의 인간관계, 일상적인 업무 루틴, 가족 간 상호 작용, 그리고 꿈을 추구하는 과정까지 잠식한다. 그렇다면 이 현상을 다른 맥락에서 설명해 보겠다.

어릴 때 나는 핀볼 게임을 정말 좋아했다. 핀볼 게임이야말로 즉흥적인 몰입의 개념을 설명하기에 아주 좋은 사례라고 생각한다. 핀볼 자체는 어떤 지향성도 없다. 핀볼은 환경에 끊임없이 반응하며, 특정 방향으로 나아가다가 다음에 부딪히는 물체에 튕겨 나간다. 결국 여러 차례 방향이 꺾이고 튕기다 결국은 배출구(drain)로 빨려 들어가고 만다. 고리 같은 악순환인 셈이다.

일상 속 무의식적 몰입도 핀볼 게임과 다르지 않다. 핀볼 게임은 인생 그 자체와도 같다. 핀볼 기계는 우리의 주의를 흩뜨리는 방해 요소에 대한 연구 사례나 다름없다. 밝은 불빛과 종소리 같은 현란한 요소는 우리의 주의를 게임에서 분산시킨다.

이에 우리는 주변 환경에 지나치게 휘둘린 나머지 공을 살리겠다는 지향적 행동을 계속하지 못하게 되고, 결국 공은 배수로(gutter)로 빠져 버리고 만다. 핀볼처럼 우리가 게임을 통제하지 못하고 휘둘린다면, 게임에 본능적인 반응만 보이는 데 그치게 된다. 말하자면 지향성 없이 행동하고 마는 것이다. 다시 말하면 우리의 루틴과 습관이 의식의 개입 없이 자동 반복 모드로 작동하는 것이다.

팟캐스트에서 캘리포니아대학교 어바인캠퍼스 정보학과 석좌교수이자 《집중의 재발견(Attention Span)》의 저자 글로리아 마크(Gloria Mark)를 인터뷰했다.[187] 마크 교수는 핀볼처럼 산만한 현대인의 삶을 아래와 같이 설명했다.

> 우리는 흔히 알고리즘 광고나 알림이 주의를 분산시키는 주요 원인이라 여깁니다. 하지만 연구에 따르면 사람들이 스스로 방해하는 비율이 49%에 달한다고 밝혀졌어요. 이러한 자기 방해(self-interruption)는 우리 내부에서 비롯되는 경우가 많습니다. 우리는 다양한 방식으로 조건화되어 있습니다. 세상이라는 아주 큰 사탕 가게, 즉 1/1,000초 만에 정보를 얻을 수 있는 인터넷 앞에 앉아 있습니다. 할 일이 있다는 것을 알고 있음에도 말이죠. 이와 관련하여 100여 년 전 심리학 연구로 거슬러 올라가 볼까요? 블루마 자이가르닉(Bluma Zeigarnik)은 방해(interruption)의 개념을 처음으로 연구했습니다.[188] 그의 연구를 통해 방해받

---

187   John R. Miles and Gloria Mark, "The Art of Attention: Cultivating Focus in the Digital Age", podcast, Passion Struck.

188   "Bluma Zeigarnik", Wikipedia.

아 중단된 과제가 있다면, 그것이 마음속에 계속 남는 경향이 있다는 사실을 발견했습니다. 결국 우리는 방해받아 중단된 과제를 잊지 못하는 거죠.

위에서 언급한 마크의 획기적인 연구에서 주의 분산은 알고리즘 광고나 알림을 비롯한 외부적 요인 외에도 스스로 유발하는 방해 또한 원인이 된다는 사실이 밝혀졌다. 방해를 받아 중단된 과제를 완수하려는 충동은 계속 우리와 함께하며, 내적 산만함을 부추긴다. 또한 인지적 피로는 외부와 내부의 방해에 대한 우리의 취약성을 더욱 높인다. 인터넷의 설계 구조 자체도 그 문제를 심화시킨다. 메멕스(Memex)[189] 같은 상상의 개념에서 영향을 받은 인터넷 구조는 연상적 사고를 촉진하여 우리를 복잡한 디지털 세계의 미로로 쉽게 끌어들이는 악순환을 만든다.

핀볼 게임 같은 삶을 산다면, 세계적 문제 해결은 고사하고 진정한 리더십의 실천에도 집중하지 못한다. 결국 우리는 생존에 필요한 일에 집중하면서도, 정작 장기적인 성취는 고려하지 않는 전략적이지 못한 삶을 살고 있다. 이는 가치가 있더라도 부가가치를 창출하지는 못하는 삶이다. 이것이 곧 무관심(apathy)의 정점이며, 부지불식간에 생존 모드로 빠져들게 한다. 이는 주변 세계와 즉흥적으로 상호 작용하는 무한 루프에 갇힌 상태를 의미한다.

우리가 기술에 대한 의존도 점점 높아지면서 핀볼 같은 삶을 살게 된다면, 여러 이유에서 성취감 있는 삶과 멀어지고 만다. 여기에서 가장 심각한 원인은 산만함이다. 기술, 특히 스마트폰과 소셜 미디어는 우리의 주의를 현재에서 멀어지게 하면서 진정으로 중요한 것에 집중하는 능력을 저해한다는 점에서 여파가 큰 방해 요소라 할 수 있다.

또한 소셜 미디어는 비교와 경쟁을 조장하여 자신의 삶에 부족함과 불만족감을 느끼게 한다. 사회적 규범과 기대에 부응하려는 압박은 진정

189 1945년 베니버 부시가 제안한 개념으로, 명칭은 기억(memory)와 확장 장치(extender)를 뜻하는 두 단어가 축약되어 합성되어 만들어졌다. 즉 메멕스는 정보 저장과 검색을 위한 가상의 장치로, 현대 컴퓨터와 인터넷의 기초 아이디어에 속한다.

한 열정과 관심사에서 멀어지게 하여 충만함과 목적의 결여를 초래한다. 그리고 기술은 거짓된 유대관계와 친밀감을 민들어 의미 있는 대면 관계보다 가상에서의 상호 작용을 우선시하도록 한다.

이상의 요인은 모두 몰입과 충족감이 없는 삶으로 이어지기도 한다. 그렇다면 당신은 지향하는 바 없이, 그리고 주의를 끊임없이 분산시키는 환경에서 살아가고 싶은가?

안타깝게도 우리 중 많은 사람이 그렇게 살아가고 있다. 삶에 몰입하지 못한 채 지향적으로 세상과 소통하려는 노력조차 없이 그저 습관적으로 삶이 우리에게 던지는 것에 반응하며 살아간다. 이것이 바로 즉흥적 몰입(spontaneous engagement)이다. 이는 한마디로 일어나기 때문에 일어나는 현상이다. 이러한 자동 반복 루프는 시간이 지날수록 우리의 전반적인 포부에 점차 해로운 영향을 미친다.

그 이유는 무엇일까? 우리가 다양한 상황에서 행동 및 반응하는 방식은 삶과 커리어, 가정에 직접적인 영향을 미친다. 따라서 성공적인 삶을 위해서는 무의식적으로 반응하는 태도를 지양하고, 상황을 신중히 고려하면서 계획적으로 대응해야 한다.

◆ 저울질을 멈춰라

애플 최고 경영자 팀 쿡(Tim Cook)에게 애플이라는 혁신적인 기업의 전통이 무엇이라고 생각하는지 묻는다면, 그의 대답에 놀랄지도 모른다. 쿡은 아이폰을 애플의 중요한 유산으로 여기면서도 주변 세상과 소통하는 방식에 바람직하지 않은 결과를 가져왔다고 여기고 있다.[190] 그 구체적인 내용을 사례를 토대로 살펴보도록 하자.

나는 외식하러 나갈 때, 사람들이 상호 작용하는 모습을 관찰하기를 좋아한다. 그런데 아이러니하게도 서로 소통하는 경우는 거의 없고, 대

190　Sam Tabahriti, "Tim Cook says he monitors his Screen Time reports 'pretty religiously' – but doesn't say how long he spends using his iPhone", Business Insider, April 7, 2023.

부분 휴대폰을 쳐다본다. 우리는 마치 핀볼 게임처럼 그 순간 긴급해 보이는 부분에 자연스럽게 주의를 집중하는 경향이 있다. 우리는 누군가의 연락, 이메일 확인, 채팅창 보기, 소셜 미디어 업데이트 확인 등 즉흥적인 일에 사로잡힌다. 이러한 모습은 집에서 가족과 함께할 때나 친구와 어울릴 때, 또는 직장에서 소통할 때도 동일하게 나타난다.

우리는 스마트 기기와 일정표에 따라 살아가는 사람이 점점 더 많아지는 사회적 문제를 겪고 있다. 이처럼 세대를 초월한 문제는 모든 사회적, 경제적, 민족적 규범으로 침투하고 있다.

팀 쿡은 CNN과의 인터뷰에서 자신의 기술 사용 습관을 돌아보며, [191] 이를 스스로 일깨운 계기를 공유했다. 바로 새롭게 공개된 앱인 스크린타임(Screen Time)을 통해 그동안 사용한 데이터량을 확인하면서였다. 해당 앱은 아이폰과 아이패드에서 얼마나 많은 시간을 소비했는가에 관하여 상세한 분석을 제공한다. 쿡은 스크린타임 앱으로 자신을 분석하면서 중요한 결론에 도달했다.

> "스크린타임 앱을 사용해 보니, 스스로 잘못 생각하고 있다는 것을 알게 되었습니다. 솔직히 말하면 제가 이쪽으로는 절제력이 강하다고 생각했거든요. 그런데 제가 틀렸더군요. 물론 기기 자체가 중독적인 것은 아닙니다. 문제는 우리가 그 기기로 무엇을 하느냐죠."

바로 그것이 문제다. 기술은 편리함을 주는 동시에 주의 분산도 유발한다. 이는 바로 쿡이 디지털 기기에 너무 많은 시간을 소비한 나머지, 그것이 삶의 주된 초점이 되는 것을 원치 않은 이유이다. 아이폰의 본래 의도는 우리 삶을 보조하는 도구로 사용되는 것이지, 우리 삶을 즉흥적으로 소비하는 것이 아니었다. 안타깝게도 다수에게는 그 반대가 되고 말았다.

---

191   Tim Cook, "Apple CEO Tim Cook: I use my phone too much", interview by Laurie Segall, CNN Business, June 2018.

이러한 현상은 스쿼드(Squad) 최고 경영자이자 《'좋아요' 너머의 삶 (Life Beyond Likes, 국내 미출간)》의 저자 아이사 왓슨(Isa Watson)과의 인터뷰에서 더욱 명확히 확인할 수 있다. 이에 왓슨은 다음과 같이 설명했다.

> 결론적으로 저는 몰입과 중독의 차이는 결국 현실 도피라고 생각합니다. 무언가에 중독되면 현실에서 벗어나기 위해 그것에 빠져들죠. 제 친구 중 우울해하는 사람들은 소셜 미디어를 많이 이용합니다. 따라서 그 친구들이 게시물에 '좋아요'를 누르는 정도를 보면 상태를 바로 알 수 있어요.
>
> 현실을 도피하거나 시간을 보내고 싶을 때, 바로 이때 중독이 시작됩니다. 아침에 눈을 뜨자마자 제일 먼저 소셜 미디어를 확인하고, 잠들기 직전까지 습관적으로 붙들고 있다면 그것이 중독이죠. 밀레니얼 세대는 평균 9개의 소셜 미디어 계정을 소유하고 있으며, 하루에 3시간 반에서 4시간 반을 소셜 미디어에 소비합니다. 이는 수면 시간과 업무 시간을 8시간씩 더하면 깨어있는 시간의 1/3을 소셜 미디어에 소비하는 셈입니다. 그렇다면 진정한 유대관계를 맺는 시간이나 가족과 함께 하는 시간, 요리, 청소 등 매일 해야 할 일을 끝내는 시간은 어디에서 나오나요?[192]

우리의 삶은 스마트폰 일정표에 입력된 계획과 디지털 세상에서 제공하는 끊임없는 방해 요소로 채워지고 있다. 우리는 디지털 기기와 일정표의 긴급해 보이는 일에 과도하게 집착한 나머지, 그 바깥에서 가장 중요한 것을 잊어버리곤 한다. 이는 마치 타이타닉호가 가라앉는 와중에 갑판 의자를 재배치하는 상황과 다름이 없다.

스티븐 코비는 다음과 같이 긴급한 일과 중요한 일을 다루는 지침을 제시했다.

192 John R. Miles and Isa Watson, "Why Life Beyond Likes Is Finding Authentic Joy", podcast, Passion Struck.

- 긴급하면서 중요한 일이라면 당장 한다.
- 중요하지만 긴급하지 않은 일은 일단 계획에 시간을 투자해 본다.
- 긴급하지만 중요하지 않은 일은 다른 사람에게 위임한다.
- 긴급하지도 중요하지도 않은 일은 무시한다.

코비가 제시한 위 지침은 간단하다. 그러나 성장에 몰입하는 사람으로 거듭나 즉흥적 몰입에서 벗어나는 법을 배우고자 한다면 반드시 알아야 할 기본 원칙이기도 하다. 때로는 한 걸음 물러서서 우리의 삶을 다른 관점에서 바라볼 필요가 있다.

코비의 지침을 실천하는 가장 간단한 방법은 자신의 습관을 성찰하는 것이다. 다만 오늘 또는 내일만 살펴보는 대신, 3~4개월 동안의 일정을 검토해야 한다. 그리고 그다음에 무엇을 해야 할지에 집중하지 말고, 자신에게 다음과 같은 질문을 던져 보자.

- 일의 우선순위를 어떠한 방식으로 매기면서 시간을 활용하는가?
- 지금 바삐 하는 일이 정말로 집중해야 할 '중요한 일'인가?
- 주변 세상과 어떻게 상호 작용하고 있는가?
- 그 상호 작용 속에서 지금 하는 일이 본질적으로 중요한가, 아니면 그저 급하기만 한 일일 뿐인가?

위의 질문을 토대로 그저 긴급해 보이기만 한 일이 아닌, 본질적으로 중요한 일에 집중함으로써 삶에 반드시 필요한 변화를 만들어 내자.

◆ 의식적 몰입

의식적 몰입이란 일상에서 계획적, 체계적으로 수행하는 활동을 뜻한다. 이는 우리의 습관과 행동에 따라 학습으로 형성된 행동이다. 즉흥적 또는 본능적 행동과 달리 의식적 몰입은 객관성과 목적으로 작업을 수행한다. 즉 단순하게 기계적인 행동이 아니라, 신중하고 계획적으로 선택하고 행동하는 것을 말한다.

다시 핀볼 게임을 예로 살펴보자. 무의식적 몰입은 마치 핀볼 기계가 우리를 조종하도록 내버려두는 것과 같다. 반면 의식적 몰입은 지향성에 따른 의도적인 집중으로 게임을 자기만의 방식대로 플레이하는 것을 말한다. 의식적 몰입 상태에서는 게임이 만들어 내는 행동과 패턴을 학습하여 우리의 상호 작용을 그에 맞게 조정한다.

사람들은 대부분 핀볼을 아마추어처럼 플레이한다. 그저 공이 보드 위에서 구멍으로 떨어지지 않게 하는 데만 집중한다. 이에 게임이 마치 무작위적으로 진행되는 것처럼 느낀다. 하지만 실제로 핀볼은 플레이어를 이기기 위해 정교하게 설계된 게임이다.

사실 핀볼은 여러 미니 게임의 집합체로 구성되어 있으며, 이를 통해 게임에서 승리할 수 있는 단서를 제공한다. 이들 단서를 인식하여 게임의 함정을 격파하는 것은 단순히 공이 구멍으로 떨어지지 않는 데만 집중하는 것보다 훨씬 더 만족스러운 경험을 제공한다.

의식적인 몰입도 그와 마찬가지다. 핀볼 게임과 팀 쿡의 사례와 같이, 실제 우리의 삶도 복잡하고 디지털화된 세상에서 몰입감을 주는 다양한 감각적 유혹으로 가득하다. 그리고 이러한 유혹에 쉽게 주의가 쏠리기 일쑤이다. 이에 의식적 몰입은 곧 행동을 통제하고 삶이라는 매일의 게임을 스스로 의도한 대로 플레이함을 말한다.

현재에 충실하며 매일을 지향적으로 보내기 위해서는 연습과 인내가 수반되어야 한다. 이는 정보를 처리하고, 자신에게 주어진 정보를 우선 순위에 따라 정렬하는 과정이다. 이는 핀볼 게임과 같다. 다만 이때는 즉흥적으로 반응하지 않고, 의식적으로 행동하는 것이 무엇보다 중요하다.

의식적 몰입의 원칙

의식적 몰입에는 세 가지 원칙이 있다. 다음 내용을 통해 그 원칙을 하나씩 살펴보도록 하자.

첫째, 인간은 진화 과정에서 자신의 안전을 지키게끔 행동하도록 설계되었다. 태어나는 순간부터 우리의 믿음과 사회적 기준, 자아 정체성을 지키려는 일련의 반응이 무의식 속에 자리 잡는다. 이러한 반사적 반응(knee-jerk reaction)은 주변 환경의 위협이나 불확실성을 경험할 때 자주 발생한다. 이러한 상황이 닥치면 우리는 감각적으로 적대적이며 가혹한 환경에 내던져졌음을 느낀다. 그리고 이는 인지적, 신체적, 영적 영향을 미치기도 한다. 따라서 이 순간에는 우리의 선택과 결과를 의식적으로 인지하며 행동할 필요가 있다.

한번 생각해 보자. 위험한 상황에 처했다는 생각이 들면 우리의 마음은 무의식적 본능의 지시에 따라 행동하기 시작한다. 예를 들어 뜨거운 프라이팬을 만지면 단 1초도 지체하지 않고 즉시 손을 뗀다. 이 과정에는 의식적인 통제가 개입되지 않는다. 이를 '무의식적 반사 경로(subconscious reflex path)'라고 한다.

위와 동일한 일이 일상의 상호 작용과 습관, 행동에서도 나타난다. 결국 의식적 몰입은 반사적 반응을 통제하고 개인적 성장을 이루어 내는 연습이다. 동시에 우리의 현재 상황과 더불어 상호 작용하는 이와 행동의 의도를 이해하는 자기 인식을 함양하는 것이다.

둘째, 예측적 조절(anticipatory regulations)은 의식적 몰입을 지속 가능하게 한다.[193] 의식적 몰입을 실천하는 사람은 타인이 정의하는 행복이나 만족에 얽매이지 않는다. 그들은 예측적 관점을 활용하여 현재를 살아가면서 경험하는 모든 상호 작용의 아름다움을 온전히 느낀다. 베오그라드대학교 니콜라 일란코비치(Nikola Ilankovic) 교수는 이를 다음과 같이 설명한다.[194]

> "미래를 예상하고 과거를 기억하는 능력이 없다면, 우리는 의식과 자아의 연속성을 지닐 수 없다. 그 덕분에 우리는 과거와 현재, 예측하는 미래 속에 살아간다. 우리는 바로 이러한 과정 속에서 의식의 연속성을 획득한다!"

193   Boris Kotchoubey, "Human Consciousness: Where Is It From and What Is It For", Frontiers in Psychology, April 23, 2018.

194   Nikola Ilankovic", ResearchGate.

누군가 길을 걷다가 갑자기 발을 헛디뎌 균형을 잃고 넘어지는 모습을 보는 중이라 생각해 보자. 이러한 상황에서는 우리도 갑작스레 혼란스러워할 때가 종종 있다. 이와 같이 일어날 일을 예상하는 것은 우리의 인지 과정에서 중심적인 역할을 한다. 이에 무의식적 예상이 실현되지 않을 때,[195] 우리의 인지 활동은 잠시 혼란에 빠진다. 이상의 예는 일상적 상황을 이해할 때, 우리의 마음이 수행하는 역할의 중요성을 시사한다. 그리고 그 상황에 즉흥적으로 반응하는 이유가 무엇인가를 설명한다.

셋째, 우리는 살아가면서 익숙하지 않거나 배운 적 없는 일을 다른 사람이 대신 해 주는 것에 익숙해진다. 그 예로 집 창문을 교체하기 위해 전문가를 고용하거나, 회사의 새로운 고객 관리 시스템을 개발하기 위해 소프트웨어 개발자를 고용하는 것이 있다. 우리는 그러한 경험을 수없이 반복해도 그들에 대한 감정적 의존을 인식하지 못한다. 이러한 현실을 인식하고 변화시키는 것이 주변과 상호 작용하는 방식에 매우 중요한 역할을 한다. 이 개념을 작가이자 치료사인 수 톨레(Sue Thoele)의 글을 통해 살펴보자.

> 감정적 의존은 감정적 강인함의 반대다. 감정적 의존은 생존에 타인을 필요로 하고, 타인이 우리 대신 일해 주기를 바라며, 우리의 자아 이미지와 의사 결정, 경제적 안정을 타인에게 의존한다는 의미이다. 감정적 의존은 행복과 자아의 개념, 감정적 안녕을 타인에게 기대게 한다. 이러한 취약성은 필연적으로 자신의 가치감을 확인받기 위해 외부의 지원을 찾아 의존하게 한다.[196]

생각해 보자. 마틴 루터 킹 주니어(Martin Luther King Jr.)는 추종자에게 상호 의존성(interdependence) 회복을 장려했다. 다시 말해 타인에게

성장지향성

---

195 Christopher James Davia, "Minds, Brains & Catalysis: A theory of cognition grounded in metabolism", ResearchGate, July 2014.

196 Sue Patton Thoele, The Courage to Be Yourself: A Woman's Guide to Emotional Strength and Self-Esteem (Newburyport, MA: Conari Press, 2001).

감정적으로 의존하지 말라고 한 것이다. 현재 상황에 만족하며 안주해서는 안 된다. 현재 상황은 그대로 유지될 필요가 없기 때문이다. 우리는 감정적 강인함으로 의존의 악순환을 끊어 낸 무한 루프를 만들어 주변 세상과 의식적으로 소통함으로써 현재 상황을 바꿀 수 있다.

미약한 시작, 위대한 결말

에이브러햄 링컨(Abraham Lincoln) 대통령은 즉흥적 몰입에서 의식적 몰입으로 전환한 역사적 리더의 대표 사례이다. 미국 역사상 최고의 대통령으로 평가받는 링컨의 삶은 미약한 시작에서 국가 최고직에 오른 경이로운 여정 그 자체라 할 만하다.[197] 이처럼 그의 초창기 시절은 전혀 인상적이지 않았다. 링컨은 젊은 시절의 자신을 '이리저리 휩쓸리는 부목'에 빗대었는데, 실제로도 여러 해 동안 그러한 삶을 살았다.

마치 핀볼 게임처럼 링컨은 주변 세상과 무의식적인 상호 작용의 무한 루프에 빠져 여러 직업을 전전했다. 그는 가게 주인, 우체국장, 잡화점 관리자, 주 의회 의원을 거쳐 마침내 33세에 변호사가 되었다.[198] 그의 법률 사무소 동업자였던 윌리엄 헨리 헌든에 따르면 링컨은 즉흥적 몰입을 믿었다. 링컨은 '의지'라는 자유는 존재하지 않는다고 여겼다. 즉 사람에게는 자유 의지가 없다고 생각했던 것이다.

> 모든 것은 정해져 있고, 이는 거스를 수도 없이 반드시 찾아올 운명이었다. 인간은 스스로 통제할 수 없는 우월한 존재의 뜻대로 만들어졌다. 운명은 모든 것을 초월적인 힘으로 결정했으며, 우주 만물과 인간의 마음은 보편적이고 절대적이며 영원한 법칙에 의해 지배된다. 인간은 단지 하나의 도구이며, 톱니바퀴의 톱니에 지나지 않는다. 또한 사람은 물론 저항하는 모든 것을 패고 조각내고 갈아 으스러뜨리는 거대한 철제 기계의 일부분에 불

---

197   "Historical rankings of presidents of the United States", Wikipedia.

198   Biography.com Editors and Tyler Piccotti, "Abraham Lincoln", Biography.com, updated July 13, 2023.

과하다.[199]

몇 년 후, 링컨이 미국 하원 의원이 되었을 때도 그러한 믿음은 여전히 그를 지배하고 있었다. 정계에서 별다른 주목을 받지 못한 그는 1849년을 끝으로 의정 활동을 마쳤다. 이에 대다수는 그의 정치 경력이 끝났다고 생각했다. 물론 실제로도 거의 그렇게 될 뻔하기는 했지만 말이다.

그러나 7년 후인 1856년, 링컨은 마침내 자신에게 가장 중요한 것을 발견했다. 노예제를 바라보는 시각이 수용에서 도덕적 분노로 바뀌었다. 이에 링컨은 노예제 반대를 주장하는 공화당에 합류했으며, 이는 모든 인간은 양도할 수 없는 권리를 가지고 태어난다고 믿었던 미국 건국자들의 영향으로 말미암은 신념에서 기인한 행동이었다. 그는 노예제를 해결해야 할 핵심 문제로 삼아 "분열된 집안은 유지될 수 없다."라는 선언과 함께 미국 상원에 입성하는 데 성공했다.

그때 링컨은 자신의 행동이 운명이 아니라 의도에 따라 통제 가능하다는 사실을 깨달았다. 그는 삶의 여정에서 우리가 거쳐야 하는 단계가 존재한다는 사실을 인식했다. 그리고 출발점이 반드시 종착점일 필요는 없음 또한 알게 되었다. 이에 작가이자 컨설턴트인 사이먼 사이넥(Simon Sinek)이 말했다.

> "열정이 없다면 배를 채우는 게 무슨 소용인가? 깨어나라. 열정을 품고, 그 열정에 불을 붙여 일을 시작하라."

링컨은 노예제 폐지에 대해 목소리를 높여 논의하면서 발언할 기회만 있다면 어디든 가리지 않고 노예제 폐지의 중요성을 설파했다. 이처럼 그에게 '가장 중요한 것'은 몰입의 무한 루프를 계속 작동시키는 원동력이었다. 이에 그는 의식적으로 몰입하는 사람이 되었다. 결과적으로 감정을 다스리고 경청하며, 의사소통 능력을 갈고닦는 것이 주변 세상과

---

199 Eerdmans, "Abraham Lincoln's 'Doctrine of Necessity,'" Eerdword, July 1, 2017.

성장지향성

매일 상호 작용하는 데 가장 중요한 요소임을 이해한 것이다.

그는 당대 미국 사회에 의식적 몰입으로 경쟁자를 측근으로 영입하면서 리더십을 강화했다. 이러한 몰입을 링컨은 통해 타인의 의견을 수용하고, 실수를 스스로 교정하면서 자신의 대중적 이미지를 개선했다. 그는 자신의 목표에서 가장 중요한 것을 이해한 뒤부터 이를 달성하기 위해서는 '발전의 법칙(physics of progress)'을 무시할 수 없음을 깨달았다.

그로부터 얼마 지나지 않은 1860년 11월 6일, 링컨은 남부에서 단한 주의 지지조차 받지 못했음에도 대통령 선거에서 승리했다. 그는 과거에 "나는 준비할 것이다. 그러면 언젠가 나를 위한 기회가 올 것이다."라고 말한 바 있다. 그리고 그 기회는 분명히 그에게 찾아왔다.

그러나 1861년 3월, 링컨이 대통령에 취임하기 전부터 남부의 7개주가 연방에서 이미 탈퇴한 상태였다. 이후 1863년 1월 1일, 링컨은 '노예 해방 선언'을 발표하고 이후 게티스버그 연설을 통해 자신의 메시지를 전달했다. 이 두 번의 행보로 링컨은 단순히 연방을 구하는 것에서 노예제 폐지로 남북전쟁의 목적을 바꾸었다. 이는 링컨이 미래를 위한 비전으로 제시했던 것이기도 하다.

그 뒤부터 링컨은 사방에서 쇄도하는 비난과 반대의 화살을 피할 수 없었다. 그는 소속된 당은 물론, 장군과 내각을 비롯하여 대다수 미국인과 자주 대립했다. 그렇게 그는 지휘관을 계속 해임하면서 남북전쟁을 이끌 적임자를 계속해서 찾고 있었다. 이때 링컨은 회복력에 기반하여 절대 포기하지 않는 태도로 주변 사람을 설득하여 신뢰를 얻어야 함을 비로소 이해했다. 그의 명확한 비전과 끈질긴 추진력에 힘입어, 주지하는 바와 같이 북부 연방이 승리하면서 노예제는 폐지되었다.

링컨이 의식적 몰입자로 거듭나는 여정에는 우여곡절이 많았다. 그는 삶의 흐름에 휘둘려 온 상태였음에도 명확하고 확고한 비전으로 무장한 성장 몰입형 리더가 되었다. 이는 더 큰일을 할 힘을 모으고 자신을 재창조하며, 때로는 옳다는 신념을 지키는 것이 외로운 일임을 알면서 가장 힘든 시기에도 열의를 바쳐 신념을 고수한 덕분이었다. 우리는 링컨이 겪은 일을 경험할 수는 없겠지만, 그의 삶을 통해 명확하고 흔들리지 않는 비전의 중요성과 의식적 몰입이 만들어 내는 차이를 알 수 있다. 링컨은 꿈꾸기의 중요성을 완벽히 이해했으며, 이를 자신의 삶에서 실현해 냈다.

가장 중요한 것을 우선순위로 유지하는 일은 마치 밑 빠진 독에 물 붓기와 같다. 아무리 물을 부어도 물이 계속 새어 나가기에, 이를 일상의 습관으로 정착시키려면 의식적 몰입의 무한 루프를 만들어야 한다. 그러니 잠시 한 걸음 물러서서 미래의 뚜렷한 비전을 설정하고, 이를 실현할 경로를 계획해 보자.

매일 의식적 몰입을 연습하고, 당신의 비전을 방해하는 외부의 방해 요소에도 아랑곳하지 말라. 링컨처럼 당신도 매일 계획적인 행동으로 불편함에 익숙해지는 법을 배울 수 있다. 이상과 같이 100가지 목표에 아니라고 말해도 가장 중요한 일에는 '예'라고 말하는 것이 가장 중요한 것을 우선순위로 유지하는 핵심이다.

'내 편'을 만드는 말 속의 전략

개인적으로 의식적 몰입의 실천 사례를 찾는 과정에서 윈스턴 처칠(Winston Churchill)보다 더 나은 예는 없다고 본다. 나는 어릴 적부터 처칠에게 매료되었다. 그 이유는 아버지께서 존경하는 영웅이었기에 우리 집에 처칠의 초상화가 걸려 있었기 때문이다. 1940년 처칠이 영국 총리가 되었을 때, 유럽은 거대한 국제적 위기 속에서 파시즘의 승리가 확실시되는 상황이었다. 이때 처칠은 몰입의 힘을 발휘해 사기를 북돋우고, 저항 세력을 결집해 히틀러에 맞서 러시아와 미국 간 동맹을 구축했다.

그러나 처칠은 다양한 측면에서 영국 역사상 가장 존경받는 지도자로 등극하였다는 사실이 믿어지지 않는 인물이기도 하다. 그에게는 개인적인 결점이 많았고, 긴 정치 생활 동안 중대한 실수를 몇 가지 저질렀기 때문이다.[200] 그 실수를 꼽아 보자면 수많은 전문가가 대공황의 원

---

200 Tom Heyden, "The 10 greatest controversies of Winston Churchill's career", BBC News Magazine, January 26, 2015.

인으로 지목하는 금본위제의 복귀를 주도했고, 에드워드 8세의 퇴위 문제에서 그를 지지했다. 이외에도 인도를 하나의 국가로 인정하는 데 반대했으며, 두 번의 세계대전에서 결정적인 실수를 저지른 것 등이 있다.

그러나 처칠의 리더십이 지금까지도 인정받는 이유는 제2차 세계대전 시기, 리더십이 절실히 필요했던 영국에게 처칠이 보여 준 탁월한 지도력 덕분이었다. 처칠은 대담하고 용감하며 지칠 줄 모르는 결단력으로 나라를 결집하여 막강한 나치 독일에 맞섰다. 또한 그는 넘치는 에너지와 강렬한 연설로 불안과 혼란에 빠진 영국 국민에게 희망과 용기를 주었으며, 가혹한 역경에도 포기하지 않고 싸워 전쟁을 승리로 이끌었다. 처칠은 궁극적인 형태의 몰입으로 가장 중요한 일을 우선시함으로써 영국을 파멸의 문턱에서 되돌려 놓았다.

위와 같은 처칠의 성과에 필적하는 영국 총리는 없다. 1965년에 그가 세상을 떠났을 때, 역사가 아서 브라이언트 경(Sir Arthur Bryant)은 "이제 거인의 시대는 끝났다."라고 말한 바 있다. 적절한 표현이면서도, 한편으로는 처칠의 성공을 보여 주는 척도이기도 하다.[201]

제2차 세계대전의 시련 속에서 영국에게 의식적 몰입이 필요했던 바와 같이, 오늘날 조직에서도 현대 사회에서 생존과 번영을 위해 구성원의 에너지와 노력, 몰입에 의존한다. 제1장에서 다룬 갤럽의 〈2022 세계 일터 보고서〉에 따르면, 직장 내 생산성이 전 세계적으로 낮은 수준에 머물러 있다. 이에 보고서는 다음과 같이 평가했다.

> "전 세계를 통틀어 정규직으로 근무하는 성인 가운데 자신의 직무와 직장에 강한 몰입감과 열정을 느끼는 사람은 단 15%에 불과하다."[202]

201 John Simpson, "Winston Churchill: How a flawed man became a great leader", BBC News Magazine, January 23, 2015.

202 Kim Andreello, "How To Increase Employee Engagement", Rocketrip, March 19, 2021.

갤럽에서는 광범위한 연구를 통해 수십 년 전 처칠이 깨달은 바와 동일한 결론에 도달했다. 몰입이라는 인간의 기본적인 필요에 초점을 맞춘 조직은 직원에게서 최고의 성과를 끌어낼 수 있다는 것이다. 갤럽의 연구에 따르면 전 세계적으로 경제 활동 가능 연령대인 23~65세 성인 3명 중 1명꼴로 자신의 직업이 좋다고 믿는다.

그러한 결과가 나오게 된 이유는 무엇일까? 이에 확실한 답은 그 사람들의 환경에서 가장 중요한 것이 실제로 가장 중요하게 다루어지지 못하고 있다는 점이다. 이때 처칠의 삶에서 그 해결책을 찾을 수 있다. GE의 전 최고 경영자 잭 웰치(Jack Welch) 또한 처칠과 같은 깨달음을 얻었다. 이에 그는 다음과 같이 말했다.

> 조직의 전반적인 성과에 대해 알아야 할 거의 모든 것을 알려주는 세 가지 측정 기준이 있다. 이는 직원 몰입도, 고객 만족도, 현금 흐름이다. 규모에 상관없이 회사에서는 목표에 대한 믿음, 이를 달성하는 방법의 이해와 열정적으로 임하는 직원 없이는 장기적인 성공이 불가능하다는 것은 두말할 필요가 없다.

성장 몰입형 리더는 말을 무기로 사용한다. 처칠은 앞으로 펼쳐질 험난한 길을 경고하며 의식적 몰입을 실천했다. 그는 "내가 줄 수 있는 것은 피와 수고와 눈물과 땀뿐이다."라는 명언을 남겼다.[203] 동시에 그는 전쟁에서 승리할 때까지 총력을 다할 것을 자신과 국가에 약속했다.

처칠의 단순한 말 이면에는 몰입의 정교한 전략이 숨어 있다. 그는 전쟁 기간 내내 놀라울 정도로 일관성 있게 몰입을 실천했다. 처칠은 히틀러와 독일 제3제국을 적으로 둔 상황에서 영국 국민이 모두 단합하여 그들을 무찌르는 과업에 집중해야 한다는 확고한 목표를 세웠다.

위와 같은 접근법은 현재 당신의 목표에도 적용할 수 있다. 바로 연설이나 브리핑, 격려 또는 멘토링으로 중요하게 여기는 바를 강조하는 것

---

203   Rob Fletcher, "Winston Churchill was a bricklayer", At Your Best, Rob Fletcher's Blog, February 8, 2010.

이다. 이처럼 다양한 방식을 통해 당신의 핵심 요소를 계속 우선시하고 강화한다면 목표를 일관적으로 실천할 기회를 마련할 수 있다.

영국 국민이 처칠을 마음 깊이 인정한 이유는 모두 같은 목적을 공유하고 있었기 때문이다. 프랑스의 몰락 가능성이 대두되었을 때, 처칠은 프랑스의 항복을 막기 위해 프랑스 정부를 직접 방문하는 노력을 계속했다.[204] 물론 이는 실패로 끝났지만, 그는 포기하지 않았다. 오히려 이상과 같이 행동하는 리더십을 자신의 강점으로 전환했다.

처칠은 항상 최전선에 등장했다. 본부에 나타나는 것은 물론 해안 방어선과 대공포대를 점검하거나, 전국의 폭격 피해 현장을 방문하며 항상 여유롭게 시가를 피우는 모습을 보여 주었다. 그리고 그의 트레이드마크인 V 제스처로 인사를 건네며 국민에게 전시 상황을 솔직하게 보고했다. 처칠과 마찬가지로 성장을 지향하는 리더는 자신의 목표를 직원 및 추종자와 공유한다. 이때는 주변을 몰입하게 하여 가장 중요한 것에 집중하도록 이끌 수 있다.

그리고 처칠은 혼자서는 모든 일을 온전히 해낼 수 없다는 사실을 잘 알고 있었다. 그는 자신의 목표에 타인의 참여를 유도하여 전략적 동맹을 형성해야 함을 명확히 이해했다. 히틀러가 갑자기 소련을 공격했을 때, 처칠은 즉각적이고 단호하게 대응했다.

그는 러시아의 위험이 곧 우리의 위험이라는 점을 강조하며 소련의 협력을 이끌어 낼 기회로 삼았다. 더 나아가 영국 국민 역시 많은 지원이 필요한 상황이었음에도 러시아 국민에게 원조를 약속했다. 그리고 이후에는 같은 방식으로 루즈벨트 대통령과도 협력했다. 이처럼 처칠은 소련과 미국을 포용한 '대동맹(grand alliance)'를 구축할 선견지명이 있었으며, 이는 그의 성공의 전환점이 되었다.

우리는 혼자서 모든 일을 해낼 수 있다는 생각에 삶 속에서 전략적 동맹 구축의 중요성을 간과하곤 한다. 특히 결과에 상관없이 진실을 말해 줄 사람과 관계를 맺는 일은 더욱 중요하다.

204   Herbert G. Nicholas, "Winston Churchill: Leadership during World War II", Britannica.

제2부 | 행동 양식의 변화

◆ 무엇이 먼저인가?

이 장에서 윈스턴 처칠과 에이브러햄 링컨은 의식적으로 가장 중요한 것을 최우선으로 유지했다. 지금까지 다룬 사례를 통해 그 중요성을 다시 살펴보자.

짐 맥켈비는 스퀘어의 문제 해결 DNA를 통해 모바일 결제 문제를 해결하는 데 의식적 몰입을 활용하여 다양한 제품군을 통합했다.[205] 제프 베이조스는 최상의 고객 경험을 제공하겠다는 지향적인 접근으로써 '모든 것을 파는 가게'를 만들어 냈다. 그리고 스티브 잡스는 창의력의 힘으로 가장 큰 난관도 극복할 수 있다는 신념을 토대로 애플을 설립했다.[206] 앞으로 제16장에서 살펴볼 일론 머스크는 스스로 초래한 위험에서 인류를 구해야 한다는 의식적 신념을 지니고 있다.

위와 같이 '가장 중요한 것'이 뭔가 거창하고 야심차게 느껴질 수 있겠다. 실제로도 그렇기는 하다. 하지만 네 사람 모두 처음부터 목표 탐색자로서 열의와 신념을 추구한 것은 아니었다. 그렇다고 당신의 가장 중요한 것이 네 사람에 비해 의미의 중요도가 덜한 것은 아니다. 그것은 곧 당신에게 깊은 의미가 내포된 것이자, 당신이 세상에 남기고 싶어 하는 영향력이니 말이다.

으레 성공은 새로운 영역을 탐험하고 변화를 받아들이는 사람에게 찾아오는 법이다. 이러한 시도를 통해 우리는 미래를 만들어 나가며, 인류에 길이 남을 자취를 남긴다. 삶과 커리어의 압도적인 요구 속에서도 의식적 몰입자로 거듭나려면 자아를 성찰하여 진정한 목표에 집중해야 한다. 이에 '가장 중요한 것'을 당신의 지침으로 삼는다면, 흔들림 없이도 핵심을 향해 의미 있는 진전을 이룰 수 있다. 여기에서는 당신에게 가장 중요한 것을 가장 최우선으로 유지하는 것이 관건이다.

205 Austin Carr, "Solving Problems The Square Way", Fast Company, January 23, 2013.

206 Zameena Mejia, "Steve Jobs nearly kept Apple from inventing its most successful product: the iPhone", CNBC, updated September 12, 2018.

의식적 몰입 숙련하기

✅ 자아 성찰

시간을 내어 당신의 현재 삶에서 우선순위로 두고 있는 것과 노력하는 일을 돌아보자. 이에 가장 중요하거나 집중하고 싶어 하는 핵심적인 측면을 파악해 보자. 그리고 그것이 중요한 이유와 자신의 가치관 및 장기 목표와의 일치 여부를 기록한다.

✅ 우선순위 정하기

현재 당신이 맡은 모든 과업과 프로젝트, 업무의 목록을 작성한다. 그리고 '가장 중요한 것'을 기준으로 각 항목을 평가하면서 중요도를 판단한다. 이후 각 항목을 목표와의 연관성과 영향력에 따라 우선순위를 매긴다.

✅ 주의 분산 요소 파악하기

가장 중요한 것에서 당신의 주의를 분산시키는 일상 속 요소에 주의를 기울여 보자. 이에 산만함을 유발하는 요인과 패턴을 관찰한다. 그리고 일주일 동안 주의가 흐트러지는 때를 다이어리나 모바일 앱에 기록하고 추적한다. 일주일이 지나고 그 내용을 분석하여 산만함을 가장 많이 유발하는 요소를 파악한다. 동시에 향후 산만함을 최소화하거나 근절할 방법을 궁리한나.

✅ 지향적으로 집중하기

집중하고자 하는 가장 중요한 일과 직접적으로 관련된 활동이나 과제를 선택한다. 매일 일정한 시간에 당신이 선택한 활동에 온전히 집중하고 몰입하는 연습을 한다. 집중하는 동안에는 산만함을 유발하는 요소를 배제하고, 현재에 완전히 몰입한다. 그리고 이때의 지향적인 집중이 당신의 성과와 발전에 미치는 영향을 관찰한다.

✅ 책임감 있는 동반자 찾기

먼저 당신이 신뢰하는 친구나 동료, 가족 가운데 책임감 있는 동반자 역할을 할 사람을 찾는다. 다음으로 당신에게 가장 중요한 것을 공유하면서 지향적인 집중을 유지할 전략을 논의한다. 그다음 서로의 진행 상황을 주기적으로 점검하며 지원한다. 마지막으로 계획에서 이탈하지 않도록 서로 책임감을 북돋운다.

지향적인 집중과 가장 중요한 것을 최우선으로 유지하는 습관을 체화하기 위해서는 꾸준한 노력과 연습이 수반되어야 함을 명심한다. 이상에서 소개한 전략을 삶에 녹여 내어 당신에게 가장 중요한 일을 우선시하는 마음가짐과 행동을 기를 수 있다. 그리고 이는 더 큰 만족감과 성공으로 이어질 것이다.

제 2 부 ― 행동 양식의 변화

제3부

발전의 심리학

남들보다 앞서는 사람들의 원칙

제14장

다섯 번의 전환점

> 승리하려는 의지, 성공을 향한 열망, 그리고 잠재력을 최대한
> 발휘하겠다는 갈망이 곧 개인의 탁월함으로 통하는 열쇠이
> 다.
>
> | 공자(孔子) |

성장지향성

이전까지는 성장에 필요한 마음가짐과 행동의 변화를 탐구했다. 이제부터는 총 다섯 장에 걸쳐 앞에서 제시한 변화를 실천하고, 현재 당신의 위치에서 꿈꾸는 곳으로 나아가는 방법을 안내하고자 한다.

혹시 삶의 기회가 점점 멀어지고 있다고 느낀 적이 있는가? 아니면 잠재력을 충분히 발휘하지 못해 제자리에 머물러 있다는 생각이 드는가? 또는 꿈을 현실로 바꿀 비전을 간절하게 원하는가?

본질적으로 우리의 세상은 두 부분으로 나뉜다. 성장과 이타심, 창의성을 선택하는 사람과 생존과 자아, 자아도취에 머무르는 사람으로 나뉜다. 전자는 창조적 증폭자(creative amplifier)로, 전 세계 인구의 5~7%에 불과하다. 반면 나머지 유형은 현실 안주자(subsister)로, 전 세계 인구의 15~20%를 차지한다.

그러나 한쪽 극단에서 다른 극단으로 가는 길은 찾기 어려워 보인다. 그리고 그러한 변화가 이루어지는 단계를 명확히 알 수조차 없다. 그러

나 그동안 정복한 정상과 쉬어 가는 골짜기마다 우리에게 새로운 발전의 단계를 열어 준다. 이는 무관심에 갇힌 상태에서 갈망이 차고 넘쳐 멈출 수 없는 상태로 나아가는 여정을 말한다.

이에 자신의 잠재력을 최대한 발휘하려면 창조적 증폭자처럼 최고의 수준에서 움직여야 한다. 이 유형에 속하는 사람은 인지적, 신체적, 윤리적, 영적, 감정적 영역에서 자신을 갈고닦아 성장이 주는 충만함으로 이끄는 프레임워크를 따른다.

앞으로는 위와 같이 성장을 향한 갈망이 고조된 상태에 도달하는 비밀을 풀어낼 것이다. 이와 동시에 성장을 지향하는 여정에 아울러 당신의 진정한 잠재력을 발휘하는 방법을 소개하고자 한다. 그렇다면 변화를 수용하고, 꿈을 향해 끊임없이 나아갈 준비가 되었는가?

◆ 스포츠와 성장

개인적 성장의 여정은 스포츠와 비슷하다. 나는 아이스하키 디비전 1A 선수로 활동했던 만큼 스포츠는 삶의 일부분이었다. 돌이켜보니 선수들의 신체와 감정, 정신적인 부분을 포함한 경기 전 준비 단계는 여러 측면에서 자세하게 살펴볼 가치가 있다. 이 단계는 선수가 당면한 과제를 얼마나 잘 극복하고 더 높은 성적을 내는가에 결정적인 영향을 미친다.

〈워싱턴포스트(Washington Post)〉 스포츠 명예의 전당 칼럼니스트이자 《적절한 판단(The Right Call)》의 저자 샐리 젠킨스(Sally Jenkins)는 인터뷰에서 코치진과 운동선수들이 우리의 개인적 역량과 의사 결정 과정에 미칠 수 있는 깊은 영향에 대해 강력한 메시지를 전했다. 젠킨스는 그 메시지를 열정적으로 강조했다.

> "우리는 코치와 선수에게서 배울 점을 제대로 연구하고 활용하지 못하고 있습니다. 그들의 의사 결정 과정과 헌신, 체계성, 그리고 방법론은 살펴볼 가치가 매우 크거든요. 이들 요소가 평

범해 보이더라도 어떤 분야에도 적용 가능하다는 특징이 있습니다."

그녀는 커트 워너(Kurt Warner), 스티븐 커리(Stephen Curry), 페이튼 매닝(Peyton Manning)이 보여 준 놀라운 성취를 강조하였다. 이와 함께 NBA 마이애미 히트 감독인 에릭 스폴스트라(Erik Spoelstra)의 말을 인용했다.

"사람들은 하루 만에 할 수 있는 일은 과대평가하면서 몇 달 동안 꾸준히 노력해야 해낼 수 있는 일은 과소평가한다."

운동선수와 코치는 점진적 발전이라는 측면에서 탁월함을 발휘한다. 그들은 단 1~2%의 성장률이라도 꾸준한 개선을 위해 노력한다. 또한 약점에 정면으로 맞서고, 정체기를 극복하기 위해 끊임없이 정진한다.

그 예로 1989년 5월 7일, NBA 플레이오프 5차전에서 미이클 조던(Michael Jordan)이 클리블랜드의 크레이그 에일로(Craig Ehlo)를 상대로 승리의 슛을 성공시킨 순간이 있다. 조던의 성공은 연구자가 '자동화(automaticity)'라고 칭하는 상태에 뿌리를 두고 있다.[207] 이는 수없이 반복된 연습으로 슈팅 기술을 갈고닦은 덕분에 경기의 뜨거운 열기 속에서도 자연스럽고 본능적인 동작으로 슛을 성공시킬 수 있었던 것이다.

위와 마찬가지로 스티븐 커리가 양손의 움직임을 개선하고, 심지어 잘 쓰지 않는 손까지 훈련하는 노력까지 했다는 사실은 그가 어느 정도의 완벽을 추구했는가를 알 수 있다. 이처럼 얼핏 사소해 보이는 노력이라도 시간이 지날수록 그것이 축적된다. 결과적으로 평범한 관찰자는 바로 알아차리지 못하는 위대한 발전을 이룬다.

젠킨스는 운동선수의 신경 처리 과정에도 깊은 관심을 보여 결정적인 진실을 밝혀내기에 이른다. 이는 바로 운동선수는 단순한 직관이나

207 Kendra Cherry, MSEd, "What Is Automaticity?" Verywell Mind, updated February 10, 2022.

일시적인 영감에 의존하지 않으며, 평범한 관찰자의 이해를 초월하는 철저히 계산된 방법을 따라 뛰어난 성과를 끌어낸다는 것이다.

> "그들은 직관에 따라 행동하지 않는다. 운이 좋게 순간적으로 찾아온 영감에 따라 행동하지도 않는다. 그들의 행동은 일반적인 관중이 상상조차 할 수 없는 방법과 정교한 계산에 의거한다."

이에 젠킨스는 지향적인 의사 결정을 장려한다. 그리고 선택을 범주화하고, 이에 따른 중요도와 결과를 예측하기를 권한다. 스포츠에서는 퍼스트 다운(first down)처럼 비교적 영향력이 적은 결정이 있는가 하면, 어떤 결정은 포스 다운(fourth down)처럼 중대한 영향을 미치기도 한다.[208] 따라서 결정을 내려야 하는 순간에 결정의 중요성을 이해한다면, 보다 영향력 있는 선택을 할 수 있다.

우리는 스포츠와 마찬가지로 자기 계발의 새로운 국면이 시작될 때면 종종 전력을 다해 질주하곤 한다. 새로운 도전에 흥분한 나머지 의욕적으로 임하는 것이다. 그러나 우리의 삶처럼 스포츠에서도 최고의 성과를 달성하기 위해서는 더 깊은 차원의 노력이 수반되어야 한다. 단순히 열심히 노력만 하는 것은 성공 공식의 일부일 뿐이며, 신체적 능력만으로는 최고의 성과에 도달할 수 없다.

최고의 성과를 위해서는 몸과 뇌, 정신과 감정을 의도적으로 발전시켜야 한다. 여기에는 강도가 점진적으로 높아지도록 설계된 체계적인 훈련이 포함된다. 겉보기에는 이러한 과정이 즐거워 보이지 않을 수도 있겠지만, 바로 이 점이 성공의 핵심이다.

또한 단순히 훈련하며 연습 시간을 채우는 것만으로는 충분하지 않다. 근면 문화(hustle culture)에도 함정이 있듯, 무작정 훈련에만 전념한다고 해서 성공이 보장되지는 않는다. 위대함을 이루도록 하는 것은 그 너머에 있으며, 이는 일상에서의 지향적인 행동으로 결정된다.

---

208 퍼스트 다운과 포스 다운은 미식축구 용어로, 총 4회로 주어지는 연속 공격권의 순서를 의미한다.

우리는 발전의 각 단계를 정복할 때마다 그 단계 안에서 모든 것이 완성된 듯한 관점이 생긴다. 즉 현재 위치에서 세상을 보는 시각이 완전해 보이는 것이다. 그러나 일부 운동선수는 성과의 하위 단계를 벗어나지 못한다. 그들은 정체 상태를 넘어서기 위한 정신적, 감정적 강인함이 부족하며, 자기가 서 있는 곳 위에 더 높은 단계가 존재한다는 사실도 인식하지 못한다.

위와 같이 스포츠와 인생 모두 목표를 달성하기 위해 반드시 넘어야 할 중심축이 존재하는 법이다. 예를 들어 마라톤에서 주자들은 보통 29km 지점에서 지치거나 35km의 벽 앞에서 무너진다.[209] 이는 우리가 최고 잠재력에 도달하기 위해 반드시 거쳐야 하는 삶의 단계에도 똑같이 적용된다.

최고의 성과를 달성하는 여정은 마음 약한 사람도 갈 수 있는 길이 아니다. 그리고 성장에 몰입하는 삶을 추구하는 사람이라면 그 여정에서 반드시 다섯 단계를 거쳐야 한다. 이들 단계를 자기 인식을 향한 여정, 즉 성장 지향적인 삶을 위해 차례대로 하나씩 밟아 가는 성장 단계라고 생각하자.

다음부터는 현실 안주자에서 열정적인 창조적 증폭자로 나아가는 중요한 다섯 가지 전환점을 탐구하고자 한다. 이 전환점에서는 우리를 성장의 충만함으로 이끌 프레임워크를 개인적 성장의 여정에 적용하여 이룬 발전에 관한 귀중한 통찰을 줄 것이다. 또한 그 여정에서 당신의 위치가 현재 어디쯤인가를 파악할 수 있도록 도울 것이다.

◆ 성장의 단계

자기 인식의 여정은 마치 숨겨진 잠재력을 찾는 골목길 탐험과 같으며, 험난한 산을 오르는 과정과도 비슷하다. 또한 여정 중에는 여러 전환점이 존재한다. 그러나 수많은 사람이 두세 번째 단계에 멈춰 앞으로 나아가지 못하기도 한다. 그러나 야망이 있는 사람이라면 각 단계를 정

209 "What is the hardest mile of a marathon?" Ready.Set.Marathon.

복하며 계속 성장한다. 이렇게 지속적인 변화를 이루기 위해서는 결단력이 필요하다.

이제부터 전환점을 차례대로 살펴보며, 현재 자신의 위치를 파악해 보자. 2단계나 3단계쯤에 있더라도 걱정하지 말자. 야망이 당신을 더 높은 곳으로 인도할 테니 말이다. 전체 인구 25~35%가 3단계, 15~20% 는 4단계, 그리고 가장 적은 비율이 5단계와 그 이상의 단계에 속한다.

누군가에게는 중요한 발전 수단을 놓쳤거나, 보이지 않는 심리적 문제에 사로잡혀 현재 단계에서 벗어나지 못하기도 할 것이다. 이처럼 눈에 띄지 않는 감정 에너지와 학습된 정신적 편향은 반응적 행동을 유발하기도 한다. 아니면 두려움에 기반한 세계관이 우리의 시야를 가리고 있을 것이다.

여기에서는 여정에서의 각 단계를 판단하거나 평가하지 않는다는 것이 중요하다. 아래 제시된 단계는 그저 우리가 자기 인식과 성장의 여정에서 당신의 현재 위치를 가늠하는 데 도움을 주는 지표일 뿐이다. 그러면 다섯 가지 발전 단계를 하나씩 살펴보자.

- 현실 안주자: 무관심하고 자기중심적이며, 변화에 대한 극도의 두려움에 사로잡혀 있다. 또한 현재의 상태가 주는 안락함에 안주하여 더 나아가려 하지 않는다.
- 모방자: 자신에게만 몰두하며 동조적이다. 그리고 자아와 사회적 인정 욕구에 따라 움직이며, 사회적 규범을 엄격히 따른다.
- 정복자: 야심만만하고 끈질기며, 개인적 성공을 위해 끊임없이 노력한다. 그리고 위대함을 향한 여정에서 단호한 자세로 장애물을 극복하며 나아간다.
- 조율자: 균형감과 비전이 있으며, 관리된 자아를 토대로 세상에 대한 진정한 관심을 품는다. 또한 체계적인 변화와 발전을 적극적으로 추구한다.
- 창조적 증폭자: 의식이 있고 겸손하며, 세계 중심적 관점에 완전히 몰입된 상태를 유지한다. 그리고 도전에 굴하지 않는 회복력이 있으며, 진정한 자아 실현의 힘을 발휘한다.

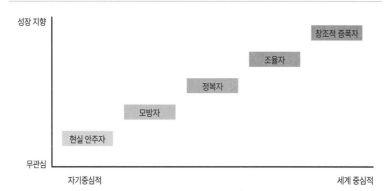

[도표 6] 성장의 여정의 5단계

성장 지향

창조적 증폭자

조율자

정복자

모방자

현실 안주자

무관심

자기중심적　　　　　　　　　　　　　　　　　　세계 중심적

현실 안주자에서 창조적 증폭자로 나아가는 데는 상당한 집중과 노력이 필요하다.
이 여정은 자기중심적 관점에서 인류의 문제를 해결하려는 관점으로의 점진적인
변화를 배우는 과정이다. 한편 세로축은 세상에 무관심한 생존 중심의 관점에서 벗
어나 성장에 몰입하는 지향적 삶을 향한 갈망으로써 번영의 상태로 이동하는 과정
을 나타낸다.

현실 안주자

　현실 안주자 단계는 종종 '부정'이라는 냉혹한 현실을 보여 준다. 이
단계에 속하는 사람은 단순히 생존 모드로 살아갈 뿐이다. 물론 불편한
진실이기도 하겠다. 수많은 사람이 살아가면서 이 단계에 놓이기도 하지
만, 그 사실을 인정하는 데 주저하기 때문이다. 또한 인생을 바꿀 정도의
사건으로 높은 단계에 있던 사람이 다시 이 단계로 추락할 때도 있다. 이
는 자신의 삶에서 약자로 전락해 버리는 결과를 낳기도 한다.

　이 단계에 있는 사람은 소음과 산만함으로 가득한 핀볼 게임의 공과
도 같다. 그들은 외부의 힘에 주도권을 상실한 채 나른 존새인 척을 하
면서 가면 뒤에 숨어 살아간다. 또한 이 사람들은 트라우마나 상실의 경
험과 같이 크나큰 스트레스를 유발하는 사건으로 생존 모드에 내몰려
있다.

　이곳에서는 기본적인 필요조차 충족되지 않으며, 자신을 상황의 희

생자로 여기도록 한다. 그리고 그들은 세상이 자신을 중심으로 돌아가며, 현실에서 벗어나기란 불가능한 일이라 느낀다. 그렇게 생존 본능이 지배한 나머지 주도권은 점차 사라져 간다.

현실 안주자에 갇힌 삶은 바람직한 삶이 아니다. 그들의 삶은 생존에만 집중한다. 그들은 그저 당장의 요구를 처리하면서 하루하루 버틸 뿐이며, 고립감과 절망에 사로잡혀 주변 관계와 멀어진다. 그리고 패배감에 젖은 탓에 무관심과 자기만족으로 삶이 오염된다. 그들은 자양분과 휴식, 기쁨 같은 것은 멀리서 울리는 공허한 메아리처럼 느낀다. 또한 주도적이지 못하며, 상황에 반응하며 흘려보내는 삶을 산다.

현실 안주자 상태에서 벗어나고자 한다면, 먼저 자기 인식으로 자신의 상태를 객관적으로 이해하면서 두려움을 마주해야 한다. 다음으로 주변에 지원을 요청한다. 그리고 성장에 집중하는 사고방식을 익히고 목표를 설정하여 차근차근 나아간다. 또한 자기 돌봄을 우선시하는 자세도 필요하다.

그다음은 자신을 생존 모드에 빠트리는 요인을 식별하고, 취약성을 수용하면서 좌절을 통해 깨달음을 얻어야 한다. 이상의 과정은 끈기와 인내를 요구한다. 하지만 긍정적인 태도로 꾸준히 노력한다면 성장을 위해 더 높은 단계로 나아갈 수 있다.

현실 안주자 단계에 속하는 사람은 약 15~20%로 추정된다. 이 단계에서의 일반적인 특징은 다음과 같다.

- 괴로움과 자기 의심
- 모든 문제를 외부 환경 탓으로 돌리는 피해 의식
- 장기적인 결과 또는 타인에게 미칠 영향을 고려하지 않은 즉각적인 만족 추구
- 신중한 숙고가 배제된 충동적, 감정적 행동
- 자신의 단기적 이익을 추구하기 위한 상황 조작
- 자기중심적이고 이기적인 사고방식으로 항상 지쳐 있는 상태이며, 탁월함을 추구하거나 자기 계발에 집중하지 않음

- 취약성의 수용을 두려워하여 새로운 도전에 무관심을 드러내며 현재의 상태에 안주하려 함

모방자

사회적 집단에 동화되어 소속감을 추구하는 인간의 성향을 제2장에서 살펴본 바 있다. 이러한 성향은 인간 진화의 역사에서 비롯되었다. 타인과 어울리고 모방하려는 욕구는 종종 개인의 성장을 방해하면서 보이지 않는 집단 규범을 수용하도록 한다.

모방자 단계에 속한 사람은 동료와 가족, 사회 제도에 큰 영향을 받는다. 그리고 사회적 규범을 따르며 지도자로 인식되는 사람에게 조언을 구하려 한다. 또한 부족(tribe)의 울타리 안에서 안정감을 느끼며, 집단의 이미지나 이념 또는 자신을 동일시하는 전통적 사고방식을 보이기도 한다. 이처럼 모방자는 폐쇄적이고 보수적이며, 강한 사회적 관계를 중시하면서 소속 집단의 권위나 위계질서를 벗어난 생각에는 저항감을 드러낸다.

모방적 성향의 문제점은 위에서 말한 바와 같이 보이지 않는 집단 규범을 만들어 내고, 이 규범이 일상의 행동을 좌우할 수 있다는 점이다. 이 단계 속의 사람들은 논리와 합리성을 추구한다면서 전문가나 지도자로 인식되는 사람에게 지침을 얻으려 든다.

사회심리학자이자 스탠포드대학교 교수 브라이언 로워리(Brian Lowery)를 팟캐스트에 초대한 적이 있다. 이때 우리는 그의 최근 저서인《이타성(Selfless, 국내 미출간)》에 대해 깊은 대화를 나누었다. 나는 인간이 종종 모방자가 되는 이유를 탐구하면서 그 근본적인 동기를 이해하고자 했다. 로워리는 그 동기를 다음과 같이 설명했다.

> "우리는 단순히 타인과 상호 작용하는 방식뿐 아니라 피상적인 단서를 토대로 상호 작용할 상대방도 결정합니다. 우리의 상호 작용은 제한적이며, 자연스럽게 특정 집단에 끌리게 되지요. 이는 인간의 강한 부족적 본성 때문입니다. 극복하기 어려운 측

인간의 행동은 집단 중심으로 사고하려는 경향에 깊은 영향을 받는다. 이는 우리가 세상을 인식하고, 주변과 상호 작용하는 방식에 크게 좌우된다.

모방자는 개인의 성장을 이루고 한계를 넘어서는 대신 동조를 택한다. 그들은 집단 사고에 자신을 맞추는 것을 편안하게 여기며, 이때 자신이 더 큰 존재의 일부가 된 듯한 소속감마저 느낀다. 생존 모드에서 벗어난 다음 단계는 자신의 상황을 개선하려는 희망으로 타인과의 협력으로 유대관계를 형성하는 것이다.

이 두 번째 전환 지점에 있는 사람은 세상에서 자신이 차지하는 위치에 자신감이 있다. 하지만 이는 스스로 이룬 것이 아니라 타인에 의해 부여된 것이다. 이 유형의 사람은 자신과 타인이 사회에서 맡는 역할의 전형적인 관념에 깊이 젖어 있다. 따라서 그들의 세계관은 타인에 의해 형성되었으며, 이는 안락함을 제공하고 고립감을 덜어 준다.

현실 안주자와 마찬가지로 모방자 역시 자기 지향적이다. 그들은 사회 규범에 상당히 민감하며, 기존의 문제를 '성벽 안'에서 조금씩 개선하려고 한다. 다만 그들은 독창성을 추구하거나 자신의 정체성을 구축하지는 않고, 자신이 속한 집단의 이미지를 그대로 받아들인다.

모방자 단계에서 벗어나기 위해서는 집단 규범과 위계적 권위에 대한 의존에 의식적으로 도전해야 한다. 또한 현재의 사회적 범위를 넘어 다양한 관점과 경험을 적극적으로 모색해야 한다. 불편함을 받아들이고 생소한 아이디어를 탐구한다면 개방적인 사고를 키울 수 있다.

그리고 강한 자아감과 개성을 계발하는 것 또한 필수적이다. 이를 통해 전통적 신념에 의문을 제기하고, 자신만의 정체성을 구축할 수 있다. 개인적 성장을 인정하고 비판적 사고 능력을 키우며 용기 있게 독창성을 추구한다면, 모방자 단계를 벗어나 성장에 몰입한 창조적 증폭자로 나아갈 수 있다.

모방자 단계에 속하는 사람은 약 20~25%를 차지한다. 그 공통적인 특징은 다음과 같다.

- 신중하고 세심한 의사결정 방식
- 판단보다 감정을 우선시하며, 상호 이익(win-win)을 추구함
- 주변 사람들의 행동, 신념, 습관을 열정적으로 모방함
- 폐쇄적인 사고방식이 보편적이며, 더 넓고 포괄적인 관점을 받아들이기 어려워함
- 자신이 속한 집단 내에서 맥락화된 자기 중요성 유지
- 위험을 회피하거나 새로운 기회를 탐구하지 않음
- 모든 사람, 특히 자신의 기대를 충족하기 위해 조용히 고군분투함
- 자신만의 고유한 정체성을 주장하며 개인적 성장을 추구하기보다 타인의 기대에 맞춘 동조를 우선시함
- 진정한 자신을 바탕으로 진실한 관계 형성에 어려움을 겪음
- 자아 중심적 모방은 외부의 인정, 동조, 비교에 대한 지속적인 욕구를 부추겨 개인의 성장을 저해함

정복자

변혁을 부르는 자아 발견의 여정에서 '정복자' 유형은 자신의 목표를 달성하려는 강력한 존재로, 세상에 길이 남을 족적을 무한한 욕망의 동력으로 삼는다. 이 단계는 모방자보다 상당한 진화를 이룬 상태이다. 이는 가벼운 관여(casual engagement) 상태에서 벗어나 개인적 성장과 더 넓은 체계로의 개선을 꾀하려는 의식적 노력으로 전환된다. 이 단계에 속한 사람은 평범함에 머무르지 않고 군 복무, 학문 연구, 운동, 기업 경영, 리더십 등 어떤 영역에서든 탁월함을 추구한다.

정복자의 두드러진 특징은 목표에 대한 흔들림 없는 노력과 확고한 집중이다. 그들은 두려워하지 않고 한계를 넘어서며, 난관을 마주할 때 뛰어난 회복력과 적응력을 보여 준다. 성공을 추구하는 과정에서는 행동 설계자로서 자신의 길을 재구성하고, 브랜드를 재정의한다. 또한 타고난 책임감과 숙련된 인지 능력을 기반으로 복잡한 시스템을 이해하고, 전략

적 통찰력을 발휘하여 복잡성을 헤쳐 나간다.

정복자의 본질에는 정직함, 의무감, 충성심을 가치관의 핵심으로 직조해 낸 도덕성이 깃들어 있다. 이들 원칙은 그들의 결정과 행동을 이끄는 지침이 된다. 또한 주변에도 더 높은 기준을 추구하도록 동기를 부여한다.

정복자는 타고난 리더로서 자신감 있게 상황을 주도하며, 명확한 방향과 지침을 제시하여 다양한 조직원을 공동의 목표로 결속한다. 그리고 단기적인 우선순위와 장기적인 전략적 비전을 조율하여 협력과 팀워크를 촉진한다. 이를 통해 자신은 물론 주변까지 공동의 목표를 향해 나아가도록 한다.

그러나 정복자 단계에서는 개인의 성장과 관계 형성을 방해하는 부정적인 측면이 나타나기도 한다. 성공과 성취를 향한 끊임없는 추구는 시야가 좁아지는 근시안적 태도의 원인이 되어 타인의 안녕에 대한 배려를 희석한다. 또한 그들의 단호한 결단력과 적극성은 때로 지배성과 둔감함으로 비칠 수 있어 다양한 관점이나 대안을 이해하는 데 어려움을 초래하기도 한다. 그리고 사회적 규범과 현상 유지에 대한 깊은 집착은 독창성과 변화의 수용이 필요한 상황에서 저항감을 유발한다.

위와 같은 성향을 제어하지 못하면 자아 중심적 경쟁 환경을 조성하여 타인과의 진정성 있는 유대관계를 저해할 위험이 있다. 정복자가 성장을 추구하는 존재로 나아가는 과정에서 앞선 바와 같이 개인적 성취를 저해하는 취약점으로 고뇌에 빠진다. 여기에는 내적 성찰 부족, 변화에 대한 저항, 개인적 야망에만 몰두하는 협소한 시야, 일과 삶의 균형, 외부의 인정에 의존하는 성향, 완벽주의, 만족감 찾기에서 경험하는 어려움 등이 있다. 이들 약점은 성공을 향한 끊임없는 집념에서 비롯되며, 성찰과 적응력, 공감, 안녕, 현재에 감사하는 마음을 뒷전으로 밀려나게 한다.

성장에 몰입하는 사람으로 발전하는 과정에서 정복자는 이상의 잠재적 약점을 인정하고 개선해야 한다. 내적 성찰은 자신의 동기와 연결되어 자신을 깊이 이해하는 데 중요한 역할을 한다. 따라서 변화에 적응하고 성장을 지속하고 싶다면, 익숙한 루틴이 흔들리더라도 반드시 수용하는 자세가 필요하다. 또한 개인적인 야망을 추구하면서도 전체적인 안정감을 균형 있게 고려하고, 타인과 진정성 있는 관계를 키우면 관점 또한 더욱 건전해진다. 그리고 완벽주의 성향과 외부의 인정에 대한 의존을 극복하면 내면에서 만족을 찾을 수 있다.

위에서 제시한 개인적 성장의 특징을 받아들이고 개선을 향한 노력을 기울인다면, 위대함을 향해 나아가는 여정은 더욱 심오한 의미를 지닌 변혁의 시간이 될 것이다. 이에 알베르트 아인슈타인은 "성공하려 애쓰지 말고, 가치 있는 사람이 되기 위해 노력하라."라고 조언한 바 있다.

전체에서 약 25~30%가 정복자 단계에 속한다. 이 단계의 보편적 특징은 다음과 같다.

- 법과 정당한 권위에 대한 확고한 믿음
- 목표 달성을 위해 굽히지 않는 추진력과 끝없는 열망
- 과도한 자부심과 자기 확신, 자기 중요성이 결집된 자만심
- 정직, 의무감, 충성심을 핵심 가치로 삼음
- 독창성과 혁신의 수용에 어려움이 있으며, 전통적인 방식을 선호함
- 강한 신념과 독단적 태도로 대안의 가능성에 대한 열린 마음이 부족함
- 사회적 지위와 규범 준수에 집중함
- 감정 표현과 타인의 행복에 공감하는 데 어려움을 겪음
- 높은 자존감을 유지하기 위해 인정과 칭찬을 갈망함

조율자

독립적이고 비순응적 성격이 두드러지는 조율자는 보다 깊이 있는 자기 발견과 기업가적 탐구의 여정을 시작한다. 강한 자기 인식력을 지닌 조율자는 사회적 규범에 순응하기보다 개인에 대한 확고한 믿음에 따라 자신의 길을 개척한다. 또한 진정성을 깊이 추구하며 현상 유지에 의문을 제기하고, 전통적 기대에 얽매이는 것을 거부한다. 그리고 삶에서 어려움을 극복할 혁신적인 해결책을 모색한다.

조율자의 독립성은 자신의 열의와 가치에 부합하는 기회를 찾아내어 창의적 도전을 가능케 한다. 조율자는 창의적 자유와 자율성을 중시하는 환경에서 능력을 발휘하며, 독창적인 관점으로 의미 있는 변화를 이끌어 낸다. 그들은 자기 탐구를 우선시하며, 내적 성찰을 통해 자신의 욕구와 강점 및 가치를 이해하고 진정성 있게 행동하고자 노력한다. 이처럼 조율자는 독립적 성향이 두드러지지만, 세상과의 깊은 연결성은 체계적인 변화와 더 나은 세상을 만들고자 하는 추진력으로 작용한다.

이상과 관련하여 작가이자 운동선수, 퇴역군인인 스티브 마라볼리(Steve Maraboli)는 "통제 불가한 것을 통제하고자 갈망하기보다 통제 가능한 것을 통제하기로 결심하면 삶에서 놀라운 변화가 일어난다."라고 말한 바 있다. 조율자는 그가 말한 바를 이해하고 있으며, 자신에게 통제 가능한 요소를 적극 수용한다. 이에 그들은 목적성 있고 영향력 있는 삶을 향해 자신만의 여정을 이끌어 간다.

조율자 또한 성장으로 충만해진 존재로 거듭나는 과정에서 방해 요소가 되는 부정적 특성을 마주할 수 있다. 지나친 이상주의와 경직성으로 대안적 관점에 저항감을 느끼며, 강한 신념이 완고함과 독선으로 이어지면서 학습 및 적응 능력이 제한될 수 있다. 또한 변화를 추구하는 강한 열의가 때로는 조급함과 냉혹함이 되어 자신을 돌보는 데 소홀해진다. 그리고 비현실적인 기대가 실망과 자기 비판의 악순환을 만들기도 한다. 이외에도 업무 위임에 어려움을 느끼는 탓에 모든 일을 스스로 떠안다가 과중한 업무 부담에 압도될 수 있다.

그러나 조율자에게는 뛰어난 자기 인식력과 내적 성찰 능력이 있기에 충분히 위의 어려움을 극복할 수 있다. 겸손과 개방성, 자아 성찰 능력을 키워 약점을 극복하고 더 큰 만족감과 목적의식으로 여정을 계속할 수 있다.

조율자 단계는 약 15~20%의 사람이 속하는 것으로 추정된다. 이 단계에서의 공통적인 특징은 다음과 같다.

- 성향이 독립적, 비순응적이며, 개인의 비전과 목표에 따라 움직임
- 체계적 변화와 발전, 타인과 세상의 안녕에 대한 진정한 관심에 집중함
- 개인 행동과 조직의 목표를 통합하여 혁신적인 해결책을 만들어 내는 능력이 있음
- 관계에서 토론, 협력, 평등, 공감을 중시함
- 취약성, 건설적인 비판, 지속적인 자기 성장에 개방적 태도
- 기회와 위협을 인식하고 있으며, 세상에 의식적으로 관여함
- 이상주의적 성향으로 모든 상황에서 독창성과 잠재력을 중시함
- 단순함, 본질, 관계 구축을 위해 노력함
- 자신의 생각을 완고하게 고집하거나 융통성이 부족한 성향이며, 이에 따라 현상 유지를 선호하는 사람과 갈등이 생길 여지가 있음
- 자기중심적 태도와 비현실적인 기대가 있으며, 결과를 고려하지 않은 채 목표 달성을 공격적으로 추진함

창조적 증폭자

드디어 다섯 번째이자 마지막 단계인 '창조적 증폭자'에 도달했다. 일반적으로 창조자(creator)라고 하면 예술적 재능이 뛰어나거나 뭔가를 만들어 내는 사람 정도로 생각한다. 하지만 여기에서 말하는 창조자는 그러한 의미가 아니다. 우리가 탐구하려는 것이야말로 곧 창조적 증폭자의 본질이다. 이 본질이 관습의 한계를 뛰어넘어 멈출 수 없는 혁신과 심오한 의미의 물결을 일으키는 것이다.

이처럼 뛰어난 사람은 성장에 몰입한 변혁의 정점을 구현한다. 그들의 존재 자체가 영감을 발산하며, 그 변혁적 여정을 지켜보는 이들의 마음에 불꽃을 일으킨다. 또한 조율자 단계에서부터 쌓은 견고한 기반을 발판 삼아 이전에는 도달하지 못했던 높이까지 올라 세상 곳곳에 울림을 주는 변화를 불러오는 힘을 발휘한다.

창조적 증폭자의 두드러진 특징은 집단 의식을 활용하는 무한한 능력이다. 그들은 단순히 개인적인 성취만을 추구하지 않으며, 성공의 경계를 넘어 더 넓고 깊은 영역으로 확장된 비전을 지니고 있다. 또한 내

면의 자존심이 사라지고, 그 자리에 더 큰 선(greater good)을 위한 숭고한 헌신으로 채웠다. 이처럼 창조적 증폭자의 에너지는 이타적인 노력을 향하며, 공감을 발산하여 타인의 삶에 깊은 변화를 이끄는 촉매제 역할을 한다.

이 단계에 이르면, 세계관이 기하급수적으로 확장되어 인류를 하나로 연결된 조화로운 공동체로 받아들인다. 또한 자신과 동료, 광범위하게 연결된 세상, 그리고 무한한 우주를 경외한다. 그리고 그들은 복잡하게 얽힌 연결성과 인위적 경계를 초월한 모든 생명의 본질이 통합된 인식을 토대로 결정을 내린다. 그들의 선택은 섬세하게 연결된 존재에 대한 깊은 존중을 반영하며, 개인적인 욕망을 초월해 집단의 발전에 초점을 맞춘다.

창조적 증폭자가 되는 여정은 비범한 운명을 향한 항해와도 같다. 이 여정은 우리에게 한계를 초월하여 통합과 평등의 원칙이 깃든 세상을 만들어 가는 탐구에 나서기를 촉구한다. 또한 창의성을 과감하게 발휘하여 우리의 집단적 운명을 형성하는 변혁적 힘과 조화시키는 강도 높은 노력을 요구한다.

따라서 우리는 대담하게 꿈꾸고 상상하면서 우리의 창조적 잠재력을 증폭시켜야 한다. 바로 이 근원적인 변화로 진정한 자기만의 빛으로 세상을 밝힐 수 있다. 이에 파키스탄의 여성 교육 운동가 말랄라 유사프자이(Malala Yousafzai)는 "온 세상이 침묵할 때, 단 한 사람의 목소리라도 강한 영향력을 발휘한다."라고 말했다.

창조적 증폭자 단계에는 약 5~7%의 사람이 속한다. 이 단계의 특징은 다음과 같다.

- 기존의 규범을 넘어서는 혁신적 사고와 틀에 얽매이지 않는 자유로움을 지님
- 창의성을 발휘하여 새롭고 획기적인 아이디어를 끊임없이 만들어 냄
- 변혁적 에너지로 타인을 사로잡고, 자기 발견과 성장의 여정에 나서도록 동기를 부여함

- 상호 연결성에 대한 깊은 인식을 바탕으로 통합의 힘을 활용하여 모두의 발전을 도모함
- 도전과 역경에 대담히 맞서며, 이를 극복하고 전보다 더 강하고 결단력 있는 모습으로 회복함
- 개인적 성공을 넘어선 세상을 그리며, 타인을 고양하고 힘을 실어 주는 데 초점을 맞춤
- 가능성의 한계를 밀어붙이며, 미지의 생각과 행동의 영역을 개척함
- 자신의 창의적 에너지를 이타적 노력에 쏟아부어 사회에 긍정적 변화를 촉진함
- 모든 개인의 내재적 가치와 존엄성을 깊이 존중하며, 포용성과 평등을 증진하고자 함
- 자신의 진정한 모습을 구현하고, 독특한 관점이나 재능을 망설임 없이 발휘하여 타인에게 자신과 같은 시도를 할 용기를 줌

제15장

발전의 법칙

작게 사는 것, 즉 자신이 살 수 있는 것보다 덜한 삶에 안주해
서는 열정을 찾을 수 없다.

| 넬슨 만델라(Nelson Mandela) |

　나는 성장을 위해 열의를 불태우는 사람이 되는 데 필요한 행동과 사
고방식의 변화에 대한 글을 여러 차례 썼다.[210] 개인의 열정이나 목적을
발견하는 방법을 탐구하는 데 초점을 맞춘 책은 많다. 그러나 정작 발전
의 법칙, 즉 열망을 효율적으로 실천하는 방법을 다룬 책은 놀라울 정도
로 적다.

　그 이유는 무엇일까? 그 답을 간단히 말하자면 바로 열정을 실천하는
과정이 개인의 성장에서 가장 어려운 단계이기 때문이다. 따라서 이 장
에서 다루는 발전의 법칙은 삶에서나 리더로서나 성장 지향적 존재로 거
듭나는 데 가장 중요한 퍼즐 조각인 셈이다.[211]

210　John R. Miles, "Looking in the Mirror Is Vital to An Entrepreneur's Success",
Entrepreneur's Handbook, October 5, 2020.

211　John R. Miles, "Passion Struck: Practice Transformational Leadership", John R.
Miles, January 14, 2020.

일단 열정이나 목적을 찾았다면, 최종 목적지에 도달하기까지 수많은 장애물을 극복해야 한다는 사실을 알고 있어야 한다. 이 단계에서는 끈기가 무엇보다 중요해진다. 장애물 중에서도 가장 큰 것은 바로 '시작할 결심'이다. 언뜻 보기에는 단순한 장애물 같아 보여도 무려 수많은 유망주의 발목을 잡던 문제이다.

세상에서 가장 놀라운 아이디어라도 계획적인 집중과 실행이 이루어지지 않는다면 어떤 의미도 갖지 못한다. 하지만 바로 그 첫째 장애물에서 수많은 이들이 리더로 각성하는 데 실패한다. 이유는 간단하다. 물리학의 가장 중요한 법칙에 해당하는 '관성'을 무시했기 때문이다.

◆ 특별한 삶의 열쇠

일전에 유명 경영 코치이자 베스트셀러 작가 마셜 골드스미스(Marshall Goldsmith)와 인터뷰를 진행한 적이 있었다.[212] 나는 그와 진정으로 특별한 삶을 위한 핵심 요인 세 가지에 대하여 깊은 통찰을 나눴다. 골드스미스의 말은 매우 강렬하게 마음에 와닿았다.

> 열정, 야망, 행동. 이 세 가지는 위대한 삶을 정의하는 요소입니다. 첫 번째 열쇠인 열망은 우리가 이 땅에 존재하는 이유와 목적을 고민하게 합니다. 열망은 단순히 하루하루를 살아가는 것 이상의 의미가 있습니다. 열망에는 결승선이 없고, 더 나은 것을 향해 앞으로 계속 나아가게 하지요.
>
> 두 번째 열쇠인 야망은 열망을 구체적인 성취와 연결합니다. 야망은 우리에게 전반적인 열망에 기여할 의미 있는 목표를 세우게 하죠. 이들 목표는 성과를 측정하는 틀로서 작용하지만, 그 자체가 최종 목적지는 아닙니다. 오히려 충만함을 향한 여정의 이정표라고 보는 편이 적절합니다.

212 John R. Miles and Marshall Goldsmith, "How You Create the Earned Life", podcast, Passion Struck.

그러나 진정한 삶의 본질은 세 번째 열쇠인 행동에 있습니다. 현재의 행동, 즉 우리의 선택과 행동이 바로 우리의 현실을 만듭니다. 열망이 드러나고 야망이 구체적인 결과로 변모하는 것은 우리가 일상의 과정에서 몰입하고 참여함으로써 이루어지니까요.

그러나 삶이라는 거대한 게임 가운데 많은 사람이 행동 단계에서 길을 잃곤 한다. 사람들은 끝없이 반복되는 바쁜 생활에 치여 행동은 나머지 요소와 조화를 이루지 못한 채 무의미하게 소모되곤 한다. 그리고 이 과정에서 자신을 기다리는 더 큰 목적과 잠재력을 잊어버리고 만다.

특별한 삶을 살기 위해서는 세 요소를 조화롭게 통합해야 한다. 이들 요소의 조화를 이룬다면, 우리는 내면에 감추어진 위대하고도 충만한 능력을 끌어낼 수 있다. 그러면 평범함을 넘어 목적과 성장은 물론 세상에 깊은 영향력을 행사하는 여정을 시작할 수 있다.

◆ 시작할 결심

열망을 실행에 옮길 때는 무슨 일이 있어도 여정의 첫걸음을 내딛는 것이 가장 중요하다. 반면 아무것도 하지 않는 것은 곧 최악의 선택이다. 물리 법칙 가운데 관성의 법칙은 물체에 힘을 가해야 평형 상태가 변화함을 이른다. 이는 목표를 실천하는 과정에서는 어떠한 이유에서든 바로 시작해야 한다는 의미로 해석할 수 있다. 결과적으로 이상의 내용은 결코 과정이 아니라 당신이 할 수 있는 일 중 가장 중요한 것임을 시사한다.

로빈 샤르마(Robin Sharma)와의 인터뷰 중에 그가 위 개념의 본질을 근사하게 요약한 바 있다. 다음이 그 내용이다.

"천 리 길도 한 걸음부터 시작되는 법입니다. 대부분 코비 브라이언트, 마이클 조던, 무하마드 알리, 넬슨 만델라, 일론 머스크, 오프라 윈프리, 세레나 윌리엄스 등 유명인만을 우러러보며 '이 사람들은 우리와 다르다.'라거나 '그들은 특별한 재능을 타고 났다.'라고 말합니다. 그러나 유명인들은 자신만의 생각이 있었고, 이후부터 끊임없이 그 생각을 실천했다는 것이 핵심입니다. 그렇게 매일 목표에 충실한 결과, 아마추어에서 프로로, 초보에서 거장으로 성장할 수 있었죠."

이제 다른 관점에서 생각해 보자. 차를 운전하던 중 연료가 떨어졌다. 이 상황에서 당신에게는 다음 두 가지 선택지가 있다.

- 포기: 차에 앉아 비상등을 켠 채로 누군가 찾아와 도와주기만을 바란다.
- 행동: 문을 열고 내려서 차를 밀기 시작한다.

이때 처음 몇 m의 거리를 움직이기가 가장 어렵다. 관성이 없기 때문이다. 하지만, 5m, 10m, 100m 정도 지나면 어느새 차는 적절한 속도로 움직이며 가까운 주유소를 향해 나아가고 있을 것이다.

이처럼 목적을 적극적으로 추구하는 것도 마찬가지이다. 어느 여정에서나 가장 어려운 것은 바로 첫걸음을 내딛는 것이다. 따라서 우리는 '나는 잃을 게 없다. 시도하지 않은 슛은 100% 실패한다.'라는 점을 스스로 상기해야 한다.

다시 짐 맥켈비와 잭 도시의 사례를 살펴보도록 하자. 두 사람이 세계에서 가장 접근성 높은 신용카드 결제사를 만들겠다는 아이디어로 막 의기투합했을 때도 장애물이 없지는 않았다. 어쩌면 당시 맥켈비와 도시 앞에 놓인 장애물은 수백에서 수천 개에 달했을지도 모른다.

그러나 초창기 스퀘어를 좌초시킬 가능성이 큰 문제에 두 사람 중 누구도 그 해답을 갖추고 있지는 않았다. 그럼에도 두 사람은 시작했다. 아이디어를 테스트하고, 결과가 신통치 않으면 버리기를 반복하며 효과적인 요소를 발전시켜 나갔다. 이처럼 계속된 노력 끝에 세계 최대 결제사로 거듭났다. 이에 짐 맥켈비는 인터뷰에서 다음과 같이 말했다.

> 첫걸음을 내딛는 것이 정말 가장 어려운 부분입니다. 그 순간 '무능함'이라는 두려움을 마주하게 됩니다. 그다음에는 또 다른 두려움이 찾아옵니다. 이번에는 생존에 대한 두려움입니다. '이건 안 될 거야.', '잘못됐어.', '뭘 하고 있는지 모르겠는데, 어쨌든 잘 안 풀리고 있어.'라는 생각이 머릿속을 떠나지 않습니다. 이러한 두려움은 해결 방법을 찾아낼 때까지 우리를 계속 쫓아다닙니다. 그것이 바로 목표 실현으로 나아가는 과정입니다. 저는 여태 단 한 번도 지름길을 찾은 적이 없습니다. 성공하리라는 보장도 없었죠.

위에서 '첫걸음'이란 구체적으로 무엇일까가 궁금할 것이다. 개인적으로 첫걸음은 일단 목적을 찾았다는 전제 아래 당신의 추측이 옳은가를 검증하는 데부터 시작해야 한다고 본다. 이는 마치 과학 연구와 같다. 최종 목적지에 도달하는 과정에 올바르거나 잘못된 길은 없다. 반드시 가야 하거나 정해진 길도 없다. 당신이 선택하는 경로는 경험에 따라 끊임없이 변화할 것이며, 방향을 바꾸는 것은 수많은 기업가의 여정에서도 흔히 볼 수 있는 자연스러운 발전 과정이다.

따라서 자신에 대한 끊임없는 검증은 성공으로 이어질 수많은 경로를 좁혀 가는 과정임을 명심하자. 수많은 시도가 생각대로 되지 않기도 하겠지만, 괜찮다. 이는 최종 목표에 한 걸음 더 가까이 다가가는 셈이니 말이다.

또한 막다른 길에 들어설 때마다 토머스 에디슨의 말을 떠올려 보자. 세계 최초로 상업적 성공을 거둔 전구를 발명하던 당시, 그는 "나는 실패하지 않았다. 그저 효과가 없는 10,000가지 방법을 찾아냈을 뿐이다."라고 말했다.

처음 쓴 글이 최고의 작품이 되지 못할 수도 있다. 마찬가지로 첫 경주에서 최고의 성적을 내지 못하기도 한다. 일반적으로 처음이 가장 서툴기 마련이다. 이는 관성이 없기 때문이다. 초기 단계에 진입했을 때 실패를 받아들이거나 그것을 각오했다면, 다음 시도에서 좌절하지 않을 것이다.

운전 중 자동차 연료가 떨어졌을 때를 다시 떠올려 보자. 처음 차를 한 번 밀었을 때, 잘 움직이지 않는다고 해서 정말로 포기할 것인가? 당연히 그렇지 않다. 당신은 시도할 때마다 바퀴가 조금씩 움직이고, 몸을 낮춰 밀수록 움직일 수 있음을 깨달을 것이다.

그러다 어느 순간부터 당신은 무력한 초보자에서 차를 가장 잘 미는 사람이 되어 있을 것이다. 이는 반복을 통해 성숙해짐과 동시에 지식이 쌓이고, 실패의 경험에서 지혜를 체득했기 때문이다. 하지만 시작조차 하지 않는다면 얻을 수 있는 것은 아무것도 없다.

◆ 승리를 향한 투자

성장 지향적인 삶을 향한 여정의 핵심은 관성이 우리를 앞으로 나아가게 할 수도, 그 자리에 멈춰 서게 할 수도 있다는 사실을 이해하는 데 있다. 우리를 앞으로 나아가게 하는 것은 단지 동기만이 아니다. 성장을 위한 진정한 열망도 있다. 이것이 우리의 행동에 동력을 계속 공급하고, 두려움을 극복하도록 돕는다. 이처럼 열망과 동기의 차이는 성공을 꿈꾸는 많은 사람이 관성을 잃어버리는 이유를 설명할 수 있다.

나 또한 기업가로서 정체되어 앞으로 나아갈 동력을 잃었다고 느꼈던 적이 있었다. 뒤돌아보니, 그 시절의 일은 접근 방식에 균형이 깨졌을 때 일어났다. 당시 나는 최종 목표, 즉 결과에 지나치게 집중한 나머지 나를 열망으로 이끄는 투자에 소홀했던 것이다.

그것이 무슨 의미일까? 바로 결과는 구체적인 목표를 뜻하는 반면, 투입은 목표를 달성하기 위해 매일 하는 행동과 선택을 말한다는 것이다. 투자의 힘이 지니는 본질은 바로 의도적인 선택에서 온다. 작은 선택은 겉보기에 얼핏 사소해 보일 수 있지만, 그 사소함을 꾸준히 실천할 때 놀라운 결과로 이어진다.

위에서 이해할 수 있는 바는 우리가 놀라운 힘, 즉 선택의 힘을 인식하는 데 뿌리를 두고 있다. 그 선택을 작은 선택이라고 생각해 보자. 그리고 작은 승리는 시간이 지남에 따라 큰 영향을 미친다.

예컨대 조금 더 자는 것보다 운동을 우선시한다면 다음날 아침에 평소보다 더 일찍 일어나기를 선택할 수 있다. 그리고 건강에 좋은 에너지원이 될 음식을 섭취하기로 결정할 것이다. 또한 직장에 가서 단순히 주어진 일을 넘어 기대 이상의 일을 해내겠다는 생각을 할 것이다. 퇴근 후에는 사랑하는 가족에게 집중하여 대화를 통한 교감을 선택하기도 하겠다. 잠자리에 들기 전에는 몇 분이라도 독서로 지식을 확장하겠다는 선택도 가능해진다.

제7장의 내용과 같이 위의 선택은 처음에 사소하고 대수롭지 않아 보일 수 있다. 그러나 의도성과 함께 사소한 선택이라도 꾸준히 실천한다면 훗날 놀라운 결과로 이어질 것이다. 1년에 한 번뿐인 거창한 시도만이 우리 삶에 진정한 변화를 가져오지는 않는다. 바로 우리가 날마다 내리는 수많은 선택이 각자의 삶을 만들고 성공으로 가는 길을 닦는 것이다.

선택의 힘을 이해하고, 일상적인 행동의 영향력을 인지함으로써 우리는 의미 있고 충만한 삶을 만들어 갈 힘을 얻는다. 그리고 지향적인 결정에는 크기에 상관없이 우리의 성장과 발전에 기여할 잠재력이 있다.

나는 고등학교와 대학교 시절 뛰어난 육상 선수로 활동하면서 값진 교훈을 얻은 적이 있다. 바로 투자에 집중하지 않으면 결과도 없다는 사실이다.[213] 어떤 선수도 대뜸 올림픽 선발전에 나서서 마라톤 풀코스를 2시간 15분 만에 완주하는 기록을 세우기를 기대하지 않는다. 육상 선수라면 수주, 수개월, 수년에 걸쳐 끊임없는 훈련을 해 온 사람들이다. 따라서 그들은 달성해야 하는 시간 기록이나 목표 순위에 집착하기보다 투자에 집중한다. 결과는 자연스럽게 따라온다는 사실을 알기 때문이다.

나는 그것을 '작은 승리'라고 부른다. 이는 너무 쉬워 보인 나머지 종종 간과하는 작은 성공을 의미한다. 하지만 뛰어난 운동선수의 습관을 살펴보면, 그들은 날마다 훈련을 중요시하고 각 훈련 시간을 최적화하여 활용한다는 사실을 알 수 있다.

213   John R. Miles, "Life Lessons Learned From Running", John R. Miles, January 18, 2020.

투자의 중요성은 비단 스포츠 분야에 국한되지는 않는다. 이에 세계적인 육상 강국 케냐의 사례를 살펴보자. 그들에게는 투자가 곧 삶의 방식이다. "열심히 훈련하여 쉽게 이기자."라는 케냐의 국가적 신조는 승리라는 결과가 아닌 투자, 즉 훈련에 집중하는 의미를 잘 보여 준다. 그 신조는 마크 디바인, 크리스 캐시디, 제시 이우지가 실천하는 원칙이기도 하다.

베스트셀러 《열심히 훈련하여 쉽게 이기자(Train Hard, Win Easy, 국내 미발매)》의 저자 토비 탄서(Toby Tanser)는 케냐의 엘리트 선수 훈련에 참여한 뒤 제목과 동일한 문장을 만들었다.[214] 탄서는 케냐 선수들이 훈련 중에는 거의 탈진할 정도로 지독하게 자신을 몰아붙이지만, 실전에서는 경기를 놀라울 정도로 쉽게 해냈다고 말한다.

위의 사례는 무언가를 숙달하는 과정에서 꾸준함의 역할이 무엇인가를 잘 보여 준다. 꾸준함은 우리가 날마다 가장 중요하다고 간주하는 영역에서 점진적인 개선의 기회를 제공한다. 이에 시간이 지나면서 사소해 보이는 단계가 쌓여 거대한 관성을 만들어 낸다.

그 과정은 순간마다 알아채기는 어렵다. 하지만 몇 달이 지나고 나면 어느새 완전히 새로운 변화의 단계에 도달했음을 깨달을 것이다. 이처럼 집중적인 투자는 관계와 안녕감, 업무 등 삶의 모든 영역에 적용된다. 당신의 결과는 이전부터 쌓아 온 투자의 결과라는 사실을 명심하기 바란다.

또한 성장을 추구하는 여정의 길은 직선으로 뻗어 있지도, 모두에게 같은 방식으로 적용되지도 않는다는 점을 잊지 말자. 이 여정에서 우리를 앞으로 나아가게 하는 동력은 꾸준한 지향적 선택을 위한 헌신적인 노력에서 온다. 이에 원하는 결과를 이루기 위한 투자의 양을 거꾸로 계산해 본다면, 목적이 보다 명확한 길을 설계할 수 있다.

따라서 투자의 힘을 이해하는 과정에서 그것을 체화하여 삶의 곳곳에 세밀하게 적용해 보자. 당신의 열망을 토대로 선택을 하고, 이에 따른 투자의 양을 꾸준히 조정한다면 가시적인 성과와 변화를 경험할 것이다.

214 "Toby Tanser", Linkedin.

이처럼 작은 승리를 위해 노력한다면 현재의 당신과 소망하던 미래의 당신 사이의 간극이 점차 좁혀질 것이다.

작은 승리의 집합적 힘, 그리고 이를 가능케 하는 열정을 통해 우리는 열망을 이루고 충만하며 목적성 있는 삶을 살 수 있다. 용기 있게 꿈을 꾸고, 지향적인 행동을 실천하며, 여정 중 이룬 하나하나의 작은 승리를 축하하라. 이것이 열정에 몰입한 삶, 즉 세상에 길이 남을 흔적을 새기는 삶의 길이다.

◆ 시간의 확장성

대부분은 자기만의 열의를 찾더라도 행동으로 옮기는 과정에서 실패를 겪는다. 그렇다면 그들이 가장 많이 내세우는 변명은 무엇일까? 그렇다. 바로 시간이다. "정말 해 보고 싶은 일이었는데, 시간이 도저히 안 나더라."라는 말을 자주 들은 적이 있지 않았던가.

일반적으로 시간은 유한하며 고정적인 구조라 생각하기에 이와 같은 잘못된 믿음을 받아들인다. 그러나 개인적으로 시간은 충분히 확장될 수 있다고 본다. 당신이 시간에 대한 관점을 바꿀 생각이 있다면, 제6장에서 다룬 네이비씰 출신 우주 비행사 크리스 캐시디의 이야기를 떠올려 보자. 그 내용을 반추한다면 말 그대로 시간을 확장할 수 있다. 그래도 믿기지 않는다면 예를 들어 설명해 보겠다.

고등학교를 졸업할 무렵, 나는 꽤 인정받는 육상선수였다. 하지만 팀이 주 대회 우승을 차지하던 해가 되기 전까지만 해도 나는 훈련에 형식적으로 임했다. 발전은 나름대로 있었지만, 기대했던 수준에는 한참 못 미치는 정도였다. 돌이켜보니 나는 여러 면에서 나는 나보다 팀원을 위해 훈련에 참여했던 듯하다.

그러나 많은 수의 우수한 선수가 졸업하고 난 뒤, 변화가 생겼다. 비로소 나를 위해 달리기 시작한 것이다. 그때 나는 최고가 되기 위해, 그리고 최대한 완벽에 가까워지기 위해 할 수 있는 일이라면 무엇이든 하고 싶었다. 이후 나는 달리기 자세와 호흡법을 개선하는 데 집중했다. 그리고 크로스컨트리 시즌을 대비해 언덕 달리기 실력을 키우는 데 수많은 시간을 투자했다.

나의 행동과 열망, 야망이 일치하자 마치 시간이 확장된 듯함을 느꼈다. 당시 나의 행동은 절박한 마음에서 우러나왔기에 1시간이 마치 5시간 같았다. 어느 날에는 30분의 달리기 코스가 5분처럼 순식간에 지나가기도 했다.

그때의 나는 목표 의식으로 가득했었다. 성장과 발전을 추구하며 노력을 쏟고, 그 과정의 모든 영역에 몰입한 덕에 사고방식은 완전히 바뀌었다. 이를 통해 어떠한 일이라도 열정적으로 추구한다면 시간의 확장이 가능하다는 사실을 깨달았다.

규모는 완전히 다르지만, 내 경험은 마이클 조던과 꽤 비슷하다. 모르는 사람을 위해 덧붙이자면, 조던도 태어날 때부터 농구 천재는 아니었다. 아니, 사실 천재와는 거리가 멀었다. 고등학교 시절 조던은 농구보다 야구에서 더욱 두각을 나타냈다.

그리던 중 2학년 때의 일이었다. 교내 농구 대표팀 명단이 발표되자, 그는 키가 2m인 친구 르로이 스미스에게 밀려 팀에서 제외되었다는 사실을 알게 되었다. 조던은 수치심에 상처받은 나머지 분노했고, 이후 농구 실력을 기르는 데 모든 것을 바쳤다. 그는 매일 오전 5시에 일어나 학교 수업 시작 전까지 3시간씩 연습을 했다. 이에 1년이 지나지 않은 시점에 그는 팀에서 제자리를 되찾았다. 그 후부터는 우리가 아는 조던의 역사가 펼쳐진다.

위와 같이 조던의 놀라운 근면함과 시간의 확장성은 선수 시절 내내 계속되었다. 이는 경기 당일에도 마찬가지였다. 선수 대부분이 오전 10시나 11시부터 몸을 풀기 시작할 때, 조던은 개인 트레이너와 함께 오전 5시부터 훈련을 시작했다. 그는 진심을 다해 훈련에 매진했다. 이에 트레이너가 도착했을 때는 훈련 과정의 대부분을 이미 마친 경우도 많았다.[215]

그 덕분에 그는 35세의 나이에 1997-1998 시즌 동안 총 103경기

215 Ryne Nelson, "Inside Michael Jordan's Game-Day Routine During 'The Last Dance,'" Slam, May 20, 2020.

를 소화하고, 경기당 평균 39분을 뛰는 기염을 토할 수 있었다. 이후 22개 시즌 동안 35세 이상의 선수 중 그만큼 많은 시간을 뛴 선수는 없었다. 사람들 또한 앞으로 조던 같은 선수는 다시 없을 것이라 여기기에 이른다.

이상과 같이 조던은 언제나 자신의 깊은 갈망, 즉 최고가 되겠다는 목표를 위해 시간을 확장할 방법을 찾아냈다. 이러한 태도는 조던의 선수 생활이 황혼기에 접어들어도 그를 정상에 올려놓은 비결이었다.

◆ 혁신을 이끄는 내러티브

성장을 추구하는 과정에서는 올바른 행동에 에너지를 쏟거나 시간을 확장하는 것만이 전부는 아니다. 지향적인 변화를 받아들이는 것이 성장의 핵심이다. 예컨대 식단 개선과 운동으로 체중을 감량하고 싶다면, 단순히 운동하고 간식을 줄이는 것에 그쳐서는 안 된다. 자신의 정체성과 생활 방식을 근본적으로 바꾸어야 한다. 야행성에서 아침형 인간으로, 기분 내키는 대로 먹는 습관을 버리고 의식적인 식생활로 바꾸어야 하는 것이다.

바로 그러한 지점에서 다수가 잠재력을 발휘하는 데 실패한다. 새로운 계획을 실천하려 하면서도 지금까지 몸에 밴 습관과 행동을 바꾸지 못한 채 그 자리에 계속 머물기 때문이다. 나 역시 델에서 최고 정보 책임자로 일할 때 그러한 상황을 경험했다.

당시 나의 자아 정체성은 역할에 단단히 묶여 있었다. 그러나 지니어스 센트럴(Genius Central)의 최고 운영자가 되고, 역할을 효과적으로 수행하기 위해서는 사고방식을 대대적으로 바꾸어야 했다. 하지만 변화를 이루는 힘은 우리 안에 있다. 우리 마음속의 내러티브는 가변성을 지니고 있다. 힐러리 스웽크가 자신을 인류의 이야기꾼으로 여기듯, 우리에게도 자신을 원하는 모습으로 재정의할 힘이 있다.

하지만 다수가 안전 지대를 벗어난다는 것에 대한 두려움 때문에 성장에 몰입하는 삶으로 나아가지 못한다. 성공에 필요한 적절한 긴장이나

제3부 — 발전의 심리학

결단이 필요한 상황을 회피하려 한다. 실패에 대한 두려움이 목적 달성의 장벽으로 작용하는 것이다. 호기롭게 여정을 시작해도 당신의 내러티브를 재구성하지 못한다면 목표 달성에 실패할 수도 있다.

그러니 변화의 힘을 받아들이자. 그리고 온전히 성장을 향한 열망에 따라 살아가는 사람이 되자. 익숙함이라는 낡은 껍질을 벗어던지고, 최적의 긴장 상태로 과감하게 발을 내딛어라. 그곳에서 진정한 잠재력을 발견하면서 성장을 추구하는 모든 과정에 그만한 가치가 있음을 깨달을 것이다. 자신을 재정의하고 성장 몰입하는 삶으로 나아가는 힘은 오직 당신의 손에 달렸다. 그러니 믿음을 갖고 도약하며 당신을 기다리는 변화를 받아들이자.

◆ 새로운 미래를 열어라

네이트 듀크스(Nate Dukes)는 작은 마을에서 가난하게 자랐다. 그는 대학 졸업 후 친구와 힘께 망해 가던 사업체를 인수하여 2년 민에 매우 성공한 회사로 탈바꿈시켰다. 이 경험은 내면에 품고 있던 기업가 정신을 발휘할 기회가 되기도 했지만, 동시에 대학 시절 스며든 파티 문화에 더 깊이 발을 들이게 했다.

듀크스는 그때까지 본 적도 없던 많은 돈을 손에 쥐었다. 막대한 돈은 아니었지만, 어린 시절을 가난하게 보냈던 그에게는 세상이 자신의 편에 선 느낌이었다. 그는 고가의 차를 사고, 도심의 대형 고급 아파트를 얻었으며, 이전까지는 접해본 적 없는 사회적 환경에 진입했다. 그리고 그 모든 변화가 자신을 행복하게 만들어 줄 것이라 믿었다.

하지만 듀크스의 삶은 그의 생활 방식과 결정에 따라 무너져 내리기 시작했다. 그는 더욱 짜릿한 자극을 좇아 카지노를 드나들며 도박에 빠졌고, 상황은 더 나빠져만 갔다. 약물과 도박 중독이 점점 심해지면서 그는 결국 회삿돈까지 횡령하기에 이르렀다. 결국 공동 소유주가 횡령 사실을 밝혀내고 그는 회사에서 쫓겨났다. 하지만 그의 불행은 아직 끝나지 않았다.

그 후 듀크스에게 겸허함을 일깨우는 사건이 일어난다. 그는 여전히 극심한 우울증과 불안에 빠져 있었고, 여전히 약물과 도박 중독 문제를 겪고 있던 터라 일을 제대로 해내기조차 힘든 상황이었다. 결국 그는 모든 것에서 도망치고 싶다는 생각에 사로잡힌 나머지 자동차를 훔치고 말았다. 그리고 휴스턴에 사는 친구를 만나러 갔다.

휴스턴으로 향하던 중 듀크스는 내슈빌 외곽에 정차한 채 차 안에서 잠이 들었다. 몇 시간 후, 누군가 큰소리로 창문을 두드렸다. 경찰관이었다. 그는 곧 차량 밖으로 끌려 나왔다.

그때 그는 자신이 내렸던 모든 결정의 무게가 마치 가슴 위에 벽돌 더미를 올려놓은 듯 무겁게 마음을 짓눌렀다. 그리고 마음속에 "새사람이 되긴 글렀어."라는 사업 파트너와 주변 사람이 그에게 한 말이 메아리쳤다. 듀크스가 내린 선택의 결과는 명백했다. 그는 체담 카운티 교도소에 6개월간 수감되었다.

사방이 담으로 둘러싸인 좁은 감방에서 지내던 중 깊은 깨달음이 그를 강타했다. 지금까지 살아온 삶은 그가 진정 원하던 것이 아니었다. 절도죄 선고에 따른 감옥 생활은 그에게 강력한 변화의 계기가 되었다. 그때의 경험은 듀크스가 자신이 걸어온 길을 재평가하고 미래를 다시 계획하는 결단을 내리게 했다.

듀크스는 성장에 몰입한 사람으로 다시 태어나고 변화하기 위해 흔들림 없는 노력과 깊은 자아 성찰, 그리고 개인의 성장에 대한 결연한 다짐이 수반되어야 함을 깨달았다. 그는 진정한 목적을 발견하고, 자기만의 방식으로 세상에 기여할 수 있기를 열망했다. 그는 여정의 각 단계를 차근차근 거치며, 앞으로 펼쳐질 비범한 가능성에 한 걸음씩 다가가기 시작했다.

[도표 8] 성장 몰입 프레임워크와 여정의 전환점

	현실 안주자	모방자	정복자	조율자	창조적 증폭자
목표 탐색자		×	×	×	×
브랜드 재창조자		×	×	×	×
해충 방역자			×	×	×
두려움 대응자			×	×	×
관점 확장자			×	×	×
행동 창조자			×	×	×
불안 관리자				×	×
독창성 수용자				×	×
경계 확장자				×	×
외부적 동기 부여자					×
정원사형 리더					×
계획적 참여자					×

성
장
지
향
성

형기를 마친 후, 네이트는 고향인 오하이오로 돌아갈 기회를 잡았다. 이후부터 펼쳐질 새로운 삶은 변혁을 부르는 여정의 시작이었다. 그는 흔들리지 않는 결단력으로 다음 단계에 착수하여 자신을 위한 새로운 미래를 열어 가고자 했다.

> 집에 돌아온 뒤, 저는 변화하는 법에 몰두했습니다. 그러던 중 존 맥스웰의 책을 읽었는데, "당신 주변의 세상을 바꾸고 싶다면, 먼저 당신이 변해야 한다."라는 문장이 눈에 들어왔습니다. 저는 그 문장을 좌우명으로 삼고 성장에 몰두했죠. 감정적, 정신적, 영적으로 최고의 모습이 되려면 어떻게 해야 할까에 집중하기 시작했습니다. 경제적으로, 신체적으로 최고가 되려면 무엇을 해야 할까를요.
>
> 저는 최고가 되기 위해 1년간 제 모든 것을 바치기로 결심했습

니다. 솔직히 제가 예전처럼 사람을 이용하고 상처 주면서 도둑질을 하고 마약과 도박에 빠져 살아가고 싶다면 언제든 그렇게 할 수 있었어요. 언제든 돌아갈 수 있는 길이었죠. 하지만 올바른 행동을 기반으로 올바른 선택을 하면 제 인생은 어떻게 될지 상상이 안 되더군요. 따라서 저는 삶의 여러 영역에서 멘토를 찾았고, 몇 년이 지나니 제 삶은 이전과 완전히 달라졌습니다.[216]

듀크스는 현실 안주자로 여정을 시작했다. 그는 바로 앞의 냉혹한 현실을 직면함으로써 삶 속에서 새로운 목표를 설정하고, 해결해야 할 새로운 문제를 발견하는 목표 탐색자 단계에 들어섰다. 이때 생겨난 새로운 관점을 토대로 삶을 재창조하는 과정을 시작했고, 점진적 변화를 도입하여 브랜드 재창조자의 정체성을 형성했다. 그 후에는 모기 퇴치를 실행했다. 그는 이상의 과정을 다음과 같이 설명했다.

새로운 영향을 받아들이려면 나쁜 영향력을 놓아 버려야 합니다. 제가 이런 이야기를 하면 사람들이 "네이트, 그러니까 내 친구들과 멀어져야 한다는 거야? 관계를 끊으라고?"라고 말하더군요. 그러면 저는 어땠을까요? 그렇습니다. 저 역시 그래야 했습니다. 독이 되는 친구, 독이 되는 관계, 우리의 방향과 목적에서 떨어뜨리는 독성 습관에서 멀어져야 합니다.

현실에 안주하며 과거의 관계를 유지하면 오히려 더 큰 해를 입습니다. 같은 환경에 계속 머물면서 마땅히 누려야 할 미래를 스스로 빼앗는 셈이죠. 그리고 그렇게 해가 되는 관계를 퇴치하고 나서부터는 새로운 유대관계와 사람이 다가올 틈이 생깁니다. 그들은 새로운 아이디어와 모험, 사고방식으로 새 삶을 선사합니다.

---

216   John R. Miles and Nate Dukes, "You'll Never Change Syndrome", podcast, Passion Struck.

그 시점부터 듀크스는 두려움에 정면으로 맞서기 시작했다. 그리고 관점을 바꾸어 삶을 변화시키겠다는 의도를 인지하고 일상 속에서 행동하기 시작했다. 여기에서 사람을 변화시키는 것은 정보 자체가 아니다. 바로 그 정보를 어떻게 적용하고 행동하느냐의 문제이다.

하지만 행동으로 삶을 변화시키고자 한다면, 그 이유는 물론 결과의 최종적인 모습을 분명히 알아야 한다. 또한 삶에 대한 명확한 비전으로 미래를 보는 관점을 바꾸어야 한다. 이처럼 준비가 끝났다면 비전에 닿기 위해 일상 속에서 어떠한 투자가 필요한가를 파악하고 실행에 옮겨야 한다. 듀크스는 그동안의 여정을 다음과 같이 요약적으로 제시했다.

> 저는 잘못된 결정을 내렸을 때, 삶이 어떻게 펼쳐지는가를 잘 알고 있습니다. 반면 올바른 결정을 내렸다면 10년 후의 제 삶이 어떨지는 모릅니다. 10년 후, 제가 그 길을 계속 따른다면 제 삶은 달라질 수 있습니다. 과거의 저는 지금의 제가 아니니까요.
>
> 변화해야겠다고 생각할 때, 바닥을 치는 삶에도 좋은 점은 있습니다. 삶이라는 벽돌을 바닥에서부터 하나씩 다시 쌓아 올릴 수 있으니까요. 변화를 다짐하고 나서 가장 먼저 해야 할 일은 바로 저 자신과의 관계 회복임을 깨달았습니다. 나 자신과의 관계가 중요합니다. 심지어 그것은 아내와의 관계보다도 중요합니다. 저 자신과 잘 지낼 때 비로소 더 좋은 남편이 될 수 있기 때문이죠. 또한 저 자신과의 관계가 양호할 때 더욱 훌륭한 리더로 거듭나기도 하고요. 따라서 저는 저 자신과의 관계에 투자했습니다.

우리의 운명을 결정하는 요소는 바로 특정 순간에 내리는 지향적 선택이다. 이에 바로 지금, 당신의 삶을 돌아보도록 하자.

- 당신은 어느 도시에 살고 있는가?
- 당신의 인간관계는 현재 어떠한 상태인가?

- 당신이 선택한 직업은 무엇인가?
- 신체적, 정신적 건강 상태는 양호한가?
- 마음의 건강 상태는 어떠한가?

위 질문의 답은 단 한 번의 선택으로 결정된 것이 아니다. 여러 선택의 결과가 종합적으로 작용하여 지금의 상태에 이르게 한 것이다. 다만 당신의 투자 요소를 변화시키고, 네이트 듀크스처럼 두려움에 맞선다면 목적지를 바꿀 수 있다.

이제부터는 가장 어려운 단계이다. 그동안 내렸던 모든 선택에 '시간'이라는 요소를 곱해야 한다. 인간에게 가장 가혹한 역경이 있다면, 이는 바로 '기다림'일 것이다. 따라서 여정을 위해 기나긴 시간을 바칠 각오가 되어 있어야 한다. 아래의 그래프는 시간과 결과에 따른 일반적 경로를 보여 준다.

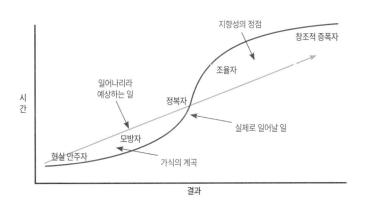

[도표 9] 시간과 결과에 따른 성장 여정의 경로

**초기에는 변화를 결심하기까지 많은 노력을 투자하며 동기 부여가 이루어져야 한다.
이는 시간이 지난 뒤 의식적 몰입으로 점차 확대되어 가면서 행동의 자동화가 시작
된다. 이에 행동이 누적됨에 따라 영향력 또한 확대된다.**

성장 몰입 프레임워크는 지향적인 삶으로 인도하는 여러 단계로 구성되어 있다. 성장의 여정은 명확한 비전 수립에서 시작하여 목표와 가치에 부합하는 신중한 결정을 내리는 과정을 따른다. 이러한 과정에서 우리는 두려움과 불안을 마주하고, 이를 극복할 힘을 찾아야 한다.

자기 리브랜딩, 즉 재창조는 성장의 여정에서 또 다른 중요한 단계이다. 이 단계는 우리의 정체성을 다시 설정하고, 열정과 목적에 부합하도록 조정한다. 이러한 과정에서 시간은 핵심적인 증폭 요인으로, 장기적인 성장과 진전을 돕는다. 또한 올바른 의견과 영향력을 주변에 둔다면 사고방식과 신념에 긍정적인 영향을 미쳐 앞으로 나아가는 데 힘이 되어 줄 것이다.

관점 바꾸기 또한 매우 중요한 활동이다. 타인이 장애물이라 간주하는 곳에서 기회를 찾도록 하기 때문이다. 결과적으로 행동에 나서는 것만이 변화의 가능성을 열고, 목적성을 지닌 지향적인 삶을 향해 나아가는 열쇠가 된다.

성장 몰입 프레임워크의 전 단계를 이해할 때, 우리는 의미와 성취감, 기쁨으로 충만한 삶을 창조하는 잠재력을 열 수 있다. 이처럼 지향적인 행동으로 꿈을 실현하고, 진정한 자아와 깊이 공명하는 삶에 더욱 가까이 다가갈 수 있다.

◆ 발전의 연금술

내면의 진정한 목적을 발견했다면, 이제부터는 삶에서 새로운 세계가 펼쳐질 것이다. 이는 개인적인 실험과 탐구의 여정으로, 자신의 가설을 시험하고 성공으로 향하는 핵심 투자 요소를 찾아내는 시간이다. 하지만 여전히 풀리지 않는 궁금증이 남는다. 바로 '최고의 비전을 실현하려면 어떻게 행동해야 할까?'이다.

그 질문의 답은 자신을 가로막는 한계를 넘어 더 넓은 세상으로 시야를 확장하고, 영향력의 범위를 공동체에까지 확장하는 데 있다. 따라서 삶의 상호 연결성을 받아들이고, 공동체라는 공유 공간 안에서 자기만의 빛으로 어둠을 밝히자. 그리고 친절함으로 낯선 이의 삶에 감동을 줄 힘을 발휘해 보자. 동기를 전파하는 노력을 통해 타인의 삶을 풍요롭게 한다면, 자신의 성장은 물론 우리가 만나는 사람들에게도 긍정적이고 오래가는 영향을 남길 수 있다.

지향적인 삶을 향한 여정은 혼자만의 노력으로는 불가능하다. 작은 발걸음을 꾸준히 내디디며 끊임없는 노력으로 더 밝고 나은 세상을 만들어 가는 공동의 노력에서 촉매제가 되도록 하자. 그리고 자신의 야망과 타인을 고양하고 격려하는 행동을 연결하여 꿈과 현실의 간극을 메울 수 있다. 이에 유한한 시간을 허투루 흘려보내지 말고, 목적과 의미가 가득한 삶을 창조하기 위해 지향적으로 사용해야 한다.

앞으로 세상에 필요한 리더가 되려면 '고정된 평형 상태'에서 '성장 가능성'으로의 사고 전환이 중요하다. 먼저 삶에서 정체된 듯한 영역을 점검한다. 다음으로 개인적, 직업적 측면에서 자신의 강점과 약점을 파악한다. 마지막으로 '지금의 한계를 넘어선다면 무슨 일이 생길까?', '오늘 성장에 도움이 되는 새로운 기술이나 재능, 관계를 배우고 발견하려는 첫걸음을 내디딜 수 있을까?'와 같이 자신에게 질문을 던진다.

물론 발전을 선택하기는 불확실하고 두려움을 주기도 한다. 하지만 진정한 혁신은 결코 평범함이나 현상 유지에서 이루어질 수 없다. 우리는 야망과 행동, 열망을 혼합하여 변혁적인 발전을 이루어 삶을 변화시키는 연금술사와 같다. 이제 운전대를 잡고 자아 발견과 탁월함, 그리고 충만한 삶을 향한 새로운 길을 개척해 보자.

지금까지 살펴본 통찰은 우리가 야망과 열망을 나침반 삼아 삶의 여정을 힘차게 헤쳐 나갈 수 있도록 도와준다. 그리고 우리가 명확한 확신으로 삶의 목적을 추구해 나가게끔 한다.

중국에는 '나무를 심기 가장 좋은 시기는 20년 전이고, 두 번째로 좋은 시기는 바로 지금이다.'라는 속담이 있다. 이처럼 진정으로 원하는 삶을 창조하고 새로운 행동에 나서기에 너무 늦은 때는 없다. 이에 야망과 행동, 열망의 연금술이 당신을 보다 지향적이고 충만한 삶으로 이끌 것이다.

제 3 부 | 발전의 심리학

제16장

꿀벌과 거북

인내심을 가져라. 모든 일은 쉬워지기 전까지 어려운 법이다.

| 사아디(Saadi)[217] |

성장 지향적인 사람을 연구한 결과, 그들에게는 공통적으로 두려움 없는 도전 정신이 있음을 발견하였다. 이러한 사람은 근시안적 사고로 세상을 변화시킬 수 없음을 인지하고 있으며, 원대한 목표를 달성하겠다는 야망을 동력으로 삼는다.

제7장에서 소개한 웬디 로렌스의 놀라운 여정처럼 성장의 여정은 담대한 꿈을 허락하는 데서 시작된다. 하지만 원대한 꿈을 꾸기는 첫 단계일 뿐이다. 우리는 그 꿈을 실현하는 과정에서 혹독한 시험에 들기 시작한다. 그러나 꿈을 현실로 이루는 전환 과정에서 진정한 위대함이 만들어지는 법이다.

로우스에서 임원으로 일하던 커리어 초기의 일이었다. 당시 최고 정보 책임자이자 내 상사였던 스티브 스톤은 내게 아주 훌륭한 조언을 했

---

217   이란의 시인.

던 사람이다.[218] 그는 단독 미팅 자리에서 다음과 같이 말했다.

> "존, 자네도 알겠지만, 대다수는 큰 그림을 그리는 것이 인생과 커리어에 전략적으로 중요함을 전혀 생각하지 못한다네. 다 인내심이 부족한 탓이지."

그는 사람들이 대부분 가까운 미래, 기껏해야 몇 년 앞을 내다볼 뿐 자신에 대한 새로운 시각이나 독창적인 정체성은 받아들이지 않는다는 점을 지적했다. 그 예로 커리어가 끝난 이후의 삶을 계획하지 못하는 프로 운동선수나 매주의 설교에만 집중할 뿐 교회의 성장 계획을 세우지 않는 목사가 있다. 이외에도 분기별 실적에만 집중하며 회사의 핵심 제품이 마주할 미래의 경쟁 위협 요소나 다음 단계의 성장을 고려하지 않는 최고 경영자 등이 있다.

스톤은 뛰어난 리더라면 5년, 8년, 10년, 아니면 그보다 더 먼 미래의 상황 변화까지 그릴 줄 알아야 한다고 강조했다. 이는 모두 그의 경험을 통해 깨달은 교훈이었다. 스톤과 내가 함께 일하던 시절, 그는 로우스의 고객 경험 접근 방식과 데이터 활용 경쟁력을 완전히 탈바꿈하는 계획을 주도했다.

스톤은 로우스 같은 〈포춘〉 선정 50대 기업에서 변화는 단기간에 이루어질 수 없음을 잘 알고 있었다. 그러한 변화에는 상당한 인내와 끈기가 필요했다. 그는 대화 중에 내가 흔치 않게 그러한 능력을 지닌 사람이라고 말했다. 그리고 그 능력이 나의 강점이지만, 잘못 사용하면 타인에게 위협이 될 것이라 조언했다. 이에 그는 나에게 그 능력을 제어하고 활용하는 법을 배워야 한다고 말했다.

> "핵심은 사람들을 목적지로 이끄는 것일세. 합리적인 목표를 설정하고, 목표를 달성 가능한 크기로 작게 나누어 평가하고 개

218 "Microstrategy Recognizes CIO of Lowe's Companies with Individual Excellence Award", Lowe's, January 24, 2007.

제3부 ― 발전의 심리학

선해 나가는 거지. 여기에서 신중하고 지향적인 행동을 취하는 것이 중요해. 사람들은 그 작은 목표를 달성하는 성공을 경험할 수록 더 많은 동력을 얻고, 결과적으로 더 큰 목표를 이루지."

위와 같이 스톤이 가르쳐 준 지혜는 경력뿐 아니라 개인적인 삶에서도 적용할 수 있다. 스티브 스톤 같은 비전가는 현재 목표를 위한 신속한 행동과 장기적인 목표를 향한 인내심과 노력의 균형을 완벽히 구현한다.

이처럼 '꿀벌과 거북 효과'를 심도 있게 이해한다면 성장을 실현하고 전문성을 쌓아 궁극적으로 잠재력을 최대한 발휘하는 방법을 체득할 수 있다. 그렇게 단순한 꿈에만 머물렀던 열망을 구체적이고 영향력 있는 현실로 바꾸며, 주변과 세상에 잊히지 않을 흔적을 새길 것이다. 이를 데이비드 퍼트레이어스 장군의 명언을 빌려 설명하도록 하겠다.

"리더십은 네 가지 핵심 자질로 구성된다. 먼저 이라크나 아프가니스탄의 사령관이든 칼라일 그룹이나 콜버그 크래비스 로버츠(Kohlberg Kravis Roberts, KKR) 또는 아마존의 최고 경영자라도 큰 목표를 제대로 설정해야 한다. 다음으로 그 아이디어를 조직 전체에 효과적으로 전달해야 한다. 그다음 제대로 실행되는지 감독한다. 마지막으로는 큰 목표를 개선할 방법을 결정해야 한다. 그리고 이상의 과정을 다시 반복해야 한다."

위와 같이 반복적이고 계획적인 행동 과정은 꿀벌과 거북 효과의 핵심이다. 이는 목적에 부합하는 행동을 끌어내어 큰 목표의 실현으로 인도하는 나침반과도 같다.

◆ 꿈과 계획을 계량하라

주지하다시피 꿀벌과 거북은 전혀 다른 생물이다. 그러나 위대한 기업가나 운동선수, 배우, 리더는 두 생물의 특성을 결합하여 커다란 변화를 일으켜 경쟁 우위에 선다.

꿀벌, 특히 일벌은 부지런하고 생산적인 하루를 보내기로 유명하다. 꿀벌은 날마다, 거의 하루 내내[219] 100번 이상의 채집 비행을 떠난다.[220] 일벌은 그날의 임무에 최대한 집중하여 단기 목표를 달성하기 위해 끊임없이 노력한다.

반면 거북은 전 세계에서 가장 긴 이주 여정을 떠나는 동물로 유명하다. 거북은 먹이를 구하거나 산란할 곳을 찾아 이동한다.[221] 따라서 이주는 거북의 생존에 매우 중요한데, 이주 거리만 수천 km에 이르기도 한다. 이처럼 거북은 장기적인 목표를 염두에 두어 인내심을 바탕으로 성장하고 번식한다.[222]

그 예로 20년 안에 백만장자 부동산 거물로 성장하고 싶어 하는 초보 부동산 중개인을 상상해 보자. 이 사람의 목표가 겉보기에는 막연하게 느껴질 수 있겠다. 그러나 그 목표를 꿀벌처럼 달성 가능한 작은 목표로 나누면 명확하고 분명한 로드맵이 눈앞에 펼쳐진다. 중국의 철학자 노자도 "천 리 길도 한 걸음에서 시작된다."라 말하지 않았던가.

따라서 처음에는 꿈을 구체적인 단계로 나누는 데 에너지를 집중적으로 쏟아야 한다. 예를 들어 '첫 투자 부동산을 매입하기 위한 종잣돈 모으기'처럼 단계를 나누어 거치다 보면 최종 목표에 한 걸음씩 가까워질 것이다. 단계를 하나씩 완수할 때마다 자신감이 커지고, 절반을 넘은 시점에서는 멈출 수 없는 동력을 느낄 것이다. 이것이 바로 발전의 법칙을 통해 하루의 에너지를 지향적으로 극대화하는 방법이다.

하지만 그 여정은 순탄치 않을 것이기에 거북 같은 인내가 필요하다. 고난은 피할 수 없는 법이고, 실패도 겪을 것이며, 자신에 대한 의심과

219   Forrest Wickman, "Minding Their Own Beeswax: How busy are bees, really?" Slate, June 19, 2012.

220   C. Ronald Ribbands, The Behaviour and Social Life of Honeybees (Mineola, NY: Dover Publications, 1964).

221   "Sea Turtle Migration", SEE Turtles.

222   위와 같음.

포기하고 싶을 순간도 찾아올 것이다. 이와 같은 암흑기는 꿈이라는 종점에 도달하기까지 반드시 거쳐야 할 여정의 일부이다.

장기적인 목표가 없다면 매일 집안 청소, 이메일 보내기, TV 시청처럼 작은 일에만 몰두하면 미래를 준비할 수 없다. 이는 당신을 불안하고 공허한 상태에 빠트린다. 우리의 삶에 의미를 부여하는 것은 바로 큰 그림이다. 이 점을 염두에 두어 인류 구원이라는 원대한 꿈을 품은 성장 지향형 리더에게서 교훈을 얻어 보자.

거북의 꿈

일론 머스크(Elon Musk)는 다양한 측면에서 독창적이고 재능 있는 기업가이다. 그렇기에 나는 그와 소통할 때마다 매우 즐겁다. 매일 산출하는 결과물을 극대화하는 감각과 초장기 목표를 향한 흔들림 없는 인내심은 그의 특별한 장점이다.

머스크는 과도한 회의를 극도로 싫어하기로 유명하다.[223] 따라서 그는 회의 대신 기술 및 엔지니어링 작업에 몰두하며 하루를 최대한 활용한다. 테슬라의 모델3 세단 생산이 한창일 때, 그는 공장 바닥에서 잠을 자며 생산을 독려했다.[224] 심지어 머스크는 직원보다 더 열심히 일하기까지 했다.

머스크에게는 단지 오늘 하루의 성과만을 중요시하지 않았다. 그의 시선은 항상 앞날을 향해 있다. 이에 화성 탐사와 다행성 사회 건설이라는 거대한 꿈이 그를 움직이는 원동력이 된다. 그렇게 그는 단기 목표를 꾸준히 달성하면서 완강한 인내심으로 원대한 비전을 향해 한 걸음씩 전진한다.

머스크는 TED 강연 큐레이터 크리스 앤더슨(Chris Anderson)과의 대

223　Taylor Locke, "Productivity tips from Elon Musk, Jeff Bezos and Steve Jobs", CNBC, updated November 24, 2020.

224　Mark Matousek, "Elon Musk said he slept on the floor of Tesla's factory because he wanted to suffer more than any other employee during Model 3 'production hell,'" Business Insider, July 12, 2018.

화에서 자신의 삶에 가장 중요한 목적을 다음과 같이 역설했다.

> "아침에 눈을 뜨게 하고, 삶을 살아가고 싶어지는 이유가 반드시 있어야 합니다. 당신이 살고 싶어 하는 이유는 무엇인가? 그리고 삶의 목적은 무엇인가? 당신은 어떠한 것에서 영감을 얻는가? 당신은 미래에 대해 어떠한 꿈을 꾸고 있는가? 저는 미래에 우리가 별 사이를 여행하고 행성 간 교류를 실현하지 못한다면 몹시 우울할 것 같습니다."[225]

머스크의 원대한 비전은 보편적인 한계를 뛰어넘는다. 그는 우주여행과 재생 가능한 자원을 활용한 삶으로써 인류의 현재를 혁신하는 것이다. 비판적인 사람은 그 실행 가능성에 의문을 제기하겠지만, 머스크는 그러한 비전이야말로 열정과 목적의식을 불태우는 원동력이라고 주장한다. 동시에 그는 단단한 목표 의식으로 앞을 향해 나아간다.

머스크는 확고한 결단력으로 자신의 비범한 목표를 향해 조금씩 나아가고 있다. 이처럼 매일의 성과와 끈기 있는 인내심이 끈끈하게 결합할 때, 상상을 벗어난 대담한 꿈이라도 실현될 수 있음을 증명하고 있다.

우주적 성공

10년 전, 상업 우주 프로그램이 시작될 때 신생 스타트업 스페이스 X(Space X)가 보잉을 비롯한 거대 기업을 상대로 '우주로 돌아가는 경쟁(Race Back to Space)'에서 승리하리라고 예측한 전문가는 거의 없었다. 이 경쟁에서 스페이스 X는 사상 최초로 민간 소유 유인 우주선을 발사한 바 있다. 이에 스페이스 X 역사를 새롭게 쓰며 화성 탐사라는 목표에 큰 도약을 이루었다.

한편 NASA 전 우주 비행사 웬디 로렌스 대령과 대화를 나누던 때, 그녀는 일론 머스크와 스페이스 X에 대하여 잘 알려지지 않은 흥미로

---

225   Nic Kocher, "Use Elon Musk's 12 Principles to Knock Out Your Biggest Creative Projects", Entrepreneur's Handbook, October 14, 2019.

운 이야기를 들려주었다. 모든 것은 2006년 상업용 궤도 운송 서비스(Commercial Orbital Transportation Services, COTS) 프로그램의 발족과 함께 시작되었다.[226] 머스크는 꿀벌과 거북 효과로 우주 경쟁에서 승리하며 역사를 영원히 바꿔 놓았다. 로렌스가 들려준 이야기는 다음과 같다.

> 부시 대통령이 우주왕복선의 퇴역을 명확히 밝힌 후, NASA에서는 상업적 우주 비행을 연구하고 민간 기업에서 서비스를 제공할 기회를 마련하기 위해 새로운 부서를 만들었습니다. 상업용 프로그램 리더는 업무지시서(statement of work)를 전략적으로 구성하는 선견지명을 발휘했고, 이 덕에 민간 기업이 화물 운송 계약뿐 아니라 승무원을 국제우주정거장으로 보낼 우주선 개발 프로젝트에도 입찰할 수 있게 되었죠.

그리고 바로 그것이 일론 머스크가 채택한 접근법이었다. 그는 두 가지를 동시에 진행하기로 한 것이다.

스페이스 X는 드래곤(Dragon) 우주선을 설계하며 화물 운송과 함께 유인 비행도 가능하도록 시스템 일부를 수정했다. 이에 스페이스 X의 캡슐 설계 역량을 검토한 결과, 전반적인 캡슐의 외부 설계 개발 후에 이를 승무원 운송용으로 수정 설계가 가능하다고 판단했다. 이러한 판단하에 스페이스 X는 보잉을 한참 앞서 나갈 수 있었다. 스페이스 X는 작업 범위를 처음부터 전체를 아우르는 방식을 선택함으로써 드래곤 우주선을 화물과 승무원 운송에 활용할 수 있도록 설계한 것이다. 결과적으로 드래곤 우주선은 대대적인 수정 없이도 두 가지 기능을 모두 수행할 수 있었다. 기발한 발상이 아닐 수 없다.

머스크는 꿀벌과 거북 효과를 활용해 승무원 유인 비행이라는 장기 목표를 설정하면서도 매일의 성과를 극대화하는 데 집중했다. 이를 통해 우주 비행사를 우주로 보내는 작업에서도 스페이스 X는 2012년부터 우주정거장에 화물과 물자를 수송할 수 있었다. 이처럼 궤도에 따라 우주

---

226 "Commercial Orbital Transportation Services", NASA.

선을 발사하고 정거장에서 도킹하는 과정에서 풍부한 실전 경험을 쌓을 수 있었다. 그리고 2023년 8월 기준, 스페이스 X는 266회 이상의 비행을 성공적으로 수행했다.[227]

현재 스페이스 X는 전 세계에서 가장 성공한 민간 우주기업으로 널리 인정받고 있다. 그리고 훨씬 적은 자금으로 '확실한 선택'이라고 여겨지던 보잉을 능가하고 있다. 이에 머스크는 "내가 하려는 일은 우주 비행 업계에 중대한 변화를 일으켜 누구라도 우주 비행이 가능해지는 것이다."라고 말한 바 있다.

스페이스 X는 꿀벌의 단기 목표와 화물 수송처럼 유연하고 민첩한 대응을 중시하는 직업 윤리와 유인 탐사와 같이 더디지만 장기적인 접근 방식을 결합했다. 결과적으로 머스크는 스페이스 X로 달에 인간을 착륙시키는 데 이른다. 이후부터는 화성에 사람을 보내는 목표를 거의 단독으로 이끌어 가고 있다.

꿀벌의 목표

나의 멘토 스티브 스톤은 거대한 목표를 실현 가능한 수준으로 작게 나누는 지혜를 강조했다. 머스크 또한 단순히 꿀벌과 거북 효과를 믿는 데 그치지 않고, 실제 삶에서도 철저히 실천하며 살고 있다.

예컨대 다행성종으로서 인류의 변모를 꾀하는 머스크의 거창한 목표를 생각해 보자. 겉보기에는 각자 독립적인 대규모 프로젝트처럼 보이는 테슬라, 스페이스 X, 솔라시티(SolarCity), 더 보링 컴퍼니(The Boring Company), 뉴럴링크(Neuralink), 스타링크(Starlink) 등은 사실 인류를 화성으로 이끄는 큰 그림의 조각과 다름 없다.

머스크는 그 작은 구성 요소를 더욱 세분화하여 시간 단위로 목표를 세운다. 위에서 언급한 회사에서는 장기적인 목표를 토대로 다시 10년, 5년, 1년 단위로 쪼개어 실행한다. 그 예로 머스크는 스페이스 X가 화성으로 정기 비행이 가능해지기까지 기업공개를 하지 않겠다고 선언했다.

227 "SpaceX Stats", SpaceX.

[228] 물론 이 목표가 실현되기까지 20년도 더 남았을 가능성이 높지만, 단계별 계획은 이미 명확하게 수립되어 있다.

첫 번째는 1년 목표인 재사용 가능한 로켓 착륙을 달성하는 것이다. 두 번째는 5년 목표로, 2024년까지 무인 화성 탐사 임무를 수행하는 것이다.[229] 세 번째는 2030년 이전까지 유인 화성 탐사 임무 실행으로, 10년 목표이다.[230]

머스크는 일상에도 위와 동일한 접근 방식을 적용하기로 유명하다. 그는 하루를 5분 단위로 쪼개어 활용한다.[231] 이러한 시간 관리 방식은 하루, 한 주, 한 달의 주요 목표를 달성하는 데 도움을 준다. 동시에 이는 뛰어난 생산성의 비결이기도 하다. 이처럼 목표를 더 작은 시간 단위로 나누면, 단순히 목표 달성에 도움이 되는 것 이상으로 최종 목표에 더욱 빠르게 도달하도록 한다.

머스크의 시간 관리법은 파킨슨의 법칙을 효과적으로 활용한다. 파킨슨의 법칙이란, 완료 기한에 맞추어 작업이 확장됨을 뜻한다.[232] 마치 세금 신고까지 1년이라는 시간이 있음에도 마감일에서 며칠 전이 되어서야 부랴부랴 끝내는 것과 같다.

머스크는 파킨슨의 법칙에 따라 개별 작업 완료에 걸리는 시간을 단 몇 분만 할당하여 목표 달성을 위한 진행 속도를 가속화한다. 한 시간이 걸리는 점심 식사 시간도, 이메일 확인도, 긴급한 문제가 없는 한 비즈니스 회의에 할애하는 시간도 대개 5분을 넘지 않는다. 또한 회의 참석자

228 Michael Sheetz, "Elon Musk's sudden plan to take Tesla private complicates any possible SpaceX IPO", CNBC, updated August 10, 2018.

229 Brett Tingley, "These 2 private companies aim to beat SpaceX to Mars with 2024 flight", Space.com, July 19, 2022.

230 Rina Torchinsky, "Elon Musk hints at a crewed mission to Mars in 2029", NPR, March 17, 2022.

231 Aine Cain, "Bill Gates and Elon Musk share a daily scheduling habit that helps them tackle their busy routtimes", Business Insider, February 6, 2018.

232 Joel Falconer, "How to Use Parkinson's Law to Get More Done in Less Time", LifeHack, updated March 17, 2023.

성장지향성

도 핵심 관계자 4~6명으로 제한한다.[233]

그러면 머스크가 하는 일이 고작 5분짜리 작업뿐이라는 의미일까? 물론 그렇지 않다. 그렇다면 그가 이처럼 초인적인 노력을 기울임에도 일일, 주간, 심지어 연간 목표를 달성하지 못할 때도 있을까? 당연히 그렇다. 그러나 머스크는 실패와 아슬아슬한 실수가 여정의 일부임을 잘 알고 있다. 머스크는 여타의 성장 몰입형 리더처럼 실패를 피하기보다 적극적으로 찾아나서는 데 많은 시간을 들인다.

♦ 실패도 과정이다

대다수가 처음으로 실패를 겪으면 바로 포기한다. 하지만 참된 성공을 위해서라면 실패도 받아들여야 한다. 내 친구이자 동료였던 스티브 셜리(Steve Shirley)는 직원 회의에서 항상 "우리는 빠르게, 자주 실패해야 한다. 이 작은 실패에서 우리는 배우고, 개선하고, 발전하기 마련이다."라는 말을 하곤 했다. 물론 그 말이 스티브 스톤을 짜증나게 했지만 말이다.

이처럼 실패는 진정한 교훈을 얻고 실질적인 개선을 이루는 기회이다. 머스크 역시 셜리와 같은 시각으로 실패를 이해한다. 스페이스 X 또한 역사 전반에 걸쳐 수많은 문제와 실패에 봉착한 적이 있었다. 착륙 플랫폼을 놓친 사고부터[234] 추진체 폭발, 착륙 실패 등 우주여행 실용화로 가는 길은 결코 순탄치 않았다.

하지만 머스크는 처음부터 실패가 발전으로 향하는 요소임을 인지하고 있었다. 사실 그가 스페이스 X를 구상한 계기는 로켓 엔진이 테스트에서 처참히 실패한 사건을 목격한 뒤부터였다고 한다. 이에 공동 창업

233   Justin Bariso, Inc, "Elon Musk tries to avoid having meetings at Tesla – and encourages people to leave if they're not adding any value", Business Insider, updated March 10, 2020.

234   Will Martin, "Video shows SpaceX rocket booster narrowly missing its platform and hitting the sea after 'the most difficult launch ever,'" Business Insider, June 25, 2019.

자인 짐 캔트렐(Kim Catrell)은 아래와 같이 설명했다.

> 2001년 가을, 로켓 개발자 존 가비(John Garvey)가 머스크를 데리고 친구 집을 몇 군데 들렀어요. 그리고 로켓 엔진 테스트 현장에도 데려갔죠. 그런데 테스트 중 로켓이 시험대 위에서 폭발했습니다. 하지만 머스크는 그 모든 일에 낙담하지 않았어요. 그러고서는 갑자기 뭔가 깨달은 듯 "아니, 푼돈으로도 차고에서 로켓을 만들 수 있는데, 막대한 자금 투자와 실리콘밸리식 리더십 지원이 있다면 얼마나 더 많은 것을 해낼 수 있겠어?"라고 말했죠. 머스크는 바로 그날의 로켓 테스트 현장에서 계시에 가까운 영감을 얻은 겁니다.[235]

2016년, 스페이스 X에서는 팰컨9(Falcon 9) 로켓을 발사해 대서양의 바지선에 착륙시키려 했다, 그러나 로켓은 로봇 선박에 떨어져 결국 폭발하고 말았다. 이에 머스크의 반응은 어땠을까? 오히려 그는 "재진입할 때 온도가 너무 높았으니, 이번에도 성공할 것이라 기대하지 않았다. 하지만 다음 비행의 성공 확률은 더 높을 것이다."라고 말했다.

잠시 생각해 보자. 로켓 발사에는 회당 평균 5,700만 달러가 든다.[236] 이는 스페이스 X에서 실패가 거의 확정적인 도전을 계획적으로 설정한 것이다. 그것도 매우 기꺼이 말이다. 머스크와 공동 창업자는 실패를 겪어야 성공할 수 있다는 사실을 인지하고 있었다. 이론만으로는 한계가 있는 법이니 말이다. 결국 실패가 불 보듯 뻔한 상황에서도 시도는 계속되어야 한다. 이에 머스크는 한 인터뷰에서 스페이스 X의 초창기 실패를 다음과 같이 말했다.

---

235   Amit Katwala, "What's driving Elon Musk?" WIRED, September 8, 2018.

236   Andrew Chaikin, "Is SpaceX Changing the Rocket Equation?" Air & Space Magazine, Smithsonian Magazine, January 2012.

여기까지 오는 과정에서 수많은 실패가 있었습니다. 초창기 스페이스 X의 세 번의 로켓 발사 시도는 실패로 끝났습니다. 그리고 부품을 간신히 모아 네 번째 발사를 준비할 수 있었습니다. 네 번째 발사가 실패했다면, 우리는 정말 끝이었을 겁니다. 저는 스페이스 X를 위해 뛰어난 전문가를 찾으려 정말 많은 노력을 했습니다. 훌륭한 수석 로켓 엔지니어를 찾으려 했지만, 유능한 수석 엔지니어는 합류를 거절했죠. 그렇다고 무능한 엔지니어를 고용할 수는 없었죠. 따라서 제가 수석 로켓 엔지니어의 역할을 맡게 되었습니다. 만약 저보다 더 나은 사람을 찾을 수 있었다면, 아마 세 번의 실패는 피할 수 있었을지도 모르겠네요.[237]

　　스페이스 X에서는 실패 후 잔해를 분석하여 원인을 파악하고, 다음 시도를 위한 개선점을 평가했다. 이는 토머스 에디슨이 전구를 발명하는 과정에서 보인 관점과 같다. 그러나 실패에서 배우고 개선하는 과정에서 얻을 수 있는 동력의 힘을 과소평가해서는 안 된다. 삶의 목표를 구성 요소로 세분화할수록 사고방식에 극적인 영향을 미치기 때문이다.

　　새로운 아이디어에 대한 도전을 고민 중인 사람이 있다면, 나는 한 번이라도 시도할 것을 권하고 싶다. 실패를 두려워하지 말고 당신의 예측을 시험해 보기 바란다. 오히려 실패를 예상하고, 자주 실패하면서 개선하고 발전하라. 실수나 착오를 실패로 여기지 말고, 배움의 기회라고 생각하자. 강의를 수강하지 않고 학위를 비롯한 자격증을 바로 취득할 수 없는 것처럼, 목표를 달성하는 과정에서도 실패라는 중요한 배움의 기회를 거치지 않은 채 목표 완수를 기대해서는 안 된다.

　　당신에게 사탕발림만 늘어놓을 생각은 없다. 큰 꿈이 있다면 그 과정에서 거대한 난관에 부딪힐 것은 자명하다. 비전이 클수록 달성은 더욱 어렵다. 성공한 사람들은 모두 좌절을 경험한 바 있다. 하지만 좌절은 여정을 더 큰 성공으로 이끌기 위해 반드시 거쳐야 할 작은 단계에 불

237　Michael Simmons, "Elon Musk On His Biggest Failure", YouTube video, November 24, 2020.

과함을 명심하자. 그리고 실패를 받아들여 더 강해진 모습으로 다시 도전하라.

◆ 성공을 도울 '벌집'을 만들어라

성공은 결코 혼자만의 힘으로 이루어지지 않는다. 한마디로 주변의 도움 없이 자신의 열망을 이루기는 매우 어렵다. 만약 일론 머스크가 신뢰할 만한 지원 네트워크를 갖추지 못했다면 테슬라나 스페이스 X는 오늘날처럼 존재하지 않았을 가능성이 크다.

Zip2와 X.com을 매각하여 2,200만 달러와 1억 6,500만 달러를 손에 쥔 머스크는 테슬라와 스페이스 X에 전 재산을 투자했다. 두 회사 모두 순조롭게 운영되었으나, 2008년 금융 위기에 타격을 입고 존폐 위기에 몰렸다. 설상가상으로 그해 하반기에 머스크는 첫 번째 아내인 저스틴과의 이혼 과정에서 상당한 경제적 타격을 입었다.

그는 남아 있던 현금 보유분을 전부 사업에 투입해 두 회사의 존립을 이어가고자 노력했다. 개인적으로나 회사 전체적으로 위기가 정점에 달했을 때는 자기 명의의 계좌에 잔액이 거의 없어 생필품을 사는 데도 가까운 친구와 가족에게 돈을 빌려야 할 정도였다.[238]

그는 회사를 자발적으로 청산해 투자자들에게 자금을 돌려줄 수도 있었다. 당시 많은 이들이 주식 시장에서 큰 손실을 보고 있는 상황에서는 그러한 선택이 현명해 보였다. 하지만 그는 그렇지 않았다. 그는 모든 것을 걸고 두 회사를 위기에서 건져내겠다는 결단을 내렸다. 이때 그의 인간관계는 물론 명성과 개인 자산, 그리고 타인의 재산이 모두 걸린 상황이었다.

오늘날에 이르러서야 머스크의 결단은 성공적인 도박이었다고 말할 수 있지만, 그러한 위험을 감수하려면 특별한 사람이 되어야 한다. 목표에 온전히 집중한 나머지 다른 것은 중요하지 않게 느껴질 정도로 말이다. 그러한 사람이야말로 바로 성장에 몰입한 리더인 것이다.

238 Amit Katwala, "What's driving Elon Musk?" WIRED, September 8, 2018.

그러나 성장에 몰입하여 모든 것을 걸 각오가 되어 있더라도 가까운 친구와 가족의 지원이 있어야 가능하다. 머스크도 혼자 그 모든 것을 감당하려 했다면, 오늘날 두 회사는 하나라도 존재하지 못했을 가능성이 크다. 그러했다면 그에게 어떠한 여파가 미쳤을지는 차마 상상조차 할 수 없다. 머스크는 결국 가까운 친구와 동료, 멘토의 격려와 정서적, 금전적 지원 덕분에 계속해서 나아갈 수 있었다.

꿈과 목표를 추구하는 과정에서 가장 어두운 시기에 가까운 이들이 당신을 일으켜 주고, 포기하고 싶을 때 앞으로 나아갈 수 있도록 도와줄 것이다. 이를 감안할 때, 자신만의 세계에 갇히지 않는 것이 중요하다. 당신만의 여정을 가장 아끼는 사람과 공유하고, 그들의 조언에 귀 기울이며 아이디어를 함께 논의해 보자.

우리는 꿈을 이루는 여정에서 종종 감정적인 측면을 간과하곤 한다. 그러나 성장 지향형 리더에게 목표란 곧 그들의 존재 자체로 승화한다. 이러한 시련과 고난을 나눌 사람이 없다면 그 여정은 매우 외롭고 고달파질 것이다.

시련과 고난은 동기를 더욱 굳건히 하는 전환점이 되기도 한다. 반면 동기는 좌절과 성취를 거듭하며 굳건해지기도, 약해지기도 한다. 이는 다음에 이야기할 주제와 자연스럽게 연결된다.

◆ 동기는 휘발적이다

꿈을 이루는 과정은 기나긴 여정과 같다. 사람은 대부분 꿈을 이루기까지 평생을 바친다. 미국인의 평균 수명은 78.69세로,[239] 약 28,742일을 사는 셈이다. 그렇다면 우리는 꿈을 이루겠다는 각오를 실천하기 위해 매일 한결같은 노력을 하는가? 당연히 그렇지 않다.

하지만 우리에게 동기를 부여하는 요소를 제대로 이해한다면, 우리를 앞으로 나아가게 하는 원동력을 발견하면서 목적과 상관없는 것을 가

239　Max Roser, Esteban Ortiz-Ospina, and Hannah Ritchie, "Life Expectancy", Our World in Data, updated October 2019.

려낼 수 있다. 이는 목적에 대한 깊은 이해와 그 실현에 대한 꾸준한 노력의 숙련도에 달려 있다. 이는 단거리 경주가 아닌, 긴 여정을 통해서만 이루어진다.

머스크가 삶에서 진전을 이룬 원동력은 인류를 다행성종으로 변화시키겠다는 열정이다. 다시 말해 그는 인류에 대한 책임감을 느끼기에 동기가 끝없이 유지된다. 누군가에게는 단순히 꿈으로만 남을 수 있는 일을 머스크가 성취할 수 있는 이유는 어떤 장애물이라도 목표에 한 걸음 더 가까워지고자 동기가 부여된 상태로 하루를 시작하기 때문이다.

대중적으로 접근성이 높으면서도 합리적인 가격대의 전기차를 보급하겠다는 목표로 테슬라 제작을 처음 시작했을 때, 그는 여러 생산 문제에 직면했다. 이에 그는 약 7억 달러에 달하는 손실을 입었다.[240] 그러나 머스크는 낙심하지 않고 192억 달러의 순자산을 보유하고 있었음에도 모델3 생산 위기 동안 매일 밤 공장 바닥, 책상 아래, 사무실 소파에서 잠을 자며 문제를 해결하려 노력했다. 한때는 5일 동안 옷을 갈아입지 못한 적도 있었다.[241]

위의 사례는 끊임없는 동기 부여란 무엇인가를 보여 주는 모습이라 할 수 있다. 이와 같은 유형의 리더는 목표 달성을 방해하는 문제를 해결하기 위해 매일을 끈질기게 매달린다. 머스크의 경우 실제로 밤잠을 설치면서 해결책을 찾기 위해 동료보다 많은 노력으로 헌신한다.

도요타, 제너럴모터스, 포드, 크라이슬러의 전기차 생산에서 병목 현상을 해결하기 위해 밤을 새우며 고민할 만큼의 동기가 부여된 리더는 과연 몇 명이나 될까? 그 수는 손에 꼽을 정도일 것이다. 이러한 점에서 테슬라가 앞의 회사를 앞서 나갈 수 있었다.

---

240 Faiz Siddigui, "Tesla lost $700 million in the first quarter with Model 3 problems", Washington Post, April 24, 2019.

241 Mark Matousek, "Elon Musk said he slept on the floor of Tesla's factory because he wanted to suffer more than any other employee during Model 3 'production hell,'" Business Insider, July 12, 2018.

하지만 머스크처럼 성장에 몰입한 사람이라도 동기 부여를 돕는 사람은 필요하다. 초창기에는 동생인 킴벌 머스크가 그를 이끌어 주었다. 두 사람은 아이디어를 교환하며 첫 번째 온라인 사업인 Zip2를 개발할 때 교대로 코딩 작업을 했다.[242]

회사를 막 시작했을 당시, 머스크 형제는 따로 숙소를 마련하지도 않아 사무실에서 지냈다. 그곳은 화장실도 제대로 갖춰지지 않아 샤워는 지역 YMCA 센터에서 해결해야 했다.[243] 두 사람은 낮에 웹사이트를 운영하고, 밤에는 날이 밝을 때까지 교대로 코딩 작업에 매진했다. 이와 같이 머스크 형제는 일주일 내내 작은 사무실에서 지내며, 소파에서 번갈아 자면서 일했다.

그렇게 형제가 서로를 격려하며 함께 노력한 끝에, 몇 년 뒤 Zip2를 컴팩(Compaq)에 3억 500만 달러에 매각했다. 이에 일론은 2,000만 달러, 킴벌은 1,500만 달러를 손에 쥐게 되었다.

가끔 동기가 약해지려 할 때, 당신에게 책임감을 줄 수 있는 신뢰할 만한 사람을 찾아보자. 그리고 당신의 동력을 이해하는 데 시간을 투자하자. 이때 당신에게서 최선의 결과를 이끌어 내는 요소와 상황이 어려워질 때 극복하며 나아갈 방법을 깊이 생각해야 한다.

또한 동기는 가장 필요한 때에 사라져 버리곤 한다. 따라서 이를 장기적으로 유지할 전략을 세워야 한다. 성장을 지향한 또 다른 사례인 스티브 잡스는 암 진단을 받기 전부터 자신의 죽음을 끊임없이 상기하는 것이 곧 그의 동력이었다. 이에 잡스는 "내 죽음을 떠올리는 것이 나에게 가장 중요한 수단이었다."라고 말했다.

스티브 잡스가 날마다 그러했듯, 10년이나 20년 또는 30년 앞의 미래를 그리자. 그리고 "하지 않아서 후회할 일은 무엇일까?"라고 스스로 질문해 보자. 물론 그저 하루, 한 달, 또는 한 해 단위의 목표라도, 이를 이루는 동기를 발휘하는 데 어려움을 겪을 수 있다. 이러한 문제를 극복

---

242 "Zip2", Wikipedia.

243 Tom Huddleston Jr., "Elon Musk slept on his office couch and 'showered at the YMCA' while starting his first company", CNBC, June 19, 2018.

하려면 여정의 끝에서 기다리는 더 큰 목표가 당신의 동기로 작용하도록 해야 한다.

◆ 거대한 꿈과 하나가 되어라

일론 머스크처럼 성장에 몰입한 이들에게 꿈이란 그 사람들의 모든 것을 집어삼킬 정도로 강력한 존재이다. 그들은 여러 의미에서 꿈으로 자신을 정의하면서 꿈은 존재의 일부로 자리 잡는다. 꿈이 없다면 야망을 이루기 위한 동기를 끌어낼 수 없기 때문이다.

머스크의 꿈은 누구보다 원대하다. 그는 인류가 살아가는 방식을 직접 바꾸고, 지구 밖의 다른 행성으로 나아감으로써 스스로 초래한 위기에서 인류를 구하겠다는 야심에 찬 목표를 지니고 있다. 이처럼 원대한 꿈을 이루고자 그는 타인의 지원과 믿을 수 없을 만큼 강력한 동기, 그리고 실패를 기꺼이 받아들이려는 자세를 갖추었다. 이렇게 머스크는 자신의 꿈을 실행 가능한 작은 단계로 나누어 설계한 로드맵으로 성공을 서두르며 목표에 다가가고 있다.

다시 "천 리 길도 한 걸음에서 시작된다."라는 노자의 말을 떠올려 보자. 천 리는 일반적인 성인 기준으로 약 264만 걸음이다. 만약 머스크처럼 한 걸음에 5분이 걸린다면 목표까지 한 시간에 12걸음, 하루에 288걸음, 그리고 1년에 105,120걸음 나아가는 셈이다. 이러한 셈법이라면 우리는 단 25년 만에 목적지에 도달할 수 있다. 이와 같은 방식으로 목표를 재구성하면, 점점 더 추진력을 키워 목표에 도달하는 시간을 단축할 수 있다.

물론 당신의 꿈이 일론 머스크만큼 원대하지 않을 수도 있다. 그럼에도 머스크의 사례에서 교훈을 생각해 보자. 전체적인 목표를 달성 가능한 작은 단계로 나누자. 또한 실패를 두려워 말고 적극적으로 나서자.

그리고 내면 깊은 곳에서 당신의 동력을 찾고, 미래의 이상적인 비전을 바라보며 계속 앞으로 밀어붙이자. 꿈에 한계를 두지 말라. 다만 모든 것을 혼자서 감당하지는 말고, 필요할 때는 주변 사람들에게 의지하

성장지향성

라. 모든 이들은 저마다 다른 꿈을 품고 있지만, 그 꿈을 성취하는 능력은 모두 같다.

♦ 미래의 시선으로 결정하라

낮 동안의 효율성과 밤 동안의 장기적인 계획 수립 간의 균형은 세상을 바꿀 정도의 성공에 매우 중요하다. 그러나 다수가 그 균형을 유지하는 데 어려움을 겪는다. 특히 야심찬 목표가 있는 차세대 리더에게는 인내심 부족이 걸림돌로 작용하기도 한다.

팔로워가 수백만 명인 20대~30대 인플루언서가 잡지 표지에 등장하는 모습을 볼 때마다 '나도 저 사람과 또래인데 왜 저만큼 성공하지 못했을까?'라는 생각을 하기 쉽다. 특히 비교 대상이 어린 나이일수록 좌절감은 커질 것이다. 반면 인내심은 있지만 매일의 성과를 극대화하려는 절박함이 부족한 사람도 있다. 그 이유로는 두려움 또는 우유부단함 등 다양하겠지만, 우리가 그러한 생각에 매몰되어 주저하는 동안에도 시간은 계속 흘러간다.

위의 사례는 현실적으로 겪는 어려움을 나타낸다. 하지만 인내심이나 효율성 부족이 드높은 꿈과 목표의 실현을 좌절시키는 사형 선고는 아니다. 사고방식을 전환하여 심리적 약점의 개선을 위해 패러다임은 충분히 바꿀 수 있다.

결국 이상의 문제를 극복하는 데 중요한 요소는 진행 상황을 분석하고, 앞으로 계속 나아갈 수 있는 동기와 명확성을 제공하는 체계적인 프로세스를 갖추는 것이다. 인내심 부족이 문제라면 다른 관점에서 노력하면 될 일이다. 이에 존경하는 인물의 전기를 읽는 것도 도움이 된다. 그러면 그 인물이 성공을 거두는 과정이 생각보다 더 길고 험난했음을 깨달을 것이다. 이와 동시에 날마다 효율적으로 계획을 실천하며 목표를 실행하라. 이상과 같은 관점은 더욱 강한 인내심으로 하루하루 성과를 이루어 내는 데 도움을 줄 것이다.

인내심이 있더라도 매일 생산적으로 행동하는 데 어려움을 느낀다면, 다시 목표를 향해 작은 걸음부터 시작하기를 권한다. 행동이야말로 모든 것의 시작이기 때문이다. 비록 작은 한 걸음이라도 장기적인 목표를 향한 움직임으로는 충분하다. 행동하는 습관을 들이는 것이 무엇보다 중요하다. 심지어 막막한 불확실함 속에서도 말이다.

때로는 실패할 수도 있겠지만, 실패는 끈기와 노력의 힘을 키우는 계기가 된다. 위와 같은 방식을 실천하다 보면 행동이 점점 자연스러워질 것이다. 이처럼 행동 중심의 사고방식을 인내심과 결합한다면, 장기적인 목표에 훨씬 더 가까이 다가갈 수 있을 것이다.

목적을 추구하는 과정에서 우리의 변함없는 노력이 필요한 바를 분별하는 것이 중요하다. 텍사스대학교 오스틴캠퍼스 심리학과 교수이자 《스마트 체인지(Smart Change)》의 저자 아트 마크먼(Art Markman)은 그에 대한 강력한 접근법을 제안한다. 이에 마크먼은 "자신을 먼 미래에 투영하면서 '하지 않아서 후회할 일은 무엇일까?'라고 자문해 보라."라고 말한다. 훗날 자신을 괴롭힐 후회를 상상하면서, 후회를 피할 수 있는 경로를 역으로 설계할 수 있다. 이와 같은 미래지향적 사고방식은 우리의 깊은 열망과 가치에 부합하는 삶을 계획하는 데 강력한 나침반 역할을 한다.[244]

이상과 같이 선택의 장기적인 결과를 고려하면 오늘부터 더 현명한 결정을 내릴 수 있을 것이다. 또한 이는 열망과 부합하는 방향으로 당신을 나아가게 한다. 이러한 미래지향적 접근법을 나침반 삼아 내딛는 걸음마다 목적의식을 새기며, 당신이 원하던 미래와 섞여들게 하라.

244 Rebecca Webber, "Reinvent Yourself", Psychology Today, updated June 9, 2016.

◆ 발전의 무한 동력

내가 아서 앤더슨에서 시니어 매니저로 근무하던 시절, 사내에서 '메서드1(Method 1)'이라는 방법론을 교육받은 적이 있다.[245] 이 방법론은 앤더슨이 대규모 IT 프로젝트를 다루기 위해 개발한 단계별 접근 방식이었다.

시간이 흐르며 메서드1은 복잡한 전사적 자원 관리(Enterprising Resource Planning, ERP) 시스템 배포에 도움을 주는 프레임워크로 발전했다. 이 프레임워크는 잠재 고객에게 제공할 서비스와 필요한 소프트웨어 및 하드웨어의 종류를 질문하기 위한 공통적인 매뉴얼이 되었으며, 프로젝트를 관리하는 엄격한 지침 또한 제시했다.

그러나 내가 맡았던 프로젝트는 규모가 훨씬 작았고, 더 유연하고 신속한(agile) 접근 방식이 필요했다. 이는 '애자일 선언문(Agile manifesto)'[246]이 나오기 전의 일이었다.[247] 나는 메서드1의 핵심 원칙의 프로세스를 간소화하여 프로젝트를 진행했다. 그 덕에 훨씬 빠른 속도로 프로젝트를 반복 점검하여 결과물을 제출할 수 있었다.

위의 사례는 지속적인 개선에 초점을 맞추어 추진력을 구축하는 것이 핵심이다. 추진력을 꾸준히 구축하고, 올바른 일에 에너지와 집중력을 쏟지 않으면 시간이 흐르면서 혼란과 정체의 엔트로피 상태에 빠질 수 있기 때문이다.

그때 나와 팀은 중요한 전환점을 맞이했다. 우리가 개발한 전략을 고객이 받아들이고 실행하자 놀라운 결과가 나타난 것이다. 우리의 전략은 고객의 비즈니스에 깊은 영향을 미쳤고, 이는 크나큰 수익 증가로 이어졌다. 우리는 전례 없는 성공을 거둔 것이다.

---

245   Glenn Rifkin, "Andersen Consulting's Culture of 'Clones,'" New York Times, September 6, 1992.

246   애자일 선언문은 유연하고 효율적인 소프트웨어 개발 및 프로젝트 관리 원칙을 정의한 문서를 말한다. 이 문서에서는 고객 만족, 변화 대응, 자율적인 팀 운영, 지속적인 개선 등을 강조한다.

247   "Manifesto for Agile Software Development", Manifesto for Agile Software Development.

이처럼 우리의 놀라운 성취 안에는 '사업의 근본적인 체질을 개선하는 6단계 프로세스'라는 중요한 비결이 있었다. 이 비결이란 예상보다 더 간단하다. 우리는 그 방법론을 다양한 프로젝트에 적용하면서 성공을 거두었고, 팀의 성과는 놀라운 수준으로 향해 갔다. 우리의 여정은 성공 사례와 고객의 추천 리뷰로 가득했다.

그 방법론을 적용한 고객은 놀라운 사업적 성장을 경험했으며, 수많은 기업가에서 중소기업 대표까지 겨우 1년에서 1년 반 만에 모든 사업이 200~300%, 심지어 400%까지 성장하는 것을 목격했다. 그러나 운명은 상상도 할 수 없는 방향으로 흘러갔다. 아서 앤더슨은 탐욕으로 최대 고객인 엔론(Enron)에 희생되고 말았다.

나는 아서 앤더슨에서 직접 개발한 방법론의 힘을 활용하여 커리어에 새 생명을 불러넣는 변화의 여정을 시작했다. 내 커리어가 〈포춘〉에서 선정한 50대 기업에서 펼쳐지는 동안, 그 프로세스를 꾸준히 활용했다.

나는 시향적인 행동과 함께 실패를 배움의 기회로 삼아 통찰을 얻고, 지속적인 개선을 위해 노력하면서 방법론이 주는 잠재력을 다양한 영역에서 활용했다. 조직 개선 주도부터 데이터 센터 구축, 대규모 IT 프로젝트 실행, 예산 삭감 위기 극복과 영업 부문 혁신 및 마케팅 창의성 촉진에 이르기까지 내 접근 방식은 모든 분야에서 효과를 발휘했다. 그리고 그에 따른 성과는 내 커리어를 새로운 차원으로 끌어올렸다.

그동안의 놀라운 여정 속에서 나는 그 방법론이 생활에도 적용할 수 있음을 발견했다. 이는 꿀벌과 거북 효과의 궁극적인 구현으로, 거대한 아이디어를 실행 가능한 단계로 나누어 시간의 경과에 따라 일관적인 결과를 내도록 했다. 나는 지향적 행동과 우선순위 설정, 검토 및 수정, 장기 목표의 지향적 달성이라는 체계적인 프로세스로 지속적인 발전의 순환 구조를 구축할 수 있었다. 본질적으로 이는 끝없는 발전의 순환 구조를 형성하여 나를 끊임없이 앞으로 나아가게 했다.

그 여섯 단계는 간단하다. 이들 단계는 성장 몰입 프레임워크 에도 적용이 가능하다. 이 방법을 통해 당신이 성취할 수 있는 것이 생각보다 많다는 사실에 놀라게 될 것이다. 그 여섯 단계는 분석, 우선순위 설정, 점화, 실행, 측정, 재정비로 구성된다.

[도표 10] 발전의 순환을 낳는 6단계 지향적 행동 프로세스

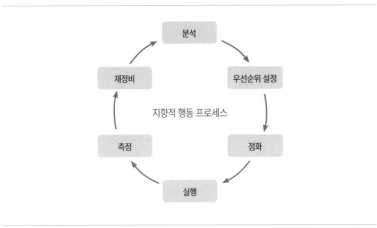

먼저 첫 번째 단계인 분석부터 시작하도록 하겠다. 목표를 설정할 때는 자신의 현재 위치 분석부터 시작한다. 개인적인 상황에서는 자신을, 비즈니스 환경에서는 팀을 대상으로 객관적으로 살펴본다.

그런데 결과를 도출하거나 다음 할 일을 계획할 때, 이 단계를 생략하는 경우가 의외로 많다. 이에 내가 자주 목격했던 큰 문제가 있다. 이는 바로 결과가 나오거나 목표가 설정되기 전부터 현재 상황, 그리고 해야 할 일과 하면 안 되는 일을 파악하는 분석 과정이 거의 이루어지지 않는다는 것이다.

다음 단계는 우선순위 설정이다. 이 단계 또한 중요하지만 수많은 기업과 개인이 간과하는 요소이다. 우선순위 설정의 핵심은 연중 한두 번이 아닌, 반복적인 실행이다.

지금까지 일하며 발견한 이 단계에서의 어려움은 사람들이 모든 것을 한 방에 즉시 끝내고 싶어 한다는 것이다. 사람들은 큰 꿈을 꾸고, 그것을 당장 성취하기를 원한다. 이에 대부분은 원대한 할 일 목록(to do list)을 만들어 놓으면서 모든 과제를 무작위적으로, 최대한 빨리 끝내려 한다. 그와 다르게 우선순위 설정을 반복적으로 수행히면 우선순위를 설정하는 능력을 강화하고, 올바른 일을 올바른 시점에 해낼 수 있는 초인적인 힘을 손에 넣을 수 있다.

그다음으로 사람들이 열정과 노력으로 불타오르기 시작하면 목표를 명확하게 이해하지 못해 생기는 좌절감이 사라진다. 이는 삶에서도 마찬가지이다. 내면의 자아가 행동하는 것을 시작으로, 날마다 행동과 사고방식의 점진적 변화를 위한 점화가 필요하다. 점화한 순간 당신은 나아가고자 하는 방향으로 향할 것이다.

점화 이후의 중요한 단계는 실행이다. 그러나 많은 사람이 비즈니스에서나 삶에서나 어떠한 생각조차 없이 대뜸 행동에 나선다. 아이디어가 떠오르면 명확한 예상치나 탄탄한 계획 없이 서둘러 실행하는 것이다.

실행이 중요한 이유는 대부분의 열정적인 여정이 이 단계에서 시작하고 끝나 버리기 때문이다. 명확한 예상치와 계획도 없이, 우선순위를 정하지 않은 상태에서 일을 시작한다면, 그 일이 궁극적인 목표와 어떻게 연결되는가가 불분명해진다.

반면 해야 할 일을 분석하고, 우선순위를 정한 채로 점화가 시작되면, 완벽히 준비된 상태로 실행 단계에 들어갈 수 있다. 야구에서 스윙 동작이 얼마나 좋은지는 중요하지 않다. 배트의 각도가 조금만 어긋나도 공은 원하는 방향으로 날아가지 않는다. 즉 스윙 동작 자체가 아무리 완벽해도 준비가 제대로 되어 있지 않으면 원하는 결과를 얻을 수 없다는 것이다.

하지만 실행까지 명확한 준비와 우선순위 정리, 효과적인 요소 분석을 이미 끝냈다면, 앞으로 성공만 하면 되는 셈이다. 그러면 실행 단계부터 실질적인 결과를 실감할 수 있다. 발전하는 것이 느껴지면서 앞으로 나아가는 자신의 움직임을 볼 수 있다. 그리고 모든 것의 움직임을 실제로 느끼면서 추진력을 얻는다. 이것이야말로 우리가 그 프로세스를 따르는 이유이다.

작업을 완료한 후에는 진척 양상을 측정해야 한다. 하지만 그 측정

성장지향성

체계는 두 부류의 사람이 가장 꺼리는 주제이기도 하다. 바로 정복자와 현실 안주자이다. 정복자에게 측정 체계는 낡고 번거롭게만 느껴지며, 규정과 절차의 늪에 빠져 일의 진행 속도만 늦추는 방해물로 여긴다. 한편 현실 안주자는 기존의 방법만이 자신의 존폐를 가르는 유일한 요소라고 생각한다. 다시 말해 망가지지 않았으니 고치지 않겠다는 셈이다.

측정은 매우 중요하다. 성장을 향한 여정을 가속하기 때문이다. 또한 이 단계에서는 추진력을 발휘할 수 있도록 이끌고, 결과를 만들어 내는 관점을 확인할 수 있다.

여기에서 마크 베니오프의 사례가 생각난다. 그는 세일즈포스의 공동 창립자이자 CEO로, 지금까지 여러 차례 언급된 인물이다. 사실 마크는 나에게 처음으로 성장에 대한 몰입을 제대로 보여 준 사람이었다. 그는 여러 면에서 이 책을 쓰게 된 영감의 원천이자, 내가 리더십에 대한 장기적인 연구를 시작한 계기이기도 하다.

제1장에서 언급한 바와 같이, 나는 운 좋게도 오라클에서 마크 베니오프를 만날 수 있었다. 이후 세일즈포스 개발 초기 단계에서부터 우리의 길은 다시 교차했다. 몇 년 후, 나는 베니오프와 함께 세계를 여행하던 중이었다. 그때 그가 구축형 소프트웨어 없는 미래를 수천 명에게 열정적으로 설명하면서 영감을 주는 모습을 직접 지켜볼 기회가 있었다.

프랑스에서 대화를 나누던 중, 나는 그에게 성공 비결과 함께 회사의 초기 설립 목적을 유지하는가를 물었다. 그는 작은 목소리로 '부릉(vroom)'이라는 약어를 중얼거렸다. 설마 자동차의 '부릉부릉' 소리인가? 파악이 안 되어서 다시 묻자, 그는 더 큰 소리로 'V2MOM'이라고 말했다. 베니오프의 답변에 나는 속으로 '아니, 그게 대체 뭐지?'라고 생각했다.

베니오프는 V2MOM에서 V2는 비전(vision)과 가치(value)를, 그리고 MOM은 방법(methods)과 장애물(obstacles), 측정(measures)을 뜻한다고 설명했다.[248] 그는 이를 조직의 핵심 체계를 나타내는 약어로 사

제3부 ― 발전의 심리학

248 Rebecca Webber, "Reinvent Yourself", Psychology Today, updated June 9, 2016.

용하며, 세일즈포스닷컴 대성공의 가장 큰 비결이라고 말했다. 그는 V2MOM에서 가장 중요한 요소는 측정이라고 말하며, 이에 "측정은 우리가 목표하는 실제 결과를 명확히 규정한다."라고 덧붙였다.

이상에서 소개한 다섯 단계를 한 주 또는 격주마다 반복하며 완료했다면, 마지막으로 중요한 단계인 재정비로 넘어갈 차례다. 재정비에서는 수집된 데이터와 진행 상황, 결과를 활용해 여전히 완료해야 할 작업의 목록(backlog)을 다시 검토한다.

재정비는 분석, 우선순위 설정, 점화, 실행, 결과 측정의 지속적인 순환 과정이기도 하다. 진행 상황을 시각화하려면 애자일 원칙의 번다운 차트(burndown chart)를 활용할 수 있다. 이 차트는 x축에 시간을 나타내는 '남은 작업량'과 y축에 경과한 일수를 뜻하는 '시간'을 표시하여 진행 상황을 시각적으로 추적하고 관찰할 수 있다.

이처럼 일관된 프로세스와 함께라면 당신이 달성할 수 있는 일을 명확히 이해할 수 있는 관리 체계를 갖출 수 있다. 또한 당신에게 가능한 것을 명확히 알게 되면서 계속해서 나아갈 추진력을 제공한다.

◆ 꿀벌과 거북처럼 정진하라

꿀벌과 거북 효과를 활용하면 현재에 충실하면서도 인내심을 유지할 수 있다. 이는 매일의 진행 상황을 확인하려는 욕구를 충족시키는 동시에 장기적인 목표를 꾸준히 추구하게 한다.

꿀벌과 거북 효과는 구조상 개인이나 조직, 생애 주기의 어떤 단계에도 적용할 수 있다는 점이 가장 큰 특징이다. 그 효과는 스타트업의 사업 계획을 명확히 하거나, 〈포춘〉에서 선정한 50대 기업의 변혁을 이끄는 것 또는 개인의 여정을 구체화하는 데도 효과적으로 활용 가능하다. 이외에도 개인 또는 조직의 목표를 고민하는 데도 사용할 수 있다. 이처럼 꿀벌과 거북 효과는 진행의 순환 구조를 제공하며, 성장 몰입 프레임워크와 함께한다면 당신의 삶에서 가장 중요한 것을 기준점으로 유지하는 데 도움을 준다.

일론 머스크, 마크 베니오프, 스티브 스톤 등 성장 몰입형 리더는 생산성과 인내심의 힘을 직관적으로 이해하고 활용한다. 하지만 그 방정식의 요소 하나가 부족하더라도 희망은 있다. 꿀벌처럼 생산적이거나 거북처럼 인내심을 기르면 된다. 이러한 사실에 초점을 맞추어 사고방식을 전환하면, 장기 목표를 현실로 만드는 과정에서 획기적인 결과를 얻을 수 있다.

무기력 속에서 삶을 허비한 뒤에야 죽음의 문턱에서 지금까지의 선택을 후회하는 일은 없어야 하지 않겠는가. 누구나 내면 깊숙한 곳에 마음먹은 일을 해낼 수 있는 능력이 있다. 성장 몰입형 리더들은 그 능력을 발휘하여 놀라운 업적을 이루어 냈다. 즉 꿀벌과 거북 효과를 완벽히 익혀 한계를 뛰어넘은 사람들이다.

자, 그렇다면 당신은 어떠한가?

제17장

당신만의 언어로 쓰는 성공

삶에서 패배란 무엇인가? 패배는 단순히 실수를 저지르는 것은 아니다. 바로 어려움 속에서 자신을 포기하는 것을 의미한다. 그렇다면 삶에서 진정한 성공이란 무엇인가? 진정한 성공은 자신과의 싸움에서 승리하는 것이다. 어떠한 장애물이 앞을 가로막더라도 꿈을 향해 끝까지 나아가는 사람은 곧 인생의 승리자이다. 자신의 약점을 극복하여 승리했기 때문이다.

| 이케다 다이사쿠(池田大作)[249] |

지금까지의 내용에서 우리 사회에 만연한 '거래적 사고방식(transactional mindset)'을 다룬 바 있다. 이 사고방식은 성공을 추구하는 과정에도 스며들어 있으며, 자기애에 대한 인식을 왜곡시키기도 한다. 그리고 성취와 물질적 부, 채워지지 않는 욕망을 끝없이 좇아야만 가치 있는 사람이라는 메시지를 머릿속에 끊임없이 주입시킨다. 이러한 패러다임은 외부의 인정에 의존해 자신의 가치를 정의하려는 끝없는 굴레에 우리를 가둔다. 이는 사랑받고 인정받기 위해 타인의 기대를 충족시키고 타인을 능가해야 한다는 믿음을 심는다.

성공에 대한 추구는 끝없는 인정 욕구와 얽히며, 자기애는 외부의 성취라는 기반 위에 불안정하게 자리 잡는다. 그러나 자기애와 성공에 대한 거래적인 접근법이 근본적으로 잘못되었다는 것만큼은 분명하다. 이는 우리를 진정한 성취와 자기 수용에서 멀어지게 하는 잘못된 길이다.

249 일본의 작가이자 불교철학자, 평화운동가.

마인드밸리(Mindvalley)의 공동 창립자이자 작가, 강연가, 자선활동가인 크리스티나 맨드 라키아니(Kristina Mand-Lakhiani)와의 팟캐스트 인터뷰를 살펴보도록 하자. 그녀는 빛나는 통찰력을 발휘하며 제한적인 사고방식을 초월하는 것의 중요성을 밝히고 성공과 자아 가치를 재정의했다. 그녀의 관점은 사랑과 인정이 끝없는 성취와 검증을 통해 얻는 보상이라는 보편적인 믿음을 반박한다. 그리고 제한적인 관점을 벗어던짐으로써 진정한 성취로 나아가는 지향적인 길을 발견하고, 열정과 목적이 가득한 삶을 향해 깊이 있는 행동을 이끌어 낼 수 있다.

우리는 어린 시절부터 사랑을 거래 가능한 화폐처럼 여기는 법을 배운다. 사랑과 인정을 얻기 위해서는 끊임없이 '옳은 일'을 하면서 사회의 기대를 충족시켜야 한다는 생각을 마음 깊이 새긴다. 이를 맨드 라키아니는 다음과 같이 표현한다.

> "우리는 사랑을 화폐 거래의 관점으로 접근합니다. 그 화폐를 얻으려면 옳은 일을 해야 하지만, 잘못된 일을 하면 잃어버리는 것이죠."

위와 같이 잘못된 관점은 성공과 완벽함을 끊임없이 추구하게 한다. 이와 동시에 자존감은 외부 성취와 타인의 인정에 깊이 얽히고 만다.

우리는 살아가면서 알게 모르게 인정에 대한 외부의 소음을 흡수한다. 그리고 오직 성취에 따라 자신의 가치가 결정된다는 믿음을 내면화한다. 맨드 라키아니는 우리의 열망이 인정과 사랑의 끊임없는 추구라는 덫에 갇히는 과정을 아래와 같이 설명한다.

> "우리는 사랑받고 가치 있는 존재가 될 수 있는 유일한 방법은 옳은 일을 하고, 계속해서 성취하며, 착한 사람으로 사는 것이라 여깁니다. 야망은 멋지지만, 그것이 자기 가치를 느끼거나 사랑받고자 하는 욕구를 연료로 작용하게 해서는 안 됩니다. 그 두 가지가 야망의 연료가 되는 순간, 막다른 골목을 향해 달리는 것과

다를 게 없으니까요."

　야망은 분명 고귀한 추진력이다. 그러나 외부의 인정과 사랑을 추구하는 데만 집중한다면, 야망은 위험한 방향으로 흐르고 만다. 바로 이 순간부터 몰락은 시작된다. 성공이 본질을 잃어버리며, 진정한 성취감은 우리 손이 닿을 수 없는 곳에 남겨진다.

　위와 같이 잘못된 길로 빠지지 않으려면 패러다임을 전환하여 성공과 자기 가치를 새롭게 정의해야 한다. 외부의 인정이나 성과로 자신의 가치를 증명하려는 강박과 집착에서 벗어나, 진정한 자아와 일치하는 지향적인 길을 개척하고 내면의 만족을 키우자. 또한 자기만의 고유한 여정을 받아들이고, 타인의 기대로 자기 가치를 확인받으려는 생각은 떨쳐 버려라.

　성장 지향적인 삶을 추구하는 과정에서 진정한 성공이란 참된 자아를 받아들이고, 의미 있는 관계를 형성하여 사랑과 연민, 목적을 따르는 삶을 사는 데서 발견된다. 따라서 우리 안에 내재한 가치를 받아들이고, 자기 수용 능력을 신장하며, 진실한 여정에 충실한다면 끝없이 외부의 인정만을 추구하는 굴레에서 벗어날 수 있다. 바로 지금이야말로 과감한 행동으로 목적과 성취감, 진정한 행복이 넘치는, 성장에 몰입한 삶을 향해 지향적이고 변혁적인 여정을 시작할 때다.

◆ 타인의 인정으로 성공을 쓰지 말라

　스티븐 킹의 이야기는 사랑을 거래적 관점에서 바라보는 틀을 깨고, 성공을 재정의함으로써 성장하는 삶을 이룬 훌륭한 사례이다. 오늘날 킹의 작품은 역사상 가장 흥행한 영화의 원작으로도 유명하다.[250] 이에 해당하는 작품으로는 《캐리(Carrie)》, 《샤이닝(Shining)》, 《쇼생크탈출(The Shawshank Redemption)》, 《그린마일(The Green Mile)》, 《그것(It)》 등

250　Ana Peres, "Highest-Grossing Stephen King Movies, Ranked by Box Office", MovieWeb, February 9, 2023.

이 대표적이다.

하지만 킹이 커리어 초기에 겪은 고난은 아무도 알지 못한다. 그의 첫 소설 《캐리》는 한두 번도 아닌 무려 30번이나 거절당한 끝에 출판이 이루어졌다. 이에 그는 깊은 좌절감을 느끼면서 자신이 과연 작가로서 가치가 있는지 회의감을 품게 되었다.

만약 스티븐 킹이 처음 거절당한 후 포기했다면, 오늘날이 되어 어떠한 삶을 살고 있을까? 아마도 외부의 인정에 의존하는 덫에 쉽게 빠져 자신의 가치를 타인의 승인과 수용에만 의지하며 살았을 것이다. 아니면 거절로 자신을 정의하며 성공을 향한 지향적인 추구를 멈추지 않았을까.

그가 포기했다면 3억 5천만 부 이상의 판매고를 올리고, 5억 달러의 순자산을 보유한 역대 가장 성공한 작가가 되는 놀라운 업적을 이루지 못했을 듯하다. 단언컨대 그렇지 않았을 것이다. 킹 또한 스스로 포기하고 싶은 순간이 수없이 많았다고 인정했다. 하지만 그의 끈질긴 집념이 역대 최고로 성공한 작가라는 커리어를 쌓게 했다.

스티븐 킹은 내면으로 눈을 돌려 글쓰기라는 행위 자체에서 의미와 성취감을 찾았다. 그는 내면의 목소리를 들으며, 결과보다 작품의 창작 과정 자체에 집중했다. 이처럼 자신만의 방식으로 성공을 재정의하면서 자신의 진정한 잠재력을 발휘한 것이다.

결과적으로 그를 이끈 것은 열정과 노력, 그리고 일에 대한 몰두였지 외부의 성취 기준은 아니었다. 그는 깊은 상상의 나래를 펼치며 수백만 명과 공감할 수 있는 이야기를 만들어 냈다. 이처럼 그의 여정은 거래적 관점을 벗어나 지향적인 사고방식으로 전환하는 데서 오는 힘을 잘 보여 준다.

스티븐 킹은 자신의 진정한 자아를 받아들이고, 창작에 힘을 쏟으며 깊은 성취감을 키워 갔다. 이 덕에 그는 크나큰 성공을 이룸과 함께 성장에 몰입한 삶으로 진입하였다. 이야기에 대한 진정한 열정과 사랑을 고스란히 녹여낸 그의 작품은 끊임없는 영감으로 전 세계 독자를 매료시킨다.

스티븐 킹의 이야기에서 진정한 성공과 성취감은 내면에서 비롯된다는 강력한 교훈을 준다. 또한 거래적인 사랑의 틀을 깨고 자기만의 방식으로 성공을 재정의하며 행동을 진정한 자아와 일치시킬 때, 목적의식과 창의성, 진정한 행복으로 가득한 성장 지향적 삶을 열 수 있다. 이러한 스티븐 킹의 여정을 돌아보며, 나 또한 삶에 안주하기를 거부하고 진정한 정체성과 일치하는 길을 추구했던 순간이 떠오른다.

◆ 진정한 성공은 하나된 나에게서 온다

변혁을 불러온 나의 여정은 해군사관학교 예비학교에서 시작되었다. 그리고 그 여정은 혹독한 신입생 훈련(Plebe Summer) 과정에서 확고해졌다. 이때의 경험은 내게 깊은 깨달음을 주었다. 구체적으로 진정한 성공은 외부의 인정이 아닌 자신의 행동과 열망, 야망이 진정한 자아와 조화를 이루는 데 있음을 이해한 것이다.

그러한 깨달음은 캠프 르준과 포트 브래그에서의 훈련 동안 계속되면서 내 사고방식을 형성하는 계기가 되었다. 수 시간 동안 벼룩과 개미, 파리, 진드기가 몸 위를 기어다니는 불편함 속에서도 나는 목적을 따르는 삶을 살리라는 결심을 굳건히 지켰다. 등에 약 20kg의 군장을 짊어진 강행군이 이어졌을 때는 온몸의 근육이 쉬고 싶다고 비명을 질러댔다. 그러나 그 고통은 오히려 한계를 뛰어넘어 나만의 방식으로 성취를 재정의하겠다는 결심을 더욱 강화했다.

위와 같이 결단력 있는 사고방식은 네이비씰 훈련에서도 이어졌다. 당시 나는 뼛속까지 시릴 정도로 차가운 물과 나를 삼킬 듯한 파도, 거센 조류와 맞서야 했다. 그러나 어떠한 장애물이 앞을 가리더라도 외부 요인이 내 성공을 정의하도록 내버려 둔 적은 없었다. 나의 초점은 개인적인 성장과 회복력, 목표를 향한 흔들림 없는 추구로 옮겨 갔다. 눈앞에 놓인 난관이 험난한들 나는 결코 물러서는 법이 없었다.

여러 해군 함정에서 몇 시간씩 경계 근무를 서고, 잠깐의 휴식을 제외하고 18시간에서 20시간씩 이어지는 고된 항해 일정을 견뎌 냈다. 그 경험 속에서도 나는 여전히 나만의 방식으로 성공을 재정의하겠다는 결심을 지켰다. 식사와 수면 중 하나를 선택해야 하는 상황조차도 내 책임을 다하고 정직한 리더십을 발휘하면서 나만의 여정을 받아들이는 데서 느끼는 성취감에 비하면 사소하게 느껴졌다.

스티븐 킹의 굴하지 않는 결단력과 마찬가지로, 그동안의 경험을 통해 진실한 태도로 목적을 받아들이는 것의 중요성을 더욱 강하게 절감했다. 성취감은 개인의 가치관과 열정, 목적이 계획적인 행동과 조화될 때 생겨난다. 우리는 이러한 의식적 선택에 기반한 흔들림 없는 결단력으로 난관을 극복하고, 저마다 성취의 길을 만들어 간다. 이에 궁극적으로 진정한 자아와의 합일을 이루어 성장 지향적인 삶을 살아갈 수 있다.

◆ 좌절로 성공의 길을 닦자

유명 기업가, 작가, 자선 사업가이자 칼라일 그룹의 공동 창립자 데이비스 루벤스타인(David Rubenstein)은 팟캐스트 인터뷰에서 행동과 열망, 야망의 조화에 대한 깊은 이야기를 나누었다. 그는 인내심과 모든 것이 가능하다는 확고한 믿음의 중요성을 강조하며, 좋지 않은 배경에서 시작해 장애물을 극복하고 성공에 이르기까지의 여정을 들려주었다.

루벤스타인에게 인내심이란 지향적인 삶의 핵심 토대이자 역경과 부딪히더라도 앞으로 나아가게 하는 강력한 힘이라고 설명했다. 그리고 그는 '왜 살고 싶은가?', '삶의 의미는 무엇인가?', '어디에서 영감을 받는가?', '미래의 무엇을 꿈꾸는가?' 등 우리를 매일 움직이게 하는 근본적인 질문을 떠올렸다. 그 질문은 루벤스타인이 목적을 동력으로 삼아 살아가면서, 사회로의 의미 있는 기여라는 목적에 초점이 맞추어져 있었다.

그는 부족함에 대한 문제를 다루면서 "자신의 배경 때문에 스스로 2등이나 3등 시민으로 느끼지 말고, 필요한 능력을 개발하면 된다."라는 강렬한 메시지를 전했다. 루벤스타인은 우리 삶을 의미 있게 만드는 것을 찾는 행위야말로 훗날이 되어 지난날을 돌이켜볼 때, 자부심을 느끼게 하는 핵심 요소라 조언하였다.

더 나아가 루벤스타인은 진정한 성공이란 외적 성취를 초월한다고 강조했다. "핵심은 사람들은 목적지로 이끄는 것이다. … 이는 모두 신중하고 지향적인 행동에 달려 있다."라고 말이다. 지향적인 삶을 추구하는 과정에서 무엇이든 가능하다는 루벤스타인의 믿음을 지침으로 삼아 흔들림 없이 노력하며 앞으로 나아가라.

가령 올림픽 금메달의 의미를 생각해 보자. 금메달은 굉장한 가치를 지니고 있다. 그 가치는 메달 자체가 아니라, 금메달을 따기까지 선수들이 경쟁자를 넘어서기 위해 수많은 훈련 시간 속에서 쏟아부은 노력을 상징하기 때문이다. 이처럼 승리는 흔들림 없는 노력과 위대함을 추구하는 과정에서 마주한 고통과 어려움을 극복해 낸 능력의 증거이다. 만약 성공이 무작위로 주어진다면, 금메달은 어떤 의미도 지니지 못했을 것이다. 이에 시어도어 루즈벨트는 그 핵심을 다음과 같이 요약했다.

> "노력, 고통, 어려움이 수반되지 않는다면 세상에서 가치 있는 것도, 그러한 일도 없을 것이다. 나는 평생토록 편하게 살아온 사람을 부러워한 적은 없지만, 어려운 삶을 잘 살아낸 사람만큼은 부러워했다."[251]

우리는 어려운 삶을 살면서도 그 삶을 훌륭히 헤쳐 나가는 사람에게서 깨달음을 얻는다. 재능이야 출발 지점에서 유리하게 작용할 수는 있다. 그러나 올림픽 금메달이나 어느 분야에서 숙달의 경지로 이끄는 것은 다름 아닌 인내심에 기반한 노력이다. 지치고 불리한 상황에서도 난관을 극복해 나가는 능력이야말로 진정한 열망을 품은 사람만이 지니는 특징적 요소이다.

앤절라 더크워스의 저서 《그릿》은 장기적인 성공을 이루는 데 열망과 견고한 결단력이 얼마나 중요한가를 강조한다. 스포츠, 비즈니스, 학문 등 어떤 분야에서든 꾸준하게 노력하는 사람이 목표를 달성할 가능성이 더 크다. 그릿은 장애물에 부딪히더라도 집중력을 잃지 않고 노력하며 회복력을 발휘하도록 한다. 이로써 우리는 성장에 몰입하는 삶을 향

---

251   Theodore Roosevelt, quote, Goodreads.

한 여정을 이어갈 수 있다.

요컨대 진정한 자아를 받아들이고, 인내심으로 난관을 헤쳐 나가며 열망을 키운다면 자기만의 언어로 성공을 재정의할 수 있다. 오프라 윈프리, 스티븐 킹, 마크 디바인을 비롯한 많은 이들의 이야기는 목적과 인내, 그리고 흔들리지 않는 지향적 행동의 조합이 비범한 성취로 이어진다는 사실을 보여 준다.

◆ 지향성 개발 프로젝트

우리는 지향성을 개발할 수 있을까?

물론 그렇다! 이제 두려움과 불확실성의 속박에서 벗어나 내면의 용기를 발견할 때다. 현재 위축되는 감정을 극복하고, 앞으로 행동할 때 느껴지는 힘과 자신감을 상상해 보자. 지금이야말로 스스로 운명을 책임지고, 꿈을 현실로 바꿀 때다. 지향성은 근력처럼 인내심 있는 연습으로 강화할 수 있으니 말이다.

당신의 용기를 발휘할 준비가 되었는가? 그렇다면 경계를 확장할 수 있는 작은 행동부터 시작해 보자. 이는 당신을 안전 지대 밖으로 밀어내며 앞으로 나아가게 한다. 한 걸음씩 내디딜 때마다 두려움은 줄어들고, 자신감은 더욱 커질 것이다. 위압적인 난관을 마주하더라도 취약성을 수용하며 희망을 잃지 말자. 그렇게 인내하면서 더 나은 내일이 오리라는 믿음의 힘을 발휘한다면 긍정적인 변화를 경험할 수 있다.

나는 그동안의 여정 속에서 지향성이 발전하는 과정을 직접 겪은 사람이다. 고등학교 육상 선수 시절부터 해군사관학교의 혹독한 훈련까지 거치면서 의지력과 인격, 백절불굴의 태도가 길러짐을 느꼈다. 그 당시 마주했던 어려움 덕에 이후의 장애물은 극복이 쉬워 보이기 시작했다. 이는 시간에 따라 지향성과 계획적인 행동이 연마되고 강화될 수 있음을 보여 주는 확실한 증거이다. 이상에서 설명한 바를 염두에 두고, 당신의 지향성과 그릿을 계발하는 데 중요한 네 단계를 소개한다.

지향성 개발의 네 단계

이 징은 사랑과 인정을 위해 타인의 확인을 갈구하는 성향에 대한 논의로 시작되었다. 하지만 이와 다르게 '지향적인 길'이라는 다른 방법이 있다. 지향성을 수용함으로써 우리는 타인의 인정에 대한 의존이라는 덫에서 벗어나 가치를 스스로 재정의할 수 있다. 이번에는 지향성을 구축하고 내면의 힘을 되찾으며 진정한 목적과 조화를 이루는 삶을 위한 네 단계를 살펴보겠다.

행동은 계획적으로

사람은 대부분 삶에 두려움을 불러일으키는 요인을 피하려 한다. 소위 '안정적인 삶'에 돌을 던지는 위험을 감수하려 하지 않는다는 것이다. 또한 그 범위를 벗어나려 하지 않고, 원래 있던 자리에 머무르는 데 만족한다. 그러나 세계의 역사를 조금이나마 살펴보더라도 위대한 업적을 남긴 사람은 목표를 달성하기 위해 모든 것을 걸면서 상상 이상의 노력을 쏟았다.

마이클 펠프스(Michael Phelps)는 올림픽에서 금메달 23개, 은메달 3개, 동메달 2개를 획득하기까지[252] 수영에 모든 것을 바쳤다. 10대 시절, 펠프스는 5년 동안 단 하루도 쉬지 않고 훈련에 매진했다. 크리스마스, 추수감사절, 생일처럼 특별한 날이라도 역대 최고의 수영 선수인 그에게 중요하지 않았다.

그가 1,800일 동안 하루도 빠짐없이 연습에 매진할 수 있었던 동기는 무엇일까? 이에 펠프스는 "패배한다는 생각만으로도 견딜 수 없었습니다. … 나는 지금껏 아무도 해내지 못한 일을 해내고 싶었습니다."라고 답했다. 이처럼 일반인이 매일 직장에서 일하는 시간보다 더 오랫동안을 물속에서 보내던 그는 결국 목표를 이루었다.[253]

252 Rahul Venkat, "Michael Phelps: The man who dominated the Olympic pool like no other", Olympics, updated on June 27, 2023.

253 Catherine Clifford, "Olympic hero Michael Phelps says the secret to his success is one most people overlook", CNBC, February 14, 2017.

그렇다면 펠프스와 같은 수준의 노력을 스스로 행하기 위해서는 무엇이 필요할까? 바로 목표를 향한 지향적, 계획적 행동을 실행하는 것이다. 제16장에서 말한 바와 같이, 목표를 관리 가능한 작은 단계로 나누어 꾸준히 실천해야 한다. 장애물에 부딪히더라도 집중과 노력을 유지하면서 꾸준한 실천으로 추진력을 구축한다면 지속적인 변화를 경험할 수 있다.

이는 당신이 취미로 러닝을 즐기지만, 10km 이상 달려본 적이 없더라도 마라톤에 도전해 보는 것과도 같다. 물론 10km 달리기에서 42.195km 마라톤으로의 도약은 큰 결단을 요구한다. 따라서 새로운 훈련 계획을 시작하는 것 외에 별다른 선택지는 없다. 그러나 매일 훈련하면서 조금 더 먼 거리를 달릴 수 있도록 노력하다 보면, 목표 달성을 위해 당신도 알지 못했던 내면의 에너지를 끌어올릴 것이다.

목적의 힘을 깨달아라

지향성을 추구하는 과정에서는 달성을 위해 노력하는 목표나 목적이 자신보다 더 큰 의미가 있음을 깨닫는 것이 핵심이다. 이처럼 자기 중심적인 동기에서 벗어나 더 넓은 목적의식으로 관점을 전환할 때, 동기와 노력의 근원이 깨어나기 시작한다. 마찬가지로 우리의 행동과 결정이 타인에게 긍정적인 영향을 미치거나 더 큰 대의에 기여할 수 있음을 이해할 때, 지향성은 더 강한 추진력을 얻는다.

이 원칙의 대표적인 사례는 바로 스티븐 킹이다. 1974년, 킹은 그야말로 무일푼이었으며, 작은 트레일러가 곧 그의 집이었다. 심지어 그의 뷰익 자동차는 박스 테이프로 간신히 문짝을 붙여 둔 상태였다.

킹은 햄프턴 아카데미에서 영어를 가르쳤다. 그러나 여름철이 되어 수입이 끊기면 낮에는 공장 세탁소에서, 밤에는 야간 관리인과 주유소 직원으로 일하며 생계를 유지했다. 또한 그에게는 타자기조차 없어서 아내가 고등학교 시절 사용했던 올리베티 타자기를 써야 했다.

매일 저녁, 그는 여건이 될 때마다 세탁실에 틀어박혔다. 아내가 저녁 식사를 준비하고 아이들을 돌보는 동안, 킹은 세탁기와 건조기 사이에 타자기를 끼워 놓고 이야기를 쓰기 시작했다. 이때 그는 급여가 상당히 인상되는 새로운 직책의 유혹을 거절하기도 했다. 그 직책을 수락하면 글을 쓸 시간이 전혀 없을 것 같다는 생각에서였다. 그리고 이는 현명한 결정임이 증명되었다. 그리고 1년도 채 지나지 않아 《캐리》가 서점에 출간되었고, 킹의 가족은 마침내 그 작은 트레일러에서 벗어날 수 있었다.

가족을 극심한 빈곤에서 벗어나도록 하겠다는 킹의 뜨거운 열망은 매일 밤 세탁실에 틀어박혀 집필하겠다는 목표 달성에 필요한 목적의식을 부여했다. 비록 그 과정에서 수없이 좌절을 겪기는 했지만, 그는 끝내 목표를 이루었다.

그리고 당신에게 목표가 있다면, 그 목표보다 더 근원적인 목적에 대해 생각해 보기 바란다. 물론 대다수는 그저 '더 많은 돈을 벌고 싶다.'가 목표일 수도 있다. 그렇다면 그 욕망의 진정한 원동력은 무엇인가?

예컨대 배우자가 투잡을 하지 않을 수 있도록 돕고 싶은가? 아니면 자녀의 대학 학자금을 마련하고 싶은가? 이와 같이 자기만의 열망을 뛰어넘는 이유가 있다면, 어떠한 좌절을 겪더라도 앞으로 나아갈 방법을 찾을 것이다.

또한 지향성을 구축하려면 당신 너머의 더 위대한 목적과 조화를 이루어야 한다. 우리의 행동이 타인에게 미칠 영향이나 더 큰 대의에 기여할 가능성을 이해할 때, 내면의 강력한 힘은 발휘된다. 스티븐 킹처럼 목적이 단순한 개인적 성취를 넘어설 때, 우리는 장애물을 극복할 회복력을 찾음으로써 더 밝은 미래를 추구하는 여정 속에 진정한 지향성을 구현할 수 있다.

상호 협력하는 관계를 쌓아라

성공으로 가는 길은 결코 쉽지 않다. 하지만 주변의 도움이 없다면 성공은 더욱 요원해진다. 야심찬 목표를 이루고자 할 때, 주변 사람은 당신이 목표 지점에 도달할 수 있도록 도와줄 것이다. 마음이 맞는 사람이라면 당신의 에너지가 고갈되었을 때 대신 싸워 주고, 포기하고 싶을 때면 다시 나아갈 동력을 제공한다.

스티브 잡스는 선구적인 리더였다. 그러나 스티브 워즈니악의 도움과 계속되는 지원이 없었다면, 지금의 애플은 없었을 것이다. 잡스가 제품의 아이디어를 구상하면 워즈니악은 이를 실행했기 때문이었다. 창업 초기에 워즈니악은 로스알토스의 그 유명하지만 비좁은 차고에서 제품을 만들고 수정하기를 반복하면서 잡스가 그린 비전에 모든 것을 바쳤다.[254]

삶에서 위와 같은 관계는 매우 중요하다. 성장의 여정은 혼자서 갈 수 있는 길이 아니다. 그러니 비전을 공유하거나 비슷한 목표를 향해 나아가는 사람을 찾아보자. 그리고 그 사람과 협력하고 아이디어를 교환하면서 서로를 지원하라. 혼자만의 힘으로 위대한 성취를 이룬 사람은 없다. 스티브 잡스처럼 성장 지향적인 사람 또한 그 사실을 여정 초반부터 깨달았다.

불가능이란 없다

지금까지 이 개념을 반복적으로 언급한 이유는 그만큼 중요하기 때문이다. 좌절은 누구에게나 찾아온다. 삶에서 누구도 피할 수 없다. 하지만 실패를 있는 그대로 받아들이고 교훈을 배우며 다시 앞으로 나아가는 능력은 좌절을 딛고 일어서는 사람과 포기하는 사람을 가른다.

처음 마주친 장애물에서 실패하는 사람은 어깨를 으쓱거리며 "나는 못 하겠어. 너무 어려워."라고 말한다. 나 또한 이와 비슷한 회의적인 목소리를 머릿속에서 들은 적이 있다. "이 경기는 못 끝내겠어.", "신입생 훈련은 도저히 버틸 수가 없네.", "행군은 완주 못 할 것 같은데.", "이 프로젝트를 어떻게 완수할 수 있겠어."처럼 말이다. 그러나 나는 그 부정적인 소리에 귀를 기울이지 않았다. 그 대신 생각의 패턴을 '이 역경을 헤쳐 나갈 방법을 찾을 수 있다.'라는 긍정적인 사고방식으로 바꾸었다.

나의 옛 동료 스티브 실라기(Steve Szilagyi)는 하루가 어땠느냐는 질문에 항상 "굉장했어요!"라고 대답했었다. 항상 즐겁고 만족스러운 하

254   Catherine Clifford, "Olympic hero Michael Phelps says the secret to his success is one most people overlook", CNBC, February 14, 2017.

루를 보냈기 때문이 아니라, 태도가 자신의 정체성과 삶의 관점을 좌우한다는 사실을 알기 때문이었다. "괜찮아요.", "그럭저럭 괜찮은 편이에요." "나쁘진 않아요" 같이 형식적인 대답은 전반적인 관점과 태도를 개선하는 데 전혀 도움이 되지 않는다. 반면에 "굉장했어요!"라는 말은 하루를 바꾸는 에너지 증진제가 된다. 이처럼 어려운 과제에 접근할 때 사고방식을 바꿀 수 있다. 즉 "못 해요!"라는 말은 아예 떠올리지도 말자.

캐럴 드웩 교수는 저서 《마인드셋》에서 좌절을 겪은 후 사고방식 재구성의 이점을 상세하게 설명한 바 있다. 드웩은 난관이나 도전에 자연스럽게 보이는 반응은 고정 마인드셋(fixed mindset)이라고 말한다. 이는 어려움을 극복할 수 없다고 생각하며, 자신을 개선하거나 성공을 가로막는 장애물을 극복할 수 없다고 믿는 경향을 말한다. 그러나 이는 성장 마인드셋(growth mindset)의 개발로 실패를 개선의 기회로 바꿀 수 있다고 주장한다.

위와 관련하여 마이클 펠프스는 "나는 지는 것을 싫어한다. 따라서 진다면 나는 '이러한 일이 다시는 일어나지 않도록 무엇을 해야 할까?'라고 자문한다."라고 말했다. 그는 경기에서 졌다고 해서 의기소침해지지 않고, 이를 더 나아질 기회로 삼는다. 이러한 사고방식은 회복력을 키운다. 목표 달성이 더 어려워졌다고 해서 그것을 이루지 못한다는 의미는 아니다. 이는 단지 목표를 이루었을 때, 그 성취의 짜릿함이 더 강렬할 것이라는 의미일 뿐이다.

회복력을 키우는 방법은 일에 대한 사고방식을 재구성하는 것이다. 예를 들어 쓰레기 버리는 것을 정말 싫어한다고 가정해 보자. 매주 반드시 해야 하는 일임을 알면서도 집안의 쓰레기통을 모두 비우고, 쓰레기를 집 밖의 분리수거장까지 옮기는 일이 귀찮고 짜증스러울 수 있다. 그렇다면 이 일을 즐길 수 있도록 사고방식을 어떻게 바꿀 수 있을까?

바로 쓰레기 버리는 일을 반드시 해야 하는 고된 집안일이 아닌, 기대할 수 있는 일로 바꿀 방법을 찾아보는 것이다. 다시 말해 '컵에 물이 반이나 남았다.'라는 긍정적인 관점으로 사물을 바라보는 방식처럼 말이다.

그 예로 무거운 쓰레기 봉투를 들면서 근육이 생기는 모습을 떠올리거나, 가족을 위한 가치 있는 일에 기여한다고 생각하는 것이다. 이렇게 하기 싫은 일을 바라보는 관점의 전환은 회복력을 기르는 데 도움이 된다. 이처럼 인식을 바꾼다면 '할 수 없어.'라는 부정적인 생각을 당신의 사고방식에서 지울 수 있다.

◆ 조급함이 모든 것을 망친다

이제 당신의 차례이다. 지금 당신의 지향성을 해방하여 원하는 삶으로 과감히 나아갈 때다. 운동으로 몸을 단련하듯, 지향적이고 계획적인 행동은 우리의 사고방식과 성격을 형성한다.

윌 스미스가 출연한 영화 〈행복을 찾아서(The Pursuit of Happiness)〉에서 연기한 '크리스 가드너'라는 인물이 있다. 그는 주식중개회사 딘워터레이놀즈에 무급 인턴으로 일하는 동안 집과 자동차를 비롯하여 마지막 남은 돈까지 전부 잃었다. 그가 집세를 내기 위해 당장 햄버거 가게에서 일하기로 했다면, 그 순간은 좀 더 편해지지 않았을까?

그러나 가드너는 무려 1년 동안 노숙자 신세를 지면서도 이를 버텨내기로 결심했다. 몇 년 후, 그는 그릿과 결단력을 발휘하여 자기 명의의 중개 회사를 설립하여 수백만 달러에 매각하기에 이른다. 그의 이야기는 그릿과 지향적 행동의 힘을 잘 보여 주는 사례이다.

따라서 더 이상 평범함에 안주하지 말라. 삶의 주도권을 쥐고 목적과 성취를 향해 나아가자. 그리고 행동을 촉구하는 자신의 목적의식에 응답하고, 운명을 결정짓는 힘이 당신 안에 있음을 인식하라. 또한 눈앞에 놓인 도전을 기꺼이 받아들이며, 이를 위대한 성취로 가는 길에 놓인 디딤돌로 여기자.

물론 흔들리지 않는 노력과 계획적인 행동으로 지향성을 발휘하고, 비범한 삶으로 이룩할 수 있다. 그러니 큰 꿈을 꾸는 대담함을 발전의 연료로 삼으며 꾸준히 노력하자. 우리의 모든 순간은 성장과 변화의 기회가 될 테니 말이다.

"시민들이여, 벽돌을 하나씩 쌓으라. 하나씩 차근차근 쌓아 나가라." 화재로 무너진 로마를 재건하던 중 하드리아누스 황제가 한 말이다. 이 말의 의미는 곧 행동 계획을 구축하고 지향성을 키우는 과정과 같다. 이처럼 우리의 여정에서는 꾸준한 노력과 결단력을 요구한다. 이제 당신의 변혁을 부르는 여정에 첫 벽돌을 놓아 보자. 그리고 그 무엇도, 누구도 당신의 진전을 방해하지 못하게 하라.

선택은 당신의 몫이다. 운명을 만드는 힘은 당신 안에 있다. 이제 당신의 지향성에 불을 붙이고 목적의식을 발휘하면서 비범함이 펼쳐지는 순간을 경험하라. 그리고 눈앞의 어려움도 결국 성장의 촉매제임을 이해하고 기꺼이 받아들여라. 지금부터 지향성으로 성장에 몰입하는 삶을 향한 여정을 시작할 때다. 운명이 당신을 기다리고 있다.

성장시향성

결론

매일 도전하라

수년의 경험을 통해 마음을 굳게 먹으면 두려움이 줄어듦을
배웠다. 해야 할 일을 명확히 알면 두려움도 사라진다.[255]

| 로자 파크스(Rosa Parks)[256] |

제 3 부 │ 발전의 심리학

마침내 이 길의 끝에 도달했다. 성장에 대한 지향의 본질이 기다리고
있는 곳이다. 내가 이 책을 쓴 목적은 성장 지향적 삶에서 필요한 것을
소개하고, 이에 따라 변화된 행동과 사고방식을 계획적으로 삶에 적용하
는 방법을 보여 주기 위해서였다.

당신이 취업 준비생이든, 더 큰 영향력을 발휘하며 조직을 이끌고자
하는 전문가든, 그것은 크게 중요하지 않다. 성장에 집중하는 삶의 방식
을 이해하면 타고난 배경이나 과거의 실패와 상관없이 삶의 여정을 깊
이 있게 변화시킬 수 있다. 물론 이 시점에서 다음과 같이 생각할지도
모른다.

---

255 Rosa Parks, quote, BrainyQuote.

256 미국의 흑인 인권 운동 활동가.

"그래, 성장을 지향하는 개척자가 된다는 건 정말 멋지기는 해. 그런데 내가 그렇게 영향력이 큰 성취를 정말로 이룰 수 있을까? 나에게 제프 베이조스, 드웨인 존슨, 오프라 윈프리, 스탠 맥크리스털 장군, 우주 비행사 웬디 로렌스처럼 대단한 사람의 발자취를 따를 만한 자질이 있을까? 그 사람들은 현실적으로 만나기도 힘들 정도로 대단한데, 그에 비하면 나는 특별한 능력이 없는 평범한 사람일 뿐이잖아."

위와 같이 대단한 인물과 그 성취에 위축되어서는 안 된다. 그들이 세상에 깊은 흔적을 남긴 것은 사실이다. 하지만 성장 지향적인 삶으로 향하는 길은 생각만큼 위압적이지 않다.

그리고 이 책에서 소개한 자질과 특성은 반드시 갖추어야 할 전제 조건은 아니다. 그보다는 의미와 목적을 찾는 긴 여정에서 작용하는 지침이나 목표가 더욱 적절할 것이다. 지금까지 언급한 대단한 사람들의 이야기는 우리가 스스로 잠재력을 발견하고 발전시키는 과정을 도울 사례일 뿐이다. 결국 당신의 여정은 당신만의 방식으로 써 나가야 하니 말이다.

기업가, 베스트셀러 작가, 강연가이자 내 친구이기도 한 세스 고딘(Seth Godin)과 인터뷰를 한 적이 있었다.[257] 우리는 복잡한 벌집의 세계를 심도 있게 다룬 바 있다. 그 인터뷰는 삶의 진정한 의미를 찾아가는 여정을 비유적으로 나타낸 이야기였다.

야생 벌집에서는 회복력, 용기, 흔들림 없는 목적에 대한 이야기가 펼쳐진다. 이는 재클린 프리먼(Jacqueline Freeman)이 말한 '시간의 확장(time increase)'[258]이라는 개념으로 알려져 있다. 여기에는 벌집이 과거에 누리던 영광을 되찾기 위해 노력하는 벌들의 특별한 여정이 담겨 있다.

257　John R. Miles and Seth Godin, "How You Create the Song of Significance", podcast, Passion Struck.

258　Jacqueline Freeman, "Home – Spirit Bee", Spirit Bee.

벌들은 불과 3주면 부족한 꿀을 채우기에 충분한 꽃가루를 모으고 새로운 여왕벌이 태어날 알을 낳는다. 이는 매우 드문 일로, 일벌의 신호에 따라 12,000마리가 넘는 벌들이 벌집을 나와 웅장한 무리를 이루어 30m나 떨어진 나무 위에 자리를 잡는다. 이러한 성장의 교향곡은 깊은 울림을 주며, 그 용기에 경외심을 느끼게 한다. 세스는 이를 '확장의 노래(song of increaseing)'라 부르며, 미지의 세계를 향한 도약으로 해석했다. 그 위대한 광경을 직접 목격했다면, 영원히 잊을 수 없을 것이다.

그러나 벌들의 여정은 이것으로 끝나지 않는다. 나무 위에 자리 잡은 그 용감한 생명체는 심각한 생존의 시험대에 놓인다. 비를 비롯한 외부의 방해로 존재 자체가 위협받는 상황에서 72시간 이내에 새로운 집을 찾아야 하기 때문이다. 이에 벌들은 공 모양으로 서로 밀착하여 체온을 약 37℃로 유지한다. 이는 모두의 안전을 위해 헌신한다는 강력한 증거이다. 세스는 이를 다음과 같이 해석한다.

> "많은 이들이 너무 오랫동안 생존에 집중한 나머지 웅크린 자세로 외부의 자극을 피한 채 그저 삶을 버텨 내기만 하고 있다. 하지만 우리는 벌이 아니지 않은가."

위에서 소개한 내용처럼 벌들이 깊은 절망에서 벗어나듯, 우리에게도 안전이라는 답답한 한계에서 벗어날 기회가 있다. 우리는 웅크린 채 위험을 피하며, 단순히 생존에 만족하도록 창조된 존재가 아니다. 우리의 마음 깊은 곳에서는 더 크고 중요한 목표나 대의에 기여하고자 하는 갈망, 목적을 가지고 의미 있는 영향을 남기고자 하는 욕구가 본능적으로 자리 잡고 있다. 우리는 자기만의 길을 개척하고, 노력하는 모든 일에 흔적을 새기기를 바란다. 이것이 우리가 성장 지향적인 삶을 꿈꾸는 이유이다.

◆ 여정을 떠나라, 바로 지금

이 책의 여정을 마무리하는 지금, 당신이 결단을 내려야 할 때가 다가왔음을 명심하자. 당신이 어디에서 왔든, 지금까지 무엇을 이루었든 상관없다. 과거의 실패는 위대함으로 가는 길에 놓인 디딤돌일 뿐이다. 지금까지 제시한 교훈과 통찰은 삶에 적용함으로써 성장 지향적인 삶으로 나아갈 동력이 될 것이다.

성장에 몰입하는 삶은 지속적인 성장과 연마의 과정이다. 이를 위해서는 끈기와 자신에 대한 믿음, 그리고 꿈을 위해 도전하는 의지가 있어야 한다. 이에 명예의 전당에 오른 배구선수 케리 월시 제닝스(Kerri Walsh Jennings)는 다음과 같이 말했다.

> "트로이 태너(Troy Tanner) 감독은 경기 직전, 항상 '숨을 고르고, 믿어라, 싸워라.'라며 우리를 독려했다. '숨을 골라라'는 현재 순간에 집중하며, '믿어라'는 해낼 수 있다는 믿음을 마음속에 새기는 것, 그리고 '싸워라'는 목표를 위해 끝까지 최선을 다하라는 뜻이다."[259]

우리는 함께 현상 유지를 뛰어넘어 의미 있는 삶을 추구하는 사고방식을 만들어 낼 수 있다. 이는 단지 바람직한 것을 넘어 반드시 성취해야 할 변화이다. 진정으로 의미 있는 삶이 만들어 내는 파급 효과를 상상해 보라. 하나의 작은 불꽃이 모여 동기를 점화하고 목표에 점차 충실해지면서 개인적, 직업적으로 탁월한 성과라는 거대한 불길로 번지는 광경을 자아낸다. 생각만 해도 정말 감동적이지 않은가. 그러니 의미 있는 삶의 힘을 받아들이자.

이제 의미와 목적이라는 혁명에 불을 붙일 시간이다. 심장이 뛰는 모든 순간이 소중하고, 모든 영혼이 찬란히 빛나는 세상을 만들어야 한다. 이에 성장을 지향하는 삶을 이해하면서 한계를 뛰어넘으면, 당신의 열망과 목적이 삶의 우위를 점하는 미래를 창조할 수 있다.

259　Kerri Walsh, quote, A-Z Quotes.

이상의 여정에서 배운 교훈을 의미 있는 삶으로 나아가는 길잡이로 삼고, 이 책에서의 통찰을 삶에 적용하여 지향적으로 행동하라. 이제부터 변할 시간이다. 함께 새로운 세상을 만들어 나가고, 삶의 의미와 성취로 가득 채운 비범한 삶을 짜 맞추어 보자.

이제 현실에 안주하는 삶에 도전하자. 그리고 진정한 삶이 주는 힘을 받아들이고, 변화를 이끄는 주체가 되어 타인에게 우리의 여정에 동참할 동기를 전하자. 이로써 모든 목소리가 존중받고, 모든 기여가 중요해지며, 모든 이들이 진정한 목적을 발견하는 세상을 만들어 낼 수 있을 것이다.

그러니 숨을 고르고, 믿음을 갖고 꿈을 위해 싸워라. 가장 충만하고 보람되며 동기가 부여되는 삶, 곧 성장 지향적인 삶의 방식을 수용하자. 심장이 뛰는 모든 순간을 소중히 여기고, 우리의 영혼이 의미가 충만한 경이로운 삶 속에 찬란한 빛을 내뿜도록 하자. 혁명은 바로 당신에게서 시작된다.

이제 당신은 무엇을 이루어 낼 것인가. 선택하라. 그리고 열심히 노력하라. 삶의 의미를 찾아 두려워하지 말고 도전하라.

부록 1

참고 서적

성장지향성

매주 팟캐스트를 진행하면서 세계적으로 훌륭한 통찰력을 지닌 사람들의 마음가짐을 탐구한다. 이에 성장을 추구하는 데 보탬이 될 뛰어난 내용의 책이 지금까지 다양하게 집필되었다. 여기에서는 당신의 여정을 도와줄 책을 아래에 소개하고자 한다.

◆ 국내 발매 서적

Austen, J. *Price and Prejudice*. Chronicle Books. 2020. 윤지관·전승희 역, 《오만과 편견》, 민음사.

Bayer, M. *Best Self: Be you, only better*. Dey Street Books. 2019. 강주헌 역, 《베스트 셀프》, 안드로메디안, 2019.

Brewer, J. *Unwinding Anxiety: How science shows how to break the cycles of worry and fear to heal your mind*. Avery Publishing Group. 2021. 김태훈 역, 《불안이라는 중독》, 김영사, 2021.

Bricker, J. & Berk, S. *Everything is Possible: Finding the faith and courage to follow your dreams*. Baker Books. 2016. 유정희 역, 《모든 것이 가능하다》, 규장, 2017.

Brooks, A. C. *From Strength to Strength: Finding success, happiness, and deep purpose in the second half of life*. Portfolio. 2022. 강성실 역, 《인생의 오후를 즐기는 최소한의 지혜》, 비즈니스북스, 2024.

Brooks, A. C. & Winfrey, O. *Build the Life You Want: The art and science of getting happier.* Portfolio. 2023. 박다솜 역, 《우리가 결정한 행복》, 알에이치코리아, 2024.

Bryant, A. *The Corner Office: Indispensable and unexpected lessons from CEOs on how to lead and succeed*. St. Martin's Griffin. 2012. 윤영삼 역, 《사장실로 가는 길》, 가디언, 2012.

Cacioppo, J. T. & Patrick, W. *Loneliness: Human nature and the need for social connection*. W. W. Norton & Company. 2009. 이원기 역, 《인간은 왜 외로움을 느끼는가》, 민음사, 2013.

Cain, S. *Quiet: The power of introverts in a world that can't stop talking*. Crown. 2012. 김우열 역, 《콰이어트》, 알에이치코리아, 2012.

Cain, S. *Bittersweet: How sorrow and longing make us whole*. Crown. 2022. 정미나 역, 《비터스위트》, 알에이치코리아, 2022.

Campbell, J. & Moyers, B. *The Power of Myth*. Anchor. 1991. 이윤기 역, 《신화의 힘》, 이끌리오, 2002.

Clarke. A. C. *Childhood's End*. Del Rey Books. 1987. 정영목 역, 《유년기의 끝》, 시공사, 2002.

Clear, J. *Atomic Habits: An easy and proven way to build good habits & break bad ones*. Avery Publishing Group. 2018. 이한이 역, 《아주 작은 습관의 힘》, 비즈니스북스, 2019.

Dandapani. *The Power of Unwavering Focus*. Portfolio. 2022. 이소영 역, 《좁고 깊게 산다는 것에 관하여》, 위즈덤하우스, 2024.

David, S. *Emotional Agility: Get unstuck, embrace change, and thrive in work and life*. Avery Publishing Group. 2016. 이경식 역, 《감정이라는 무기》, 북하우스, 2017.

Duckworth, A. *Grit: The power of passion and perseverance*. Scribner Book Company. 2018. 김미정 역, 《그릿》, 비즈니스북스, 2019.

Duke, A. *Quit: The power of knowing when to walk away*. Portfolio. 2022. 고현석 역, 《큇》, 세종서적, 2022.

Dweck, C. S. *Mindset: The new psychology of success*. Ballentine Books. 2007. 김준수 역, 《마인드셋》, 2023.

Falk, S. *Intrinsic Motivation: Learn to love your work and succeed as never before*. St. Martin's Press. 2023. 김미정 역, 《내 안의 무한 동기를 깨워라》, 알에이치코리아, 2024.

Fishbach, A. *Get It Done: Surprising lessons from the science of motivation*. Little, Brown Spark. 2022. 김은영 역, 《반드시 끝내는 힘》, 비즈니스북스, 2022.

Fogg, B. J. *Tiny Habits: The small changes that change everything*. Harvest. 2020. 김미정 역, 《습관의 디테일》, 흐름출판, 2020.

Franco, M. G. *Platonic: How the science of attachment can help you make and keep friends*. G.P. Putnam's Sons. 2022. 이종민 역, 《어른이 되었어도 외로움에 익숙해지진 않아》, 21세기북스, 2023.

Funt, J. *A Minute to Think: Reclaim creativity, conquer business, and do your best work*. Harper Business. 2021. 안기순 역, 《화이트 스페이

스》, 알키, 2023.

Goggins, D. *Can't Hurt Me: Master your mind and defy the odds*. Lioncrest Publishing. 2018. 이영래 역,《누구도 나를 파괴할 수 없다》, 웅진지식하우스, 2023.

Grant, A. *Originals: How non-conformists move the world*. Viking. 2016. 홍지수 역,《오리지널스》, 한국경제신문사, 2016.

Grant, A. *Think Again: The power of knowing what you don't know*. Viking. 2021. 이경식 역,《싱크 어게인》, 한국경제신문사, 2021.

Grant, A. *Hidden Potential: The science of achieving greater things*. Viking. 2023. 홍지수 역,《히든 포텐셜》, 한국경제신문사, 2024.

Greger, M. & Stone, G. *How Not to Die: discover the foods scientifically proven to prevent and reverse disease*. Flatiron Books. 2015. 강태진·홍영준 역,《의사들의 120세 건강 비결은 따로 있다 1, 2》, 진성북스, 2017.

Hardy, B. *Be Your Future Self Now: The science of intentional transformation*. Hay House LLC. 2022. 최은아 역,《퓨처 셀프》, 상상스퀘어, 2023.

Heath, C. & Heath, D. *Switch: How to change things when change is hard*. Crown Currency. 2010. 안진환 역,《스위치》, 웅진지식하우스, 2010.

Heath, D. *Upstream: The quest to solve problems before they happen*. Avid Reader Press. 2020. 박선령 역,《업스트림》, 웅진지식하우스, 2021.

Higgins, M. *Burn the Boats: Toss plan B overboard and unleash your full potential*. William Morrow. 2023. 방진이 역,《플랜B는 없다》, 교보문고, 2024.

Hollis, R. *Girl, Wash Your Face: Stop believing the lies About who you are so you can become who you were meant to be*. Thomas Nelson. 2018. 박미경 역,《나를 바꾸는 인생의 마법》, 이다미디어, 2019.

Holiday, R. & Hanselman, S. *The Daily Stoic: 366 meditations on wisdom, perseverance, and the art of living.* Portfolio. 2016. 장원철 역, 《데일리 필로소피》, 다산초당, 2021.

Holiday, R. *Stillness is the Key.* Portfolio. 2019. 김보람 역, 《스틸니스》, 흐름출판, 2020.

Hyman, M. *Young Forever: The secrets to living your longest, healthiest life.* Little, Brown Spark. 2023. 황선영 역, 《영 포에버》, 세종서적, 2023.

Kaufman, S. B. *Transcend: The new science of self-actualization.* TarcherPerigee. 2020. 김완균 역, 《트랜센드》, 책세상, 2021.

Kross, E. *Chatter: The noise in our Head, why it matters and how to harness It.* Crown Publishing Group. 2021. 강주헌 역, 《채터 당신 안의 훼방꾼》, 김영사, 2021.

Kwik, J. *Limitless Expanded Edition.* Hay House LLC. 2023. 김미정 역, 《마지막 몰입 확장판》, 비즈니스북스, 2024.

Lewis, S. *The Rise: Creativity, the gift of failure, and the search for mastery.* Simon & Schuster. 2015. 박지훈 역, 《누가 더 끝까지 해내는가》, 웅진지식하우스, 2015.

List, J. A. *The Voltage Effect: How to make good ideas great and great Ideas scale.* Crown Currency. 2022. 이경식 역, 《스케일의 법칙》, 리더스북, 2022.

McChrystal, S., Collins, T., Silverman, D. & Fussell, C. *Team of Teams: New rules of engagement for a complex world.* Portfolio. 2015. 고영훈 역, 《팀 오브 팀스》, 이노다임북스, 2016.

McRaven, W. H. *Make Your Bed: Little things that can change your life... and maybe the world.* Grand Central Publishing. 2017. 고기탁 역, 《침대부터 정리하라》, 열린책들, 2022.

Milkman, K. *How to Change: The science of getting from where you are to where you want to be.* Portfolio. 2021. 박세연 역, 《슈퍼 해빗》, 알

에이치코리아, 2022.

Mischel, W. *The Marshmallow Test: Why self-control is the engine of success*. Little, Brown Spark, 2015. 안진환 역, 《마시멜로 테스트》, 한국경제신문사, 2015.

Morgan, A. *This is not a Pity Memoir*. Harper. 2022. 이유림 역, 《각본 없음》, 현암사, 2024.

Nagoski, E. & Nagoski, A. *Burnout: The secret to unlocking the stress cycle*. Random House. 2020. 박아람 역, 《재가 된 여자들》, 책읽는수요일, 2023.

Nylund, J. *Sisu: The Finnish art of courage*. Running Press Adult. 2018. 김완균 역, 《인생의 위기를 극복하는 용기의 기술》, 페이퍼가든, 2018.

Peterson, J. *12 Rules for Life: An antidote to chaos*. Random House Canada. 2018. 강주헌 역, 《12가지 인생의 법칙》, 메이븐, 2018.

Pink. D. H. *A Whole New Mind: why right-brainers will rule the future*. Riverhead Books. 2006. 김명철 역, 《새로운 미래가 온다》, 한국경제신문사, 2012.

Pink. D. H. *Drive: The surprising truth about what motivates us*. Riverhead Books. 2009. 김주환 역, 《드라이브》, 청림출판, 2011.

Pink. D. H. *The Power of Regret: How looking backward moves us forward*. Riverhead Books. 2022. 김명철 역, 《후회의 재발견》, 한국경제신문사, 2022.

Rendon, J. *Upside: The new science of post-traumatic growth*. Touchstone Books. 2016. 김유미 역, 《아픔에서 선물을 찾다!》, 학지사, 2018.

Rubin, G. *The Happiness Project*. Harper. 2018. 전행선 역, 《무조건 행복할 것》, 21세기북스, 2021.

Saad, G. *Parasitic Mind: How infectious ideas are killing common sense*. Regnery Publishing. 2021. 이연수 역, 《기생충 마인드》, 양문

출판사, 2024.

Sandberg, S. & Grant, A. *Option B: Facing adversity, building resilience, and finding joy*. Knopf. 2017. 안기순 역, 《옵션 B》, 와이즈베리, 2017.

Schmidt, E., Rosenberg, J. & Eagle, A. *Trillion Dollar Coach: The leadership playbook of Silicon Valley's Bill Campbell*. Harper Business. 2019. 김민주·이엽 역, 《빌 캠벨, 실리콘밸리의 위대한 코치》, 김영사, 2020.

Sharma, R. *The 5AM Club: Own your morning, elevate your life*. Harper Collins Publishers. 2018. 김미정 역, 《변화의 시작 5AM 클럽》, 한국경제신문사, 2019.

Sharma, R. *The Everyday Hero Manifesto: Activate your positivity, maximize your productivity, serve the world*. Harper Collins Publishers. 2021. 김미정 역, 《에브리데이 히어로》, 프런티어, 2023.

Shetty, J. *Think Like a Monk: Train your mind for peace and purpose every day*. Simon & Schuster. 2020. 이지연 역, 《수도자처럼 생각하기》, 다산초당, 2021.

Sinek, S. *Start with Why: How great leaders inspire everyone to take action*. Portfolio. 2011. 이영민 역, 《나는 왜 이 일을 하는가?》, 타임비즈, 2013.

Slepian, M. *The Secret Life of Secrets: How our inner worlds shape well-being, relationships, and who we are*. Crown. 2022. 정아영 역, 《비밀의 심리학》, 상상스퀘어, 2024.

Smith, A. *The Wealth of Nations*. Bantam Classics. 2003. 이종인 역, 《국부론》, 현대지성, 2024.

Smith, W. & Lewis, M. *Both/And Thinking: Embracing creative tensions to solve your toughest problems*. Harvard Business Review Press. 2022. 엄성수 역, 《패러독스 마인드셋》, 상상스퀘어, 2024.

Sockolov, M. *Practicing Mindfulness: 75 essential meditations*. Callisto. 2018. 김해온 역, 《명상 습관》, 틔움출판, 2021.

The Carbon Almanac Network. Godin, S.(ed.) *The Carbon Almanac: It's not too late*. Portfolio. 2022. 황성원 역, 《우리에게 보통의 용기가 있다면》, 책세상, 2022.

Tomasulo, D. *Learned Hopefulness: The power of positivity to overcome depression*. New Harbinger Publications. 2020. 이현숙 역, 《조금 멀리서 마음의 안부를 묻다》, 밀리언서재, 2021.

Utley, J. & Klebahn, P. *Ideaflow: The only business metric that matters*. Portfolio. 2022. 이지연 역, 《아이디어 물량공세》, 리더스북, 2024.

Van Bavel, J. J. & Pecker, D. J. *The Power of Us: Harnessing our shared identities to improve performance, increase cooperation, and promote social harmony*. Little, Brown Spark. 2021. 허선영 역, 《아이덴티티》, 상상스퀘어, 2024.

Van Edwards, V. *Captivate: The science of succeeding with people*. Portfolio. 2018. 김문주 역, 《캣치》, 쌤앤파커스, 2018.

Waldinger, R. & Schulz, M. *The Good Life: Lessons from the world's longest scientific study of happiness*. Simon & Schuster. 2023. 박선령 역, 《세상에서 가장 긴 행복 탐구 보고서》, 비즈니스북스, 2023.

Walker. M. *Why We Sleep: Unlocking the power of sleep and dreams*. Scribner. 2017. 이한음 역, 《우리는 왜 잠을 자야 할까》, 열린책들, 2019.

Wallach, A. *Longpath: Becoming the great ancestors our future needs*. HarperOne. 2022. 김시내 역, 《롱패스》, 21세기북스, 2024.

Ware, B. *Top Five Regrets of the Dying: A life transformed by the dearly departing*. Hay House LLC. 2012. 유윤한 역, 《내가 원하는 삶을 살았더라면》, 피플트리, 2013.

Warren, R. *The Purpose Driven Life: What on earth am I here for?*. Zondervan. 2002. 고성삼 역, 《목적이 이끄는 삶》, 디모데, 2003.

Young, V. *The Secret Thoughts of Successful Women: Why capable people suffer from the imposter syndrome.* Crown Currency. 2011. 강성희 역, 《여자는 왜 자신의 성공을 우연이라 말할까》, 갈매나무, 2020.

Zinsser, N. *The Confident Mind: A battle-tested guide to unshakable performance.* Mariner Books. 2022. 박세연 역, 《확신의 심리학》, 세계사, 2024.

◆ 국내 미발매 서적

Abrashoff, M. *It's Your Ship: Management techniques from the best damn ship in the navy.* Grand Central Publishing, 2012.

Adams, R. *Six Days of Impossible: Navy SEAL hell week - A doctor looks back.* Friesen Press. 2017.

Bacon, J. U. *Let Them Lead: Unexpected lessons in leadership from America's worst high school hockey team.* Mariner Books. 2021.

Bashan, N. *The Creator Mindset: 92 tools to unlock the secrets to innovation, growth, and sustainability.* McGraw Hill. 2020.

Barrett, D. *Rock the Boat: Embrace change, encourage innovation, and be a successful leader.* Greenleaf Book Group Press. 2021.

Bazerman, M. H. *Complicit: How we enable the unethical and how to stop.* Princeton University Press. 2024.

Bernstein, G. *Unwired: Gaining control over addictive technologies.* Cambridge University Press. 2023.

Bhushan, N. *That Sucked, Now What? : How to embrace the joy in chaos and find magic in the mess.* Hay House LLC. 2023.

Briceño, E. *The Performance Paradox: Turning the power of mindset into action.* Ballantine Books. 2023.

Bronstein, J. *MAN*ifesting: A step by step guide to attracting the love* *that is meant for you.* Post Hill Press. 2023.

Buheji, M. & Sisk, C, W. *You and the New Normal: Jobs, pandemics, relationship, climate change, success, poverty, leadership and belief in the emerging new world.* Authorhouse UK. 2020.

Buksbaum, L. H. *Soaring into Strength: Love transcends pain.* Flow Motion Productions. 2022.

Campbell. K. *Flying in the Face of Fear: A fighter pilot's lessons on leading with courage.* Wiley. 2023.

Chugh, D. *A More Just Future: Psychological tools for reckoning with our past and driving social change.* Atria Books. 2022.

Cole. W. *Gut Feelings: Healing the Shame-Fueled Relationship Between What you Eat and How You Feel.* Rodale Books. 2023.

Deluzio, S. *Surviving Son: An Afghanistan war veteran reveals his nightmare of becoming a gold star brother.* Drive On Studio, LLC. 2021.

Dempsey, M. E. *No Time For Spectators: The Lessons That Mattered Most From West Point To The West Wing.* Missionday. 2020.

Divine, M. *Unbeatable Mind: Forge resiliency and mental toughness to succeed at an elite level.* CreateSpace Independently Published. 2015.

Dukes, N. *You'll Never Change: Create your comeback and prove them wrong.* The Dukes Company. 2021.

Eckman, K. *The Full Spirit Workout.* New World Library. 2021.

Edwards, J. & McCleary, K. *Bridge the Gap: Breakthrough communication tools to transform work relationships from challenging to collaborative.* McGraw Hill. 2022.

Fay, S. *Pathological: The true story of six misdiagnoses.* HarperOne. 2022.

Feifer, J. *Build for Tomorrow: An action plan for embracing change, adapting fast, and future-proofing your career.* Harmony. 2022.

Fenet, L. *Claim Your Confidence: Unlock your superpower and create the life you want.* Gallery Books. 2023.

Fitzgerald, K. *Younger You: Reduce your bio age and live longer, better.* Hachette Go. 2023.

Fosslein, L. & Duffy, M. W. *Big Feelings: How to be okay when things are not okay.* Portfolio. 2022.

Gilberg-Lenz, S. & Korn, M. *Menopause Bootcamp: Optimize your health, empower your self, and flourish as you age.* Harper. 2022.

Gneezy, U. *Mixed Signals: How incentives really work.* Yale University Press. 2023.

Hendricks, G. *The Big Leap: Conquer your hidden fear and take life to the next level.* HarperOne. 2009.

Hollis, R. *Didn't See That Coming: Putting life back together when your world falls apart.* Dey Street Books. 2020.

Holmes, C. *Happier Hour: How to beat distraction, expand your time, and focus on what matters most.* Gallery Books. 2023.

Kaufman, S. B. & Feingold, J. H. *Choose Growth: A workbook for transcending, trauma, fear, and self-doubt.* TarcherPerigee. 2022.

Keltner, D., Marsh, J. & Smith, J. A. *The Compassionate Instinct: The science of human goodness.* W. W. Norton & Company. 2010.

Kolter, S. *Gnar Country: Growing old, staying rad.* Harper. 2023.

Kurtz, D. *Crush Cancer: Personal enlightenment from a cancer survivor.* Crazy Perfect Life. 2017.

Lepera, N. *How to Be the Love You Seek: Break cycles, find peace, and heal your relationships.* Harper. 2023.

Levine, U. *Fall In Love with the Problem, Not the Solution: A handbook for entrepreneurs.* Matt Holt. 2023.

Lewis, M. D. *When Brains Collide.* Lioncrest Publishing. 2016.

Lightstar, S. *The Cancer Misfit: A guide to navigating life after treat-*

ment. Hay House UK. 2021.

Lombard, J. *The Mind of God: Neuroscience, faith, and a search for the soul*. Harmony. 2018.

Magsamen, S. & Ross, I. *Your Brain on Art: How the arts transform us*. Random House. 2023.

Manning, T. *Lead with Heart and Leave a Legacy: Learn to be intentional in how you lead*. Advantage Media Group. 2019.

Marcus, B. *Kick Up Some Dust: Lessons on thinking big, giving back, and doing it yourself*. William Morrow, 2022.

Marr, A., Marr, A. Gordon, M. L. *Tales From the Blast Factory: A brain injured special forces Green Beret's journey back from the brink*. Morgan James Publishing. 2018.

Masters, O. & Randall, C. *The Hard Parts: A memoir of courage and triumph*. Scribner. 2024.

McCrea, J., Walker, J. C. & Weber, K. *The Generosity Network: New transformational tools for successful fund-raising*. Deepak Chopra. 2013.

Medcalf, A. *Be Happily Married: Even if your partner won't do a thing*. Independently Published. 2018.

Mednick, S. C. *The Power of the Downstate: Recharge your life using your body's own restorative systems*. Hachette Go. 2022.

Metzl, J. *Hacking Darwin: Genetic engineering and the future of humanity*. SourceBooks. 2019.

Michalowicz, M. *All In: How great leaders build unstoppable teams*. Portfolio. 2024.

Moore, D. A. & Bazerman, M. H. *Decision Leadership: Empowering others to make better choices*. Yale University Press. 2022.

O'Brady, C. *The 12 hour walk: Invest one day, conquer your mind, and unlock your best life*. Scribner. 2022.

Oelwang, J. *Partnering: Forge the deep connections that make great things happen*. Optimism Press. 2022.

Oluwole, O. *Serve with Heart and Might*. Xlibris. 2015.

Owen, J. B., Orozco, A. S., Tarzia, M. & Jarvis, A. *Ignite Female Change Makers: Dynamic women making an exceptional difference for the future of women around the world*. Ignite Publishing. 2020.

Palmer, C. M. *Brain Energy: A Revolutionary breakthrough in understanding mental health and improving treatment for anxiety, depression, OCD, PTSD, and more*. BenBella Books. 2022.

Plamondon-Thomas, N. *THINK Yourself® GRATEFUL: A daily "have-done" list to transform your life*. THINK Yourself® Publishing. 2018.

Potts. B. C. *Up for the Fight: How to advocate for yourself as you battle cancer from a five-time survivor*. Page Two. 2022.

Pompouras, E. *Becoming Bulletproof: Protect yourself, read people, influence situations, and live fearlessly*. Atria Books. 2020.

Pressman, A. *The 5 Principles of Parenting: Your essential guide to raising good uumans*. Simon Element. 2024.

Robbins, T. *Life Force: How new breakthroughs in precision medicine can transform the quality of your life and those you love*. Simon & Schuster. 2022.

Rucker, M. *The Fun Habit: How the iursuit of joy and wonder can change your life*. Atria Books. 2023.

Rushkoff, D. *Survival of the Richest: Escape fantasies of the tech billionaires*. W. W. Norton & Company. 2023.

Segar, M. *The Joy Choice: How to finally achieve lasting changes in eating and exercise*. Hachette Go. 2022.

Shah, A. *I'm So Effing Hungry: Why we crave what we crave and what to do about it*. Harvest. 2023.

성장지향성

Stavridis, J. *Sailing True North: Ten admirals and the voyage of character*. Penguin Press. 2019.

Stavridis, J. *To Risk It All: Nine conflicts and the crucible of decision*. Penguin Press. 2022.

Stein Jr, A. & Sternfeld, J. *Sustain Your Game: Manage stress, avoid stagnation, and beat burnout*. Hachette Go. 2022.

Stosz, S. *Breaking Ice and Breaking Glass: Leading in uncharted waters*. Koehler Books. 2021.

Stott, N. *Back to Earth: What life in space taught me about our home Planet and our mission to protect it*. Seal Press. 2021.

Struecker, J. & Merrill, D. *The Road to Unafraid: How the army's top ranger faced fear and found courage through "Black Hawk Down" and beyond*. W Pub Group, 2006.

Sullivan, D. & Hardy, B. *The Gap and The Gain: The high achievers' guide to happiness, confidence, and success*. Hay House Business. 2021.

Sutton, R. I. & Rao, H. *The Friction Project: How smart leaders make the right things easier and the wrong things harder*. St. Martin's Press. 2024.

Taberner, K. & Siggins, K. *The Power of Curiosity: How to have real conversations that create collaboration, innovation and understanding*. Morgan James Publishing. 2015.

Tracy, B. *No Excuses: The power of self-discipline*. Vanguard Press. 2011.

Vanas, D. J. *The Warrior Within: Own your power to serve, fight, protect, and heal*. Portfolio. 2022.

Vaden, R. *Take the Stairs: 7 steps to achieving true success*. Tarcher-Perigee. 2012.

Vanderkam, L. *Tranquility by Tuesday: 9 ways to calm the chaos and*

부록 | 참고 서적

make time for what matters. Portfolio. 2022.

Velasquez, L. *Dare to Be Kind: How extraordinary compassion can transform our world*. Legacy Lit. 2017.

Walling, S. *Touching Two Worlds: A guide for finding hope in the landscape of loss*. Sounds True Adult. 2022.

Watkins, M. D. *The First 90 Days: Proven strategies for getting up to speed faster and smarter, updated and expanded*. Harvard Business Review Press. 2013.

Widmer. A. *The Art of Principled Entrepreneurship: Creating enduring value*. Matt Holt. 2022.

Yawn, S. *Be the Calm or be the Storm: Leadership lessons from a woman at the helm*. Hay House LLC. 2023.

Youn, A. *Younger for Life: Feel great and look your best with the new science of autojuvenation*. Hanover Square Press. 2024.

성장지향성

부록 2

팟캐스트

　내 팟캐스트는 목적과 인생의 의미에 집중하는 주도적인 삶을 위한 지침이라 할 수 있다. 방송에서는 전문가나 선구자격 인물과의 통찰력 넘치는 대화를 이어나간다. 이를 통해 계획의 힘으로 특별한 성공을 거머쥐면서 주목을 받은 사람들의 마음가짐과 철학을 탐구한다.

　팟캐스트에서는 삶의 모든 측면에서 당신의 성과를 향상시키는 실용적인 전략을 밝혀낸다. 그리고 사람의 행동 변화를 과학적으로 탐구한다. 이를 통해 우리의 행동을 이끌어 내는 근원 동기를 이해함으로써 삶에서 목표 및 가치에 따른 주도적인 선택을 내릴 수 있도록 돕는다.

　이 팟캐스트는 매력적이고 흥미로운 내용으로 삶의 도전을 극복하고, 꿈을 이룰 수 있는 지식과 수단을 제공할 것이다. 성장을 추구하며 주도적인 삶의 비결을 발견해 나가는 이 여정에 함께하도록 하자.

　내 팟캐스트는 매주 화요일, 목요일, 금요일에 새로운 에피소드가 업데이트된다. 주도적이며 목적 지향적인 삶을 추구하는 데 노력이 필요하다면, 이 팟캐스트가 지속적인 동기 부여 수단이 될 것이다.

성장의 핵심 신념 체계

성장지향성

　자기 발견과 성장의 여정에서 우리는 깊은 울림을 주고, 삶의 복잡함을 헤쳐 나갈 길잡이로서의 철학을 찾기도 한다. 그러나 본질적으로 성장의 핵심 신념 체계는 단순한 철학이 아니라, 열정과 목적의 힘을 중심으로 한 삶의 방식이다. 많은 이들의 경험과 지혜에서 비롯된 이 신념 체계는 세상을 바라보고, 그곳에 살아가는 데 독특한 관점을 제공한다. 핵심 신념 체계의 구체적인 내용은 다음과 같다.

1. 상황이 어려워져 갈 때도 당신의 열정과 인내심은 싸움을 계속할 수 있도록 격려할 것이다.
2. 우리는 주도적인 삶을 위해 태어났으며, 자아 실현을 달성하는 열쇠는 매 순간 계획적으로 사는 것이다.

3. 우리 안에는 '시수(Sisu)'[260]가 있으며, 이는 핵심 신념 체계에서 필수적인 요소이다. 이에 자신감과 용기, 목적을 달성하려는 끈기와 용맹함 아래 승리를 쟁취하겠다는 의지로 싸워 나가자.

4. 우리는 매일 배우고 성장하면서 삶을 끌어올릴 수 있다. 그러니 못하겠다는 말은 절대 하지 말자. 원숙함과 창의성, 감화를 주는 힘과 용기는 모두 내적 요소임을 깨닫자.

5. 현재의 모습에 안주하는 삶과 목적의식이 뚜렷하고 열정적인 삶은 양립할 수 없다.

6. 진정으로 우리의 삶을 결정하는 것은 특정한 사건이 아니라, 향후 인생의 중요한 전환점이 될 수 있음에도 우리가 자주 간과하는 일상의 작은 일들이다.

7. 우리가 오늘 어디에 있는지는 그리 중요하지 않다. 가장 중요한 것은 우리의 일과 우리 자신에 대해 통달하는 것뿐이다.

8. 부정적인 생각이 당신만의 경이로움을 빼앗아 가지 못하도록 일상의 횡포에 저항하라.

9. 어떤 식으로든 평범함에 안주하려는 태도가 당신의 삶에 침투하지 못하도록 항상 경쟁하라.

10. 우리는 더 나은 세상을 만들기 위해 처리해야 할 새로운 문제를 해결하기 위해 태어났다.

11. 새로운 역량을 습득하는 능력에는 한계가 없다.

12. 열정적인 사람들의 공동체와 그 핵심 신념 체계는 우리의 실수마저도 용인한다.

13. 피부색, 종교, 계층에 상관없이 세상 모든 이들에게 존중과 연민의 마음을 내보이자.

14. 하루를 시작하는 방식에 따라 집중력, 활력, 활기와 그날에 당신이 최대한 발휘할 수 있는 능력의 수준이 결정된다.

부록 — 성장의 핵심 신념 체계

---

260 '역경을 마주하는 강인한 의지'를 나타내는 핀란드어 단어로, 핀란드인의 기질을 나타내는 문화적 개념이 담겨 있다.

15. 늘 찾아오는 하루는 훗날 우리의 유산이 될 인생이라는 역사의 새로운 페이지를 장식한다. 전설이라 일컬을 정도로 성공한 사람들은 다른 사람들과 다르게 행동하며, 고도의 탁월함을 추구한다. 또한 최고의 성취를 위해서라면 어떤 일이든 할 준비가 되어 있다.
16. 과거의 아픔과 현재의 어려움도 당신의 존엄성과 가능성을 꺾지는 못한다.
17. 성장을 위해 투쟁하며, 세상의 모든 이들을 향한 조건 없는 사랑을 지켜 나가자.
18. 자신에 대한 혁신을 두려워하지 말자.
19. 지금의 모습을 초월하여 내면의 경이로움을 이끌어 내자. 그리고 당신이야말로 당신의 가장 강력한 경쟁자임을 명심하자.
20. 당신은 사회 풍조를 더 나은 방향으로 바꿀 창의적인 능력을 증폭시키는 존재이며, 지구의 시민으로서 그 잠재력이 바로 당신의 내면에 있음을 알 것이다.
21. 당신에게는 자신은 물론 전 세계를 발전의 길로 이끌 뛰어난 성취자로 성장할 잠재력이 있다.
22. 전설이라 일컬어지는 이들의 내면에는 독창성이 있다. 그러나 당신의 삶이 누군가 지나온 발자취를 따라가는 것뿐이라면, 당신은 열정적인 사람라고 할 수 없다.
23. 우리는 저마다 내면에 잠들어 있는 천재적인 재능과 강인하고 성공적인 영웅의 면모를 지니고 있다.
24. 당신의 가치는 유형의 것이 아닌, 지금까지 삶 속에서 일궈 온 무형의 가치를 척도로 평가하자.
25. 어디에서 무슨 일을 하더라도 리더십을 발휘할 기회는 찾아온다.
26. 주도적으로 약점을 제거함으로써 자신과의 싸움에서 승리하자. 전장에는 사람, 즉 실제로 행동하고 노력하는 자가 중요하다.
27. 꿈을 이루는 데 한 걸음 더 다가갈 수 있는 환경에서만 일하자. 그리고 영향력을 위해 노력하자.

성장지향성

28. 성장 지향적인 사람들은 돈과 명예에 연연하지 않는다. 오히려 그들은 수백만 명의 사람을 격려하고, 그 사람들에게 도움을 줄 창의성과 생산성에 투자한다.

29. 어떤 목표든 마무리는 확실하게 하자. 그리고 발전의 원리와 법칙을 간과하지 말자. 한계가 없는 삶에는 특별한 엄격함과 노력이 필요하다.

30. 항상 선택하는 삶을 살며, 언제나 최선을 다해 일하자. 그리고 외면하고 싶어 하는 면모를 적극적으로 마주하면서 날마다 두려워하는 일에 도전하자.

passionstruck.com

성장지향성